张骁儒 / 主编

深圳市民文化大讲堂 2015年讲座精选

上册

The Selections of
Shenzhen Civil Lecture on Culture
(2015)

社会科学文献出版社
SOCIAL SCIENCES ACADEMIC PRESS (CHINA)

三 文学历史

四 科学创新

下 册

五 教育艺术

【目 录】Contents

上 册

一 家国天下

二 抗战胜利70周年

六　社会民生

七　国学养生

一

家国天下

小康社会离我们还有多远

袁晓江

袁晓江

经济学教授，经济管理学研究员，深圳市委党校副局级校委委员。兼任全国邓小平思想生平研究会理事、深圳市委决策咨询委员会委员、广东省委省级形势政策宣讲员、深圳市委宣讲团成员。主要研究方向为改革开放，特别是深圳改革开放。已出版专著5部、发表论文400多篇。

什么是小康社会？

非常高兴，今天跟大家一起来讨论小康社会这个话题。小康社会是大家非常熟悉的名词，我今天想跟大家讲三个方面的内容：小康是人民的期盼；从小康到小康社会；深圳小康社会之路。

　　什么是小康社会？如何认识小康社会？建设小康社会是 20 世纪 80 年代邓小平提出的战略思想，是 20 世纪 90 年代以来党中央提出的奋斗目标，全面建成小康社会是党的十八大提出"两个一百年"两大奋斗目标的其中之一。如何实现小康社会，是今天要讨论的话题。

　　一家高科技企业白领，月收入过万元，有车有房，是否实现了小康呢？应该说他是小康之人。

　　浙江的一户农民家庭，他们住的是小别墅，除了有自己的农业收入之外，还有其他较丰厚的收入。他们可以叫小康之家。

　　江苏有一个村庄，系社会主义新农村，大家住的都是别墅，他们除了有自己的收入外，集体经济也有利益分配，他们的生活非常富裕。确实，这是小康之村。但是，请大家注意，小康之人、小康之家、小康之村，可以叫小康，但不是小康社会。小康社会包含其他很多方面的内容。所以，我们今天要分清几个概念：小康与小康社会、小康社会与全面建设小康社会、全面建设小康社会与全面建成小康社会。我们只有把这几个问题弄清楚了，我们才能知道小康社会离我们还有多远。

历史上的小康概念

　　小康是人民的期盼。"小康"一词在中国古代就已出现，主要是指生活比较殷实舒适的状态。在《诗经》里面最早出现"小康"这个词。《诗经》是中国最古老的一部诗歌集，它收集了古代很多诗歌。儒家把它视为经典，所以称其为《诗经》。《诗经》里面有我们非常熟悉的诗歌，像"关关雎鸠，在河之洲。窈窕淑女，君子好逑"。如果大家是中文系学生，一定都读过这篇诗歌。在《诗经·大雅》里面出现了一首诗，这首诗采用排比句："民亦劳止，汔可小康。"它的意思就是人民实在太劳苦，但求可以稍安康。

　　小康在中国几千年的历史里面已经反复出现，《礼记》最早论述了"小康"的含义。《礼记》是古代的一本文集，主要收集了礼仪方面的著作，同时也包括其他方面的著作。《礼记·礼运》论述了大同和小康两种社会形态，比较详细地论述了小康。"大道之行也，天下为公，选贤与能，讲信修睦……是谓大同。今大道既隐，天下为家。各亲其亲，各子其子……是谓小康。"古人所期望的是大同社会，是天下为公的社会，实际上做不到。我们仍然是天下为家，各亲其亲，各子其子。从大同到小康社会，也是一种非常好的抉择。

《桃花源记》描写了非常理想的小康社会。这是东晋陶渊明写的一篇散文。他写道，武陵有一个打鱼人，有一天他划船到了一片桃花林。在尽头他发现了一座山，山上有一个洞，这只船进不去。于是他弃船步行过山洞。开始这个洞很小，之后变得非常大，豁然开朗，他看到了一片令人称奇的景象：土地平旷，屋舍俨然，有良田美池桑竹之属。这个社会看起来非常和谐。这篇文章写的就是古人理想的小康社会。武陵就是现在张家界这一带。土地平旷，屋舍很整齐，有良田、水塘、果树。在纵横交错的田间小道上，很多人来来往往在种地，鸡犬相闻，男女所穿衣服跟外面也差不多。《桃花源记》的意境与中华民族历来所崇尚的"亲望亲好，邻望邻好""老吾老以及人之老，幼吾幼以及人之幼"等是一致的。人们对美好生活非常向往，但现实生活又如此残酷。所以，古人往往是通过想象、神话、寓言、传说来描写这种理想社会。

《桃花源记》跟其他的一些文学体裁不太相同，虚景实写、虚实结合。这篇文章的后面写道："太守即遣人随其往，寻向所志，遂迷，不复得路。"因为这位武陵人从桃花源出来的时候做了一些标记，他希望能够找到这个地方。他告诉了太守，太守马上安排人沿着这个标记找过去。但是，没有找到。作者采取虚景实写的方法，一方面写对这种美好生活的向往，另一方面也对残酷的现实生活进行了抨击。这种实写也表明这种理想社会可以达到，与神话里面的仙境可望而不可即，它是不太相同的。这是我想给大家回顾的"小康"这个词的来历。

从小康到小康社会

有理想的人都是有生活目标的。如何确立生活目标以及如何实现这些目标都是不小的问题。很多玄奥的问题谈起来可能很空洞，如果我们找不到这个玄奥问题的本质，就很可能陷入一种空洞的言说。但当我们思考事情背后的意义，对某个事物的丰富性进行深邃的理解时，可能也显得有些玄奥，但这种思考实则直指问题的本质，谈论具有哲学的内涵，形式上的玄奥也就具有了必要的意义。

我们谈论理想的时候，其实就是在谈论人生，也就是在谈论哲学。因为人的存在具有二重性，我们生活在一个现实的世界，但我们总是希望有更好的生活，向往把希望变成现实，也就是渴望生活在一个可能的世界，当可能的世界变成了现实的世界，我们又要向往新的可能的世界，此乃人性之本然。这个可能的世界是我们在现实中畅想的，它不能在未被实现之前被证实，但具有不可或缺的价值，因为它意味着生活的希望。例如，大家在这里听讲座，可能某个朋友正想听一场音乐会，这场音乐会对这个朋友来说现在有没有？还没有，但很可能会有。我们总是不断地追寻这个可能的世界，这种追寻既让我们感到很踏实，也让我们觉得自己始终活得有未来。因为我们一直在寻找好的生活。

什么是好生活？人应该以何种方式生活，或者人的真正需要是什么？这些经典的哲学问题实际上跟日常生活息息相关，对这些问题的思考可以形成自我完善的动力。而且这种精神追求呈现了人性的力量，由此我们可以更加从容、自信地经历各种生活，也可以尝试回答如何安身立命的问题。《左传》有云，"民受天地之中以生，所谓命也"。孔子要人们知命，他说"五十而知天命"，知命会怎样呢？可以不怨天尤人。孟子要人们立命，超越当下境界，抵达更好的生活，自我立命，活出生命的尊严。

著名的"三步走"战略

邓小平为什么当时会想到"小康"这个词？他受到什么启发？我们可以回顾一下。

中国改革有个特点，是从最贫困的农村开始。这印证了一句话，穷则思变。1978 年，当时安徽凤阳小岗村有 18 户农民，在一个晚上，他们悄悄地聚在生产队长的家里，干了一件惊天动地的大事，就是把农田分到户。他们为什么要改革？因为农民实在过不下去了。凤阳这个名字非常好听，但是这个地方年年遭灾，老百姓年年集体出去讨饭要饭。凤阳花鼓有一首非常著名的歌："说凤阳，道凤阳，凤阳本是好地方，自从出了朱皇帝，十年倒有九年荒。大户人家卖骡马，小户人家卖儿郎，奴家没有儿郎卖，身背花鼓走四方。"这个地方出了一个名人——朱元璋皇帝，但是这个皇帝没有为这里带来好运，这里年年遭灾，很多老百姓死在路上。所以他们认为，与其讨饭要饭死在路上，不如搏一搏，把农田分到户，这样引发了中国农村改革。

党的十一届三中全会的召开，把我们党的工作中心转移到经济建设上来，这就顺应了人民群众的要求。从这个改革中，邓小平得到很多启发：要让农民富裕起来，摆脱贫困，只有改革。那么，农民走上富裕之路后，将进入一个什么阶段呢？还不是现代化。邓小平同志想到了一个词，叫做"小康"。小康就是从摆脱贫困、进入温饱向现代化进军的过程中间的一个阶段。

邓小平在 20 世纪 80 年代提出了著名的"三步走"战略，就是从 1980 年到 2050 年，总共 70 年时间，经过小康，最后实现现代化，实现中华民族的伟大复兴。

这就是邓小平在 20 世纪 80 年代提出的小康思想。

"建设"与"建成"的转变

1997 年党的十五大提出，要使人民的小康生活更加宽裕。因为我们国家刚刚摆脱了贫困，刚刚进入稍微富裕的这个阶段。

2002 年党的十六大又有突破，第一次提出了全面建设小康社会的奋斗目标。这里出现了两个过去没有的词，一个是"全面"，另一个是"小康社会"。这说明我们这个小康不是小康之人，不是小康人家，也不是某一个村的小康，而是全国建设小康社会。十六大提出，要在 21 世纪头 20 年集中力量，全面建设惠及十几亿人口的更高水平的小康社会，使经济更加发展、民主更加健全、科教更加进步、文化更加繁荣、社会更加和谐、人民生活更加殷实。我们现在已经过渡到五位一体，就是经济、政治、文化、社会、生态建设五位一体。更高水平的小康社会，比生活更加宽裕的小康大大提升了一步。

2007 年党的十七大，再一次提出全面建设小康社会的奋斗目标。而且提出的经济指标跟过去有所不同，要实现人均国内生产总值到 2020 年比 2000 年翻两番。只有讲人均总量，才能体现人民群众的生活现实状况。

党的十八大进行了新老中央领导班子的交替，选举产生了以习近平为总书记的党中央。十八大继承了中国共产党一以贯之的小康社会思想，但有新的突破，第一次提出"全面建成小康社会"，时间确定为 2020 年。这里提出的目标、数据包括了实现国内生产总值和城乡居民收入比 2010 年要翻一番，很明确地提到了居民的收入，而不是人均国内生产总值。

十八大提出的"全面建成小康社会"，与过去有哪些不同呢？

从"建设"到"建成"用词的变化，意味着我们现在已经立下了军令状，确定了时间表，进入了倒计时。"建设"向"建成"的转变，说明我们对建成小康社会充满信心。2011 年，中国国内生产总值已经达到了 47.2 万亿元，仅次于美国。国力的增强，为建成小康社会奠定了坚实的基础。我们讲"建成"，说明我们现在有了这个实力。

我们提出了一系列战略举措，如丝绸之路经济带、21 世纪海上丝绸之路，我们把它概括为"一带一路"。该区域的国家和地区纷纷响应，几乎涵盖了半个世界。与"一带一路"战略配套，我们又提出建设亚洲基础设施投资银行，美国一直反对，但发达国家纷纷加入，迫使美国现在的态度也发生了变化，说明中国实力增强了，中国的话语权增强了。这对我们建成小康社会而言，是非常好的物质基础和国力基础。

我们的"三步走"战略，已经完成了第一步和第二步，还剩下最后一个阶段。这个阶段完成之后，我们将集中精力实现现代化。党的十八大在"三步走"的战略上，还提出了"两个一百年"的奋斗目标，就是中国共产党成立一百周年、中华人民共和国成立一百周年我们要建成小康社会，实现现代化。

邓小平同志在 20 世纪 80 年代提出了著名的"三步走"战略，党的十八大把这"三步走"更加具体化。第一步，从 1980 年到 1990 年，我们要解决温饱问题，这一步我们已经实现了。从 1990 年到 2000 年，我们将建设小康社会，包括三个阶段：基本小康、总体小康、全面小康。建党一百周年的时候，我们将达到第一个一百年的目标。小康社会建成之后，到 2050 年，我们将建成现代化国家，重新屹立于世界的强国之林，实现中华民族的伟大复兴。

深圳小康社会之路

深圳是我国最早建立的经济特区，是改革开放的试验地和前沿，是小康社会和中国特色社会主义的探索者。中国的改革开放如果不讲深圳，那就缺了一块；如果讲建设小康社会不讲深圳，也缺了一块。通过深圳建设小康社会，可以更清楚小康社会应该如何建设。

深圳的前身是宝安县和新安县。为什么叫宝安？据《宝安县志》介绍，因为宝安有一座山，叫宝山，在宝山下面发现了银矿，所以，老百姓非常高兴，希望"得宝者安"。"宝安"这个词反映了老百姓对生活的追求，社会平安、社会安定，同时还富裕。我们老的县衙、县城，就在今天的深圳南头。唐朝时期，宝安并入东莞县。到了明朝，县治又恢复了。但是不叫宝安县，而是新安县。新安的含义就是"革故鼎新，转危为安"。所以，回顾历史会发现，在新安这个时期，就开始要求改革，要求转变当时危机状态。当时西方列强开始侵略中国。民国三年（1914 年），因为河南洛阳有个新安县，所以把我们这个县又改回叫宝安县。

新中国成立之后，宝安县从南头镇迁到了深圳镇东门。东门是当年深圳最繁华、最好的地方，也是深圳镇的所在地。为什么要把县城迁到东门？因为这里靠近香港罗湖口岸。罗湖口岸有铁路，可以直通广州。而东门又是深圳人口比较集中、商业比较繁荣、交通比较发达的地区。

经济特区的建立，与香港和深圳本地的贫困有关系。深圳跟香港的界河叫深圳河。"圳"的繁体字是"甽"，一个"田"再加一个"川"，"川"就是河流，表示旁边是岸堤，中间是水流。"甽"这个字说明这是一个有农田、有河流的地方，是一个风景非常漂亮的地方。但是过去，这里很贫困。

深圳经济特区的建立，与香港有直接关系。在 170 多年前，香港只是宝安的渔场。据《宝安县志》记载，香港是无用之地、荒芜之地，因为这里没有资源，甚至连喝的水都没有，也没有什么人烟。但是，英国人认为，香港是一个世界上无与伦比的地方。英国人为什么会这样看待香港？

我们看看英国发展的历史。英国是个岛国，在欧洲边上，并不是欧洲的中央。所以在资本主义社会早期，英国没有什么起色。但是，英国利用岛国的优势走海洋之路，最后崛起。英国是最早完成工业革命的国家，最早建立资本主义政权。马克思是德国人，为了写好《资本论》，他移居英国，写了约 40 年才完成了《资本论》，就是因为英国的资本主义社会形态比较典型。英国国土面积只有 24 万平方公里，但统治的殖民地多达 3000 多万平方公里，被称为"日不落帝国"。英国人认为香港的地理位置非常好，又有天然良港。从 1841 年开始，英国先后占领香港岛、九龙半岛和新界。

到了 20 世纪 80 年代，香港已经成为世界航运中心、商业中心和金融中心。建立经济特区，就是为了利用香港的优势。经济特区在深圳建立，还有一个非常重要的社会因素，就是逃港。当年深圳居民大量往香港跑，成为深圳特有的一种社会现象。1978 年，邓小平在听取汇报的时候，当地的有关负责人专门讲了逃港问题。邓小平考虑，我们要建立一种适合于当地的政策，让农民富裕起来。我认为，这时候邓小平已经有了经济特区思想。

跟农村改革有相同之处，贫困也触发了深圳改革。

1979 年，中央召开了工作会议。广东省委书记习仲勋提出，广东有两大优势：第一，港澳同胞多，华侨多；第二，靠近香港、澳门。如果中央给予广东更灵活的政策，广东能发展得更好。在这次会议上，广东向中央提交报告，希望给予广东一些灵活的政策，包括建立出口特区。西方国家早已有设立"特区"的做法，我党于红军时期在陕甘宁建立过人民政府，后来叫做陕甘宁特区政府。邓小平提出，深圳这个地方也可以叫"特区"，"特区"是小平同志提出来的。

但是，过了一年改为经济特区。为什么叫经济特区？这不是两个字的变化，而是它的性质内涵发生了深刻变化，是中央站在战略高度来审视这个问题，给予深圳一个很高的定位。如果出口特区是经济行为，那么经济特区就是改革行为。中国的改革开放到现在为止没有过时，仍然是进行时。如果它是出口特区，它的基本任务可以说已经完成。但是，经济特区是改革开放试验区，经济特区仍然要继续走下去。

1980 年 8 月 26 日，全国人大常委会批准建立经济特区，经济特区已经上升为国家行为。主持会议的是全国人大常委会委员长叶剑英同志，他是广东梅州的客家人。

经济特区建立之后，我们面临的最大任务就是城市基础设施建设。小平同志说，中央没有钱，你们自己杀开一条血路。所以，深圳开始了非常艰难的城市建设。最早来到深圳的是基建工程兵，他们从全国各地汇集到深圳，因为深圳当时还没有农民工，也没有建设队伍。中央军委、国务院决定，基建工程兵的两个师2万多人从全国各地来深圳，支持深圳建设。1983年，他们脱下军装，成立7个公司。基建工程兵为深圳特区建设立下了汗马功劳。

深圳的发展最有特色的、最引人注目的就是改革。深圳进行了一系列的改革，其中，经济体制改革最有特色。改革从价格体制开始，因为所有的市场经济体都必须过价格关，由市场定价。不过这一关，就不叫市场经济。所以，深圳在20世纪80年代放开物价，到现在由市场定价成为主流。紧接着深圳进行了基建体制改革，因为当时的基建队伍干多干少一个样，干与不干差不多，我们引入了竞争机制，发放奖金。外汇体制改革主要是建立外汇调剂中心。当时外汇完全由国家管制，出口越多，亏损越多。所以，大家不愿意出口。我们建立了民间外汇调剂市场，企业可以自己进行外汇调剂。土地制度改革非常艰难，我国土地只有集体所有和国家所有，土地转让是违法行为。深圳把土地推向市场，进行了土地使用权的拍卖。国有企业是社会主义的象征，改革也相当难，深圳将国家企业股权多元化，引入了国际资本，进行了股份制改造。有了股票，就要流动；要流动，就要有市场。很自然的，要求建立证券市场。

深圳改革从实体经济向虚拟经济过渡，这是一个非常完整的过程。同时，包括了社会体制和行政体制改革，形成一个非常完整的改革体系。有人说，深圳的改革就是走一步看一步，遇到什么改什么。我不赞同，我认为深圳的改革充满着智慧，有顶层设计。

深圳经验

在20世纪80年代，全国各地有一些人认为深圳是资本主义的发源地。1984年，邓小平考察深圳，看了三天，他跟深圳的负责人说，他这次来只看不说。离开深圳到了珠海，他给珠海当场题词——珠海经济特区好。去了厦门，给厦门题词——把经济特区办得更快些、更好些。他一连看了三个特区，心里有数了，后来到了广州。走了三个特区，给两个特区题了词，深圳没有。当时深圳的领导连夜开会，决定派人去广州，要小平同志也写几个字，小平同志给深圳题下了一句话：深圳的改革和发展证明，我们建立经济特区的政策是正确的。通过这个过程我们可以看到，邓小平对深圳是信任的、是肯定的。但是，他是有保留意见的，他认为，深圳应该像中央要求那样，成为改革开放的试验地。

过了 8 年，邓小平再次来到深圳。这次跟上次不同，苏联解体、东欧剧变。有人认为，如果我们再改革开放下去，可能就是第二个苏联。邓小平不希望改革停顿下来，所以他乘专列一路南下，来到中国改革最前沿的地方——深圳，专门讲改革开放。他说，不坚持社会主义，不改革开放，不发展经济，不改善人民生活，只能是死路一条。这就是我们党的历史上著名的"南方谈话"。

现在看起来，建立经济特区的目标已经达到。我们有两大目标：一是与香港的关系，解决逃港问题、稳定边境、深港合作；二是与内地的关系，成为带动内地发展的中心城市，成为改革开放的试验田。2010 年是深圳经济特区成立 30 周年，党中央、国务院在深圳召开了庆祝大会，时任总书记胡锦涛发表了重要讲话，总结了深圳经验。他说，深圳创造了世界工业化、现代化、城市化发展史上的奇迹。2012年习近平总书记在深圳考察的时候也说，深圳是我们国家最早实施改革开放的城市，也是影响最大、建设最好的经济特区。深圳的发展是中国改革的一个代表作，是中国奇迹，也是世界奇迹。我们现在看到国内外讲深圳，"奇迹"这个词用得最多。

2014 年深圳的 GDP 已经突破 16000 亿元，相当于一个中等规模省份，在全国城市中仅次于上海、北京、广州；人均 GDP 达 24000美元，超过台湾，达到了中等发达国家和地区水平；外贸出口达2844 亿美元，在中国城市里居第一位；财政总收入达 5560 亿元，深圳是计划单列市，与中央分成，2/3 归中央，1/3 归地方自用；深圳人口从建特区时的 30 多万发展到现在的 1600 多万。经济特区建立的时候，邓小平说，中央没有钱，你们杀开一条血路。实际上中央给了一个亿。这一个亿主要用于建特区管理线的铁丝网，以及罗湖口岸、皇岗口岸的改造。30多年来，深圳回报中央的收入已达2万多亿元。

在深圳，出现了一批世界知名的企业，像华为、中兴、腾讯、华大基因等等。这些企业有几个共同特点：第一，本土企业，不是政府从外面引进来的；第二，民营企业，不是政府投资创办的；第三，都是从小企业发展起来的大企业。从这些企业的出身，我们可以看到，深圳的市场环境非常好。政府培育了一个让企业能够竞争的环境、竞争的市场。政府所做的工作不是培育企业，而是培育市场。在深圳，有很多类似的企业不断涌现。

李克强总理在2015年春节后第一个工作日来深圳考察，他到了柴火创客空间。创客在深圳非常多，深圳提出要建设全球创客中心。在深圳之所以出现这么多的好企业，就是因为在这里有成千上万的创客。深圳的市场经济之所以这么活跃，深圳的企业之所以不断地涌现，就是因为有成千上万的创客，以及成熟的市场经济。

通过深圳的发展，我想总结深圳这样几个经验。第一，中央特区战略与深圳实践探索的结合。中央建立经济特区的战略定位非常精准，不是一个经济开发区，不是一个自由贸易区，而是中国改革开放的试验区，深圳按照这个要求进行了探索。第二，香港产业转移与深圳对外开放的结合。香港产业转移的时候，也是深圳建立经济特区的时候，这两个时间段刚好吻合。现在讲香港对深圳的带动，讲得非常多。但是我觉得还要讲一条，就是深圳对香港的带动。如果没有深圳接受这些产业，跟香港合作，那么香港这些加工产业没地方去，香港服务业中心很难建立起来。所以，深圳为香港产业转型、为香港服务业中心地位的确立，做了巨大贡献。第三，全国鼎力支持与深圳移民文化的结合。深圳是一个移民城市，深圳人来自全国各地，形成了特有的文化，就是敢闯敢干。第四，摸着石头过河与敢闯敢试的结合。我们既小心谨慎，又要敢闯敢干。第五，杀开血路与顶层设计相结合。大胆地干，没有成规。同时，我们又有顶层设计。

邓小平总结深圳经验用了两个字，非常简略——敢闯。我觉得，邓小平的这两个字，对深圳的总结最精辟、最精彩。很多人总结深圳就是，经济特区有优惠政策，经济特区有钱。这些都是外在因素。邓小平从内因总结深圳，这才是深圳的本质精神。

受邓小平对深圳经验的总结的启发，我也写了一篇文章——《"闯"和"创"成就了深圳》，发表在《人民日报》上。邓小平所讲的敢闯，包括了创，就是智慧。深圳的改革是充满智慧的改革，不是蛮干、盲闯。但是人们对邓小平的敢闯有误解，认为敢闯就是什么都敢干。所以，我把这两个词稍微分开，"闯"和"创"成就了深圳。在这篇文章基础上，我进一步地分析，总结了深圳30多年的历史，形成了另一篇文章——《勇气和智慧是改革的精神品质》，也发表在《人民日报》上。这篇文章没有出现深圳这个词，但是，它所总结的东西全部都是深圳的。

如果说小康社会，深圳已经达到。但是，如果从全面小康社会、从"四个全面"角度看，深圳还有很长的路要走。所以深圳提出，要争当"四个全面"的排头兵。

建设小康社会是系统工程

总书记提出了"四个全面"，就是全面建成小康社会、全面深化改革、全面依法治国、全面从严治党。"四个全面"是十八大以来逐步地提出来的，当然过去也提出小康社会、改革开放、法治国家、加强党建等，但是习近平同志在每个词的前面加了两个字"全面"。所谓全面，就是顶层设计。现在把"四个全面"放在一块，作为一个整体，这是我们的新目标。我们要建成小康社会，不能单打独斗，而是要形成一个系统工程，这个系统工程就是"四个全面"。

十八大之后，习近平同志内地考察第一站就来到深圳。在深圳莲花山上，他把当年陪同邓小平的两位老市委书记，一个是珠海市委书记，一个是深圳市委书记，请到山上，站在邓小平铜像面前讲改革开放。这个意图非常清楚，就是要坚定不移地走邓小平的改革开放路线。2015 年 1 月，总书记对深圳有一个重要批示，这个批示我认为有两层意思。第一层就是希望深圳经济特区仍然像过去一样改革开放；另外一层就是，要做好"四个全面"。深圳提出，要努力在"四个全面"中创造新业绩，争当"四个全面"的排头兵。习近平说，全面建成小康社会是我们的战略目标，全面深化改革、全面依法治国、全面从严治党是三大战略举措，"四个全面"相辅相成、相互促进、相得益彰。

现在深圳建成小康社会已经到了关键时期，仅仅通过改革不能解决问题，还需要法治、需要从严治党、需要小康社会的各个部分。只有把"四个全面"当成一个有机整体，我们才能更好地推动小康社会建设。"四个全面"是有逻辑关系的，小康社会发展离不开改革。从深圳 30 多年改革我们看到，要让老百姓富裕起来，改革是最好的途径。只有把握了"四个全面"的关系，我们才能够有效地把握"四个全面"的走势，来推动全面建成小康社会。

"四个全面"的逻辑关系有哪些？这是我最近研究的话题。第一，生产力和生产关系。生产力就是人们从事社会生产的能力，这是自然属性；生产关系就是人们在这种生产中所结成的关系，这是社会关系。生产力决定生产关系，生产关系反作用于生产力。所以，我们党提出以经济建设为中心，提出发展才是硬道理。"四个全面"反映了生产力和生产关系的这种相互关系。第二，主要矛盾和次要矛盾。中国当前的主要矛盾就是人民日益增长的物质文化生活需求与不够适应的社会生产之间的矛盾。这个矛盾解决了，才能有效地解决其他矛盾。"四个全面"反映了主要矛盾和次要矛盾的关系。矛盾有两个方面，矛盾两个方面的地位是不相同的，其中一方占主导、控制地位，决定着矛盾的发展走势和性质。"四个全面"也表现为矛盾的主要方面和次要方面。抓住了矛盾的主要方面，其他的矛盾便迎刃而解。事物都是由局部和总体组成，"四个全面"的每一个部分都是局部，仅仅局部推动是不够的，只有把局部组成一个整体，整体推进才会有成效。"四个全面"每个阶段有目标，但是，它又是发展变化的。建成小康社会还不是最终目标，我们的最终目标是实现现代化。所以，"四个全面"也是发展变化的。只有做到了"四个全面"，我们才能够真正建成小康社会。

根据深圳改革开放 30 多年的历史经验，我得出一个结论，（1）经济发展是硬道理；（2）勇气、智慧并驾齐驱；（3）科学发展、和谐发展；（4）改革法治、党建保障；（5）人人都要出力、出彩。建设小康社会，是国家大事，是社会大事，也是在座的每一个人的事。只有每个人出力，每个人都出彩，我们的小康社会才能建成。

习近平多次说，我们现在比历史上任何时期都更加接近实现中华民族伟大复兴的目标，都更有信心、更有能力来实现这个目标。"行百里者半九十"，越到后面越艰难。现在我们剩下的改革全是硬骨头，都很难啃，越接近成功越困难，我们越要认真对待，越要加倍努力。

现在建成小康社会的目标已经近在咫尺、近在眼前。但是，我们的工作越来越艰巨。这时我们要有清醒的头脑，加倍努力，使小康社会早日建成。

我今天要讲的就这么多！谢谢！

现代化的路径选择

高宣扬

高宣扬

上海交通大学讲席教授、博士生导师，欧洲文化高等研究院院长。国务院外国专家局聘任的"海外名师"。曾任巴黎国际哲学院、台湾东吴大学、上海同济大学哲学教授。研究领域为当代法国和德国哲学与社会理论。已主持哲学类国家社科基金重大攻关项目1项、一般项目2项，省部级项目多项。出版专著近30种，发表中、法论文近百篇。

现代化问题需要不断创新

今天我演讲的题目是《现代化的路径选择》，我准备分成四个部分来讲。第一，现代化是新时代的世界潮流；第二，现代化的主要目标和矛盾；第三，现代化的路径选择；第四，中国现代化的世界历史意义。

第一，为什么说现代化是新时代的世界潮流？主要想说明，我们现在所涉及的现代化是人类历史上最新的最伟大的事业。人类的现代化在16世纪由西方人开始，经历了几百年，只是完成了现代化的一部分，其历史经验固然有助于全人类的现代化事业，但毕竟是现代化第一阶段的有限经验。现在人类已经进入一个新的历史阶段，现代化的进程正在发生一个重大转折，在这个意义上说，我们现在所开创的、所要走的现代化的路径具有伟大的历史意义，是前人所没有过的！西方人在我们之前所掌握的那些为我们开创的现代化路径和他们的经验只能够为我们提供某些借鉴，不能够完全照搬。

我在这里特别要提到，21世纪的现代化是全新意义上的现代化，就它的时间和空间而言，史无前例，我们必须全面地认识这样一个新的现代化的意义，只有这样，我们才能够正确地总结现代化经验，开创现代化路径，坚定自己的信心，并且能够在这个问题上不断创新，而不被现代化问题所约束。

第二，当我们理解现代化新时代的时候，当我们谈论中国现代化所必须选择的路径的时候，必须首先明白什么是现代化，而且对现代化要做一个历史分析，找到进入现代化新时代遇到的主要问题和矛盾。在这个意义上说，我们必须回顾历史上现代化怎么样从西方开始，慢慢地走上了曲折的道路，最后到了21世纪，中国及全球越来越多国家和地区都先后进行现代化，现代化进入一个新阶段。

在这个基础上我们才开始谈现代化的路径选择，因为路径的选择主要指我们自己现代化的路径与进程，如何结合中国实际、中国的历史和传统，再借鉴西方的历史经验，面对人类实行现代化会遇到的问题以及未来讨论现代化路径选择的问题。

在这里我特别强调，现代化的路径选择对于我们来说就是创新，而且这个创新不是一次性完成的，它一定是不断地选择，不断地发现问题、解决问题，甚至包含着不断地探险、冒风险、做试验，然后逐步地去克服困难，使我们自己的现代化能够走上健康发展的道路。最后再谈到现代化的世界历史意义，这四个部分，重点讲第二部分和第三部分。

中国智慧远超西方经验

回到第一个问题。我们现在所面临的现代化是新的现代化，是在新时代里产生的。在中国的现代化历史上，100多年前，孙中山先生早就说过，世界潮流，浩浩荡荡，顺之则昌，逆之则亡。孙中山领导的辛亥革命正是试图适应现代化的潮流而进行的重大社会改革，但那个时候正是西方资本主义现代化一统天下的时代，孙中山的事业未能成功。

经历一个世纪的历史沧桑，特别是中国近30多年的现代化建设以及亚洲的崛起，现代化已远远超出西方的范围而成为当代席卷全球的历史潮流，成为全球各国各族在理论上和在实践上共同探索的根本问题，不但开启了空前未有的现代化新时代，也使人类进入一个重建全球文明的新时代。这个问题不只是中国所面临的问题，也是世界各民族面临的共同问题，但是中国必须承担自己的大国责任，对全人类负责，尤其要在这个问题上进行严肃的探索，并且不断地总结经验。

新时代的现代化既是物质文明的转折，同时也带动了人类文明的全面重建。中国是个具有悠久文化的传统大国，国人有丰富的智慧，在近30多年的现代化过程中，中国人表现出来的智慧远超西方人现代化的经验，在这个意义上说，将为重建人类文明奠定基础。

所谓现代化的新时代，是指20世纪末以来，现代化的进程扩及全世界，越来越多的国家进行现代化，原已迈入现代化行列的国家继续寻求现代化的新发展路径，形成了全球现代化相互借鉴、互补和竞争的局面。德国一位著名思想家哈伯玛斯说，现代化是一个未完成的事业，西方要继续探索现代化路径。对于奋起直追的现代化的亚洲特别是中国和类似的发展中国家来说，在新时代里进行现代化，也存在非常严肃的探索现代化的问题。这样就形成了全球现代化相互借鉴、互补和竞争的局面，这个局面既充满活力，又存在危机。

西方现代化也面临着重新探索

在新时代，西方最早进行现代化的各个国家也面临着重新探索适应本国特色的现代化途径的问题，中国人在理解西方现代化的时候，不能把西方看作铁板一块，或者把西方现代化看作一种模式，这是误解。实际上西方现代化也是多方面、多元化的，西方各个主要国家并不是同样走现代化的路径。举例子来说，欧洲作为一个大板块，它试图寻求欧盟式的新的现代化道路，要跟美国、日本走入现代化的途径进行竞赛，要走出自己的特色。

即使在欧盟范围之内，欧洲各国也正在以突出本国特色的方式重新开创新现代化的道路。它们矛盾重重，它们不可能实行整个欧洲一致的现代化模式，尤其是德国、法国、英国、意大利，它们各自有自己的路，这就意味着，现代化即使在欧洲也是多元化的，这种多元化有可能在它们内部导致矛盾、冲突。欧盟的形成也经历了非常多的风险，而且充满矛盾。很多国家要退出欧盟，即使英国也是。总之，西方哪怕走了几百年取得很丰硕的现代化成果，它们也在不断地探索新的现代化的可能性，在这个意义上说，新时代的现代化非常复杂，20世纪70年代后兴起的韩国、新加坡、巴西、印度等国也正走在符合自身特色的新现代化道路上。

现代化多元化的趋势

我每次特别提到如何走符合自身特色的现代化道路，在这个意义上说，比起20世纪以前丰富得多、复杂得多、艰巨得多，而且矛盾也多，创新机会也多。

在当代现代化的世界潮流中，中国现代化以其显著成果改变了全球现代化格局，也扭转了现代化的传统方向并丰富了其内容，突破了原初由西方国家开创的现代化固有模式，促使全世界人民意识到现代化进程的多种可能性，尤其启发各国人民立足于本国和民族的历史、社会、文化、地理和传统的特色，适应全球现代化的整体进程，选择开创富有潜力和独具特色的知识路径。

21 世纪的现代化不只是各个国家探索具有自己特色的道路，同时又是全球化的过程，可能引起世界地缘政治的变动，而国际金融危机深层次的影响继续显现，世界经济慢慢复苏，国际投资贸易格局和多边投资贸易的位置有了更彻底的调整，面临着更复杂多样的发展前景，这是好事，但同时也潜伏着各种危机，所以全球现代化局势从未如此复杂和多样化。现代化不只是空间上的扩大，从西方延伸到亚非拉各国，而且在内容和本质上发生根本变化，现代化在各个地区从多种维度、层面等呈现多元化的趋势。

现代化究竟是什么呢？

下面讲第二个问题，现代化的主要目标是什么。

这就涉及什么是现代化的问题。从人类社会整体来说，现代化专指从旧的传统社会向现代社会过渡的漫长复杂进程，包含经济、政治、社会、文化和个人各个层面的全面革新。北京大学罗荣渠教授的《现代化新论》认为，"从历史的角度来透视，广义而言，现代化作为个性的历史进程，是指人类社会从工业革命以来所经历的一场急剧变革，这一变革以工业化为推动力，导致传统的农业社会向现代工业社会大转变的过程。"罗先生去世很久了，但是全球化的发展进一步证实了他的思想的深刻性，它使得工业主义渗透到经济、政治、文化、思想各个领域，引起深刻的相应变化。

20 世纪 70 年代，哈佛大学亨廷顿教授归纳了现代化过程的九个特征：①现代化是革命的过程，从传统社会向现代社会的转变，只能与人类起源的变化和从原始社会向文明社会的变化相比拟；②现代化是复杂的过程，它实际上包含着人类思想和行为一切领域的变化；③现代化是系统的过程，一个因素的变化将联系并影响到其他各种因素的变化；④现代化是全球的过程，现代化起源于欧洲，但现在已经成为全世界的现象；⑤现代化是长期的过程，现代化所涉及的整个变化，需要时间才能解决；⑥现代化是有阶段的过程，一切社会的现代化过程，有可能区别出不同水平或阶段；⑦现代化是趋同的过程，传统社会有很多不同的类型，现代社会却基本是相似的；⑧现代化是不可逆的过程，虽然在现代化过程中某些方面可能出现暂时的挫折和偶然的倒退，但在整体上现代化是一个长期的趋向；⑨现代化是进步的过程，在转变时期，现代化的代价是巨大的；从长远看，现代化增加了人类在文化和物质方面的幸福感。

现代化究竟是什么呢？我们在现代化之路上走了30多年，也取得很多成果，但毕竟现代化是一个未竟的事业，值得我们不断探索，而且现代化的进程中会不断出现新的矛盾和新的问题，因此我们要对现代化作出一个完备的定义为时过早，但毕竟我们有经验，所以我们要去探讨。

现代化内涵很复杂，不仅包括大约15世纪以来发生的社会变迁，还包括未来将发生的新变化，新变化是多种多样的，可以是进步的，也可以是退步的，或者同时是进步和退步双向进行的。现代化不只是经济的增长，现代化也是人类思想精神上一种新的追求。现代化的核心问题就是创新。所谓创新，必须有思想上的创新，由思想创新带动各个方面的创新，这也是人性中寻求不断超越的表现。我们为什么需要不断创新？因为我们不满足于现状，这种精神就是人性中不断超越的精神，从哲学角度讲，是人类知识结构和质量全面跟进的过程，因此，人类伦理价值的完善也是对现代化不断探索的过程。

现代化过程充满矛盾

西方国家最早开展现代化，它们经历了现代化的准备阶段

（15～16世纪）、启蒙和民主革命阶段（17～18世纪）、工业化和城镇化阶段（18世纪中叶至19世纪）、反复危机和全球化阶段（20世纪初至20世纪70年代末），以及现代化的多元化阶段（20世纪末至21世纪）。

现代化的过程实际上充满矛盾和悖论，这是人们经常忽视的。英国作家狄更斯的小说《双城记》，主要讲了1789年法国大革命之后发生的非常动人又非常悲惨的可歌可泣的故事，他说这是最好的时代，也是最坏的时代；这是智慧的时代，也是愚蠢的时代；这是充满信心的岁月，又是不确定的时代；这是光明的时代，又是黑暗的时代。我们什么都有，同时又一无所有。这句话说得非常深刻，把现代化一开始以及后来遇到的问题，做了很好的文学上的总结。

西方现代化从开端到19世纪，采用了资本主义社会制度，这和中国不太一样。20世纪70年代后，我们的现代化是在社会主义制度内进行的现代化，这是完全崭新的事业。西方的资本主义社会制度的现代化，它强调具有主体性的人拥有天生自然的基本权利，为资本主义市场经济及其政治制度奠定了合法性和理论基础。为此，哲学上出现了笛卡尔提出的"我思故我在"的基本原则及英、法、德等国思想家所提出的自然法理论。19世纪德国思想家康德总结说，人实际上在其自身中发现一种将其自身同其他一切事物区分开来的能力，这就是理性。也就是说，西方现代化的关键就是抓住了理性。

这是历史的进步。但只强调理性，又会导致社会出现新的矛盾，而且以所谓理性为中心的人性，最后看不到人性中暴露出的非理性的部分，过分强调理性的人性实际上是对人性的摧残。对充满着感情、欲望与具有实际生活需要的人来说，除了理性以外，还有非理性部分。从这点可以看出，西方现代化从开始到政策再到思想基础，既有先进的部分，但同时也包含深刻的矛盾。

现代化就是启蒙

有句话特别重要。所谓现代化，在哲学上来说，就是启蒙。什么叫启蒙？启蒙是人从自己所造成的不成熟期，也就是未成年状态中解脱出来。通俗来说，所谓启蒙就是人从土壤状态的智慧一下提升到成年人的智慧。这种不成熟性是指没有他人的指示，自己不能使用自身的理智，这种不成熟性是自己所造成的，因为这种无能为力的原因不是缺乏理智，而是由于没有其他人指示就缺乏勇气和决心去使用自己的理智，因此，启蒙运动的基本口号就是：鼓起勇气，大胆地使用自己的理智。鼓励大家用理性去大胆地判断创新，去闯出自己的事业来，在这个意义上说，强调理性的重要性，但同时也隐含了后来因为过分强调理性所可能造成的新的危机和矛盾。

在上述定义中，康德特别强调人敢于独立自主，使用自己的理性的重要性，他特别用拉丁诗人贺拉斯的一句名言"敢于去认识"作为启蒙运动的基本口号。显然，康德首先把理性当成启蒙的首要因素，接着，他又把知识当成理性的主要表现，并把敢于掌握知识和追求真理当成启蒙的主要目标。作为哲学家的康德，他把理性和非理性的状态给抽象成干巴巴的理性，这是有问题的。

从 19 世纪中叶开始，经历工业革命后的蓬勃发展后，那时期最敏感和最有思想创造能力的作家、诗人、艺术家及哲学家们，如德国的马克斯·韦伯、法国的波德莱尔和德国的尼采等人，最早发现资本主义社会及文化的双重矛盾性、悖论性、双重性格和双重面貌，既推崇科学又最野蛮和最富有侵略性，既推崇法治又最伪善。西方资本主义现代化经历数百年的发展，一方面构建了发达的现代社会，拥有先进的文化、科学技术和军事装备，另一方面又加剧了其本身的内外矛盾，面临发展和危机循环并行的悖论。法国社会学家涂尔干的《劳动分工论》和《自杀论》，揭示随工业化、城镇化和科技化而产生的社会病态；德国的社会学家韦伯也揭示了社会合理化所付出的巨大代价，一方面形成高效率的社会，另一方面也由于科技的广泛运用而把人关在牢笼里。

德国鲁曼分析，资本主义现代化的矛盾及其风险，源自整个社会体系的分工极端化；而哈贝马斯也揭示了西方现代化引起的"制度系统对生活世界的殖民化"恶果。资本主义现代化在国际上靠弱肉强食、零和博弈以及西方中心主义的原则进行对外扩张和侵略性战争，导致 20 世纪上半叶连续两次发生世界大战。21 世纪的现代化，我们要走相互平衡、互利共赢之路，进行和谐的竞争，在这个基础上来进行全球化的现代化，才能避免过去现代化所遇到的问题。

必须发挥人的主动创造性

第三个问题，现代化进入新的时代，我们在总结了现代化所面临的基本内容和目标矛盾以后，可以谈论关于现代化的路径选择的问题。

现代化是社会的自然发展过程和人类创造活动的双重产物。社会发展到了一定阶段，会进入下一个现代化的进程，但是它不是完完全全自发性的，只是很被动的发展结果。这里面包含着人类本身的，生活在这个社会中的人的创造活动，是它们跟社会发展的规律相结合的一种结果。人类社会根据自身的发展规律，在一定发展阶段，自然地形成了现代社会的客观基础和基本条件，但不靠人的主动参与、选择和干预，只有以我们的勇气、智慧，甚至付出巨大的代价，才能促进现代社会的形成和实现。

什么是现代化这个问题，涉及很复杂的方方面面，我作为一个书生可以从理论上进行探讨，历史上不断认识，但究竟怎么样选择、判断问题，我没有这个能力。不管怎么样，我有能力说的就是要强调，必须发挥人的主动创造性，作为领导者，我们在决策、在发现问题的时候，必须自己进行广泛的深入调查，特别是深入基层老百姓中去了解。

现代化离不开民生问题

我顺便很简单地谈一个问题，实际上调查判断社会的基本矛盾，既是复杂的，同时又非常简单，关键是能够体察民心，能够真正地了解人民生活中的基本问题。谈到现代化，老百姓关心得更多的是民生问题，这可能需要用决心、智慧去分析。但同时也很容易，关键在于是不是能够体察老百姓的生活，我觉得这很重要，包括现在的房地产发展问题，要通过创新，帮助老百姓解决这些最烦恼的问题。领导层要针对问题，提出自己的解决方案，关键在于人的参与和创造。领导者要积极鼓励老百姓参与，同时要开放思路，多从大多数老百姓的利益出发，决定做什么样的抉择。

路径选择不会一次性完成

路径选择的根据存在于社会本身的历史和现实基础，包括政治、经济及文化思想的因素。路径选择具有两面性：既有创造性又有继承性。一方面要靠创新，即现代化的道路到底怎么走；另一方面要继承，要总结我们自己过去走过的现代化道路的经验，作为决策者很重要的参考，还要参考别的国家的经验。这个两面性还包含着开创性、历史性；既有冒险性，又有进取性，既有风险，又要对风险抱着正确的态度，在决定路径选择的时候，这是很重要的原则。路径选择还包含着可行性和潜在性的矛盾，我们的路径选择是不是能够根据现实的状况去实行？它可行不可行？但是我们也不能完全考虑现实是否完全可行，应该看到即使不可行，我们是不是可以发挥潜在的部分，也就是看不见的因素，作为路径选择，必须看到潜在的因素。它既有探索性，也有持续性，这使得路径选择的过程是一个长期的过程，不会一次性完成。

路径选择的前提是，对中国人来说，必须消除对西方现代化的误解，这个误解是长期的历史造成的。现代化不是西方国家的垄断发明，每个民族发展到一定阶段，根据自己的需要，根据创新的可能性，都可以进行现代化，因此必须走出西方现代化的笼子。现代化并非只有一个模式，不能只看到西方那套，认为凡是现代化就必须那么做，现在中国的现代化就证明这一点。在西方现代化的模式之外，我们还可以走出自己现代化的可能路径，结合中国的农业基础、文化特点以及历史状态，我们跟外国力量对比的状态，以及我们的地理位置，所有这些都是我们进行路径选择的时候必须优先考虑的，而不是首先考虑外国。模式要靠自己去创造，西方现代化不是最好的模式，西方现代化只是人类现代化整个长期的历史过程第一阶段的经验，只有四五百年的历史，这个阶段相对整个人类现代化的进程只不过是个开始而已，是第一步，而且它局限在西方。对整个地球而言，西方只是地球的一小部分，而且就人口而言，西方也只是人口总数的少部分，更大多数人分布在西方以外的地球各国。文化方面也是这样，西方文化从古希腊开始，而中国的文化更早，还有印度的、巴比伦的，整个拉丁美洲的文化都有自己更远的源泉。所以，不要把西方现代化当做最好的模式；相反，只能把它看作我们的开端而已。

现代化不应该有固定标准

现代化并不总是沿着进步的方向发展，要特别警惕在现代化过程中遇到的各种各样的问题，会遇到战争、灾难、各种各样的走回头路的现象等，引起新的矛盾，在这个意义上说，新的现代化的选择要不断针对现代化进程的发展阶段作出判断，不断拿出新的方案解决问题，所以现代化没有固定不变的现成标准。

现在西方人也在反省，法国大革命以后，提出人类只有进步才有希望，但实际上进步本身也有问题，因为过分强调进步以后，就会忽略人类在现代化以前特别是原始社会以来所包含的许多丰富的因素。我们要不断地去发现，不断地重新把它拿出来，然后再用到现代社会，比如中国如何实现现代化，不能只看到现代化只带来进步，因此不考虑过去几千年的历史，何况我们现在的历史中，甚至更早的历史中，包含西周以前甚至原始社会非常丰富的、带有自然朴素色彩的人类智慧，都可以在现代化过程中把它发挥出来，所以要进一步对现代化进步这个概念进行反思。

过去所谓现代化就是在数字上提出标准，每人平均多少钱收入，工业化达到什么程度，这种说法都是受到西方人负面影响的结果。实际上现代化不应该有标准，人类的现代化标准是在现代化过程中不断变化的，关键在于要使得现代化能够不断地发展起来，使得它不要停止在一个固定的水平上，按照固定的僵化标准去衡量。

对西方现代化的误解，在客观上由于现代化对于我们来说是从未实现过的事业，主观上根源于我们对历史真相的迷茫，西方人多年来传播的现代化论述形成霸权，即西方中心主义思想。

增强道路、理论、制度自信

1998 年，中国学者何传启发表《知识经济与第二次现代化》一文，随后出版《第二次现代化——人类文明进程的启示》一书，全面提出第二次现代化理论，认为从农业时代向工业时代、农业经济向工业经济、农业社会向工业社会演进是人类第一次现代化。从工业时代向知识时代、工业文明向知识文明的转变过程是第二次现代化，文明发展具有周期性和加速性，知识时代不是文明进程的终结，而是驿站，将来还会有第三次、第四次、第五次现代化。

所以路径选择不是一次完成的，而是反复不断地学习、调查、认识、总结、比较、实践、纠正、再实践的过程，一方面反思分析中国在经济、政治和思想文化传统上的特色以及潜力，不断丰富中国本身的现代化经验；另一方面要有全球视野，学习、分析和提炼。

21 世纪以来中国和全球的最新现代化研究成果，使我们有可能越来越清楚地探索解决现代化的路径选择问题，这就是，一方面越来越完善地总结自身和世界的现代化经验，另一方面不断增强道路自信、理论自信、制度自信。

开创现代化的新内容新精神

最后讲一下中国现代化的历史意义，因为中国现代化可以说是史无前例的。尽管西方现代化比我们早走了四五百年，但那只是开始，只有当有着 13 亿多人口的中国，有着 5000 年文化传统的中国，其现代化进程开创以后，世界现代化才能发生重大转变。中国现代化开辟了人类社会现代化的新时期，使现代化的历史进程发生了新的转折，对人类现代化作出了决定性的历史贡献：现代化从西方国家的范围内走向全球；丰富更新现代化在全球实现的经验；开辟现代化多种路径的新前景；开创现代化的新内容和新精神；现代化的全球实施过程，是和平而不是战争，是合作而不是对抗，是共赢而不是零和。

前面提到，西方现代化一开始是在本国进行工业化、城镇化，同时为了积累资本，为了发展本国经济，它们不惜用各种各样最野蛮的手段，去侵略别的国家，所以当时西方国家，如西班牙、葡萄牙通过海上霸权进行奴隶买卖，占据殖民地，掠夺殖民地的所有资源，而且标榜自己是很文明的西方人，到殖民地残酷野蛮地杀害当地民众。法国著名思想家特别揭露了 500 多年前哥伦布发现美洲的时候，那时候被哥伦布谩骂成野蛮民族的印第安人，抱着欢迎态度迎接哥伦布的船队；相反，哥伦布的船队对待他们用的是大炮、长枪，使 500 多年前的拉丁美洲血流成河。然后哥伦布船队把本来是美洲主人的印第安人变成人口很少的一个民族，他们占据了拉丁美洲绝大多数地方，在这一点上，西方人的全球化现代化采用了两种策略，创新了标准，在国内给予本国人民自由民主，在国外由他们来决定别国人民的命运。

除了使用枪炮以外，西方国家还用宗教传播这种虚伪的方法奴役殖民地人民，这种现代化的模式，我们不能够重演。如果全球化不断发展，21 世纪只能走新的道路，那就是和平发展的道路，不能用战争，这是中国现代化提出的明确原则，而且实际上也是这样进行的。

中国可以作出特殊贡献

中国现代化提出了很多新的问题，最重要的启发就是，当代科技特别是信息技术和网络文化的突飞猛进，不但开辟了文化创造的多元化、多边化及动态化的新平台和新媒体，而且促使创造主题走向网络化、个体化、微型化、流动化及散播化，构成文化创造中的有形与无形、汇集与多样的张力关系，人与人的关系从实体性转变成虚拟性、从静态到动态、从中心化到网络化，社会行动和日常生活的每一个方面，几乎都有可能通过数字传递方式而与他人及整个社会分享，为人类及其文化创造开辟广阔前景，有助于构建多元文化的崭新创造生态。这是中国现代化有可能在这方面作出贡献的一个很重要的条件，在这个问题上，中国完全有可能作出特殊贡献。

在数字图像新时代，人类可以尽可能地发挥自身的自律性和创造性，灵活运用数字图像与语言及日常生活中的密切互动，摆脱传统语言和文化的约束，将图像的不确定性与语言的确定性的悖论，引导到有利于文化重建的新方向。但数字图像隐含的悖论性改变了原有创造和生存模式，为破除传统观念和开创新思路提供了新的可能性，又为新生活引入不确定性，既利于文化的普及与传播，又为强势文化的霸权提供方便。现在人人都可以上网，人人都可以说话，人人都可以不受控制地去创造话题，发表言论，这有利于大众发挥积极性。同时网络的发展又使得一些媒体、企业、集团以自己的优势去控制网络，这又是矛盾的。而图像的直观性，既有利于人民大众直接参与文化创造，又为速食文化的泛滥推波助澜。它既开拓了文化创造的想象力，又侵蚀了文化创造的自然基础，继而使图像时代成长的青少年处于图像与语言、沉思与快捷、真实与虚构之间的悖论状态。这种状态是中国文化发挥作用的一个很好的基础。

中国文化的最大优势

　　西方的哲学思想模式决定了它们的现代化以主体中心主义的主客体二元对立模式为基础，造成人和科学技术同自然的对立，使现代化过程中危机重生。值得指出的是，文字作为中国文化的基础，具有独一无二的优点，西方文字是靠语音和意义的二元关系来确立的，同时，它又以单向单维度的展现方式，突出地显示西方语言中的主体中心主义。人文思想所表达的是人类的创造力量以及人类力图不断提升自身生存能力的坚毅精神，它集中了人类自然本性及其文化创造的积极能量和无限潜力，旨在不断地丰富人性本身的内容并提升其持续发展的可能性，说到底，人文思想无非一种不断更新和不断重建的思想精神力量，它的生命力体现在它的持续自我重建和不断自我创造过程，因而它势必随社会的发展和人类思想文化的提升而一再更新和重建，因此，现代化进程中人文思想的保持和提升是社会健康发展和全民生活幸福的基本保障。恰恰在这点上，中国文化可以发挥它的最大的优势。

　　今天要讲的就是这些，谢谢大家！

国家话语权的争夺：
我国的话语权建设

贺耀敏

贺耀敏

中国人民大学校长助理，中国人民大学出版社总编辑，二级教授，博士生导师。中国人民大学学术委员会副主任、中央外宣办对外出版专家委员会委员。主要从事中国经济发展研究，主持并承担多项国家和省部级研究项目。荣获"中国出版政府奖"和"中国出版韬奋奖"，被四部委授予"全国文化体制改革先进个人"称号。在国内外权威期刊发表若干学术论著，代表作有：《中国经济史》《中华人民共和国史长编》《六十年国事纪要（经济卷）》《中国近现代经济史》等。

话语权就是国家对外影响力

话语权的研究已经成为我国外交领域、文化交流领域和学术界研究的热点问题。以中国人民大学学者为主要成员的研究团队，正在研究中国整体价值体系的国际传播问题、研究中国国家话语权的建设问题。

什么是话语权？话语权就是一个行为主体的思想文化体系的对外影响力。什么是国家话语权？简单说就是国家思想文化体系的对外影响力。用老百姓的话讲，话语权就是说话的分量。规范地讲，它表现为自己的思想文化价值的传播范围、传播力度、传播形式、传播效果，表现为自己的思想文化价值的接受范围、接受程度、接受方式、接受效果，表现为自己思想文化价值对于各种评价和舆论的控制能力。在当代社会思潮中，话语权指影响社会发展方向的能力。特别是作为社会意识形态工具的话语权更是具有重要的作用。举例来说，深圳作为中国改革开放的缩影，它的话语权从一定意义上就反映了中国改革开放的对外影响力。海外人士认识和理解中国，看看深圳就很有启发，因为相当长一段时间深圳都是我国改革开放的风向标，反映了我国改革与发展的理念与诉求。

对于一个国家来讲，话语权是这个国家国际形象的重要组成部分。因此，中国的话语权也是中国国际形象的重要组成部分。我们大家都希望中国在国际上的影响力越来越大、形象越来越好，需要话语权建设；我们大家都希望中国的发展与成长得到国际社会越来越多的理解与认同，需要话语权建设；我们大家都希望为中国的发展营造一个良好的国际环境，确保中国发展得更好、更和谐，需要话语权建设；我们大家都希望中国的发展不仅仅是自己的进步与发展，还要惠及周边国家和整个世界，让整个世界从中国的发展中得到更多实惠，同样需要话语权建设。

一个国家的国际话语权的表达，需要通过这个国家积极参与国际事务并发挥其作用来表达。一个国家政府、企业和老百姓在本国话语权的认知和表达上越是接近，其话语权的分量越大。当然，话语权不是说一定要铁板一块，不是说一定要以一种方式来表达。话语权可以表现出多种多样的形式。

话语权掌握在谁的手里，谁就容易引导整个社会舆论的方向。在目前的世界格局中，以美国为首的西方国家长期影响和主导着世界话语体系，是实际上的世界话语体系最主要的影响方。冲破或者改变这一世界话语体系，充分表达中国人民的理想和意愿，让目前的世界话语体系更全面地反映世界各个国家和人民的整体利益，一时半会还难以解决。

这就表明，话语权从一定意义上反映了一个国家、一个民族、一个群体的价值体系和价值追求，在话语权方面的交流、交锋、交融将长期存在。例如，中国国家话语权的核心究竟是什么？我们研究认为，目前所概括的社会主义核心价值观十二个关键概念，就是中国国际话语权的核心组成部分。中国在发展中提出的核心价值观，基于中国优秀的传统文明沃土，吸收了人类文明进步的成果，反映了中国发展的价值取向，因而具有世界性的影响和意义。

改变中国软实力相对比较"软"的状况

国家的话语权就是国家的软实力。说到"软实力"，还要承认美国哈佛大学教授约瑟夫·奈的创新性研究。[①] 在约瑟夫·奈看来，"软实力"主要包括文化吸引力、政治价值观吸引力，以及塑造国际规则和决定政治议题的能力。在约瑟夫·奈的分析中，"软实力"可以表现在许多方面，但最重要的还是表现在国家话语权上。成思危先生曾经说，软实力是通过非强制性手段来影响他人的能力。软实力既可以使掌握"公理"的一方如虎添翼，也可以站在强权的一方为虎作伥。约瑟夫·奈关于软实力的论述最早是在论述美国战略时提出来的，并不是从解释中国战略的角度提出来的。他的"软实力"理论

---

① 约瑟夫·奈是美国哈佛大学教授，最早明确提出了"软实力"的概念。1990年他出版了《注定领导世界：美国权力性质的变迁》，同年还发表了《软实力》一文。2004年又出版了《软实力：世界政治中的成功之道》。

之所以对中国影响很大，主要就是因为中国在崛起的过程中，如何发挥"软实力"作用显得十分重要。

约瑟夫·奈近些年来对中国的战略也有过深刻的分析与评价，这对于我们研究制定中国战略也具有一定的警醒意义。例如，他强调只有通过文明、文化、价值观念、生活方式等软力量的桥梁，才能在国际政治舞台不断取得成功。软实力有助于解决国与国之间多边合作的全球重大问题。他认为，由于中国经济发展迅速，软实力也得到迅速提升。但若要达到美国的软实力水平，还有很长的一段路要走。他指出，亚洲国家的悠久的历史、传统文化对其他国家来说形成了强大的软实力。但从近代来看亚洲国家明显落后于西方国家，其软实力也大大削弱。他预计到2025年亚洲的软实力就可以达到历史的最好水平。

约瑟夫·奈曾经提出，一个国家在制定策略的时候，一定要去思考运用硬实力过程中会不会影响到自己的软实力，必须能意识到有时候真正的赢家不是看哪个国家拥有最强大的军力，而是要看哪个国家的故事讲得最动听，因为讲故事的能力越来越重要。信息时代最稀少的资源就是可信度。

约瑟夫·奈的"软实力"论述和对中国软实力的分析与判断，对我们有很积极的借鉴意义。中国需要在世界舞台上表达自己的看法、阐明自己的要求、抒发自己的愿望。目前，中国在国际话语体系中仍处于弱势地位，话语权与国际地位不相适应。话语权既不是从天上掉下来的，也不是自我封赏的，更不是他国赠赐的，而需要精细塑造、培育和争取。大力提升中国的软实力，增强中国国际话语权，是我们今后和相当长一段时间内很重要的一项战略任务。应该看到，与中国的硬实力相比，我们的软实力还是比较薄弱的，这与我们长期以来专心致志搞好中国的改革开放和现代化建设的战略决策有关。但是在较频繁、较大范围和较大规模参与世界经济政治生活的时候，我国的软实力建设不足的问题就显得比较突出了，尤其是中国的国家话语权建设更是亟待加强。

中国长期被剥夺了话语权

中国和世界都正在发展，也都需要发展。在发展过程中，中国与世界彼此都离不开对方，联系越来越紧密。20世纪以来特别是中国改革开放以来，中国的每个社会经济变革给世界带来的都是正能量。

首先是占世界人口约1/4的中国人民随着国家的经济社会发展，生活水平和生活质量有了巨大的改变。我想谁都不愿意看到十几亿中国人民生活在贫困和动乱之中，如果是那样的话，整个世界也不会安宁。中国的发展和进步，只会使世界更加和平和稳定，中国是维护世界和平与稳定的重要力量。西方一些冥顽不灵的学者和政客，总是宣扬中国不应该有更大的发展的论调，认为中国的发展就会威胁到世界和区域的和平与稳定，就会打破世界和区域原有的力量均衡，就会导致整个世界资源的紧张。这种论调荒唐不羁，根本站不住脚。难道只能由你们能来控制中国的发展速度和发展模式才是合理的吗？

其次是中国经济快速增长、不断扩大对外开放对整个世界经济都产生巨大的影响，是拉动世界经济增长的重要引擎。几十年来，中国逐步放弃了原有的计划经济模式，探索建立适合自己国情的市场经济体制，实现了显著的经济增长，走出了一条比较成功的发展道路。中国的社会主义市场经济体制是对世界各国现有的不同经济体制很好的借鉴。西方一些人不断地制造麻烦，认为中国的市场开放度不够，不承认中国的市场经济国家地位，实际上就是蓄意阻挠中国更多地参与世界经济发展。今天中国的开放程度比起前30年、前20年、前10年都有很大的不同，这是人所共知的事实。

再次是中国不断提高承担国际责任的要求，积极参与推动世界与区域经济发展，赢得了越来越多国家的认可。例如，中国发起设立亚洲基础设施投资银行的倡议，得到了国际社会高度的评价，已经有 57 个国家和地区参与进来。中国倡导筹建国际金融机构，这在过去是想都不敢想的事情，因为我们过去没有那个实力，也没有那个经验和胆魄；今天我们可以做这样的事情，主要还是因为我们的经济实力已经今非昔比了，我们可以为广大发展中国家做一些事情了。在亚投行筹备过程中，我们看到不少西方国家采取各种方式和手段加以阻挠，有公开质疑，有威逼利诱，说穿了就是因为它们担心亚投行的成功运行会打乱以美国主导的世界金融体系，冲击美元霸权。

最后是中国近些年来举办了为数众多的国际组织、政府或非政府的国际政治经济论坛，举办了多项国际体育赛事，积极支持各种国际经济文化交流与合作。从一定意义上讲，这就是中国国际责任和国际影响力的重要组成部分。例如，2008 年在北京举办的奥运会取得了巨大成功，美轮美奂的开闭幕式和精彩的体育比赛可以说是中国给世界的一个很大的惊喜，今天的中国不再是游离于世界格局之外的国度了，中国正在承担着更多的对世界的责任。

这些成绩都是中国人民争取国际存在和国际话语权的重要进展。回顾一下历史，我们就会发现中国长期以来被剥夺了国际话语权。尤其是鸦片战争以来，中国被排斥在整个世界发展进程之外，中国不仅没有分享世界工业化发展所带来的积极成果，反而遭受西方列强的侵略；不仅没有得到很好的理解和认同，反而招致西方国家大量的偏见和指责。正像马克思在谈到印度的时候所说的，英国"摧毁了印度社会的整个结构，而且至今还没有任何重新改建的迹象。印度人失掉了他们的旧世界而没有获得一个新世界"。[①] 中国在近代的命运并不比印度好多少。这种对中国的歧视并没有因为中国参与国际事务而有所改变。例如，中国是第二次世界大战的战胜国，但是中国几乎没有从战败国的赔偿中获得任何利益。中国周边一些国家，包括缅甸、菲律宾、印度尼西亚、越南等都从二战中获得过利益，但是中国没有得

---

① 《马克思恩格斯选集》第 1 卷，人民出版社，1995，第 762 页。

到。在 1945 年的雅尔塔会议上，在确定战后安排的时候，中国利益也因列强争夺势力范围而受到巨大的损害。由美国主导的西方国家对中国的歧视，基于冷战对峙的国际两大阵营对中国的封锁与威胁，都使中国的国际话语权受到严重压制。

误解和偏见使许多西方人不了解中国

从历史上看，中国就是一个爱好和平的国家，中国没有大规模侵略其他国家的历史记录。但是近代以来各种丑化中国的论调就始终存在，他们或者是基于自身利益的考虑，或者是基于不同文化和价值标准的考虑，或者是基于不同宗教和信仰体系的考虑。近几十年来，西方国家一些学者和政客更是出于维护自身利益的目的，不断攻击和指责中国的快速发展和成长。我们不时听到的各种"中国崩溃论""中国威胁论"等论调，几乎每过几年就会泛滥一次，妖魔化中国成了一些人博取受众眼球的手段。不难看出，他们的用心就是要把中国排除在世界发展格局之外，不愿意看到中国与世界各国发展成果的相互分享。

例如，美国政客布热津斯基总是强调大西方和复杂的东方这样一个说法，这代表了美国一些政客的基本判断和价值观。他所谓的大西方，实际上是把整个欧洲和土耳其都纳入欧盟的大框架之中，形成美国在欧洲的战略设想，遏制俄罗斯等在欧洲的影响力。所谓复杂的东方，就是强调美国要作为整个亚洲的利益平衡者，遏制中国的快速崛起。这些年在美国的政坛上，重返亚洲的呼声越来越高，明眼人都知道他们针对的是谁。

西方的一些学者和政客在很多重要的历史时刻都是唱衰中国舆论的主要制造者，他们做了很多对中国发展不利的事情。回想一下最近 20 年来的事情，我们就会有深深的感受。例如，在 1997 年发生的亚洲金融危机和前不久发生的世界性金融危机中，西方舆论是多么热衷于制造中国危机的噪声，或许他们真是想看到中国轰然倒下的历史悲剧发生，但是中国并没有像他们希望看到的那样倒下去。

随着中国等新兴经济体的崛起、新信息传播技术的迅猛发展，国家间相互依存程度空前提高，世界权力结构也在调整、变化，国际话语权正在重新分配，新的信息传播秩序和格局正在形成，多极化趋势也日趋明显，和平、发展、合作、共赢成为一种潮流和共识，可以说世界正处于新旧格局交替过渡之中。这期间，快速发展的中国需要向世界解释自己"从何处来"与"向何处去"的疑惑，这不仅关乎通过解答这一国际社会高度关注的问题，让世界更加全面、客观和理性地认识、理解和评价中国，更影响到未来构建和形成一个什么样的国际话语新体系和世界信息传播新秩序。

对世界来说倾听中国的声音十分重要

中国作为世界最大的发展中国家，长期以来承受着发展本国现代化经济、提高本国人民生活水平的繁重历史任务，在最近几十年间取得了突破性的发展。中国重返世界舞台的中心已经成为不可阻挡的事实，对于当今世界体系和世界格局来说，倾听来自中国的声音十分必要。

仅从可以搜集到的有关数据就可以看出，在历史上中国曾长时期领先于世界各国，作为一个农业大国，大约在 1700 年前后，中国 GDP 占世界 GDP 的 23.1%，同期整个欧洲占 23.3%；到 1820 年，中国 GDP 占 32.4%，同期欧洲占 26.6%。1840 年以后，中国面临巨大的社会变动，西方列强借各种理由制造麻烦，对中国进行武力侵略和经济掠夺，近代史上，像中国人承受这么多苦难的恐怕为数不多。到 1949 年，中国 GDP 大概仅占世界 GDP 的 1%，那个时候真的是"一穷二白"啊。到了 1980 年，中国 GDP 约占世界 GDP 的 2.5%，1999 年上升到 3.5%。新世纪以来，中国经济乘势而上，突飞猛进。根据世界银行的统计，在 2013 年中国 GDP 大概已经占到了世界 GDP 的 12.3%，美国 GDP 大概占 22.4%。如果按照购买力平价计算，中国的经济地位还要高。

中国经济在世界经济中的位次也在迅速地发生着变化。大约在2000年以前，中国经济总量的位次在世界各国中大约在第七位以后，2000～2004年升至第六位，2007～2009年升至第三位，2010年更升至第二位。许多研究成果和严肃的学者都不约而同地估计，大约在2020年前后，中国的经济总量将超过美国上升为世界第一位。世界经济格局将因此改写。正是从这个意义上说，我国的国际话语权建设必须加强，要面对世界政治经济格局即将发生的重大变化，讲好中国故事，传播好中国声音。

一是中国的和平崛起为传播国家话语权提供了强有力的保障，中国核心价值观国际传播战略应以实现中国梦为主题和主体，以国家话语权为重点，以增强核心价值观的话语权和传播力为突破口，构建体系完备、覆盖广泛、生动活泼、形式多样、运营高效的国际传播体系，扩大全球对中国核心价值观的普遍认同和利益交集。国家话语权有效的国际传播，对于扩大中国的国际话语权和国际影响力、团结和联系更多发展中国家、推动世界新秩序的形成，赢得世界人民的支持，都有重要意义。

二是世界金融危机长尾效应为中国国家话语权传播创造了历史契机。世界金融危机暴露了资本主义制度的弊端和尖锐矛盾，展现了中国的制度优越性，许多国家和地区出现了日益高涨的"中国学"热潮。"中国模式""中国道路"等越来越多地出现在各大国际媒体上。探讨中国高速发展原因、应对金融危机经验等问题成为国际学术界研究的重点课题，这就为传播国家话语权提供了良好契机。中国发展成就的深层次原因，正是国家话语权，它支撑着中国成功探索了中国特色社会主义的发展道路。

三是信息化和传播全球化加剧了文明的交流和冲突，国际认同成为大国争夺的稀缺资源。网络和新媒体将全球民众纳入同一传播体系中，推动了国际传播时代的到来，缩短了各文明间交流的时空距离。随着传播全球化的发展，国际认同在国际关系中发挥着越来越大的作用，而价值观的国际传播对于增强国际认同具有不可替代的重要作用。当今世界不论是老牌西方强国还是新兴经济体国家，都十分重视通过国际传播塑造本国新的国际形象，发挥文化优势，推动本国核心价值体系的国际认同。

四是全球价值观的多元化推动了价值观传播，西方价值观的传播受到多方挑战。随着新兴经济体的崛起特别是"金砖五国"综合国力的增强，世界政治经济格局正在发生深刻变革，多元化发展潮流势不可挡，多种非西方价值观也在加快国际传播的速度。例如，伊斯兰文明在与西方文明的冲突中迅速传播，在西亚、北非等地日益崛起壮大，中国、印度、巴西等多国文明经过现代化的洗礼也迸发出强大的生命力和传播力。

中国话语权的国际传播人人有责

中国在国际舞台上的文化和价值影响力远远不及经济影响力，甚至文化和价值影响力还处于较为被动的局面，中国文化和价值影响力急需迅速提升，从而为中国经济影响力、政治影响力的提升创造更加有利的条件。这就要求我们在国内大力宣传弘扬中国核心价值观的同时，要确立中国核心价值观的国际传播战略，更加积极主动地在国际舞台上开展意识形态和文化攻势，大力宣传和介绍中国的核心价值观，增强国际认同感，取得更广泛的国际共识。把握好话语主动权，讲好中国的发展故事，传播好中国的和平声音。习近平总书记在全国宣传思想工作会议上讲："独特的文化传统，独特的历史命运，独特的基本国情，注定了我们必然要走适合自己特点的发展道路。"要突出"以谁为主""怎么说""说什么"的问题。

价值理念体系的国际传播，从本质而言是一种传播活动，它是国际传播活动中的一个有机组成部分。国际传播活动的具体呈现很广泛，它与新闻事件的国际传播、国家形象的国际传播、文化的国际传播有同有异。国家形象"是国家的外部公众和内部公众对国家本身、国家行为、国家的各项活动及其成果所给予的总的评价和认定"。①
国家形象的国际传播，指的是对一个国家综合性的整体形象进行的各
种传播活动，它具体呈现为通过各种渠道对国家政治、经济、文化、
社会、国民、环境等情况的描述和展现，包括通过大型国际活动来塑
造一个国家的正面形象（如 2008 年北京奥运会），或者通过宣传片
来展现国家的人物与风范（如 2011 年初在纽约时代广场播放中国国
家形象宣传片）。国家形象既体现为一种符号和文化现象，本身也构
成了文化的一环。所谓文化，指的是人类所创造的精神财富的总和，
按照英国文化学家泰勒的《原始文化》的经典定义，它是包括知识、
信仰、艺术、道德、法律、习俗和任何人作为一名社会成员而获得的
能力和习惯在内的复杂整体。② 价值理念体系的国际传播，呈现的则
是对各种抽象价值理念的直接表述或形象展现。

价值理念体系的国际传播	·核心内容是抽象的价值理念体系 ·具体体现为丰富的国际传播活动
文化的国际传播	·核心内容是文化状况和文化内涵 ·具体体现为从文化艺术作品传播 　到日常生活交往等各种活动
国家形象的国际传播	·核心内容是一个国家的整体形象 ·具体体现为媒介事件、形象宣传片等
新闻事件的国际传播	·核心内容是一个具有时效性的新闻事件 ·具体呈现为各种媒体的新闻报道和评论

　　上述有关价值理念体系的国际传播、文化的国际传播、国家
形象的国际传播和新闻事件的国际传播四个层次都关系着国家话
语体系建设。每一个层次都有许多的工作要我们努力去做，国家
话语权的提升说到底是一个国家政府、各种社会组织和全体人民
的事情。

---

① 张法：《国家形象概论》，《文艺争鸣》2008 年第 7 期。
② 〔英〕爱德华·泰勒：《原始文化》，连树声译，广西师范大学出版社，2005，
　第 1 页。

中国国家话语权建设的愿景

中国建立国家话语权的根本目标就是确立中国国家话语权的国际地位，通过制定有效的国家话语权的国际传播战略，有效化解中国和平发展中出现的各种国家间、地区间的冲突与矛盾，有效提升中国在和平发展中所应具有的国际新形象和国际影响力，有效承担中国在和平发展中理应承担的维护发展中国家根本利益和公平合理的国际政治经济秩序中的国际责任。中国应寻求的是与西方等多方共处的世界多治时代。

习近平总书记多次提出要加强话语体系的建设，着力打造融通中外的新概念、新范畴、新表述。中共十八大以来，我们国家的话语权建设有了很大突破。尤其是国际舞台上，以习近平为总书记的党中央做了大量工作，提出了一系列新概念、新范畴、新表述。

在对待中国周边国家重大问题上，提出坚持与邻为善、以邻为伴，坚持睦邻、安邻、富邻，突出体现"亲、诚、惠、容"的理念。在20世纪50年代和60年代，我们跟周边国家关系比较紧张，或者是有意识形态冲突，或者是有领土争端。如今中国要发展，首先要解决好跟周边国家的关系，"亲、诚、惠、容"是很好的概括，是对中国国家形象、国家立场很好的表述。在对待亚洲安全问题上，提出了"共同、综合、合作、可持续的亚洲安全观"，努力走出一条共建、共享、共赢的亚洲安全之路等，这些提法都得到了亚洲绝大多数国家和地区的认同。在对待欧洲问题上，提出了建立全面战略伙伴关系。欧洲始终是我们可以发展的重要的可争取的力量，我们跟欧洲贸易量相当大。在对待非洲各国关系上，我们提出要共建新型战略伙伴关系，提出了461项中非合作战略，提出"真、实、亲、诚"的合作理念和原则。非洲一直是我国很重要的政治伙伴和支持者，但是中国在非洲的发展的确也遇到了西方国家制造的许多麻烦，它们认为中国在那里搞的是"新殖民主义"。西方国家主流媒体的渲染和报道，的确把我们勾画成跟老殖民主义者相似的那样一种面貌，这要引起我们高度重视。在对待阿拉伯国家和地区时，我们应该提出弘扬丝绸之路的精神，坚持文明复建、尊重道路选择，坚持合作共赢、坚持和平对话，不断深化中外合作这样一些理念。

在话语权建设方面，要不断扩大与各国之间的利益交集，回击西方社会对中国的攻击。话语权的争夺就是面对面的争夺，软弱只会对我们的核心利益造成伤害。这涉及国家的根本利益和核心利益，我们没有退路。要不断关注各个国家间的利益交集，只有你好、别人不好的这种发展，损人利己的发展，不符合中国的长期利益。要寻找各个国家之间利益的交集，扩大这种利益交集，促进共同发展。

话语体系建设必须有核心内容。没有核心内容的话语体系建设可能会落得很空。话语体系建设当然要有中国文化因素，要有中国几千年来文明成果的因素，要有中国经济发展、社会发展、政治发展经验的因素，当然也要有中国国际地位提高的因素。

加快中国文化对外传播频率并扩大规模、加大力度

当今文化已经成为国家的国际形象塑造和国际地位提高的一个最为重要的方面，文化软实力已经成为衡量各国综合国力的重要指标之一，文化软实力被描述为一个国家通过吸引与合作而不是高压强迫来实现国际目标的能力。对于快速成长中的中国来说，国际地位的提升和国家形象的塑造都要求我们充分运用悠久而丰富的文化资源。简单地说，就是大力提升我国的文化软实力，多样化地推进国家话语权的建设。

一是我们必须坚定不移地走文化强国的道路，在我国的经济综合实力明显提高之后，建设文化强国是我们不可避免的选择。国际、地区间的冲突说到底是利益冲突，化解这些矛盾与冲突，既需要有坚持原则的抗衡和对峙，也需要有文化交流与沟通的弥合。文化交流与沟通是传达和理解国家立场与国家政策的重要途径。

二是充分认识文化传播的核心就是在世界范围内获得更多的国际认同，在更广大利益共识和价值共识的基础上缩小分歧，扩大共同利益，目前全球沟通的最重要方面就是文化沟通。全面加强和促进多领域的文化交流活动和文化贸易活动，对于我国逐步形成一定区域乃至世界范围的文化优势十分重要。

三是深化对文化全领域参与和渗透的理解，在国际交流与合作中，大幅度提升文化的参与度，使文化成为最重要的传播内容和交流方式，推动中国优秀文化以多种方式扩展到世界各地区，为更多的民众所了解和认识。因为我们可以发现，今天的文化交流已经不再是原来那种文化的宣示和展示，更强调文化的参与和体验，没有这种亲身的参与和体验，对文化的理解则是很不够的。

四是文化的巨大魅力在于可以把持各种不同意见和不同观点的人团结起来。文化不同于意识形态，也不同于宗教意识，文化本身的多元性和多样性可以把持不同价值观的人团结在一起，帮助大家共同应对人类面临的棘手问题和重大国际挑战。中国并没有输出意识形态，中国在国际事务中十分注意维护当事国的利益和权益，反对基于西方的价值观而产生的外交和军事干预。中国遵循和平发展理念，反对霸权主义和谋求世界与地区霸权，无意迅速改变和颠覆现行世界秩序。

五是借助国际上对中国友好的外国学者、专家和智库的良好作用，化解人们对中国的偏见和误解。例如，我们与澳大利亚中国学专家马克林教授的合作就很有启发，他对中国十分友好，专门写过《我看中国》这本介绍中国的图书。这本书出版后产生了比较大的影响。习近平主席访问澳大利亚期间在国会发表演讲时，专门邀请了马克林教授，并在演讲中高度赞扬了马克林教授对中国的感情。要通过各种方式让世界更多地了解中国，了解真实的中国。我期待通过大家的共同努力，在未来若干年中，中国的国际话语权一定会得到极大加强。到那时我们到世界各地去，别人也不再用异样的眼光来看我们，中国话语体系的核心——中国思想文化体系的元素将真正融汇到世界发展的正道当中。

全面推进依法治国的新布局新要求

李　林

李　林

中国社会科学院法学研究所所长，研究员，法学博士，博士生导师，中国社会科学院研究生院法学系主任。兼任中国法学会副会长。十六届中央政治局集体学习主讲人之一，十届全国政协集体学习主讲人之一。已出版《走向人权的探索》《法治与宪政的变迁》等专著、论著、译著 30 余部，发表《民主政治建设要从国情出发》《改革开放 30 年与中国法治建设》等论文 160 余篇，发表《中国立法现状、经验和展望》《进一步完善和发展我国司法制度》等内部研究报告 60 余篇。

党的十八届四中全会通过的《中共中央关于全面推进依法治国若干重大问题的决定》（以下简称《决定》），描绘了法治中国建设的宏伟蓝图，提出了全面推进依法治国的新要求。依法治国是一项宏大系统工程，涉及法治建设的各个环节、各个领域、各个方面和各种要素，牵一发而动全身，改一制而触全局，必须运用战略思维、系统思维和大局眼光做好战略布局和顶层设计，有组织、有领导、积极稳妥地全面协调推进。

从"四个全面"总体战略布局上进一步深化
对全面推进依法治国重大意义的认识

党的十八大以来，以习近平为总书记的党中央从坚持和发展中国特色社会主义全局出发，提出并形成了全面建成小康社会、全面深化改革、全面依法治国、全面从严治党的战略思想和战略布局。全面推进依法治国不仅是"四个全面"重大战略的重要组成部分，而且是协调推进"四个全面"的重要制度基础和法治保障。

正如党的十八届四中全会通过的《决定》指出的，全面建成小康社会、实现中华民族伟大复兴的中国梦，全面深化改革、完善和发展中国特色社会主义制度，提高党的执政能力和执政水平，必须全面推进依法治国。其中，全面建成小康社会是阶段性的奋斗目标，具有战略统领和目标牵引作用。全面深化改革是实现阶段性奋斗目标和推进依法治国的根本路径、关键一招、强大动力。全面推进依法治国是实现阶段性奋斗目标的基本方式和可靠保障，是引领、促进和保障全面深化改革的路径依赖。中国共产党是中华民族伟大复兴的领导核心，是全面深化改革和全面推进依法治国最根本的保证。只有通过全面从严治党，不断提高党的依宪执政和依法执政的执政能力、执政水平，才能使我们党在全面建成小康社会、全面深化改革、全面依法治国进程中发挥领导核心和根本保证作用。

全面建成小康社会，当然包括到2020年初步建成法治中国的"法治小康"战略目标。法治小康既是全面小康社会的有机组成部分，也是顺利建成全面小康社会的重要法治保障。法治小康，在价值层面追求的是自由平等、民主法治、公平正义、幸福博爱、和谐有序，充分实现人权与人的尊严；在制度层面追求的是人民主权、宪法法律至上、依宪治国、依法执政、依法行政、公正司法、依法治权，努力建成法治中国；在实践层面追求的是有法必依、执法必严、违法必究和依法办事，努力实现良法善治。与此同时，法治小康又通过依法治国特有的制度安排、规范手段、教育强制功能等，为全面建成小康社会提供良好的法治环境和有效的法治保障。

全面推进依法治国与全面深化改革犹如车之两轮、鸟之两翼，两者相辅相成、相互作用。全面依法治国是引领、促进和保障全面深化改革的基本方式和路径依赖。要用法治思维正确处理法治与改革的关系，坚持改革决策与立法决策相统一，充分发挥立法的引导、推动、规范和保障作用。凡属重大改革都要于法有据，需要修改法律的应当先修改法律，先立后改；可以通过解释法律来解决问题的应当及时解释法律，先释后改；需要废止法律的要坚决废止法律，先废后改，以保证各项改革依法有序进行。坚持在现行宪法和法律框架内进行改革，充分利用宪法和法律预留的改革空间和制度条件，大胆探索，勇于创新。宪法是国家的根本法，是治国安邦的总章程，具有最高的法律地位、法律权威、法律效力，具有根本性、全局性、稳定性、长期性。对确实需要突破现行宪法和法律规定的改革试点，如果通过解释宪法，通过法律的立、改、废、释等措施不能解决问题，也可以采取立法授权试点改革的方式，经有关机关依法授权批准，为改革试点工作提供合法依据。

全面从严治党必须坚持依法治国这个党领导人民治理国家和社会的基本方略和法治这个党治国理政的基本方式，坚持依宪执政、依法执政，在宪法和法律范围内活动，领导立法、保证执法、支持守法、带头守法。坚持把党的领导贯彻到科学立法、严格执法、公正司法、全民守法的全过程，落实到依法治国、依法执政、依法行政以及建设法治国家、法治政府、法治社会的各方面，坚持党的领导与社会主义法治的高度统一。党的领导和社会主义法治是一致的，社会主义法治必须坚持党的领导，党的领导必须依靠社会主义法治。坚持把依法治国基本方略同依法执政基本方式统一起来，把党总揽全局、协调各方同人大、政府、政协、审判机关、检察机关依法依章程履行职能、开展工作统一起来，把党领导人民制定和实施宪法与法律同党坚持在宪法与法律范围内活动统一起来。善于使党的主张通过法定程序成为国家意志，善于使党组织推荐的人选通过法定程序成为国家政权机关的领导人员，善于通过国家政权机关实施党对国家和社会的领导，善于运用民主集中制原则维护中央权威、维护全党全国团结统一。

立足于"四个全面"的总体战略布局，我们不仅要认识到全面推进依法治国是建设中国特色社会主义现代化国家的重要内容，是全面发展人民民主的根本保障，是实现国家治理现代化的重要内容和主要途径，是深化社会主义市场经济体制改革的内在需要，是实现社会公平正义的基本途径，是反腐治权的治本之道，是加快建设社会主义法治体系和法治国家的必然要求，还应当从以下几个角度，进一步深化对全面推进依法治国重大意义的理解。其一，从依法治国的价值功能看，全面推进依法治国，事关我们党执政兴国、事关人民幸福安康、事关党和国家长治久安，是坚持和发展中国特色社会主义的本质要求和重要保障，是实现国家治理体系和治理能力现代化的必然要求。其二，从依法治国的问题导向看，全面推进依法治国，是解决党和国家事业发展面临的一系列重大问题，解放和增强社会活力、促进社会公平正义、规范制约公权力、保障人权充分实现、维护社会和谐稳定、确保党和国家长治久安的根本要求和必由之路。其三，从"四个全面"的内在关系看，全面推进依法治国，是全面建成小康社会、实现中华民族伟大复兴的中国梦，全面深化改革、完善和发展中国特色社会主义制度，全面从严治党、提高党的执政能力和执政水平的必然要求和重要保障。其四，从党和国家面临的新形势新任务看，全面推进依法治国，有利于更好统筹国内国际两个大局，有利于更好利用我国发展的重要战略机遇期，有利于更好统筹社会力量、平衡社会利益、调节社会关系、规范社会行为，有利于使我国社会在深刻变革中既生机勃勃又井然有序，实现经济发展、政治

清明、文化昌盛、社会公正、生态良好，实现我国和平发展的战略
目标。

全面推进依法治国必须坚持中国特色社会主义
法治理论、法治道路、法治体系"三位一体"

中国特色社会主义法治理论是中国特色社会主义理论体系的重要
组成部分，是中国共产党人根据马克思主义国家与法的基本原理，在
借鉴吸收古今中外人类法治文明有益成果的基础上，从当代中国国
情、现代化建设和依法治国的实践出发，深刻总结我国社会主义法治
建设的成功经验和惨痛教训，逐步形成的具有中国特色的社会主义法
治理论体系。中国特色社会主义法治理论是对马克思主义法律观的继
承、创新和重大发展，是推进马克思主义法学思想中国化的最新成
果，是全面推进依法治国、加快建设社会主义法治国家的重要理论指
导、思想基础和学理支撑。中国特色社会主义法治理论的核心要义，
是以马克思列宁主义、毛泽东思想、邓小平理论、"三个代表"重要
思想、科学发展观为指导，深入贯彻习近平总书记系列重要讲话精
神，坚持党的领导、人民当家作主、依法治国有机统一，坚定不移走
中国特色社会主义法治道路，坚决维护宪法与法律权威，依法维护人
民权益、维护社会公平正义、维护国家安全稳定，为实现"两个一
百年"奋斗目标、实现中华民族伟大复兴的中国梦提供有力法治保
障。

中国特色社会主义法治理论是以中国特色社会主义法治道路、中
国特色社会主义法治体系和全面推进依法治国的中国实践为基础的科
学理论体系，由以下四个主要部分构成。其一，中国特色社会主义法
治的思想价值理论，涉及政治哲学、法哲学和中国特色社会主义理论
体系的有关价值、核心概念、基本范畴和重要内容，主要包括马克思
主义国家与法的学说，马克思主义的国家观、政党观、民主观、法律
观、法治观、人权观、平等观、正义观和权力观，马克思主义法学思

想及其中国化的创新和发展等，社会主义法治精神、社会主义法治意识、社会主义法治观念、社会主义法治价值、社会主义宪制和法治原则、社会主义法治思想、社会主义法治理念、社会主义法治文化、社会主义法治学说，等等；其二，中国特色社会主义法治的制度规范理论，涉及法治的基本制度、法律规范、法律体系、法治体系、法治程序、法治结构等范畴和内容，主要有关于中国特色社会主义法治体系的理论，关于中国特色社会主义法治政府、依法行政和行政执法制度的理论，关于司法权、司法体制、司法程序、法律监督体制、公正司法制度、司法体制改革的理论，依宪执政、依法执政和依规治党的体制和理论，等等；其三，中国特色社会主义法治的实践运行理论，涉及法治原理原则的应用、法治行为、法治实践、宪法与法律实施、法律制度运行等范畴和内容，主要包括科学立法、严格执法、公正司法、全民守法等法治建设各个环节的理论，等等；其四，中国特色社会主义法治的相关关系理论，涉及法治存在和运行发展的外部关系，涉及法治与若干外部因素的相互作用、彼此影响、共同存在等现象及其内容，主要有中国特色社会主义法治与中国特色社会主义、中国特色社会主义道路、中国特色社会主义理论、中国特色社会主义制度、全面深化改革、全面从严治党、全面建成小康社会、实现中华民族伟大复兴中国梦的关系，等等。

中国特色社会主义法治道路，是新中国成立以来在我们党领导人民努力推进社会主义民主法治建设的长期实践基础上，尤其是党的十五大以来通过全面落实依法治国基本方略，加快建设社会主义法治国家的理论研究、实践探索和制度创新，不断深化和发展对中国特色社会主义的认识，不断深化对中国特色社会主义民主政治的认识，不断深化对全面推进依法治国、建设社会主义法治国家的认识，从而认定的法治发展道路；是我们党立足国情和实际，着眼于全面建成小康社会、实现中华民族伟大复兴中国梦的战略目标，总结我国社会主义法治建设的实践经验，学习借鉴各国法治文明的有益成果，吸收中华民族传统法律文化的精华养分，从而确定的正确道路；是长期以来特别是党的十一届三中全会以来，我们党深刻总结我国社会主义法治建设的成功经验和深刻教训，提出为了保障人民民主，必须加强法治，必须使民主制度化、法律化，把依法治国确定为党领导人民治理国家的基本方略，把依法执政确定为党治国理政的基本方式，积极建设社会主义法治，取得的历史性成就。

中国特色社会主义法治道路，是历史与现实相统一、理论与实践相结合的产物。在历史方位的四个坐标上，中国特色社会主义法治道路有自己的时空定位和时代特色。一是相对于英国、法国、德国、美国等资本主义国家的法治模式和法治道路而言，我们所走的是社会主义法治道路，在本质和定性问题上，我们的法治"姓社"，它们的法治"姓资"。这是两种性质根本不同的法治道路和法治模式，决不能混为一谈，决不能照搬照抄西方资本主义国家的法治模式。二是相对于原苏东社会主义国家和现在越南、古巴等社会主义国家的法治模式和法治道路而言，我们所走的是"中国特色"的社会主义法治道路。中华民族的历史基因和历史沿革，中国的历史文化传统、现实国情和社会条件等综合因素，决定了我们的法治只能走自己的具有中国特色的社会主义法治道路，只能学习借鉴而决不能复制克隆苏联、越南等社会主义国家的法治模式和法治道路。三是相对于马克思主义经典作家关于理想社会主义社会及其国家与法的论述和描绘，我们现在处于并将长期处于社会主义初级阶段，我国的法治是社会主义初级阶段的法治和依法治国，因此"同党和国家事业发展要求相比，同人民群众期待相比，同推进国家治理体系和治理能力现代化目标相比，法治建设还存在许多不适应、不符合的问题"。四是相对于我国历史上中华法系的法文化和法制度的模式，我们今天所走的是一条现代化的法治发展道路，是在我国历史传承、文化传统、经济社会发展基础上长期发展、渐进改进、内生性演化的土壤上，秉持开放包容、学科创新精神，代表先进生产力、先进生产关系和先进文化的法治类型，是面向世界、面向全球，学习借鉴人类法治文明有益成果的现代化产物。

中国特色社会主义法治体系，主要由三个层面的内容构成。一是法治的理论价值和精神文化，包括中国特色社会主义的法治价值、法治精神、法治意识、法治理论、法治信仰、法治文化、法治思维、宪法与法律权威等；二是法治的制度体系和运行体制，包括完备的法律规范体系、高效的法治实施体系、严密的法治监督体系、有力的法治保障体系、完善的党内法规体系与法律规范体系等；三是法治的行为活动和实践运行，包括科学立法、严格执法、公正司法、全民守法，有法必依、违法必究，依法执政、依法行政、依法办事，办事依法、遇事找法、解决问题用法、化解矛盾靠法等。

中国特色社会主义法治理论、中国特色社会主义法治道路、中国特色社会主义法治体系"三位一体"，它们共同构成了全面推进依法治国、加快建设社会主义法治国家的理论支撑、道路指引和制度保障，充分体现了中国特色社会主义法治的理论自信、道路自信和制度自信。全面推进依法治国，必须自觉坚持中国特色社会主义法治理论、法治道路、法治体系"三位一体"，保证依法治国沿着中国特色社会主义的正确方向和道路前进。

全面推进依法治国必须坚持党的领导、
人民当家作主、依法治国有机统一

三者有机统一是中国特色社会主义民主政治的本质特征，是全面推进依法治国的根本遵循。党的领导是人民当家作主和依法治国的根本保证，人民当家作主是社会主义民主政治的本质和核心，依法治国是党领导人民治理国家的基本方略，三者统一于中国特色社会主义的伟大实践，统一于建设社会主义现代化强国和实现中华民族伟大复兴的战略目标，统一于中国特色社会主义法治建设实践。坚持三者有机统一，应当以保证人民当家作主为根本，以增强党和国家活力、调动人民积极性为目标，扩大社会主义民主，发展社会主义政治文明。我国是人民民主专政的社会主义国家，人民是国家的主人。全面推进依法治国，人民当家作主是目标，不得有任何动摇。依法治国是实现人民当家作主的基本途径，是保证实现人民当家作主的有效方式，是党领导人民治国理政的基本方略。党的领导、人民当家作主与依法治国三者不是并列关系，人民当家作主是目标，人民利益高于一切，党的领导与依法治国都是实现人民当家作主的手段。

在党的领导与依法治国的相互关系中，党的领导更为重要。依法治国是在党的领导下，为保障人民当家作主进行的伟大探索。因此，全面推进依法治国，坚持党的领导是根本和关键。"党的领导是中国特色社会主义最本质的特征，是社会主义法治最根本的保证。把党的领导贯彻到依法治国全过程和各方面，是我国社会主义法治建设的一条基本经验。我国宪法确立了中国共产党的领导地位。坚持党的领导，是社会主义法治的根本要求，是党和国家的根本所在、命脉所在，是全国各族人民的利益所系、幸福所系，是全面推进依法治国的题中应有之义。"我们党是执政党，坚持依法执政，对全面推进依法治国具有重大领导和保证作用。党的领导与法治是什么关系？在西方三权分立和多党制的政治哲学和宪政模式下，由于西方政党代表利益的不同以及执政党、在野党、反对党等政治角色的不同，西方国家政党与法治往往存在多元、错位甚至是割裂的不同关系。西方政党是不同阶级、阶层和利益集团的代表，西方法治则号称是代表全体人民共同意志的国家意志的体现，这种多元利益取向的政党制度与其法治标榜的中立性、平等性、公正性必然存在矛盾和冲突，在本质上其政党与法治必然难以统一。在我国共产党一党领导的社会主义制度下，在我国宪法和法律确认和保障的公有制为基础的经济制度和人民当家作主的政治制度下，在党代表人民共同利益而无自己任何私利的政治基础上，党与人民、党与国家、党与法不是矛盾对立的关系，而是和谐一致、高度统一的关系。

全面推进依法治国是一项宏大的法治建设系统工程，必须在党的统一领导下，统筹自由平等、民主法治、公平正义、安全秩序、尊严幸福等各种基本价值，统筹立法、执法、司法、守法、护法等各个环节，统筹依法治国、依法治军、依法治权、依法维权、依法执政、依法行政、依法办事等各个方面，统筹国内法与国际法、中央法与地方法、实体法与程序法、公法与私法等各种法律形态，统筹中央与地方、地方与地方、政府与社会、国家与个人、国内与国际、法治与改革、稳定与发展、公平与效率、民主与集中等各种关系，积极稳妥、有序、高效地全面实施。

全面推进依法治国要坚持党领导立法、保证执法、支持司法、带头守法全面落实

坚持依宪执政和依法执政，是全面推进依法治国的必然要求，是我们党领导和执政的基本方式。"依法治国，首先是依宪治国；依法执政，关键是依宪执政。新形势下，我们党要履行好执政兴国的重大职责，必须依据党章从严治党、依据宪法治国理政。党领导人民制定宪法和法律，党领导人民执行宪法和法律，党自身必须在宪法和法律范围内活动，真正做到党领导立法、保证执法、带头守法。"这就把法治与我们党和国家的现代化建设和深化改革事业更加紧密地联系起来，提到了一个前所未有的战略地位和政治高度，表明我们党不仅从思想上和政治上实现从革命党向执政党的根本转变，而且从治国方略和执政方式上，全面推进从过去革命党主要依靠运动和行政手段管理国家和社会，向现在执政党更多依靠宪法法律规范和法治方式治国理政转变，更加自觉地向民主执政、科学执政和依法执政、依宪执政转变，更加主动地向推进国家治理体系和治理能力现代化（主要是法治化、民主化、科学化和信息化）转变，用依法治国基本方略和法治基本方式进一步巩固我们党的执政地位，夯实我们党的执政基础，提升我们党的执政权威。全面推进依法执政，必须坚持党领导立法、保证执法、支持司法、带头守法。党要用法治思维和法治方式推进依宪执政和依法执政，切实做到领导立法、保证执法、支持司法，带头守法。

全面推进依法执政，必须加强党对立法工作的领导，应当进一步

完善党对立法工作中重大问题决策的程序。凡是立法涉及重大体制和重大政策调整的，必须报党中央讨论决定。党中央向全国人大提出宪法修改建议，依照宪法规定的程序进行宪法修改。法律制定和修改的重大问题由全国人大常委会党组向党中央报告。加强党对执法工作的保证。应当在深化行政体制改革和推进法治政府建设进程中，切实做到各级政府必须坚持在党的领导下、在法治轨道上开展工作，创新执法体制，完善执法程序，推进综合执法，严格执法责任，建立权责统一、权威高效的依法行政体制，加快建设职能科学、权责法定、执法严明、公开公正、廉洁高效、守法诚信的法治政府。加强党对司法工作的支持。各级党政机关和领导干部应当支持法院、检察院依法独立公正行使职权。从制度上支持司法机关依法独立行使职权，应当建立领导干部干预司法活动、插手具体案件处理的记录、通报和责任追究制度。任何党政机关和领导干部都不得让司法机关做违反法定职责、有碍司法公正的事情，任何司法机关都不得执行党政机关和领导干部违法干预司法活动的要求。对干预司法机关办案的，给予党纪政纪处分；造成冤假错案或者其他严重后果的，依法追究刑事责任。党的各级组织和共产党员要带头守法。各级党组织和领导干部要深刻认识到，维护宪法与法律权威就是维护党和人民共同意志的权威，捍卫宪法与法律尊严就是捍卫党和人民共同意志的尊严，保证宪法与法律实施就是保证党和人民共同意志的实现。各级领导干部要对法律怀有敬畏之心，牢记法律红线不可逾越、法律底线不可触碰，带头遵守法律，带头依法办事，不得违法行使权力，更不能以言代法、以权压法、徇私枉法。各级人大、政府、政协、审判机关、检察机关的党组织要领导和监督本单位模范遵守宪法与法律，坚决查处执法犯法、违法用权等行为。

全面推进依法治国必须坚持科学立法、严格执法、公正司法、全民守法协调发展

第一，科学立法是全面推进依法治国的前提条件。我国形成了以

宪法为统帅的中国特色社会主义法律体系，国家和社会生活各方面总体上实现了有法可依，这是我国法治建设取得的重大成就。但是，我国立法工作中依然存在"有的法律法规未能全面反映客观规律和人民意愿，针对性、可操作性不强，立法工作中部门化倾向、争权诿责现象较为突出"现象，存在部分法律制定出台后不能用、不管用、难执行、难适用、难遵守现象，个别法律甚至形同虚设。

推进民主科学立法，必须着力解决这些问题。法律是治国之重器，良法是善治之前提。建设中国特色社会主义法治体系，必须坚持立法先行，发挥立法的引领和推动作用，抓住提高立法质量这个关键。要恪守以民为本、立法为民理念，贯彻社会主义核心价值观，使每一项立法都符合宪法精神、反映人民意志、得到人民拥护。要把公正、公平、公开原则贯穿立法全过程，完善立法体制机制，坚持立、改、废、释并举，增强法律法规的及时性、系统性、针对性、有效性。

应当按照《决定》的新要求，着力落实好以下改革部署：健全有立法权的人大主导立法工作的体制机制，发挥人大及其常委会在立法工作中的主导作用；加强和改进政府立法制度建设，完善行政法规、规章制定程序，完善公众参与政府立法机制；明确立法权力边界，从体制机制和工作程序上有效防止部门利益和地方保护主义法律化；加强法律解释工作，及时明确法律规定含义和适用法律依据；明确地方立法权限和范围，依法赋予设区的市地方立法权；加强人大对立法工作的组织协调，健全立法起草、论证、协调、审议机制，健全向下级人大征询立法意见机制，建立基层立法联系点制度，推进立法精细化；健全立法机关和社会公众沟通机制，开展立法协商，广泛凝聚社会共识；完善法律草案表决程序，对重要条款可以单独表决；加强重点领域立法。依法保障公民权利，加快完善体现权利公平、机会公平、规则公平的法律制度，保障公民人身权、财产权、基本政治权利等各项权利不受侵犯，保障公民经济、文化、社会等各方面权利得到落实，实现公民权利保障法治化。增强全社会尊重和保障人权意识，健全公民权利救济渠道和方式。

第二，严格执法是全面推进依法治国的关键环节。习总书记指出，政府是执法主体，对执法领域存在的有法不依、执法不严、违法不究甚至以权压法、权钱交易、徇私枉法等突出问题，老百姓深恶痛绝，必须下大气力解决。当前，我国依法行政方面存在的主要问题是法律执行效果差。我国制定的大部分法律，实践中难以执行已经成为普遍现象，纸面上的法律与现实生活中的法律严重脱节，"潜规则"无处不在，法律权威难以确立。

我们要加强宪法和法律实施，维护社会主义法制的统一、尊严、权威，形成人们不愿违法、不能违法、不敢违法的法治环境，做到有法必依、执法必严、违法必究。行政机关是实施法律法规的重要主体，要带头严格执法，维护公共利益、人民权益和社会秩序。执法者必须忠实于法律。各级领导机关和领导干部要提高运用法治思维和法治方式的能力，努力以法治凝聚改革共识、规范发展行为、促进矛盾化解、保障社会和谐。要加强对执法活动的监督，坚决排除对执法活动的非法干预，坚决防止和克服地方保护主义和部门保护主义，坚决惩治腐败现象，做到有权必有责、用权受监督、违法必追究。

第三，公正司法是全面推进依法治国的重要任务。公正是法治的生命线，司法公正对社会公正具有重要引领作用，司法不公对社会公正具有致命破坏作用。实现司法公正是全面推进依法治国的重要任务。然而，当前我国"司法领域存在的主要问题是，司法不公、司法公信力不高问题十分突出，一些司法人员作风不正、办案不廉，办金钱案、关系案、人情案，吃了原告吃被告"等等。司法不公的深层次原因在于司法体制不完善、司法职权配置和权力运行机制不科学、人权司法保障制度不健全。

习总书记指出，我们提出要努力让人民群众在每一个司法案件中都感受到公平正义，所有司法机关都要紧紧围绕这个目标来改进工作，重点解决影响司法公正和制约司法能力的深层次问题。要坚持司法为民，改进司法工作作风，通过热情服务，切实解决好老百姓打官司难问题，特别是要加大对困难群众维护合法权益的法律援助。司法工作者要密切联系群众，规范司法行为，加大司法公开力度，回应人民群众对司法公正公开的关注和期待。要确保审判机关、检察机关依法独立公正行使审判权、检察权。必须完善司法管理体制和司法权力运行机制，规范司法行为，加强对司法活动的监督，努力让人民群众真正在每一个司法案件中感受到公平正义。

《决定》提出，要从以下方面推进公正司法，提升司法公信力：进一步完善确保依法独立公正行使审判权和检察权的制度；不断优化司法职权配置，健全公安机关、检察机关、审判机关、司法行政机关各司其职，侦查权、检察权、审判权、执行权相互配合、相互制约的体制机制；推进严格司法，坚持以事实为根据、以法律为准绳，健全事实认定符合客观真相、办案结果符合实体公正、办案过程符合程序公正的法律制度，完善人民陪审员制度，保障公民陪审权利，推进审判公开、检务公开、警务公开、狱务公开；加强人权司法保障，强化诉讼过程中当事人和其他诉讼参与人的知情权、陈述权、辩护辩论权、申请权、申诉权的制度保障，健全落实罪刑法定、疑罪从无、非法证据排除等法律原则的法律制度，加强对刑讯逼供和非法取证的源头预防，切实解决执行难问题，制定强制执行法，规范查封、扣押、冻结、处理涉案财物的司法程序；加强对司法活动的监督。

第四，全民守法是全面推进依法治国的基础工程。《决定》指出，当前在我国社会中，"部分社会成员尊法信法守法用法、依法维权意识不强，一些国家工作人员特别是领导干部依法办事观念不强、能力不足，知法犯法、以言代法、以权压法、徇私枉法现象依然存在"。

改革开放以来，尽管中央与地方各级政府花了很大功夫开展法律宣传教育工作，但全民自觉守法的格局并未形成，法律权威被漠视，普遍违法、公然违法、暴力抗法等事件层出不穷。全民守法是全面推进依法治国的基础工程，必须着力解决上述问题。法律的权威源自人民的内心拥护和真诚信仰。人民权益要靠法律保障，法律权威要靠人民维护。必须弘扬社会主义法治精神，建设社会主义法治文化，增强全社会厉行法治的积极性和主动性，形成守法光荣、违法可耻的社会氛围，使全体人民都成为社会主义法治的忠实崇尚者、自觉遵守者、坚定捍卫者。任何组织或者个人都必须在宪法和法律范围内活动，任何公民、社会组织和国家机关都要以宪法和法律为行为准则，依照宪法和法律行使权利或权力、履行义务或职责。要深入开展法制宣传教育，在全社会弘扬社会主义法治精神，引导全体人民遵守法律、有问题依靠法律来解决，形成守法光荣的良好氛围。要坚持法制教育与法治实践相结合，广泛开展依法治理活动，提高社会管理法治化水平。各级领导干部要带头依法办事，带头遵守法律。各级组织部门要把能不能依法办事、遵守法律作为考察识别干部的重要条件。《决定》除对传统的法制宣传教育工作做了与时俱进、行之有效的制度设计和安排外，还从法治系统工程的角度，提出以下改革和建设任务：推进多层次多领域依法治理，坚持系统治理、依法治理、综合治理、源头治理，提高社会治理法治化水平，发挥市民公约、乡规民约、行业规章、团体章程等社会规范在社会治理中的积极作用，发挥人民团体和社会组织在法治社会建设中的积极作用；建设完备的法律服务体系，完善法律援助制度，健全司法救助体系，健全统一司法鉴定管理体制；健全依法维权和化解纠纷机制，构建对维护群众利益具有重大作用的制度体系，建立健全社会矛盾预警机制、利益表达机制、协商沟通机制、救济救助机制，畅通群众利益协调、权益保障法律渠道，把信访纳入法治化轨道，健全社会矛盾纠纷预防化解机制，深入推进社会治安综合治理，健全落实领导责任制，等等。

全面推进依法治国必须坚持法治国家、法治政府、法治社会一体建设，坚持依法治国、依法执政、依法行政共同推进

在全面推进依法治国、加快建设社会主义法治国家的战略部署

下，法治国家、法治政府和法治社会三位一体，它们相互区别、相互联系、相辅相成，是一个统一体，三者统一于法治中国建设的伟大实践，共同构成了中国特色社会主义法治体系的主要内容。在建设法治中国这个战略布局中，全面推进依法治国，目标是建设社会主义法治国家；全面推进依法行政，目标是加快建成法治政府；建成法治国家与法治政府的同时，形成法治社会。

法治国家是法治中国建设的长远目标，必须全面推进科学立法、严格执法、公正司法、全民守法进程。法治政府是法治中国建设的重点，核心是规范与制约政府权力，提高运用法治思维和法治方式化解社会矛盾的能力，使市场在资源配置中发挥决定性作用，实现政企分开、政事分开、政资分开、政社分开。法治社会是法治中国建设的重要组成部分，核心是弘扬社会主义核心价值观，倡导富强、民主、文明、和谐，倡导自由、平等、公正、法治，倡导爱国、敬业、诚信、友善，形成全社会所有成员自觉信仰法律、敬畏法律、遵守法律、运用法律、维护法律的法治思维、法治意识与法治文化。法治国家、法治政府、法治社会一体建设，构成一体两翼的驱动格局，既相互补充，又相互促进，共同构成法治中国建设的重要内容。

习总书记指出，我们要坚持依法治国、依法执政、依法行政共同推进，坚持法治国家、法治政府、法治社会一体建设，不断开创依法治国新局面。建设法治中国，要坚持国家一切权力属于人民的宪法理念，最广泛地动员和组织人民依照宪法和法律规定，通过各级人民代表大会行使国家权力，通过各种途径和形式管理国家和社会事务、管理经济和文化事业，共同建设，共同享有，共同发展。要按照宪法确立的民主集中制原则、国家政权体制和活动准则，由人民代表大会统一行使国家权力，决策权、执行权、监督权既合理分工又相互协调，保证国家机关依照法定权限和程序行使职权、履行职责，保证国家机关统一有效组织各项事业。要根据宪法确立的体制和原则，正确处理中央和地方的关系，正确处理民族关系，正确处理各方面利益关系，调动一切积极因素，巩固和发展民主团结、生动活泼、安定和谐的政治局面。建设法治中国，政府应该率先垂范，切实推进依法行政。各级人民政府及其工作人员应该忠实履行宪法和法律赋予的职责，保护公民、法人和其他组织的合法权益，提高行政管理效能，降低管理成本，创新管理方式，提高管理透明度，推进社会主义物质文明、政治文明和精神文明协调发展，全面建成小康社会。

全面推进依法治国必须坚持依法治国与以德治国相结合

坚持依法治国与以德治国相结合，是全面推进依法治国必须坚持的一项基本原则。在全面推进依法治国的过程中，必须坚持一手抓法治、一手抓德治……以法治体现道德理念、强化法律对道德建设的促进作用，以道德滋养法治精神、强化道德对法治文化的支撑作用，实现法律和道德相辅相成、法治和德治相得益彰。习总书记进一步指出，要坚持依法治国和以德治国相结合，把法治建设和道德建设紧密结合起来，把他律和自律紧密结合起来，做到法治和德治相辅相成、相互促进。依法治国和以德治国的关系，实质上是法律与道德、法治与德治的关系。大量研究成果表明，法治与德治作为治国理政的方式方法，是有明显区别的：从治理的主体来看，法治是多数人的民主之治，德治是少数人的精英之治；从治理的过程来看，法治是程序之治，德治是人情之治；从治理的角度来看，法治是外在控制之治，德治是内在约束之治；从治理的标准来看，法治是低度行为规范之治，德治是高度行为要求之治；从治理的手段来看，法治是国家强制之治，德治是社会教化之治；从治理的重点来看，法治重在治官，德治重在治民。

正因为法律与道德、法治与德治存在诸多区别，同时又有若干内在一致的地方，因此依法治国与以德治国在功能上是相互补充、相互作用的，在价值目标上是殊途同归、有机统一的。法治是社会主义道德的底线和后盾，凡是法治禁止的，通常也是社会主义道德反对的；

凡是法治鼓励的，通常也是社会主义道德支持的。社会主义道德是法治的高线和基础，是法治具有合理性、正当性与合法性的内在依据，法治的价值、精神、原则、法理等大多建立在社会主义道德的基础上，法治的诸多制度和规范本身是社会主义道德的制度化和法律化。同时，法治不应当规范和调整人们的思想意志，对于思想范畴的问题往往表现得无能为力；而对于道德沦丧、良心泯灭之徒的行为，思想道德的约束也常常无济于事。正所谓"寸有所长，尺有所短"。所以，我们既要反对以法治完全取代德治的做法，也要反对重视德治而忽视法治的倾向。

总之，我国法治正经历着从形成中国特色社会主义法律体系向建设中国特色社会主义法治体系转变、从以立法为中心向以宪法与法律实施为重点转变、从法律大国向法治强国转变的战略大调整。在前所未有的历史新起点上，全面推进依法治国、加快建设法治中国，必须统筹全面建成小康社会、全面深化改革和全面从严治党，在"四个全面"总体战略布局的伟大实践中，不断开创中国特色社会主义法治建设的新局面。

有权不可任性

——习近平全面从严治党思想解读

谢春涛

谢春涛

中共中央党校党史教研部主任，教授，法学博士，获国务院特殊津贴。从事中国共产党的历史和理论的教学研究工作，主要研究方向是中国特色社会主义史和中国共产党执政经验，主持和参与了多项国家级和部级课题的研究工作。出版了《大跃进狂澜》和《庐山风云——1959 年庐山会议简史》等专著，主编过《中国特色社会主义史》《转折中国——1976～1982》《共和国五十年图史》《中国简史——从孔夫子到邓小平》（英文版）等书。

十八大以来，习近平总书记抓党建的力度非常大。2014 年 10 月 8 日，在群众路线教育实践活动总结大会上，习近平总书记第一次谈全面从严治党，他对党建的重视程度到了新的高度。比如他讲，党建是最大的政绩，如果党弱了散了甚至垮了，别的政绩还有什么

65

意义呢？

习近平总书记为什么重视抓党建？第一，他认清了党建本身的重要性。他说，打铁还要自身硬。中国要靠共产党领导，如果党建抓不好，其他无从谈起。第二，他看清楚了党建存在问题的严重性，尤其是消极腐败问题，已经到了很严重的地步。"两会"期间刘源说了，如果军队不以十八大以来这样的力度反腐败，军队就完了。对党来讲也是一样，对党负责，对国家负责，对老百姓负责，一定要从严治党。

马克思主义绝没有过时

所谓全面从严治党，怎么个全法？我认为主要是五个方面。

第一个问题，严守共产党的精神追求。习近平说过，理想信念是共产党人的精神之"钙"，必须加强思想政治建设，解决好世界观、人生观、价值观这个"总开关"问题。这些话很形象、很生动。革命战争时期，在极端困苦的情况下，红军靠双脚走了25000里，还不就是靠理想信念支撑？在许多人看来，为穷人打天下，再苦再累也值。正面的例子过去很多，负面的例子这些年也不少。尤其是落马的大老虎，脑袋里只剩下权和钱了，什么马列主义、共产主义，他们只是嘴上信。习近平总书记看清楚了这些问题，他强调补钙。补什么钙？马列主义信仰，中国特色社会主义信念，社会主义核心价值观，因为人的一切行动都是在一定思想观念支配下发生的。

有些人认为马克思主义过时了，我看绝没有过时，起码三个方面不会过时。第一，世界观、方法论没有过时，习近平总书记两次主持学习辩证唯物主义、历史唯物主义。第二，根本价值观没有过时。共产党人的根本价值观，就是实现共同富裕、完全平等、人的自由全面发展。老百姓弄明白之后有谁会不认同呢？甚至西方有些政治家也不太有理由反对。新旧世纪之交，马克思主义被评为千年思想家，谁评的？欧洲人。近代以来，哪位思想家对世界影响比马克思更大？我找不出来。社会主义强调公平正义，近年来打这个旗号的政党越来越多，打这个旗号容易争取民心。从现实看，社会主义的影响力也越来越大。比如广泛存在的社会保障制度，我认为就是社会主义性质的东西。用税收的办法把富人的钱征过来用到穷人头上，社保对老百姓绝对有利，反倒是富人感觉不舒服了，有的国家所得税税率高，富人难受。单纯就社会保障而言，我敢断定社会主义在全球的胜利不会有问题，无非早晚、形式的问题。第三，马克思主义的根本政治立场没有过时。共产党必须始终为绝大多数人谋利益，我们没有理由不坚持。

中国特色社会主义道路越走越好

中国特色社会主义是中国共产党人自己干出来的，取得了巨大成功，相信中年以上同志会有深刻感受。我本人很幸运，1978 年上大学，之后亲历了整个全过程，我们现在不是越走越好吗？国家、民族、个人发生了多大的改变！中国特色社会主义的成功，在整个世界已经成了不争的事实，无论发展中国家还是发达国家都有很多人钦佩。

有英国议员说，中国政治有稳定性、连续性，能不断制定五年发展规划并使之成为事实，他们就做不到。有的美国议员讲，中国重大决策制定和实施效率高。美国政治是否决政治，民主、共和两党相互否决，习近平总书记能做到的有些事奥巴马做不到。中国只有一个权力中心就是中共中央，中央委员会集中了各个方面有影响力的人物，三中全会决定草案正式审议前，已经在党内外征求了 3000 多人的意见，通过之后实施起来很快，尤其通过中央深化改革领导小组的机制，这个速度美国人不可能做到。

我们能集中全国力量办大事。比如汶川地震后灾后重建，美国人、日本人做不到。中央对西部欠发达地区财政转移支持力度很大，如果中国不这么干，有些西部欠发达地区要想实现小康、生活富裕，需要等到猴年马月。

在某些西方人看来，中国选干部也有一套，中国共产党历来强调台阶、政绩、多岗位锻炼。习近平总书记从生产大队的党支部书记做起，到国家主席用了 40 多年，大的职务变动 10 余次，这样的经历说明他经验丰富，能力强。西方国家的政治家大选之前有的是老板，有的是教授，有的是律师，有人连州长都没干过。

2011 年，在一次重要的国际研讨会上，美国一个知名的中国通说，最值得美国人学习的制度是中国的党校制度。中国共产党善于学习，越大的官越要学习，事干得越大，需要本领越多。

现在有些西方人都明白了中国成功靠的是什么，中国共产党人更应该明白。习近平总书记一再强调，坚持道路自信、理论自信、制度自信，绝不是盲目自信。

还有，社会主义核心价值观，老百姓要践行，领导干部更要带头践行。要通过宣传教育，让大家都了解这样的价值观，还要把有些方面的软约束变成硬约束。比如，诚信太重要了，好多人不就缺这个吗？我们完全有条件通过各种办法把它变成硬约束。

习近平总书记讲了，当官不要指望发财。在法制比较健全的国家，做公务员能发财吗？习近平总书记强调补钙，强调要有正确的价值观。每个领导干部都应该想想，共产党不是先进组织吗？你作为一员就应该按照这条路走。如果认同这些道理，恐怕内心会多一些约束。

近 11 万党员干部受到处分

第二个问题，保持党和人民群众的血肉联系。这是作风问题。十八大以后，习近平总书记首先抓作风，"八项规定"在 2012 年 12 月初就公布了，离党的代表大会结束只有半个月。有些人不以为意，说新官上任，一阵风就过去了。但很快有人发现，这次跟过去不一样，好多人受了处分。因为违反"八项规定"和其他具体规定，受到处分的党员干部到目前为止快 11 万人了，公车私用，公款吃喝，违规发放津补贴，大操大办红白喜事，这四种情况最多。十八大之前，有人因为这些事受处分吗？不能说没有，至少不多。过去有些人觉得没法解决的问题，现在有明显改观。

在群众路线教育实践活动总结大会上的讲话中，习近平总书记总结了抓作风的一些经验。首先要抓重点，抓突出问题。比如享乐主义、奢靡之风，有些地方已经非常严重了。有句话，再穷不能穷教育，再苦不能苦孩子，这话说得多好，没有几个人不会认同，但是有些人没有做到。网上有人晒各地最豪华建筑的照片，往往是一些党政办公楼，而学校却很破烂。再有就是公款吃喝，有人近乎疯狂，不抓不行，总书记先抓这个，这个现象危害最大。

其次，制定各种具体规定。比如办公室的面积多少，公务接待什么标准，都规定得非常具体，对领导干部来讲，理解清楚了就照着做，老百姓、媒体记者也知道这个规定，如果有人没做到，可以举报。

再次，强调领导带头。习近平总书记强调，要求别人不做，自己坚决不做；要求别人做到，自己首先做到。他出来吃什么饭菜，住什么宾馆，媒体报道了，别人敢铺张吗？上面领导头带得好，底下人就愿意干；但是上面领导做得不好，人家也会跟你学，上行下效。

最后，谁来监督执行这些规矩？各级纪委。有人违反了规矩就要付出代价，中秋节不让发月饼，因为那事受了处分值得吗？前年，我在另一家单位当领导，有人和我讲，马上到元旦了，每人发一本日历怎么样？这事看似不过分，一本日历也就几块钱。后来我说查查规定，中纪委的规定明确禁止公款购买赠送日历等，我说算了，饶了我吧，几块钱的东西，你们让我犯错误吗？

总书记很清楚，作风建设永远是党的建设的主题。2014年10月8日，他在讲话中还强调两点，一要研究规律性问题。为什么老也解决不好？肯定背后能够发现一些规律性的东西。二要加强人民群众对各级领导干部的监督。如果监督到位，恐怕有些人要收敛多了。近来有个现象，乱作为的情况少了，但是消极怠工不作为的多了。不作为的问题也不是没办法解决。第一，首先明确职责，不光你本人明白，还得让老百姓明白。到基层部门办事，什么程序要让老百姓清楚，老百姓知道不能办，他不找你了。但如果该给他办，你给他拖，老百姓不会放过你。第二，一定要有监督问责。该你办的你没办好，纪委得追责，单位也得管。现在强调党风建设的主体责任，各级领导一定要负主体责任。我想真要追责，有些人会谨慎。第三，在用人上得有导向。总书记强调要敢于担当，有作为的人就要重用。做公务员谁不想晋升？想发展就得好好干事。所以，不作为的问题也可以解决。

在习近平总书记看来，光抓作风还不够，想密切党和人民群众联系，还要靠努力为老百姓办事。他刚上任时说，人民群众对美好生活的追求就是我们的奋斗目标。老百姓关注的是，年老了能够有钱看病，年轻人能有工作，收入不断提高。党和政府做得好，他们肯定认同你。

小康不小康，关键看老乡

十八大以来，习近平总书记强调全面建成小康社会。关于经济发展，他追求高质量的健康的发展，而不是为求速度而求速度。速度上去了，如果质量不好也不行。这两年发展思路明显跟过去不一样。老百姓希望有良好的环境，如果雾霾严重、水污染严重，老百姓宁可不要这样的发展。

在社会政策方面，他强调要托底，要保证老百姓最基本的生活需求，不能让少数民族落下，农民也不能落下。他讲，小康不小康，关键看老乡。有些城里人也不能让他们过不下去。还有，他强调健全法制，如果法制不健全，恐怕老百姓不会认同这样的小康。对于十八届四中全会依法治国的决定，有些人做了统计，有190多条具体举措。

习近平总书记对维稳问题也有了新的认识。他在中央政法工作会议上讲，维稳的实质是维权，维护老百姓的合法权益。如果这方面做好了，哪来的不稳定？维权的工作，显然十八大以来做得比以前好了。

习近平总书记特别强调公平正义。很多改革涉及领导干部，比如公车改革、国企改革，机关事业单位养老办法也在和企业并轨。这些改革肯定涉及某些人利益，但是更多人认为公平，我想这样做下去，再加上抓作风，党和人民群众的联系会越来越密切。

以科学的机制选干部

第三个问题，建设高素质干部队伍。习近平总书记十分重视干部队伍建设，在2013年6月全国组织工作会议上讲了好干部的标准，还特别强调以科学的机制选干部，要把好干部选出来、用上去。

习近平总书记强调，坚决纠正唯票取人的问题。唯票取人是在扩大干部选拔工作的民主过程中产生的现象。我们重视民主推荐，道理对啊，出问题的概率会小一些，至少买官卖官不像过去那么容易了。但是在这个过程中又出现了新的状况，即唯票取人的问题。票多的人上，一定会有人想方设法在这个环节上拉票。一定有人想做老好人，不会得罪人。但关键时候就会丢选票。还有，有人投票也不负责任，就投跟自己关系好的人，所以干得最好的不见得得票最多。习近平总书记提出来，坚决纠正唯票取人的现象。强调要历史地、全面地考察党员领导干部，要看平时表现，还要看重大关头的表现。推荐票不是不重要，但不是决定性因素，更不是唯一因素。

现在总的精神是：第一，加大各级党组织在选人用人上的权重，事是你管，人也让你管，管事管人相一致；第二，强化各级党组织在选人用人上的责任。权力不是白给你的，要有责任，否则光给你权力，不给你责任，卖官不是更方便吗？今天有些人选干部，主要领导也好，组织部长也好，实实在在感觉到压力了。山西因为出现塌方式腐败，空缺300多个省管干部职位。王儒林书记说压力很大，总不能今天选出来，明天出事了。所以，山西省提出来先立规矩后选人。山西在这种非常时期、特殊情况下，规矩应该定得更多、更严。前不久，省委通过第一批省管干部16人。选这16个人费了大力气，省市委组织部、纪委反复查，只要有人举报，一定查到底。否则出了问题，一定得有人负责。山西有同志和我讲，以这样的方式选干部，有的人都怕被提拔。为什么？他心里有鬼，内心不踏实，不提拔可能混过去了；如果提拔，一查到底，有些事就包不住了。

现在明显感觉到选干部跟过去不一样。2014年中组部在各省区市、中央各部门搞干部建设队伍调研，推荐后备干部。过去推荐这样的干部，参加的人很多，现在范围小多了，让领导班子推荐，让各方面的主要负责人推荐。这事责任很大，尤其是主要领导。他们会想，如果我推荐的人中央不认可，或者中层以上干部不认可，那是怎么回事？干部谁优秀谁不优秀你没看明白呢？还是你看明白了，不优秀的人推荐上来了？谁在这个位置上都有压力。接下来，还要查干部的党龄、年龄、学历、履历等，查个人重大事项申报，每个环节都要查。如果查出问题，肯定不会提拔使用。个人重大事项申报，2014年之前不太查，现在查得很具体。有十来个部门帮助组织部门查，对普通干部是抽查，对重点人群全部查。中央组织部的干部监督局，直接查归中央管理的干部和后备干部。中组部讲他们查了1500个人，其中有5个人因为申报失实失去了被提拔的资格。

习近平总书记还强调管干部，他说从严治党关键是从严治吏。有些人出问题，跟从政环境、政治生态不好有关系。我们选人用人历来强调德才兼备、任人唯贤，但是现在有些人眼里没这规矩，他们更多搞小圈子，买官卖官。习近平总书记绝不允许搞团团伙伙、小圈子。只有管住这些方面，党才不会出大问题。显然，过去我们某些人没管住、没管好。

反腐败是党心民意之所向

第四个问题，反对腐败，建设廉洁政治。对十八大以来的反腐败，大家印象肯定都很深刻。所谓"大老虎"，包括军队副军以上干部过百了，数量绝对是空前的，级别也是空前的，受处理的力度也是空前的。现在初步处理的人基本都是"双开"，只有很少人只开除党籍而没开除公职，有的人从副省级降到副处级。中纪委网站采访著名历史题材作家二月河先生，他说读遍二十四史，历朝历代反腐败没有超过当今的。包青天收拾过一些大贪官，但数量一定没有王岐山处理的多，才两年多就上百个了。国家统计局和中国社会科学院的民调，认同今天反腐败举措的高达80%以上。当然，不是全部认同。为什么有些人认同程度不高？有人对"拍苍蝇"的力度还不满意，直接危害老百姓的主要是"苍蝇"。有些基层部门办案数量很少，甚至好几年没办一起案子，它们那个地方没问题吗？绝对不是，明摆着有人包庇。基层"拍苍蝇"如果拍得力度大，老百姓肯定满意。有人说反腐败应该适可而止，他们出于什么想法，我们不好猜测，但是中央绝对不会采纳他们的意见，中央一定会保持这个力度。中纪委在五次全会上讲了，这是输不起的斗争。党心民意要求反腐败一定要坚决，中央这么反腐败是对党负责，对国家负责，对老百姓负责。如果中国共产党出了问题，这个国家一定会出大问题，老百姓好不了，所以反腐败是党心民意之所向。

还有，习近平总书记指出，要把权力关进制度的笼子里。腐败为什么多发高发？就是因为监督制约不力，有些人权力过大，只要不是塌天的事，不见得收拾他。显然，我们反腐败更应该预防腐败的发生。

我们希望能够逐步达到干部不敢腐、不能腐、不想腐的目标，目前只是初步达到第一步，第二步正在努力。第三步经过努力，也有可能达到。不光要监督制约权力，还得使干部明白，如果腐败，对自己也很不合算。2014年浙江一位副检察长给干部讲廉政课，说一个县级干部每年的收入得有10多万元，如果50岁受贿100万，被抓到就损失大了。到退休前10年的工资没了，退休之后20年左右的养老金没了，损失多少个100万？干部要想明白，公务员待遇在不断提高，以后靠合法的收入体面地养老应该不会有问题。而出事了，就会身败名裂，甚至家破人亡。

近期内，更多的是编笼子限制权力。有些部门过去腐败严重，就是权力太大，不给钱不给你办事。政府下放审批权，力度还要加大。2015年"两会"通过立法法修正案，地方政府再要像过去那么任性，恐怕做不到了，至少难度大多了。四中全会主要就是限制公共权力，一定得有规矩，下放审批权显然能解决腐败问题。

再比如纪检体制改革，纪委双重领导，纪委书记、副书记由上级纪委会同组织部门提名考察，案件查办线索要向上级纪委报告，纪委就有权威了。过去有些地方书记想压案子能压下来，但现在想压也压不住了，你要压，上级纪委连你一块查。

还有加强巡视，正在大力度巡视央企。巡视有常规巡视，有专项巡视，还有所谓的"杀回马枪"。中纪委查了65个中管干部，其中有40多个靠巡视发现线索。因为巡视代表中央去的，巡视就是让你查几个方面，如腐败问题、用人问题等，别的事可以不管，也不要求你这个省各地都要走一遍，巡视责任很重。还有中央强调纪检组全面派驻，前不久中央办公厅、国务院办公厅等7个中央机关全派驻了，加上归口管理的单位，一共覆盖53家单位。

查"裸官"力度很大，该调整的已做了调整。反腐败国际追讨力度也很大，现在很多国家愿意在这方面跟我们合作。美国国土部部长表示，美国发现中国贪官后，以非法居留的名义遣返。美国也不愿意背恶名，被人说是中国贪官的庇护所。我认为加强追讨，目的不在于追回多少钱，有些人恐怕挥霍得差不多了，更重要的是营造这种环境，不管跑到哪去都能把他抓回来。

靠制度管事、管权、管人

第五个问题，靠制度管事、管权、管人。习近平总书记特别强调制度建设。一个健全的制度应该体现为几个要素：第一，它得形成闭合的系统，不能相互矛盾；第二，得具体好操作，不能笼而统之；第三，制度得靠权力落实，任何人违反得让他付出代价。习近平总书记讲，法律的生命力在于实施。法律制定得再好，不实施也没有用。所以，习近平总书记一再强调落实，一分部署，九分落实。十八大以来，制度建设力度很大。2014年年初，中央公布《中央党内法规建设工作五年规划纲要》，包含三方面内容。一是清理过去的法规，有些过时了就作废。二是修订，有些制度很重要，但是时过境迁，应该不断根据新的经验修订完善，《党政领导干部选拔任用工作条例》就是新修订的。三是新制定法规。我看规划当中需要新制定的制度起码有几十项，都要在五年内完成。

十八届四中全会强调建立健全党内法规体系，还提出党纪严于法律。有的同志不理解，是不是党大于法？不是这个意思。王岐山同志讲得很清楚，党是先进组织，党对党员的要求就应该比国家法律对普通老百姓的要求严格。老百姓的底线是法律，你不触犯法律就行了。党员的底线首先是党纪，违反党纪就要受到追究。党员得放弃作为老百姓的某些权利，有的老百姓有钱，孩子结婚想请多少桌都没问题，但是党员领导干部就不行。

王岐山同志特别强调纪律。他说，纪委是执行党的纪律的，不是抓小偷的。要把党纪挺在法律的前面。为什么今天有那么多贪官？就是过去执纪不严，有些人违反纪律不当回事，甚至有人把法律也不当回事。今天要强化纪律，除了理想信念外，最重要的就是严明纪律。随着我们的纪律、法规越来越完善，执纪越来越严，出事的人应该会越来越少，出的事也应该会越来越小。现在解决的好多问题，都是十八大前发生的，是所谓存量问题。

十八大以来，习近平总书记重视抓党建，最重要的是有了新的办法。这五个方面跟过去比，都有明显的进展。应该说路子是对的，照这么抓下去，党有希望，国家有希望，老百姓也有希望。

亚投行与中国的新世界主义观

杨　成

杨　成

教育部人文社科重点研究基地华
东师范大学俄罗斯研究中心副主
任，副教授。兼任北京大学、复
旦大学等高校与研究机构研究
员。曾在外交部和中国驻俄罗斯
使馆工作 7 年，专长于俄罗斯与
大国关系研究，是俄罗斯、英
国、法国、日本、韩国等多国著
名大学和研究机构的访问学者及
学术刊物的国际编委。学术成果
先后 6 次获得省部级奖励。

　　我希望今天我的演讲能够让我们产生新的世界观。选这一主题主
要是因为亚投行是中国外交近几年非常出彩的一个堪称经典的案例。
它标志着中国外交无论从理论到实践都在经历一场大转型，中国开始
重新以普遍主义的视角来考虑国际合作。这无疑是一种新型的国际合
作观、新型的世界观。

2015 年 4 月 17 日，我在阿斯塔纳会议期间的记者招待会上提到，我们应邀到哈萨克斯坦首都阿斯塔纳参加的这一场非常重要的国际会议很有特点。自从习主席提出了"丝绸之路经济带"和"21 世纪海上丝绸之路"这样一些大的战略性倡议以来，有太多的"一带一路"会议在全世界举行，在我们国内更是热点问题。那次的会议有记者问道：阿斯塔纳的会议有何不同之处？我当时的回答是：我们可能已经参加了数以十计百计这样的会议，但多数会议由中国主办，其实更多是站在中国的角度。尽管大家都在说自己的想法，看能不能找到一些对接的地方，但客观而言，建立"丝绸之路经济带"和"21 世纪海上丝绸之路"的想法如何落实在很长时间内并没有一个非常好的方案。中方一开始没有将完备的方案呈现给全世界，实际上也从来不存在这样的拥有明确路线图的合作计划。所以，外部世界起先有太多太多的疑虑了：中国要建立的"丝绸之路经济带"到底有多长、多宽？它涵盖哪些国家？它包含哪些内容？它到底能不能给其他方带来很多的好处？这是一个地缘经济方案，还是一个地缘政治方案？中国要扩大自己的影响力，要向外辐射自己的影响力，成为一个全球大国、成为一个世界性大国，会不会把一些其他的大国排挤出去？这样的一个步骤实际上是否会牺牲其他国家的利益？外方参与进来会不会变成中国的一个新的资源附庸，在全世界的体系里面会不会越来越被动？等等。当无数类似的问题涌现之时，我们很长时间并没有一个非常妥善足以释疑解惑的完整答案。直到博鳌论坛上中国外交部、商务部和国家发改委联合发布了一个愿景，才算是正式向全世界交代了我们想要看到的"一带一路"到底是怎样的。

我跟哈萨克斯坦的媒体朋友们表示：如果在一开始的时候大家对诸多内容空泛、明显带有宣传功能的国际会议有很多疑虑，那么阿斯塔纳会议就是一个非常大的例外。因为这次会议的主要内容不是讨论现代丝绸之路该不该建，而是有一个非常好的关于如何建的文本已经准备好了。俄罗斯组织了一帮专家撰写有关建设中亚、欧亚丝绸之路经济带的文本。这个文本实际上不仅是俄方专家在起草，还经过和哈方一些专家的协商，然后把这个文本再带到阿斯塔纳会议上来，供包括中方在内的其他有关国家的代表集体来讨论。这个文本提出了很多具体想法，包括"一带一路"里面到底在交通基础设施方面可以干哪些事儿，不同线路的优劣势、它们的运能、潜力和可能遇到的问题，以及通过怎样的方式来推进这些基础设施项目等都在文本中有所体现。所以，跟俄哈学者讨论的时候，我特意赞扬了这一点。这可能是比较好的一次会议，因为带来了具有可操作性的文本，带来了一个具体有想法的方案来进行对话，这非常有利于我们的对接。

在这次会议之后不久，我们看到了形势继续在发展。习近平主席5月访俄期间，中俄双方已经签署了关于中国丝绸之路经济带建设和俄罗斯主导的欧亚经济联盟建设对接问题的联合声明。甚至在文本里面还提到，作为一个愿景，规划远期的目标是考虑中国和欧亚经济联盟国家之间建立一个自贸区。这多么了不起！因为在此之前，俄罗斯人对在欧亚地区中国不断上升的力量有一定的看法。这很正常，中亚毕竟是他们的地区或者传统的势力范围，传统的利益想得到更好的维护。谁都不想轻易地把自己手中的蛋糕交给别人来吃！2009年在上海召开国际会议的时候，俄罗斯人很坦率地讲：中亚是我们的女人，我们的姑娘。中国自己有一句俗话叫朋友妻不可欺。这是我们的姑娘，你们还要动，那就是动了我的奶酪。这是当时俄罗斯很特殊的心态，可能这个心态在很长时间内都一直在继续着。

那么，这次看起来俄罗斯的传统立场发生了变化。中俄关系不断走近，包括亚投行在内的新因素都在发挥作用。亚投行是一个很好的案例，它向全世界展示了中国想要建设的"一带一路"是怎样的，中国将怎样向全世界特别是邻近的欧亚地区提供地区性的国际公共产品，这在亚投行的案例中得到了充分的体现。所以，亚投行对我们来讲非常重要，不仅仅是因为它是由中方倡导的新的国际机制，而且这个机制可以和已经存在的国际货币基金组织和亚洲开发银行等类似的金融机构去竞争、去媲美，更主要的是它提供了新的理念、新的想法，这也就是英国人、俄罗斯人临近期限截止的时候宣布加入的一个重要原因。

所以，怎么样来对待外部世界对我们的看法？怎么样看待"一带一路"未来的前景？怎么样看待在新的世界条件下形成的世界观、新的合作观？我觉得还要从我们的外部世界对我们的错误认知和错误的理解来谈起。中国的成长太迅速了，连我们自己都没有想到这样，在座的各位，10年前、20年前想到了今天的中国会是这样的吗？想到我们一年上亿的人出境旅游吗？想到中国的发展会成为全世界共享的红利吗？可能也没有想到我们影响力这么大，谁会想到中国越来越像大国，越来越有真正意义上的大国"范儿"？可能从这个意义上讲，也因为在这条路上走得太迅速，无论从物质上还是精神上，我们其实在各个方面都没有对中国崛起做好准备。所以我们有的时候不是没有犯过一点错误，至少是失误，让外部对我们的误解越来越深。大家有没有想过中国为什么获得今天的地位反而朋友特别少了呢？按理说我们应该是朋友越来越多，我们可以拿出去跟别人分享的东西越来越多了，但为什么朋友越来越少了，至少像巴基斯坦这样的铁哥们儿越来越少了呢？当年中国外交官讲了是第三世界找我们，让我们重新恢复了在联合国安理会的席位，那么今天这些哥们儿到哪去了呢？为什么非洲、其他的地区，很多国家、很多地区的人民在面对中国资本不断进入时却抱有越来越多的忧虑呢？为什么会有新殖民主义的论调？可能跟中国经济高速增长有关系，所以我看到实际上是存在两个中国的意象，即一个中国人自己看到的中国和一个外国人在外部世界看到的完全不一样的中国。

在我们自己看来，有这样一个比喻：中国好比在一辆高速行驶的列车上的一位乘客，非常舒服，高铁非常快、非常便捷，内部又很安静，你可以尽情地干自己的事情，你可以惬意地享受作为一个密闭空间的小小的空间，你可以交流、对话，你可以欣赏文艺节目，也可以看书、看报纸，总而言之，非常舒服。

但是我们假设高铁经过一个站没有停，外部世界就好比站在月台上准备上车的乘客，高铁呼啸而过感觉怎么样？不知道在座的有没有这种感觉，列车呼啸而过带来了一阵狂猛的风，气流扑面而来，这就是中国人眼中的中国和外国人眼中的中国，这是两种完全不同的意象。

所以有一句话叫做毛主席解决了挨打的问题，中国人从此站起来了；邓小平解决了挨饿的问题，中国人慢慢走向了康庄大道、走向了小康；现在我们要解决挨骂的问题，中国的实力越来越强了，反而遭受越来越多的批评了，当然不全是我们的问题，但我们也可以反思一下我们有没有一些还可以改进的地方。所以从这个意义上来讲，亚投行是个好例子，因为外部世界对我们有疑虑，原因就在于我们发展太快了、规模太大了。

美国有一个教授叫沃尔马克，是一个很有名的东南亚问题专家。他在一篇论文里面提到了一个问题，我把它叫做"沃尔马克之问"，核心是他发现了一个现象：中国今天在南海问题上的政策和80年代改革开放以来的政策本质上没有大的改变，我们其实还是希望遵循总的组织原则与相关的国家进行对话、进行商谈、进行合作的，但是为什么80年代的时候没有说中国是一个麻烦国呢？美国没有这样批评，欧亚也没有这样批评，也没有这样激烈的冲突，越南好像也还好，为什么今天会这样呢？所以我说，双赢这个口号不错，但是今天当中国的力量达到一定程度的时候再提双赢可能就不一定有用了，因为你提双赢的时候人家会想：谁赢得更多一点呢？是你还是我呢？当然，中国这么大的一个块头，好比一个大孩子、一个成年的健壮的男子汉，你去跟一个小朋友比你的获利肯定相对较多。

所以，这个时候一个传统的问题就来了，修昔底德在自己的那本史学著作中描述的崛起大国和守成大国是什么样的关系？大家把这个问题总结为"修昔底德陷阱"。好像看起来历史上崛起大国和守成大国一定会有一场战争。我们是不是在朝这个陷阱前进？当然我们会讲，我们希望跟全世界所有的国家保持良好的合作关系。其实美国人关于"修昔底德陷阱"的这个说法忘记了一个很重要的点，不知道是有意还是无意的。其实"修昔底德陷阱"或者修昔底德所描述的崛起大国和守成大国是城邦时代雅典与斯巴达的关系，它所透露出来的恰恰在于不是守成大国、崛起大国是不是必然进入这个陷阱，而是说，一个崛起大国更重要的是一定要自觉，要保持一定的自我克制，特别是快要登上高峰的那一刻之前要保持谨慎，要管控存在的危机与矛盾。

我们知道，大国崛起是蛮艰难的。历史上有很多失败的教训很惨痛，而且给人类带来了很血腥的战争，创伤充满了整个过程。所以，我们试想一下，假如说今天中国就好比在攀登珠穆朗玛峰的进程当中眼看着已经成为第二了，我们再迈上一步就成为第一了，但是不要忘了，只要在这个过程中你失败了，那你就是一个失败者，你就不能成为世界之一，就不可能成为一个攀登珠穆朗玛峰的人，所以越是这个时候越要谨慎。我们可以进取、可以有为，但是不要忘了克制。所以从这个意义上讲，应该说亚投行给很多人吃了一颗定心丸，因为今天中国的崛起给外部世界造成的最大的压力在于不知道中国将来会走向哪一步。这是一种不确定性，谁知道呢？中国人就是这么难理解，很多外国学者跟我们交流的时候讲过，不知道怎么来判断中国的政治走向，很难很难。当中国人说这个问题重要的时候可能压根不重要，当中国人说这个问题不重要的时候可能很重要。

网上有一个关于考外国人的汉语测试的笑话：冬天和夏天都是你能穿多少就穿多少。类似这种话，双关的东西要看具体的语境才能理解。而恰恰是外国人没有中国人这么敏感、这么细心，有的时候很难理解你背后的这些微言大义。有可能一个小小的仪式、有可能一个小小的语气都可能使整个含义发生变化，所以猜中国人的心思最难了，那就是一种不确定性。当你在不断诠释我要成为一个和平发展的国家、我要怎么样的时候，没有多少人能够真正相信。你说的都是很漂亮的话，但是漂亮的话是不是一定有依据，都是有疑问的。

中国人说永不争霸，外部世界会想你在东南亚活动的时候、在参加东盟会议的时候有些话说得很过分，一副大国的样子是会吓到人的，类似的有很多场景。所以，这种担忧其实是应该可以理解的，就是因为有一种不确定性存在，这种话语不一定能跟预期的效果相一致、相对称。我们以为我们自己是可爱的维尼熊，但是也许在外部世界看来你就是一头气势汹汹的饥饿的北极熊；我们认为自己是法国童话故事里面浪漫的小王子，在别人看来就是电影里面的巨无霸金刚，所有这个感觉是完全不一样的。这种超大的规模造成的不确定性对中国和外部世界的合作产生了巨大的影响，对这一点我们不应该忘记。

所以，好就好在我们国家领导人非常睿智。"一带一路"提出后外部有很多的疑虑，这些疑虑就反映了他们的心态，实际有一些是经不住推敲的。比如说，关于"丝绸之路经济带"，西方的媒体或者西方的一些学者强调说这是中国大的战略，中国人试图用"丝绸之路经济带"来制衡或者是来制约美国重返亚太的战略，这是一个对美国亚太再平衡战略再平衡的对策。

我不知道他们是不是对历史还不太熟悉，从历史上来讲，以陆权制约海权没有一个是胜利的，苏联解体了，德国当年被打败了，日本人发生了一个很大的变化是在昭和时代，在昭和时代他们做出了这样的一个选择，即从过去与海洋世界和西方合作变成了要替代合作，最后失败了，从海上回到陆上也失败了。中国人不会愚笨到重复这些老的故事。所以，这些战略显然不是从简单意义上来讲西方描述的神话般的亚太再平衡战略再平衡的战略，这两个倡议恰恰反映了中国新的思维，它是一种基于普遍主义原则来构建的，要跟所有国家合作的这样一个新的理念、新的设想。

但是正因为我们一开始没有沟通它们内在的新的含义，或者说现在完全没有想清楚，所以只能给外部世界一种神秘感，问题越来越多。好在我们意识到了，当我们讲"一带一路"是包容性、和平性的，外部世界也不一定那么相信，还没有在那么庞大的领域里面实施过如此庞大的一个计划，谁知道你会建成什么样的？甚至有些中亚国家智库就直接在报告里面写道：是时间回到后苏联一体化的时代了。就是因为中国太强大了，中国太进取了，有可能它们在跟中国建设"一带一路"的过程当中沦为附庸。为了防止附庸局面的出现，要跟俄罗斯合作等。欧亚经济联盟在 2013～2015 年的发展是很快的。这一次在莫斯科，吉尔吉斯斯坦也正式成为欧亚经济联盟成员国，成员由原来的 3 个发展为 5 个，将来还会继续增加，所以从这个意义来讲他们有一定的想法是很正常的。

要破局！破局得告诉全世界我们不是这样的，我们不仅是口头上这么说的，我们实际上也是这么做的。亚投行带来了一个好的消息，亚投行以一个活生生的案例来告诉全世界中国人真的是跟全世界、跟欧亚大陆所有国家分享发展成果，中国真的是做好了一个准备，这种准备就是一个角色转换：我们不仅仅是搭便车，我们同时也给别人搭便车。这个便车有可能是快速的高铁，有可能是绿皮火车，总而言之这个便车可以让别人上，让别人分享我们的发展红利，可以创造一个新的空间、新的市场、新的交换体系，让所有人参与获取自己应得的那一份利益，而不是把我们中国的想法强加于人。

为什么会达到这个效果呢？我们回顾一下历程，亚投行在建设的过程中转折点是英国宣布作为创始成员国加入，为什么英国会宣布作为创始成员国加入？他们一开始就答应了吗？没有！他们也在盘算到底怎么合适，可是好就好在后来他们算清楚了，今天的全球化进程席卷了全世界，有的国家参与多一点，有的国家参与少一点。然后我们根据这个国家参与全球化的程度来绘制一幅新的世界地图的话，你们会发现，世界上实际上有三种核心地带，一个是东亚，中国、韩国、日本都在其中；一个是西欧，以欧盟为代表；一个是北美。全世界绝大多数的资本、商品，包括人流之间交换都在这三个地方，而其他的都处于一个疏漏地区，像中亚这些国家绝大部分都是内陆国，乌兹别克斯坦还被所有的内陆国包围，就是因为没有出海口，可能这些国家过去就没有一个很畅通的渠道可以跟世界时常发生很紧密的联系，因此在全球化的过程中是利益没有想象的那么多的落后分子。

所以，今天亚投行是这样的，或者说"一带一路"是这样的：作为一个倡议然后实施的话有可能创造一种公共产品，覆盖了各种各样的交通网络。从中国到中亚到东欧的俄罗斯、白俄罗斯再到西欧，包括经过土库曼斯坦到伊朗到波斯湾宏大的建设网络构建，这意味着什么呢？全球化三个战略核心当中至少两个合作程度会不断上升，从长远来看，很多交换外溢出来的红利可以供沿线的国家来分享，这个红利很大的。

再者，中国人通过这样一个案例向全世界宣告了我们不想做完全主导的国家，我们放弃了自己的（部分）利益。这是非常形象、生动地展示我们自我克制的意愿，不是口头上宣布我们要和平共存。如果说中国想当老大，要在即将成立的亚洲基础设施投资银行中扮演主导者、仲裁者的角色，我们完全可以凭借自己强大的硬实力，不让其他不想看到的国家参加进来，让它们在外面，我们在自己的圈子里好好玩一玩。可以设想，中国一个大国带领着一帮中小国家共同建立了一个由中国出资的银行，这种情况下肯定中国说了算。所以我们其实看到了背后可能造成的一种危害，因为假设这样子的中国建立了完全替代了现有的、主流的、西方主导的国际金融组织的新的机构，那这真的对中国有利吗？我们在制造敌人，我们在这个意义上把那些本来还有可能跟我们合作的一些国家、一些地区推出我们的合作圈去，所以这种事情中国是不会做的。我们很聪明，我们邀请了西欧的一些国家来参与、做创始成员国，就因为在亚投行的未来管理当中可能有很大的发言权，而这种发言权改变了，就会创造一种新的局面。原来中小国家可能听中国的话，按中国的话走，其扮演的角色可能就是举举手、盖盖章通过。那么在新的结构上可以设想一下，西欧国家进来了，这些国家都是老牌的资本主义国家，有大量的管理一些欠发达地区的经验，因为它们曾经是殖民国家，有很多的殖民地，这种帝国经验对它们来讲还是很重要的，使其在管理、开发其他地区的时候有很多便利，有很多成熟的经验来汲取。

更重要的是，其他中小型国家有跟西欧主要大国，包括已经宣布进来的俄罗斯这样的大国，进行沟通、配合、协调甚至结成统一战线来制衡中国的一些想法。中国为什么把可能的主动权交出去？就是我前面讲的存在两个不同意象下的合作困境或者崛起困境。我们走到这一步，确实有很多的困难要解决。为了消解外部对我们的疑虑，我们需要一个活生生的案例来向世界展示：我们真的是这样讲的，我们也是这么做的；我们不仅仅是说得漂亮，而且做得漂亮。这个效果看起来是达到了。因为当英国进来之后，英国看到了一个大的态势已经摆在面前，就是中国所描绘的"一带一路"，使从西欧到东亚各国进行经济合作有可能成为现实。这不仅是我们自己说的。美国的一个教授在他2012年出版的非常著名的一本书《新大陆主义》里面描述了这种场景。当然，他指的更多的是东亚和中东地区生产和消费的密切结合已经形成了，至少当时就认为是在形成当中了。那么，中国和欧洲或者亚洲和欧洲之间的交流确实已经出现了非常良好的契机，这就是大国在近几年来把自己的目光投向欧亚地区、投向处女地的原因。

美国人提出了新丝绸之路战略，想要把中亚和南亚整合成一个大的新的地区；欧盟推出了所谓对中亚的战略，也是为了更好地和中亚地区开展紧密的合作；土耳其人早就有自己的想法，曾经的中等强国显然有自己的一些设想，想要跟中亚地区友邻开展更紧密的合作。就连韩国都提出欧亚倡议了，朴槿惠在会见德国总统和俄罗斯总统等人的时候都讲过自己所谓的梦想。她说，她有一个梦想。这个梦想就是，有一天坐在火车上发现西伯利亚一直通到西欧，直到到达欧洲的终点。也就是说，其实很多国家都已经发现了，或者都已经意识到了一个新的时代正在来临，地理上的界限有可能被打破，今后地区已经不是原来的地区了，地区有可能由一个想象的地区变成一个现实的地区。比如说金砖国家到底怎么算？它本来最早就是一个概念，作为一个经济概念提出来的，但是它变成地缘经济现实。

所以，对欧亚这个地区进行研究，我们发现一个所谓的时间被压缩、空间被压缩的现象。为什么时间、空间被压缩呢？是因为现代技术的发展、煤炭的使用造就了工业革命，石油、天然气等以碳为主的能源也造就了新的帝国主义时代，那么今天到"互联网＋"的时代，从西欧到东亚的新的大欧亚正是在这样的背景下产生的。我们可以试想一下，今天有这么大的距离，我们可以在中国根据德国柏林一个厂商的要求马上进行订单的设计、生产，然后从中国发货，经过新疆的阿拉山口到达俄罗斯、白俄罗斯、波兰再到西欧这样的铁路快线，一站式通关把最终的商品送到他们的手中，这个就是时间和空间被压缩。所以跨欧亚时代正在来临，这个大趋势，很多人都发现了、都注意了。很多大国都在集中提出自己的方案，中国"一带一路"的方案有非常大的优势。

而且这里面所反映出来一个很好玩的东西，其实亚投行是为"一带一路"服务的配套设施，亚投行想要解决的问题无非这么几点。

首先要关注中国快速崛起的过程中和西方的关系问题怎么解决。我们其实面临一个很大的矛盾，想要说服我们和西方是一体的，我们对全世界的和平、发展、繁荣、稳定负有共同分担的责任和义务。但是西方人还是不太相信，他们认为中国人太进取了。同时我们还要解决一些矛盾，就是我们推进"一带一路"的过程中可能会让中亚不太大的国家、发展还比较落后的第三世界国家对我们产生疑虑，担心自己成为新的边缘，而且边缘的角色不断固化，再也没有翻身之地，谁也不愿意这么干。这两个问题怎么解决呢？"一带一路"是很好的畅想，而亚投行先行先试，表现了中国新的思考。我把它总结为基于三个"三个世界"的考虑，是综合了时间、空间和其他内容在内的一个总体的思想体系。

第一个"三个世界"回答的是中国和未来的西方世界或者更大的东方和西方世界到底会是什么样的一个关系。第一个世界，我们把它称为古典世界。古典世界的特征就是东方是东方，西方是西方，二者各自有各自内在的逻辑，除了丝绸之路有商品交流之外，大部分场合大家各自玩各自的。但这个情况后来改变了，第一次在人类历史上把时间和空间进行了压缩，20世纪末前500年左右的时间就是第二个世界，即现代世界。现代世界的整个发展过程是以现代性战胜前现代性的过程，是西方最终获得主导地位的过程，西方成为整个世界体系最主要的裁判者，里面伴随着各种各样的不平等现象，包括剥削、殖民体系、帝国体系、世界大战流血冲突都在其中。那么未来的世界500年会怎样？至少在我看来，中方想要看到的或者从中方官方话语里面描绘到的是一个后现代的世界，人类历史上迎来了东方和西方必须共同管理的世界。因为世界变得越来越复杂了，可能正是因为世界变得这么平、这么快。今天的中国和全世界一样，我们都在面临着很多的共同问题，比如气候变暖的问题、恐怖主义的问题、毒品走私的问题、有组织犯罪的问题等等。

听说广东有很多黑人，他们可能促进了我们跟非洲国家的交流，但是也可能带来了很多问题。这个问题难道仅仅中国才有吗？法国有没有？欧洲的其他国家有没有？有！移民是全世界需要解决的难题，曾经有很多的国家非常担心中国的移民，包括俄罗斯这样的国家。今天我们看起来，过了一段时间不仅世界在考虑移民问题，我们自己发现中国人也有外国移民主义的问题了。这就是共性的问题。这些共同的问题不管哪一个国家单独去解决是解决不了的，需要集体的力量、集体的智慧、集体的贡献、集体的分担。所以，第三个世界，即东方、西方这样一个视角下的世界，未来一定是东方和西方共同治理的一个世界。只有这样我们人类社会才会迎来持续的和平、共同的繁荣。这是第一个"三个世界"。所以亚投行、"一带一路"正是在这样的一个环境下展开的，我们从来没有想过要替代哪一方，由一个新的霸权替代旧的霸权，这不是一个理想的选择，这不是中国的选择。

接下来我们再来谈这个时候我们面临的垂直的"三个世界"，南北问题就是发展问题。所以，核心－半边缘－边缘这种结构确确实实存在。世界就是这么不平等。不平等是一种常态，那么这种体系会不会在今天随着中国的崛起而完全改变呢？至少在很多人眼中不会改变，中国人还会扮演这样的角色，当我们强大之后会重新成为核心，然后把其他的国家变成半边缘、边缘国家。不是这样的！中国今天非常特殊，它在某种程度上处于一种半边缘的地位。我们发现全世界贸易有八字循环。这个不是我的发现，是其他两位学者提出来的。这很重要。我们可以注意到，发达国家或者第一世界已经进入了后工业化时代，所以它们的这种发展已经不需要那么多资源、不需要那么多原材料了，它们需要高端的产品，充满智慧、高附加值的产品。这些产品由中国来提供。中国怎么提供呢？我们从发展中国家或者从第三世界获取很多的资源生产，然后销往全世界。因为第一世界处于后工业化这样特殊的阶段，就决定了它们和发展中国家和第三世界的直接的资源往来在减少而不是增加，它们之间的贸易往来也好，投资往来也好，可能逐渐进入了一个趋于缩小的进程当中，而我们中国成为八字结构中间关联的点，我们从发展中国家或第三世界拿资源，然后我们把它生产出来再销往全世界，所以我们扮演了承上启下、承前启后的这样一个关键的角色，这是一个方面。

在"一带一路"战略推进进程中，或者在亚投行、目前的欧亚地区的基础设施建设当中还有另外一个角色供我们大家来选择，如果此前的国际经济交换体系确实是这样的剥削关系或者不平等关系。这种结构是始终存在的，不是所有国家都能分享我们的平等红利。那么，在新的结构里面至少我们提供了一种可能。我们也没有说中小国家扮演和大国同等重要的角色。这事实上也不可能，那是一个谎言，就是骗人的，没有人会相信。但是我们知道有可能，当"一带一路"真正建成的时候，当从东亚到西欧经过东欧亚这样的地区形成了一个快速通道，把生产和消费连起来的时候，这些中部的欧亚国家因为地理上居中，它们就可以成为一个过境国家、转运国家，哪怕仅仅就这样的一个角色也足以带来非常庞大的红利。

试想一下，现在我们中国跟欧亚是多大的贸易规模，韩国、日本等新型经济体，其他的一些新兴经济体，欧洲的新兴经济体跟它们的联系有多少？这是那么庞大的盘子，仅仅收过境费就可以让你数钱数得手抽筋。哪怕就这一项也足以为它们解决很大的发展难题了。因为它们缺少资本，没有很多其他的能源，所以冬天的时候那些国家可能就会因为夏天不合作不给它们足够的水资源来灌溉农田而发生冲突。如果"一带一路"通了，它们有了钱了还会出现这个问题吗？我可以用钱买你的电、买你的能源资源，我就不需要化解今天无法化解的难题了。水资源和天然气能直接兑换吗？水资源没有国际标准价格，但是天然气有、石油有，而且哈萨克斯坦和乌兹别克斯坦从国际上、规模上、人口上来讲都优于塔吉克斯坦和吉尔吉斯斯坦，不可能平等对话。

所以，这样看来，实际上就是在一个全新的局面之下它们有一个新的角色。这是一个前所未有的历史机遇，更何况中国设想的"一带一路"，或者我们倡议的大家来共同建设的"一带一路"里面不光是交通基础设施。交通基础设施是其中的一块，还有产业投资和其他的投资。中国和哈萨克斯坦为什么这么热？习主席访问了哈萨克斯坦，两国总理还签订了协议，就是因为与中国进行合作的时候，产业就自然跟进。以前难以建成的，今天就有可能建成了。何况"一带一路"不仅仅连接的是中国和这些国家，还有其他的发达的或者是在某些领域、某些行当、某些产业占有绝对优势或者是比较优势的国家，它们假如将来路建好了、桥建造好了，也全部都通了，不会利用便车到这些地区开展投资、开展合作吗？所以这是一个很重要的变化，所以在新的核心－边缘结构当中，中亚这些国家不仅有边缘经济角色来选择，可能还会选择变成一个新的枢纽，所以我们在现有的发达世界扮演的关键角色也有可能惠及这些国家。它们也可以充当和中国与发达世界的一个枢纽，这样一来大家就平等了，我们用另一种方式为它们创造了它们所梦想的发展的可能性。第三个"三个世界"就要从国际视野回到国内。中国改革开放30多年最成功的经验在哪里？或者说什么样的因素导致了中国的快速成长？可能大家有无数条看法，但是其中有一条无法否认的那就是兄弟竞争模式。有很多经济学家都在提，这实际上是一个非常好的发现。因为改革开放以来存在这样的竞争的格局，就是省也好、市也好甚至县也好，每个地区都在和相邻地区和其他地区进行比较，都在争来自外部的投资、来自外部的技术、来自中央政府的资金支持和政府投资等，每个人铆足了一把劲奋力发展，使得我们的 GDP 存量不断增加。这个是否定不了的。

我们看领导们晋升的轨迹就可以知道，往往是因为他在经济建设或者是国民经济发展方面中取得了好的成绩，带领一些地区走向了富裕，然后他赢得了上级的信赖，成为更成功的官员。他做得好当然获得上升的渠道，所以兄弟竞争模式是我们改革开放前30年飞速发展非常重要的因素。

但是这种GDP发展观、潜在的路径已经给中国带来了不小的麻烦，因为这种兄弟竞争模式的存在导致我们国内的市场是碎片化的，不是特别统一的。今天其实我们可以看到一个很有意思的现象，"中国制造"在国外买比在国内买便宜多了。我出国通常会采购大量的中国制造的商品，同样的衣服、同样的品牌在国外买比在国内买便宜多了。除了出口退税之外，国内市场被分割，导致了我们的物流成本非常高。从北京到上海、从北京到深圳一路要交的物流费是很高的。这又在另外一种程度上加剧了我们国民经济的弊端，内需没有得到充分的发展。所以"一带一路"绝不仅仅是国际的方案，它同时还是国内改革重要的路径。它提供了一个可能，让我们用一种新的议程把大家的思路统一起来，以国际合作为由头来倒逼一体化的进程，打破了现有的官僚体系和地区之间的竞争、分割的关系，形成一个从中国的东部、中部一直延伸到西部，然后通过海上和陆上和其他的地区连接起来的完全畅通的大市场，这当然非常好。而且更关键的是，中国几个地域之间的发展差距越来越大，东部、南部、东南沿海地区是第一世界。深圳发展很快，像广东一个省GDP可以顶欧洲的一个大国了。中部则希望从国家战略赢得发展的空间。西部可以称为第三世界，这个第三世界有很大的问题，包括恐怖主义、分裂主义等这样的活动猖獗，使得我们今天到了一定特定的阶段，必须解决国内的市场被人为分割的问题。

"一带一路"就是按这样的一个目标去做的，但我们可以看到在现有的国家体制下，在常规的方法之下中国国内造成了怎样的一个结果。每个省的发改委主要负责人可能会跑到国家发改委去要项目，包括以前的铁道部，去想办法。目标是什么？是让它规划一下铁路经过自己那儿，这样能够解决其发展问题。这就意味着这里面有很多时候可能基本上基于人情，可能有的时候是基于贿赂，所以仅仅是依照老套路解决还会重复老的弊端，尽管高铁的建设已经取得了举世瞩目的成就。假如说，中国国内的这些项目也可以通过亚投行来做。从这个意义上来讲的话，你申请就按照国际规则来，亚投行已经是国际性的机构，可能整个申请的过程、执行的过程都要严格按照它的套路来，最后它可能会非常有效、合理地操作，不会产生任何的弊端。所以从这个意义上来讲，它对于我们国内想要打破"三个世界"的壁垒也是很重要的，亚投行能发挥的作用就是为"一带一路"最终的实现提供助力。

把这"三个世界"整合到一块可以看到，这至少表明了我们开始从一个普遍主义的角度去看待整个外部世界的关系以及跟外部世界的合作。过去我们讲和平共处，我们更多地从共处共存的角度看。2015年庆祝万隆会议召开六十周年还在讲和平共处五项原则。它确实很重要，但是今天不能仅仅讲怎么样共存了。今天的理念应该变了。所以，为了解决所谓的崛起困境，中国的很多人也都在想办法。以前国家开发银行的董事长、长期主管经济的国家前领导人陈云的儿子陈元先生提出的问题就是中国和世界如何内在地联系在一起。而赵汀阳教授主张的新天下主义就是要代替西方提出的世界观。天下是世界的，在新的天下体制里面好像以东方人的智慧可以解决很多的问题。赵汀阳的新天下主义被包括国外的一些专家批评过，它看起来是一个很理想化的设计，但是具体怎么操作呢？怎么样把这套体系变成一个活生生的制度设计、制度安排，形成一个具体的合作进程？好像没有。当我们用天下这个东西的时候它被赋予了中国中心色彩，而在中国中心的色彩里面对天下的理解就会发生很大的偏差。到底什么是天下？我们可以说天下显示了我们对外界世界的尊重，一种中国式的礼遇，我们是平等的。但是不要忘记，至少在古典的历史经验当中，天下是有远近的、是有最核心地带的，就好像一个核心圆一样，它有核心、半边缘、边缘这样的体系，最外边的怎么办？还是有一些歧视的部分，你既有尊重它的一部分，也有歧视它的一部分，这两者构成了一个解决不了的矛盾。

我们应该怎么办？我觉得，在我总结的"三个世界"里面，我们隐隐约约通过亚投行的案例、通过"一带一路"的倡议的提出，看到了新的世界主义观，这种新的世界主义观不是把东方和西方对立起来的，在东西方世界层次上已经讲过了。第二个就是我们不仅是共存，我们还在共建，我们通过共同的建设，从一开始就使所有人搭上一辆快速的列车，我们通过这种共建、共享的体验，形成共同的历史记忆，然后可能形成一种共同的信任，这种共同的信任促使我们形成了一个具体的合作议程，通过不断积累、不断放大，最后形成一个共同繁荣的局面，这个才是最重要的。

所以，从这个意义上来讲，今天的中国非常聪明，中国过去为什么有那么多的问题？就是因为我们太多地学习了西方的那套理论体系，以至于我们在面对外部世界的时候不知道怎么办。整个世界上非常明显的趋势就是民族国家的局限在不断被消解，在一个更加全球化的时代仅仅基于主权、基于这样一个核心的概念去不断强调自己所谓的利益范围，在这样的体制下能够合理扩大中国的影响吗？能扩大中国想要追求的利益吗？大同能够实现吗？从这个意义上来讲，新的世界观或者通过亚投行、"一带一路"建设来体现，它是非常重要的，它标志着中国开始慢慢走向成熟了，我们不再是一个正在学习的婴儿，我们开始变得有成熟的思考、有成熟的理念、有成熟的设计，这是一个很好的迹象。

我的体验是1840年鸦片战争以后中国曾经大规模西化，所谓洋务运动，先学器物，后来学精神，包括将马克思主义的一系列思潮运用于建设当中，更多的是从西方来的。连我们的思维都变得很西化而改变了我们传统的思维。我们更多地从黑白对立的角度看。我经常遇到媒体采访，很多人问这个事对中国好还是不好。好像看起来只能是好或不好两个选择，不是好就是不好，有可能不好不坏吗？所以这个时候我们要回到历史，中国传统里面有所谓的一分为三，所以"三个世界"是一个很好的想法。毛泽东、邓小平同志已经将"三个世界"总结为一套东西，在这个基础上，用这样的视野去看待、去理解我们的"一带一路"和亚投行建设就很清晰了。

所以，我们应该回到传统思维，因为中国的一分为三是很富于智慧的，一生二、二生三、三生万物。我们都知道一个游戏叫"剪刀、石头、布"，相生相克很重要。那么怎么解决这个问题？就需要我们共同努力，齐心协力面对所有的难题，大家一起去奋斗、一起去解决，而不是对抗、制约这样的思考，从这个意义上去设计我们的国际政治议程。可见中国正在成功的路上奋发向前，有可能距离成为一个全球性的大国越来越近。

我们应该从亚投行这个案例当中吸收更多能量用在我们未来的国际战略设计中，让我们的国家合作战略更加理性、更加可靠，让外部世界对我们的忧虑和担心更加减少，让中国和其他国家共建共享同一个宏大的空间，大家在这个空间获得更大的发展红利。

亚投行案例告诉我们，中国人应该可以凭借自己的实力，把得到的更多利益的一部分拿出来跟大家共享，这样就告诉全世界你们还是可以放心的，不要害怕，我们不是金刚，我们真的是可爱的小王子；我们也不是那只饿极了的北极熊，似乎要把全世界都吃光、用光，我们真的是一只可爱的维尼熊。你们来吧，跟中国合作吧，这才是光明大道！我的演讲就到这里，谢谢大家！

怎么寻找、复原真正的丝绸之路

侯杨方

侯杨方 ✎

复旦大学中国历史地理研究所教授，博士生导师，复旦大学生态环境人文社科领导小组联合组长。曾任国际日本文化研究中心客员副教授、国际人口科学研究联盟（IUSSP）会员。研究领域为人口地理信息系统、中国经济史、中国历史人口学、清朝人口、人丁及其制度。近期重点研究"丝绸之路"与"一带一路"战略。主要著作有《中国人口史》《盛世启示录》。

首次精准复原丝绸之路路线与重要目标

我今天给大家讲一讲"怎么寻找、复原真正的丝绸之路"，主要讲帕米尔。

丝绸之路有各种各样的意象。为什么要研究丝绸之路呢？对我来说就是兴趣，对社会大众或者国家来说，它可能有重大历史和现实意义。

100 年来，我们对帕米尔高原进行整体实地考察已经 6 次了，而且在世界上我们首次精准复原了丝绸之路路线与重要目标。什么叫精准复原？精准复原是我提出的一个概念。传统路线的复原，包括丝绸之路，还有七大路线复原，我看到过很多论著，从这个地方到那个地方，一大堆地名罗列，中亚很复杂，我这个专业人士也看不懂他们的论文。所以，这不叫精准复原。我对精准复原的定义非常简单，根据我的研究成果，所有人都可以重复，这叫精准复原。

有户外经验的人很简单，你的 GPS 轨迹给我，我按照这个完全可以重复。你拍的照片，你看到的景色，我到那个地方肯定可以看到，这就叫精准复原。什么叫科学标准呢？就是重复检验，无论你证实还是证伪，只要重复体验那就是精准复原了。你不能重复检验，仅仅停留在纸面上，你自己都没有走过，怎么叫精准复原呢？

历史上的丝绸之路

下面讲讲丝绸之路这个概念。

丝绸之路定义很复杂，但是我可以举一个最简单的定义，就是反向定义，就是非经玉门关、阳关和葱岭（帕米尔高原），皆非丝绸之路。只要这条路线没有经过这三个重要地标，那肯定不是。这是原初的丝绸之路。

"丝绸之路"这个词于 1877 年第一次出现，德语叫 Seidenstrasse，翻译成英语就是 Silk Road，翻译成中文就是丝绸之路。直到 19 世纪 70 年代，德国著名的地理学家李希霍·芬在他的著作《中国》第 499 页第一次提到了"丝绸之路"这个词。他为什么提出这个概念呢？他总结了古希腊地理制，以及中国的《汉书·西域传》，画出一幅丝绸之路地图，这是人类历史上第一幅丝绸之路地图，是彩色的，有红色和蓝色路线。他的中文资料来源是《汉书·西域传》，1900多年前的班固编写的。怎么写呢？很简单。

"自玉门、阳关出西域有两道：从鄯善傍南山北，波河西行至莎车，为南道；南道西逾葱岭，则出大月氏、安息。"（大月氏就是现在阿富汗与塔吉克斯坦的交界阿姆河流域那一代，安息就是伊朗。）

"自车师前王廷随北山，波河西行至疏勒，为北道；北道西逾则出大宛、康居、奄蔡焉。"南道、北道分别经过的地方就是玉门关、阳关或者葱岭。所以，李希霍·芬根据这个记载画出了人类历史上第一幅"丝绸之路"地图，并且把这个路线命名为"丝绸之路"。

他的丝绸之路有非常严格的时间与空间限制。时间限制就是，公元前139年，张骞受武帝派遣，带着100多个随从，出使西域，联络大月氏，共同抗击匈奴，中途被匈奴扣了，从大夏起程返回的那年是公元前128年，即丝绸之路元年。张骞是丝绸之路的开创者。有人说了，在张骞出使西域之前，中原和那些地方都有贸易往来，丝绸之路早就存在。但是，大家不要忘了，作为地区性路线，可能一万年前就有了，只要有人类就有路线，但是能真正从长安出发，把中原与西域，与中亚、西亚连在一块，开辟一条贯通性的国际通道，是从张骞开始的。在张骞之前，中原内地的汉人没有人知道西域是什么样的，都是一种想象，像《山海经》，就是神怪的想象。张骞第一个到达了大月氏、安息，从这个意义上讲，丝绸之路开创于张骞。

在空间方面，原来顺着盆地，一个顺昆仑山北边走的，一个顺天山南边走的。到了隋朝，多了一条北道，就是新北道，顺着天山以北，就是现在乌鲁木齐那一带走的，所以隋朝又开辟了一条道。西汉时北道又变成中道，这就是整个丝绸之路的空间路线。

西海就是地中海和阿拉伯海。我为什么要复原帕米尔高原呢？第一，它是丝绸之路最重要的地标，西汉时两道都经过帕米尔高原，这是一个枢纽；第二，它的地形特别复杂，能把帕米尔高原复原了，其他路段不在话下；第三，丝绸之路上最艰险的路段就是帕米尔高原。

帕米尔高原古称葱岭。葱岭是怎么来的呢？

《西河旧事》记载："葱岭在敦煌西八千里，其山高大，上生葱，故曰葱岭。"

路途中长着野葱。葱对在沙漠中长期跋涉的商队来说非常重要，它可以补充维生素。玄奘1300多年前经过帕米尔高原，他描写的葱岭是什么样的呢？叫"崖岭数百重"。帕米尔高原上有很多山。幽谷险峻，恒积冰雪。一年四季全有冰雪，海拔高。玄奘当时没有海拔概念，但是他观察到了：寒风劲烈，多出葱，故谓葱岭。他又提出：又以山崖葱翠，遂以名焉。

山崖上面郁郁葱葱，给人很强烈的视觉冲击，从沙漠地带过来的人，叫它葱岭。

帕米尔高原是几大文明交汇处，因为它是丝绸之路南北两道的交通枢纽。公元前300多年前，亚历山大率领希腊的联军远征，一直打到了帕米尔高原西边的阿姆河流域，建立了《史记》上讲的大夏国，就是巴克特里亚，那边有很多希腊城邦。张骞看到了这个希腊王国。

巴克特里亚被大月氏灭了，后来建立了一个贵霜帝国，是希腊与游牧文化混合的国家。

现在帕米尔高原上帕米尔人的语言属于东伊朗语系，受到波斯文明的影响特别大。

汉传佛教从哪儿来的呢？它不是从青藏高原直接过来到中原内地，它是向西北，经过大夏（巴克特里亚），经过希腊人改造后，再翻越葱岭，传到新疆，再从新疆过玉门关、阳关到达中原。所以，汉传佛教是被古希腊文明改造过的佛教。你看敦煌石窟那种造像，实际上是古希腊的犍陀罗艺术，在巴基斯坦北部、阿富汗等地方影响很大。

历史上的中原文明在阳关、玉门关以内。"西出阳关无故人"，什么意思？就是出了中原就到达了西域，一个陌生的地域，它是几大文明的交汇处。青藏高原当时很难逾越，几乎没法过，而且佛教传到青藏高原，是喇嘛教，和汉传佛教不是一回事。

我们整个研究，首先得从资料入手，通过 GPS 定位检验，再建成 GIS，这就是精准复原。

玄奘取经与丝绸之路

19 世纪以来，西方地图上最后的一块空白在中亚，在帕米尔高原。此前没有人实际考察过，此后斯坦因、寇松、杨·哈斯本等非常著名的探险家留下了大量考察报告。

清代史料当中，出现了到帕米尔高原的驿道，中间还有地貌的描述，还有驿站名字。1873 年英国考察过这些地方。

帕米尔高原，包括新疆，都曾经是苏联的军事势力范围，苏联于 20 世纪 40 年代才从新疆撤出，它画了大量的军事地图。边疆地区唯一靠谱的就是军用地图，因为它们一定要尽量达到最完善，为什么？如果有的道路明明不可以走，军队不知道，但是敌人知道了，你怎么办？明明不能走的地方你标注了道路，也是害自己的军队。一支军队可能因此陷入死地。

玄奘取经，过玉门关，后来经过高昌国（位于今日的新疆吐鲁番地区，是古时西域交通枢纽），高昌国王特别崇拜他，想把他留下来，送给他很多钱，送他马匹，还给他写了很多介绍信，因为当时中亚地区的霸主是西突厥的可汗，他和高昌国王是亲戚，关系特别好。所以，玄奘离开高昌以后，向西北走。过了伊塞克湖，到了碎叶，拜见了西突厥可汗，统叶护可汗还招待了他，以国宴宴请，又派了一支骑兵保护他。

玄奘才华横溢，魅力十足，长得特别帅，大家非常喜欢他。到了印度以后，他到处受欢迎。他回来的时候，大家送了他很多经书，印度国王送给他一头大象，大象就背着经书回来了。他回来的路线，就是丝绸之路的主干道。如果把玄奘的归国路线复原了，唐代初年，约 1400 年前的丝绸之路的主干道也就复原了。

玄奘的《大唐西域记》，我建议大家好好看一看，特别有意思，它是完全超越时代的作品。同时代的那些作品，描写的地理情节都很简单，里面神怪传说特别多，但《大唐西域记》里面描写地理特别详细，比如方位、要走多长时间、地貌、他的感受，他都会写下来，《大唐西域记》实际是一个国家项目。

他回国以后，唐太宗接见了他，要求他把西域的情况特别是地理情况详细地写一部书，实际是出于政治目的。对从玉门关怎么通过、得到高昌国王支持的那些故事，玄奘一个字不写，因为高昌在他取经期间已经被唐军灭掉，变成唐朝的郡县了，唐太宗没兴趣了解，他要了解的就是唐朝军队还没有到达的地区，所以这本书叫《大唐西域记》。

到 19 世纪中期以后，西方人把《大唐西域记》翻译成法语和英语。为什么？帕米尔过去在地图上留下最后的空白，没有什么靠谱的资料，现在他们发现《大唐西域记》是当时最靠谱的资料，虽然过了 1000 多年，还是把它翻译成了英语和法语。

玄奘描写的细节特别精准，它有里程，比方他描写他要进入葱岭一段路程，就是现在的阿富汗北部昆都士，从此东入葱岭，到了达摩悉铁帝，当时达摩悉铁帝的都城在哪里呢？叫昏驮多城，就在阿富汗瓦罕河边，一个小村庄叫 Khandud，发音完全一样。

达摩悉铁帝位于一个东西向的河谷，这条大河就是乌浒河，就是玄奘讲的缚刍河，是希腊语 Oxus 的音译，河南面的山是著名的兴都库什，玄奘叫它大雪山。这个河谷海拔低，只有两千多米，翻越葱岭之前，这是最后的农业定居地，大家可以在这里休养生息，补给，吃吃喝喝。玄奘到处看，发现达摩悉铁帝（就是缚刍河流域）有很多佛寺。玄奘经过的地区的记录特别珍贵，为什么？第一，之前没人在这个地方有详细记录。第二，唐朝初年，佛教在中亚地区是最后一抹霞光，一两百年后，阿拉伯人过来了，佛教基本被消灭了。所以玄奘的描写非常重要。

汉传佛教就是从这个地方传过来的。我到了一个佛寺，只剩基址了，后面有很多石窟，跟敦煌莫高窟一样，里面的壁画都毁掉了，玄奘描写的就是这里佛教最后的一抹霞光。

他顺着这条河继续向上游走，向东走，途经帕米尔河。玄奘这一段写得非常清楚："国境东北……行七百余里至波谜罗川。"

他向东北走。波谜罗就是帕米尔，人类历史上第一个关于帕米尔的记录就是玄奘写的。那个地方我去过两次，你问当地的帕米尔人这个地方叫什么，它的发音是波谜罗。东西长，南北窄。

"据两雪山间，故寒风凄劲，春夏飞雪，昼夜飘风。"他对重要的地理特征写得非常详细。

"地咸卤，多磾石。"地上有大片的白色盐碱地，有很多的砾石和卵石。"播植不滋，草木稀少，遂致空荒，绝无人止。"

帕米尔的意思就是高山间的 U 形河谷，比较缓，有草场，有水。帕米尔这个词，英文是加 s 的，英国人开始问：这个地方叫什么？叫波谜罗，他就写了 Pamir，它有很多这种河谷河川，大的总共有 8 个，其中的帕米尔高原海拔超过 4200 米，我们宿营过。

为什么玄奘夏天过来？夏天我们在那儿宿营，下午阳光辐射得非常厉害，空气很透明，气温到 40 度，宿营到晚上，大家都觉得非常寒冷，早上起来，挂在外面的毛巾被冻成冰棍了，达到零下十几度，温差特别大。现在越野车走波谜罗川一两天就过去了，但玄奘当时肯定有过这种"昼夜飘风""寒风凄劲"的感觉。

玄奘还讲了一个重要的地标。"波谜罗川中有大龙池……其地最高也。水乃澄清皎镜，莫测其深，色带青黑，味甚甘美。"

这段描写非常重要，说明它有淡水，帕米尔高原有很多湖，有的是咸水湖，水不能喝。还写了什么？池西边发源了一条河流，池东边也发源了一条河流，他描写得非常经典，《大唐西域记》描写准确、简洁，而且很优美。玄奘确实不简单。

玄奘当时经过大龙池。我拍了很多大龙池照片，也喝了那里的水，是淡水，很好喝，因为冰川融水嘛。

过大龙池后他继续怎么走呢？他写道："自此川中东南。"就是从波谜罗川出来以后，往东南走。他写的方向非常准确，因为古代商旅，没有 GPS，包括旅程都会出现错误，但是方向不会错，否则肯定找不到目的地，这是毫无疑问的。

"自此川中东南"，千万不要怀疑玄奘的方向感，因为他跟着商队。

"自此川中东南"，从波谜罗川往东南方向的线路就是我复原的玄奘的路线。为什么只有这一条？第一，我亲自走过，问过当地的人怎么走；第二，我有苏联的军事地图，以前这里是苏联的版图嘛。

继续东南行，只有一个山口可以走，就是排依克山口。

考察帕米尔高原

丝绸之路到底怎么选择路线？第一，它不能太陡，通往排依克的山谷是整个帕米尔高原中最好走的路，当地的边防军很清楚，因为他们要巡逻，什么地方最好走，牧民也知道，在高海拔地区，一定不能太陡，否则驮货的动物很难翻越。第二，古代的商旅，《汉书·西域传》这样写：波河而行。一定要有河流、有水源，我不知道深圳市场上有没有帕米尔矿泉水，很贵，在上海要 30 块钱一瓶，它的采水口就在这条河下游的 40 公里处，上游的水更好。第三，一定要有草，因为牲畜背着丝绸过来，一定要随地随时有草吃，随时补给。第四，相对于山谷的宽度来说，水不能太多，否则从中午到午夜因冰雪融化涨水，行人会很危险。这四个重要特征它全部具有，所以这条排依克的路线非常好，这是丝绸之路选择传统路线很重要的标准，少一个都很难，过不去。

在帕米尔高原和边境考察有一个重要特点，你只要发现这个地方管控得最严，边防军最多，那一定是最重要的路线。他们守的都是山口，因为其他地方海拔六七千米，那根本不用人守着，你上去就是自找死路。

玄奘继续向东走，走到一个地方叫公主堡。在一个断崖顶上，大概比下面河流高出 200 多米，这是一个军事要塞，非常重要。玄奘怎么描写这个地方呢？叫做"极危峻"，三面都是 90 度断崖，就一面有坡度，我们上去过。当地向导说，一上一下要 3 个小时，我们不相信，这么矮怎么要 3 个小时呢？我们上去以后再下来，花了两个半小时，确实非常辛苦。

城堡上面是王室住的，一般老百姓住不了，怎么办呢？就在底下的高台上，这几年发现了一个古城遗址，就是揭盘陀国最早的都城。

玄奘继续走。唐朝，揭盘陀国都城搬向了北边，叫塔什库尔干，现在是深圳援建的地方，塔什就是石头，库尔干是城堡，就是石头城的意思。玄奘怎么描写这个地方呢？这个城"基石岭，背徙多河"，就是塔什库尔干河，在整个河谷中，唯一符合这个地方的就是石头城。

他在揭盘陀国生活了 20 多天，才决定继续走。有的学者认为玄奘不是走排依克山口，走的是纳兹塔什山口。我去过纳兹塔什山口。这条线路完全不符合东南行的方向，而是东北行。我们还要尊重玄奘本人的记录，我爬到纳兹塔什山口，翻越到塔吉克斯坦拍了一张照片。

这个山口海拔 4500 米，第一，方位不符合玄奘的描写；第二，它有什么问题呢？为什么不是丝绸之路的常规路线？它里面的河谷非常宽阔，我们 4 月去的时候全是大雪，夏天去的时候化雪变成了水，一片汪洋。纳兹塔什山口一到夏天就开始涨水，山口里面有几公里宽，出来的峡谷只有十几米宽，所有的水全部集中在峡谷口，波涛汹涌，非常危险。

这个山口在中国与阿富汗边境，叫瓦罕基尔山口。斯坦因后来认为玄奘可能走的是瓦罕基尔山口，因为这个山口比较好走，但是也不符合玄奘东南行方向，这意味着什么呢？玄奘走旅游路线，完全不是东南行方向，方位不符合。

2005 年，中央电视台为了拍《玄奘之路》，确定玄奘走的是明铁盖山口，在离山口还有好几公里的地方还立了一块碑——玄奘东归古道碑。如果玄奘是从明铁盖走到揭盘陀，那是北行，但玄奘讲的明明是东南行，而且也不可能途经大龙池，是不是？所以叫南辕北辙，完全是一个方位错误。明铁盖山口在清朝确实是个非常重要的山口，重要到什么地步呢？当时英印殖民政府要到喀什设总领事馆，外交官都是走明铁盖山口过来的，中国边防军就在底下检验他们的护照与签证。这就是明铁盖山口，海拔 4700 米，上面有铁丝网。

离开石头城怎么走呢？"城东南行三百余里，至大石崖。"唯一符合东南行方位及里程的就是乌古里亚特山口。玄奘说见到了大石崖。我们翻越了这个山口，果然发现了一座壮观的雪山，底下是一个断崖，整个视角几十公里长，非常壮观。这是帕米尔高原上很罕见的景色。

玄奘归国过程中，在葱岭中最艰难的路程就是坎达尔山口，坡度较陡，海拔超过了 4900 米。

玄奘过了大石崖，向东北走 200 余里外的奔穰舍罗一定会经过一棵大树，这是阿富汗杨树。新疆农业大学一个教授说，曾经在新疆发现一棵阿富汗杨树，多高呢？8 米。但这棵大树可能有 3000 年历史，玄奘肯定见过它！

玄奘怎么描写奔穰舍罗呢？葱岭的东部，四面全是山围着，几千亩平地，就像在桶底一样，阳光照不进来，这个地方有一个村落叫阿依克日克，塔吉克语里是什么意思？月光稀少的地方。月亮照不进来，太阳也照不进来，群山环绕，符合这个地形地貌以及这个方位的只有一个地方，就是现在的大同乡，就是玄奘讲的奔穰舍罗。奔穰舍罗是梵语、古印度语，就是一个救助当地商旅的慈善机构。玄奘特别喜欢用梵语。他精通梵语，就是古印度语。他非常崇拜印度人。据《大唐西域记》载，他到过 100 多个国家，基本上一路上他都是骂，这个国家不行，人长得丑，这个国家没有礼貌，很落后，离开唐朝以后他都瞧不上，文明程度跟我们的国民差得太远了，但是他极罕见地赞扬了和田。为什么呢？这个地方像印度，所有标准都是按印度来的，人长得像印度人，风俗像印度，他觉得这个地方好。他是个性很鲜明的人。

玄奘走的路线有一个重要特征：水少，河谷开阔。但斯坦因把奔穰舍罗定在了石头城东北方向，这就不是东南行了。一开始我怀疑是他读的《大唐西域记》英、法译本有问题，核对后发现"东南行"翻译得没有错。他犯了一个很低级的错误，非常有意思。

1907年，英国人斯坦因第二次到中国，从王道士手中骗取了敦煌文书。怎么骗的呢？他说他是玄奘的信徒，特别崇拜玄奘，一路上都是追寻玄奘的路线过来的。王道士恰好也是一个玄奘粉，二人一拍即合，谈得很开心，但你还得给点钱，最后斯坦因拿走了一大批敦煌文书，带到了大英博物馆。斯坦因确实非常崇拜玄奘，他是非常自负的人，智力和体力极强，70岁还翻越帕米尔高原。在当时的条件下太艰难了。斯坦因的脚趾都被冻掉了，所以他完全理解，比他早约1300年的玄奘牛多了，他当时还有专业队伍给他提供服务，他还有现代科学知识，而玄奘什么都没有，跟着一群人就走了，他每次经过他认为玄奘走过的地方，就在缅怀他，他在书中对此写得非常清楚。

开发真正的丝绸之路

下面讲什么叫真正的丝绸之路。公路与驴道不一样。公路走汽车，驴道走的是驴、马、骆驼这些动物，它们对路线的要求不一样。中巴之间有一条公路，叫喀喇昆仑公路，中巴边界有一个重要地标，即红其拉甫山口。但在过去只能在冬天走，为什么？夏天水太大。但冬天翻越帕米尔高原最痛苦，雪到腰深，驮着的动物过不去，那你走这干吗？因此驮货的动物走不了这个山口。丝绸之路不是旅游、探险路线。

下面讲为什么要实地考察。中国地图出版社是中国最权威的地图出版社，它标的公主堡，在一个绿圈的地方，公主堡真的在这个地方吗？肯定不是。实际上偏西了25公里。最危险的错误就是，它还画了一条不存在的公路，误导了我们，白白浪费一天时间，还要冒险。

像斯坦因这种权威人士，亲自去过了，也犯一些低级错误，有时候权威资料也不可信。

我做这个项目不是为了响应国家"一带一路"的号召，因为当时还不存在，我从 2012 年开始谋划，2013 年 4 月开始第一次考察，7 月开始第二次考察，习近平主席在当年 9 月、10 月才提出了"一带一路"。我完全是出于个人兴趣才做这种研究。

我们的考察产生了什么社会效应？可能会激发一大批社会人士关注丝绸之路，比如以前中国人旅游都是点卯式、签到式的旅游，到了某个全国重点文物保护点，对世界文化遗产一定要拍照，没拍照，证明自己几千块钱白花了。这种签到式旅游现在大家越来越不喜欢了。尤其年轻、中产一代，他们喜欢体验式旅游，比如亲自徒步或者骑着马走真正的丝绸之路，因为旅游一定要有故事，否则，看看景色，看多了就厌烦了。上海民企捐赠给我们上千万元，就是想开发真正的丝绸之路高端徒步旅游。

建立丝绸之路地理信息系统

2015 年五一前我结束了第六次考察。我们做了一个丝绸之路地理信息系统，这是世界上第一套，而且都是根据我们实际考察的轨迹复原出来的。整个帕米尔高原的丝绸之路，包括每个重要山口，黄点就是重要地标，一般是山口或交通枢纽，你点开以后有照片，有经纬度，有海拔，你把这些信息数据输进去以后一定能复原，一定能重走。这就是精准复原，而且有地形匹配，网址很简单：http：//silkroad. fudan. edu. cn/.

《光明日报》头版和《中国社会科学报》头版头条报道了整个丝绸之路。证明什么呢？第一，从学术角度讲，从纸面到纸面的研究大家不满意，很容易沦落成一种逻辑游戏，他自己都不知道怎么走，你叫普通民众拿着这篇论文，怎么能找到这个地方？这是不可能的事情。第二，从社会反响讲，对向往帕米尔高原的人来说，他希望重走，找到这个地方。只有论文、只有简图不可能。要将产学研结合，有企业捐助。

　　我觉得好的学术研究完全根据研究者的兴趣来做，这样你才会全身心投入，但是你的结果一定要是确凿的、可重复的、可落地的，你光停留在纸面上，其实是自娱自乐，对错谁也不知道，因为没法重复，但是地理可以重复。谢谢大家！

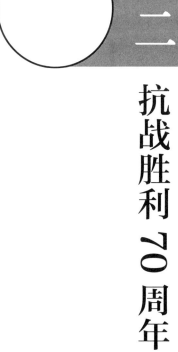

二

抗战胜利 70 周年

抗战七十周年思想遗产解读

张　梧

张　梧

北京大学哲学系博士，博士后，青年学者。曾任北京修远经济与社会研究基金会研究部主任。参与并承担国家发改委国际合作中心"中国可持续发展的思想文化基础"、国家社科基金重大项目"当今时代文化发展的新特点新趋势研究"等项目的研究。研究方向为马克思主义哲学史、社会发展理论、全球化研究、马克思主义中国化。曾获得教育部"博士研究生学术新人奖"等奖项。已发表《从思想史路径把握马克思哲学的可行性研究》《重建主体：对〈经济学手稿（1857～1858 年）〉的政治解读》等文章。

挖掘抗战思想遗产

2015 年是抗战胜利 70 周年，也是世界反法西斯斗争胜利 70 周年。70年前的抗日战争，曾是中华民族最危险的时刻。70年后，今天的我们应该以什么方式纪念这场伟大的胜利呢？我想通过对比中日思想界对于这场战争的不同认识，重新审视中国抗战留给我们的思想遗产。需要说明的是，这些思想遗产可能并不是直接现成留给我们的东西，需要我们挖掘，甚至于这些遗产都是没有解决的问题，需要我们进一步地探索和研究。对于这场抗战的思想遗产，我大体上归结为三点：一是中国抗战能够帮助我们今天重新理解"东亚"；二是中国抗战能够帮助我们今天重新理解"现代国家"；三是中国抗战能够帮助我们今天重新理解"启蒙"。我认为，这是中国抗战在思想上留给我们的三笔宝贵遗产，值得我们今天认真梳理。

如何重新理解东亚？

首先，中国抗战的第一笔思想遗产就是让今天的中国人重新理解"东亚"。

东亚是我们国家周边外交当中非常重要的区域，也是70年前这场战争发生的主要空间。美国人把这块区域叫做远东，日本人把它叫做东亚或者东瀛。不同命名的背后，所表达出来的其实是不同国家对于这块区域的利益考虑和秩序安排。

当中国人谈到东亚的时候，我们首先想到的似乎仅仅是一个地理概念，这个现象促使我们思考东亚对于中国来说究竟意味着什么。当我们把东亚，也就是把中日韩三个国家作为一个整体思考的时候，许多问题就产生了：东亚作为整体是不是能够成立，它的一致性究竟在什么地方，是否有一种秩序，是否能够构成一个整体？日本在发动侵略战争的时候曾经提出过一个设想，叫做"大东亚共荣圈"，中国似乎一直对此进行批判，但是反过来我们要问：中国对于东亚地区有没有自己的战略性思考和战略性设想？这里面就产生了一系列的问题。

中国是否需要东亚，需要一个什么样的东亚，东亚是否需要进行整合？东亚是相对于另外一个区域存在或者参照的，如果东亚是相对于西方而言的共同体，那么东亚不同于西方文明的特质是什么，是否有可能把东亚从一个地理概念变成一个具有世界历史意义的文明概念，所有的这些问题，今天中国思想界很少有人讨论。但我们可以看到，在日本思想界，关于这个问题的讨论一直持续到了今天，不管他们是从战争之前对于"大东亚共荣圈"的设想也好，一直到最近，像日本历届首相所提出的东亚协同体也好，日本人对于东亚都有他们的战略规划。这种情况让我想到了这场抗日战争能够让我们思考的很重要的问题，就是我们必须清楚地认识到，这个东亚实际上是没有中国的东亚，这是我所提出来的一个大家听着可能觉得玄乎的概念。

在东亚格局中中国缺乏战略设想

什么是"没有中国的东亚"呢？从地理上直观地讲，中国自然就在东亚之中，所以"没有中国的东亚"看上去非常违反我们的地理常识。那么"没有中国的东亚"指的是什么意思呢？其实，这主要是指，中国并没有以一种主体姿态，而仅是以一种客体方式，以一种被动姿态被安排进了东亚格局和东亚秩序之中。中国在甲午战争之后很长的一段时间里，没有形成自己的关于东亚地区的一种大格局大战略设想。在东亚问题上，虽然中国在地理上存在于东亚，但是没有成为东亚格局中一个有效的政治主体，这是值得忧虑的一种情况。

东亚曾经出现过几种秩序。晚清以来，首先是朝贡秩序，就是以中国为主体，当时的朝鲜、琉球等作为中国的藩属国，形成了中华文明这一高级文明和其他相对来说比较低一些的文明共同构成的这么一个区域性的体系，这个体系也叫夷夏结构。甲午战争之后，朝贡体系走向了解体。中日签订《马关条约》的时候，伊藤博文不允许李鸿章使用"中华"这个概念，因为当李鸿章使用"中华"这个概念的时候，那就意味着日本人成为"夷狄"，日本的伊藤博文对中国传统中的夷夏关系非常了解，也非常敏感。在伊藤博文看来，现在这种夷夏关系被颠倒了。过去中国代表先进文明，日本处于尚未开化的状态；而在甲午海战之后，日本代表了文明，而中国处于尚未被先进文明开化的野蛮状态。这对于中国人来说，无疑是巨大的刺激，因为日本一直是中国的学生，现在学生反过来打老师，老师竟然败给了学生，这促使中国人开始觉醒。所以说，甲午海战虽然失败了，但它是一场醒国之战，让中国人从天朝上国的迷梦当中惊醒了过来，我们发现，中国不仅赢不了西方列强，甚至连原来的东瀛小国都赢不了。

以日本为核心的"大东亚共荣圈"

朝贡体系解体以后，东亚相对来说又出现了几种体系。首先是华盛顿体系。1917年苏联发生了十月革命，但苏联没有办法看住日本，美国出于其亚太战略考虑，对于以中国为主的东亚区域提出了门户开放、利益均沾的华盛顿体系，不过华盛顿体系极为脆弱，尤其到了20世纪二三十年代，诸如英美这样的资本主义国家都发生了一系列经济危机，人们对于华盛顿体系能否有效维持产生了质疑。日本通过1931年的九一八事变来试探美国人在东亚地区维系华盛顿体系的决心，结果美国人无暇东顾，所以说华盛顿体系很快就解体了。

在华盛顿体系当中，美国在中日之间是一种军事存在，那么在华盛顿体系解体以后，日本人就提出了"大东亚共荣圈"的概念，看上去很美好，但实质上这是以日本为核心、以中国为殖民地的殖民主义思路，中国就彻底地陷入被日本人宰割的境地。

打了8年抗战，或者说是14年抗战，中国好不容易成为二战胜利国，参加了开罗会议，也进入到了雅尔塔体系，但很不幸的是，中国虽然在名义上是大国，但不是实质上的大国，当时在国际舞台上博弈的话语权还很弱很弱。

在雅尔塔体系之后，美国人占领日本，在东亚地区美国成为区域性霸主，当时就选择了蒋介石，选择了中国。但是情况很快发生了变化，雅尔塔体系最大的问题就是美苏之间发生了对抗，这样的对抗甚至影响到了中国的解放战争，也就是中国的内战，美国人一心想扶持蒋介石作为区域性的霸主，但没有办法实现，所以最后美国选择了日本作为美国在东亚的盟友，从而确保美国在东亚的存在。所以，东亚秩序基本上为美苏对抗的格局所笼罩。

我们可以看到，从朝贡体系到华盛顿体系，从"大东亚共荣圈"的设想到雅尔塔体系，作为这片土地的存在者，中国没有提出过中国在东亚应该占有什么位置。不管这些体系如何交替出现，结果是，这些体系不是日本人的东亚就是美国人的东亚，而唯独没有中国人的东亚。中国人在东亚没有存在感，这种存在感的意思是，中国需要有主体性，不能以一种客体的位置，以被动的姿态，让别人来谋划中国在东亚格局中应该如何，中国应该提出属于中国人的东亚构想。抗日战争的胜利，我想最重要的问题就是让中国重新理解这样一个东亚。如果我们把中国在东亚的位置仅仅理解为一种地理上的存在或者处于客体位置，以一种被动姿态出现在东亚，这对 70 年前这场战争的胜利是最大的亵渎。

对东亚现存秩序认知存在巨大差异

东亚问题非常复杂，最重要的复杂性就在于，不管现在的美日同盟也好，中国也好，我们对于东亚地区的现存秩序的认知存在一种巨大差异。从中国自身来说，"没有中国的东亚"的局面已经转变，现在的东亚再也不能忽视中国的存在。抗日战争后，我们成了名义上的世界大国，经过了解放战争和抗美援朝，中国拥有了独立主权，特别是改革开放后，我们成为实质上的世界大国，也成了东亚强国。在这样的一个关系当中，中国在东亚的存在不容忽视，但是反过来讲，美国和日本仍然停留在没有中国的东亚的这样一种设想中，换句话说，它们仍然想把中国以一种臣服者的姿态留给东亚，这种巨大的认知差异导致了今天东亚格局的紧张，导致了今天中日关系紧张，这就需要中国在这样复杂的环境里重新思考东亚对于我们来说究竟意味着什么。

东亚的麻烦

自从西方文明强势进入东亚地区，东亚问题就不是由东亚人民能够说了算的，不是关起门来就能够决定东亚命运的问题，而成为具有世界历史意义的世界性问题，东亚文明冲突在很大程度上来自中西方文明或者说来自东西方文明之间的一种纠结和冲突。这就是"东亚"的麻烦所在。

日本为什么发动甲午海战？当时的福泽谕吉写过这样一篇文章，意思是当时的日本并没有把甲午海战当做两个国家之间的战争，而视为文明和野蛮之间的战争，日本自居于文明的位置上。为什么？他们觉得日本才是东亚地区对于世界文明最早的接受者和最早的觉醒者，而中国仍然封闭、愚昧、落后，居然抗拒世界潮流大势。中国人不文明怎么办？日本人的答案就是"用武力帮助中国人实现文明"，这就是甲午海战时日本人的认识和逻辑。也就是说，当朝贡体系解体的时候，中国东方文明的这种巨大优势开始衰落，东亚的麻烦也就由此而来，在这样的过程当中，经过了华盛顿体系，日本人又提出了"大东亚共荣圈"，给日本侵华战争披上了一件非常美丽的外衣，叫做为了东亚解放而战。

中日战争后期，日本和美国发生了太平洋战争，但是日本人不把这个叫做太平洋战争，而叫做大东亚战争。在战后审判中，日本战犯东条英机就讲，中日关系素来友好，因为美英西方世界的挑唆，使得两国之间的摩擦日益增多，但没关系，"大东亚共荣圈"可以使中日关系更加友好。为了东亚价值观的建立和东亚文明的复兴，为了超越西方文明，加之东亚地区原来的中华文明处于衰落期，而西方文明与此同时又处于强势期，这些因素互相交织，形成了互相纠结的冲突，最终日本以"文明"的名义、以"解放"的名义和以"东亚"的名义来进行侵略战争。所以，中国抗战不仅是一种国家利益之间的博弈，同时也是文明之间的冲突。

中国文明与世界文明的关系

日本人对于最早接受西方文明的优越感，再加上他们面对中华文明和西方文明所曾经拥有的屈辱感，使其形成了极强的侵略性。以"文明"的名义是否可以进行一场侵略战争？对中国人而言，这是绝对不能接受的。中华文明有一个很重要的特质，即"只闻来学，未闻往教"。也就是说，当我的文明程度比较高的时候，我愿意其他地方的人来我这里学习，但是中国不会把文明送出去，传经送宝，强迫别人接受。这种文明基于一种极强的自信，产生一种强大的感召力，而不是通过这样的一种文明霸权去侵略其他国家。

中日之间的传统价值观，即使有很多相似性，是否可以超越西方的现代性？经过 20 世纪两次世界大战，大家对于西方文明的内在缺陷和弊病都有深刻了解，对于这种弊病的克服，是否就一定意味着东亚文明的复兴和崛起？这个时候，仍然需要中国文明的智慧，就是"只闻来学，未闻往教"的态度，这是一种自信的心态，也是一种谦虚的品格。如果我们没有这种自信心态，对于西方文明或者因为妄自菲薄而盲目接受，或者因为自傲自大而不屑一顾，从一个极端走向另外一个极端，由自卑进入自大，最后的结果一定是自虐。

中日在东亚区域里所产生的这种复杂关系，促使我们重新思考中国文明与世界文明之间应该是什么关系。东亚问题是世界问题，而不仅仅是一个区域性问题，中日之间的和解并不仅仅是中日两个民族之间的问题，背后有中西方文明在东亚能不能够从交锋最后走向交融的问题。所以，重新思考东亚问题就是重新理解东西方文明的关系，就是重新思考什么才是真正意义上的现代化和现代性，就是重新思考文明以及文明应该以一种什么样的方式展开，而不能以"文明"的名义进行侵略战争，我想这是抗日战争在思想史上给我们提出来的第一个问题，就是重新理解东亚。这个背后也就是重新理解文明，重新理解现代，重新理解东亚与整个世界的关系，需要我们好好地进行认真思考和思索。

日本究竟有没有输给中国？

我想讲的第二个问题就是重新理解"现代国家"。抗战胜利70年，有个问题一直没有解决，就是日本人到底输给了谁。日本人对于这场战争有一个很强烈的心态，就是日本人在这场战争当中并没有输给中国人，而是输给了美国人，输给了原子弹。

如果这个说法成立，那么我们要进一步追问的是：中国在这场战争中究竟是何种意义上的胜利者？日本究竟有没有输给中国？日本在哪些方面输给了中国？难道我们没有任何优势，没有任何理由就赢得了这场胜利？难道我们仅仅依靠全球的反法西斯同盟这些外部因素就赢得了这场胜利吗？我们知道，罗斯福和丘吉尔在面对法西斯阵营的时候，他们所采取的策略是先欧后亚，中国抗战对于全世界反法西斯战争而言难道仅仅是一个拖延敌人的"肉垫"？除此之外，中国在这场反法西斯战争当中有没有我们自己独特的贡献？这是我们今天需要思考的。

中国人的胜利

对于这个问题，我想中日战争中日本人并不是输给了美国人，而是输给了中国人。因为当美国人决定打响太平洋战争的时候，其实就已经是在收割胜利果实了，就已经是在谋划战后秩序了。中国顶住了日本的侵略，中国人到底在哪些方面胜出了？我想中日之间的高下在于两种不同国家形态之间的高下。

有一个日本人非常有意思，他叫舆那霸润，在《中国化的日本——日中"文明冲突"千年史》这本书里，他对于中日战争有一个很形象的说法，他说日本人打这场战争有一种象棋思维，就是说我控制了几个重要的子，比如我有车、马、炮，然后我吃掉对方的车、马、炮，我就能够赢得整个棋局上的胜利；那么中国人是什么思维呢？中国人是围棋式的思维，就是不在乎一城一地的得失，强调迂回，强调战争中敌我双方面的互相转化。象棋思维是一种线性思维，围棋思维是一种面上的思维，他说象棋思维输给了围棋思维。

从日本人的反思当中我们可以看到，这种形象化说法的背后，实际上是两种国家形态之间的竞争和比较。从最直观的意义上讲，中国是大国，日本是小国，正因为日本是小国，所以日本要实现现代化，就需要占领像中国这样的一些地方作为它的殖民地，支撑起它的发展。而中国地大物博，具有巨大的战略回旋空间。应该说持久战这样的战争状态是当时国共两党的一种共识。毛泽东的核心思想就是以时间换取空间，前提就在于中国首先必须具备足够空间，能够进行有效的战略规划，所以蒋介石把首都迁到了重庆，共产党当时在延安，都在今天的中国西部。

中国和日本的差别

中国和日本之间难道仅仅是大国和小国之间的差异吗？并不是。我想把日本这样的一种国家形态称为装置化的国家，或者说机器化的国家，而中国的国家形态是一种有机体意义上的国家。为什么把日本称为机器装置意义上的国家呢？因为日本完完全全以民族国家为单位，其资源紧缺，国土面积狭小，促使其有一种强烈的对外扩张的战略冲动，但是同时，它又有高度的动员性以及严格的组织性，日本国内对于这场战争的动员程度非常高。当日本把自己国家视为一台机器的时候，形成了非常强烈的国家主义，甚至于超国家主义，甚至已经进入军国主义和帝国主义，当把国家视为一台机器的时候，日本人也就把对方国家视为一种装置，以这么小的国家控制这么大的国家，就必须占据一些铁路线，控制一些运输命脉，占据一些大型城市，但是日本人并没有办法对中国完成有效的统治和控制；反过来，中国在这场战争当中形成了一种有机体国家形态，这种国家形态内部具有巨大的差异性，东部跟西部发展不平衡，空间上具有广博性和层次性，也就赋予了中国后来的战略相持阶段这样一个巨大的战略回旋空间。

两种国家形态的差异

在这个前提当中，我们并不是以战争或者军事为首要目的，而是把人民组织起来，以一种有机方式团结大家。这就是毛泽东所坚持的敌后抗战模式，这种模式可以提供源源不断的补给，因此，中国跟日本与其说是大国和小国之间的差异，不如说是两种国家形态的差异，一种是装置化国家，一种是有机体国家，从这个意义上来讲，我们再思考日本人究竟输给了谁，中国在什么意义上是胜利者。在这个问题上，我们可能需要思考的是，中国要不要像西方民族国家那样，将国家作为单一的同质化机器，或者高度发达的一种机器，并赋予其侵略性和进攻性。中国与中华文明相匹配的这样一种国家形态乃至于国家心态，究竟应该是什么，我想这是这场战争提出来的问题。

一场被遗忘的思想运动

最后，应该谈谈如何理解启蒙。这个问题似乎与抗日战争隔得很远，但事实上一点都不远。思想家李泽厚曾经提出来一个问题，他说中国的现代化进程在两个主题之间有双重变奏，一个主题叫做救亡，一个主题叫做启蒙。中国的现代化进程之所以不顺利，是因为救亡的任务压倒了启蒙的任务，在这场70年前的抗战当中，中国有没有启蒙？当然有。我们先不讲北大、清华和南开三所大学在昆明所成立的西南联大，在这样艰苦卓绝的环境下，我们民族非常优秀的学者开创了今天很多中国学术史上的典范，单单就讲启蒙，就要谈到有一场被遗忘的思想运动，叫做新启蒙运动。

当年的新启蒙运动就是在日本侵略这样一个环境下产生的，像陈伯达、艾思奇、何干之这样的一些理论家以及党外的张申府这样的一些文化人士共同发起过一个新启蒙运动，运动的实质是什么呢？就是把救亡和启蒙紧紧地联系在一起。当时新启蒙运动的干将陈伯达在30年代写文章的时候就特别强调，启蒙思想就是救中国的思想。这种启蒙思想当然跟李泽厚所说的"救亡压倒启蒙"这种"启蒙"是两个不同的概念，李泽厚所讲的"救亡压倒启蒙"里的"启蒙"是一种西方现代化意义上的以个体为本位的启蒙，强调个体理性、个体觉醒、个体自由以及平等民主，构成了五四运动的主流——科学与民主，强调的是个体对于当时的封建专制下的家庭关系、社会关系、政治关系的一种对决，寻求的是个体独立和个体解放。

新启蒙跟整个民族存亡的关系

抗战以后，这种个体意义上的启蒙与整个民族之间的存亡究竟是什么关系，这是当时新启蒙运动所重点要解决的问题。这场新启蒙运动的背景就是当时的民族文化危机，它直接冲着谁去的呢？就是当时的"满洲国"总理郑孝胥，他当时提出了一系列的关于王道乐土的学说，用儒家的系列学说来为日本人的侵略进行文化上的美化，寻找合法性。郑孝胥的观点是什么呢？日本比中国文明、比中国优越，我们就应该向日本学习，就应该接受日本的统治。传统的儒化教育就被郑孝胥这样的文化汉奸亵渎了。儒家思想的主流绝对不是对外来侵略轻易屈服，恰恰要坚守大局。正因为儒家思想被践踏了，当时的新启蒙运动再去谈儒家思想，再用儒家这种复古思想来促使每个国人增强自己的民族自信就不行，就要寻求一种具有民族风格、民族特色的新的文化形态，需要新的文化形态来解决。

从破坏走向了建设

因为当时的人民被日本统治者和汉奸视为一种奴隶，因此新启蒙运动第二个任务，除了要建设一种具有民族形态的新文化外，就是要面向大众进行精神上的国防动员，促使整个民族的觉醒，这两个任务决定了，新启蒙运动与新文化运动的那个启蒙有很大不同，它新在什么地方呢？第一，它的"新"在于从破坏走向了建设，新文化运动过多地强调了对于中国文化的落后性的批判，因此新文化运动对传统文化的态度主要是破坏性的，在"破"的基础上再寻求"立"。而在新启蒙运动中，人们突然意识到，外来思想不能够解决中国民族的前途命运问题，我们也不能一味地依靠复古、依靠原来的那些东西拯救中华民族，我们需要新的民族性民族文化形态。

第二，新启蒙运动的"新"体现为从个体走向民族。当时的张申府、艾思奇等都在重新思考什么是理性、什么是自由等，形成了一系列的思想和文化成果，最后构成了新启蒙运动。它的"新"就体现在它从个体解放走向了整个民族解放，不再满足于个体价值的充分实现，因为个体价值的充分实现是以强大国家构建为前提的，没有国家独立，谈不上个体价值的充分实现，因为个体价值仍然需要国家保护。如果我们都亡国亡种了，还有什么理由、资格谈个人的这样一种价值呢？

第三，新启蒙运动的"新"体现在它从精英走向了大众。今天我们看新文化运动，当时的各种主角都是精英人物，新文化运动在文化精英之间展开，没有非常有效地深入民众之中。而抗日救亡形势下的新启蒙运动，文化的重点不在精英层面，而放在了大众层面。抗日战争的精神国防动员，使每一个普通的中国人都深刻意识到了现代国家观念的重要性，都深刻意识到了中华民族与个体价值之间的血肉联系。

打倒孔家店，救出孔夫子

新启蒙运动具有什么价值或者内核呢？我想引用新启蒙运动主要参与者张申府先生的一句话。他说，相对于新文化运动而言，新启蒙运动的纲领就是两句话，第一句话叫做"科学与民主，首先要自主"；第二句话是"打倒孔家店，救出孔夫子"。我觉得这两句话代表了整个新启蒙运动的诉求。首先，"科学与民主，首先要自主"，新文化运动崇尚的是科学、民主这种以个体为本位的现代价值观，但是现代价值观要以民族存在、国家独立为前提，所以"首先要自主"。

其次，日本侵略者及其文化汉奸，用儒家思想来为他们辩护，因此仍然需要"打倒孔家店"，但是"打倒孔家店"的目标不是彻底否定中国传统，而是要"救出孔夫子"，也就是要把孔子思想的真正面貌揭示出来。从封建皇权的专制体系中"救出孔夫子"之后，孔夫子的儒学精神不再依附于权力。

张申府的这两句话非常形象地揭示出了新启蒙运动和新文化运动之间的巨大差异。刚才我讲到，新启蒙运动是一场被遗忘的运动，今天很少有人再提起，但是新启蒙运动的成果一直留了下来，这些成果我主要谈两点。第一，毛泽东在《新民主主义论》里面所谈到的新民主主义的文化，应该是一种民族的、科学的、大众的文化，这种提法和思路其实就源于当时的新启蒙运动。第二，新启蒙运动当时的参加者有很多是共产党的高级理论家，比如陈伯达、艾思奇，这些人到了延安以后仍然把新启蒙运动精神贯穿了下去，形成了马克思主义的中国化。这是延安时期中国共产党在思想上很重要的建树。马克思主义中国化就是毛泽东对于教条主义和经验主义批判的产物，是马克思主义普遍原理与中国本土结合的产物。

中国的马克思主义

光从党内理论路线之间斗争的角度来理解马克思主义中国化，这其实是非常狭隘的视野。实际上，马克思主义中国化除了满足党内理论辩论和路线辩论的需要外，马克思主义中国化更主要地源于中国文化的内在脉络，这个内在脉络恰恰是通过新启蒙运动而得以揭示。新启蒙运动给当时的中国留下了非常巨大的财富，就是任何外来思想都要本土化，包括两个层面上的本土化：第一层面，首先是大众化，掌握了群众才能够真正实现有效的本土化；第二层面，必须民族化，与我们的民族精神连接起来，这就形成了中国的马克思主义。马克思主义中国化并不是说马克思主义的普遍原理拿到中国进行一些修修补补就大功告成了。事实上，按照这种观点，马克思主义仍然是不变的实体，这种中国化的实质是"马克思主义在中国"，而不是马克思主义中国化。马克思主义中国化是把作为外来思想的马克思主义，真正变成内在于中国人心灵深处的文化，这首先就要找到马克思主义与中国思想之间的一个连接点。

新启蒙运动精神没丢

我们再来看毛泽东写的《实践论》和《矛盾论》，这不仅针对教条主义和经验主义，《实践论》跟中国传统哲学的格物致知传统紧密地联系在了一起，《矛盾论》跟《易经》的这样一种辩证法紧密地连接在了一起。对于中国文化的继承来说，我们也许对于儒家精神、儒家理论继承得很少，但是对于《易经》的这种辩证法继承了很多，我们在小学学到的很多成语其实都是辩证法意义上的成语，比如刻舟求剑，告诉我们事物在不断地运动；比如塞翁失马，焉知非福，要我们一分为二地看待问题。毛泽东的《矛盾论》其实也经过了跟传统文化之间的这样一种衔接，才形成了这种产物。但是他不是直接以原教旨的儒家文化原生形态或者复古形态出现，它需要创新，所以说新启蒙运动虽然在思想史上被人遗忘了，但是它的精神没丢，在马克思主义中国化和新民主主义文化这两个果实之中，改变了我们，改变了中国共产党的文化性格。中国共产党在经过抗日战争之后开始成为真正的中国的党，具有中国思想，成为服务于中国、立足于中国大地的这样的一个政党。在抗战之前的六大党章里，第一条说，中国共产党是共产国际的一个支部。抗战胜利以后，到了七大，党章第一条是什么呢？中国共产党是中国无产阶级的先锋队，从共产国际的一个支部变成了中国无产阶级的先锋队，不再是共产国际在中国的代言人，成为真正意义上的中国政党。所以，新启蒙运动所带来的是我们对于民族文化的重新吸收、重新理解、重新改造，创造出了属于中国当代的这样的一种思想文化。这是我们今天应该认真思索和重视的思想遗产之一。

把苦难转化为智慧

新启蒙运动在抗战中这样一笔宝贵遗产不能被轻易抹杀，它使我们重新思考启蒙运动，重新思考民族与我们个体的自由、民主、平等。对于新文化运动的合理反拨，解决了救亡和启蒙之间的两难困境，从这个意义上来讲，以新启蒙运动为代表的中国抗战思想遗产，使我们重新思考什么是启蒙，什么是中华民族所需要的启蒙。面对抗战中所处的东亚格局，我们需要重新思考什么是东亚，背后实际上应该思考什么是现代、什么是文明，文明应该以什么样的方式展开。面对日本这种国家机器和装置，我们需要思考，对于中国而言，什么才是符合中华文明的合理形态。面对日本人的文化侵略，我们开始思考什么是启蒙，这就是中国抗战留给我们的思想遗产。

与其说这些问题在抗战中得到了解决，不如说这些问题都是抗战给我们今天每个中国人提出来的，促使我们从思想史的深度去重新理解70年前的这场战争，通过抗战这个伟大的历史事件，呈现中华民族文化复兴在思想上的开放性。如果我们不能够把这种苦难转化为智慧，不能站在思想文化哲学的高度上理解抗战，仍然停留在一种偏见或情绪之中，仍然停留在一种历史的恩怨之中，或者停留在一种狂热的民族主义的躁动之中，如果以这样的方式看待这场战争，那么我们就辜负了这场来之不易的胜利。这不仅是一种辜负，也是一种亵渎。

谢谢大家。

从九三阅兵看中国的强国进程

何亮亮

何亮亮 🖊

著名时事评论员，凤凰卫视《时事亮亮点》《腾飞中国》《时事开讲》《新闻今日谈》等多档节目主持人。侧重研究中国外交、军事、俄罗斯和东北亚事务。撰写了《俄国新总统普京传——从克格勃到叶利钦的接班人》《江泽民时代》《中国新总理朱镕基传》

《第三次海湾战争》《零容忍——解密香港廉政公署》《1950香港谍战》等多部论著。

第二次世界大战中国做出的牺牲最惨重

西安事变之后，国共结束内战，开始了第二次合作，这个转折非常重要。

当时蒋介石在庐山有一个重要讲话，现在听起来还很有激励意义。他说，不到最后关头绝不轻言牺牲，也绝不轻言战争，很悲愤。蒋介石曾经留学日本，他想学日本的军事，但是日本人不让中国人进日本士官学校，蒋介石只在日本陆军一个连队当过一年兵，那段经历很重要，因为在那一年里，他看到了日军怎么备战，也看到日本大和民族到底是怎么样的。当时中国基本上是一个农业国家，国际上没有人支持中国，苏联跟日本妥协，美国坐山观虎斗，一直到日本发动了珍珠港事变，美国才支持中国，所以中国当时在国际上非常孤立。

现在 70 周年纪念仪式有两个名目，一个是抗日战争胜利 70 周年，一个是反法西斯战争胜利 70 周年。其实反法西斯战争中国是最早的战场，1937 年卢沟桥事变爆发之后，中日就打起来了。欧洲那边打仗是 1939 年，也就是大约卢沟桥事变之后两年，德国入侵波兰，英国、法国对德国宣战，第二次世界大战爆发。而欧洲战场，1945年 5 月 9 日纳粹德国向苏联投降，可是日本到 8 月 15 日才投降，到 9月 3 日才在密苏里战舰上签署了太平洋战争投降书，所以中国最早开始参加第二次世界大战，最后结束也在中国，同时中国做出的牺牲最惨重。

美国总统奥巴马演讲纪念第二次世界大战胜利 70 周年，他的用词是太平洋战争，对美国来说，这个概念跟我们有所不同，中国只是太平洋战争里的一个战场。我们现在回过头看，日本 1941 年 12 月发动珍珠港事件之前，已经占领了朝鲜半岛，占领了我国台湾，占领了部分东南亚国家。其实，当日本占领越南的时候，为了抢夺越南稻米，曾经造成越南数百万人因饥饿而死，但这样的大惨剧，越南人不爱讲。现在在中国的邻国中，最坚定谴责日本侵略暴行的就是朝鲜和韩国。后来日本人反省，他们做得最蠢的一件事情就是挑战美国，当他们挑战美国的时候，他们的败局已经注定，中国的处境也马上改善了。

仇恨日本人没有多大意义

这次纪念抗战胜利 70 周年，习近平有一句话很重要，就是我们要牢记历史，但是我们不是要延续仇恨。其实仇恨现在的日本人也没有多大意义。我有一个观感，我们这代人比较富有历史感，看到我们现在有这么强大的武器，就产生很有力的一个反射，抗战打得多么艰难，当时如果有这样的武器就好了。其实，抗战后期，国军作战能力明显得到改善，新一军在缅甸跟英美联合起来打日军，作战能力很强，让日本人刮目相看。

中国的经济利益同全世界有关

为什么中国在抗战结束 70 周年之际要举行一次这样盛大的阅兵呢？我觉得阅兵仪式首先确实是对内的，我们这个国家这个民族现在跟 70 年前真的完全不一样了。在第二次世界大战中，日军 1/5 的伤亡在中国，还有 4/5 是在跟美国人作战时被打死打伤的。换句话说，在日本人的战略里，中国甚至还不是一个主要战场。现在又是什么情况？中国是世界第二大经济体，世界上所谓的 10 万亿美元俱乐部只有两个成员，一个美国、一个中国，而且两者差距还在缩小，可能 30 年前我们想不到今天的中国是这样的一个局面。现在看不到有任何人想打中国，我们作为世界第二大经济体，经济利益同全世界有关。

中国海军舰队出现在白令海峡

各位有没有注意到，就在 9 月 3 日阅兵这一天，中国海军的一个舰队出现在白令海峡。白令海峡在什么地方？就是美国和俄罗斯交界的那个海峡，这在中国历史上是第一次，当时中国海军有 5 艘军舰，这是美国方面公布的，很有趣的事情。我们的官网好像没有公布这个消息，但这个报道本身靠谱，说明中国利益已经遍布全世界，在一二十年之内，中国空军也许会出现在世界各个地方，这应该可以展望。

海军同样如此。

大概外国最注意的就是裁军 30 万人。外国军事专家分析，每一次中国二炮取得重大进展，中国就会裁军。其实邓小平讲过一句话，就是军队的同志要忍耐，想想小平讲得真的很有远见。如果 1992 年以来中国经济不能快速发展，国力就不会增长这么快。

1949 年，中国军队大概有 600 万人，数字很惊人，当时 5 亿人要养 600 万兵，主要是陆军。现在中国军队总共 230 万人，裁掉 30 万剩 200 万人，可以说是资源更好分配利用。中国先进的远程轰炸机呀、歼击机呀等这次展示出来，虽然可能没有全部展示，但是展示了主要部分，非常威武。

为什么要阅兵

为什么要阅兵呢？首先，全世界的华人，包括中国人，希望看看中国军队现在是什么样的军队。我们又不能像美国那样，动不动就发动一场战争，这种情况下，军事演习和阅兵就非常重要。其次，给国际看。俄罗斯现在的安全形势是历史上最恶劣的，它跟北约之间没有缓冲地带，因为它的小兄弟现在都成北约成员了，当然中国或许没有这么严峻，但是我们的海洋形势还是比较严峻的。

打击海盗天赐良机

中国的海军到亚丁湾巡逻，打击海盗，联合国通过决议批准。中国海军第一次到了亚丁湾。从 2015 年开始，中国海军在黑海和俄罗斯进行演习，也是第一次，都是在中国海军远离家门的地方。现在我们又在日本海演习，我觉得中国海军在印度洋、大西洋出现只是时间问题，也就是说，中国建立战略空军、远洋海军肯定是一个战略目标，因为这是保护中国自己利益的需要。

"一带一路"战略刚刚开始

现在中国人世界上到处都有。哪里有商机，他们就会到哪里去。好多中国人在非洲买地实现了地主梦，这不是国家鼓励的，但只要是合法的，国家不会反对。

南美洲不在"一带一路"范围，但是外军方阵里面就有一些过去我们从来没有见过的，墨西哥的、古巴的、委内瑞拉的仪仗队，很有拉丁美洲特色。他们为什么会来呢？因为中国跟这些国家的经贸关系实在太密切了。

美国是世界超级大国，美国的整体实力确实比中国还强，可是美国现在真的没有能力在发展自己的同时也带动别人发展，如"一带一路"战略，因为"一带一路"战略需要巨额投资，还需要有强大的制造业作为后盾，现在只有中国才有可能。"一带一路"战略刚刚开始，等它全面铺开以后，有可能出现一些意外事件，比如中国工人被绑架了怎么办？我们要有毫不犹豫迅速出动自己的特种部队解救自己的同胞的能力，备而不用最好，中国必须有这样的解救能力。

中国产品性价比高

中国是世界最大的贸易国，进出口额居世界第一，这让美国人很吃惊。美国经济总量虽然居世界第一，但是中国的进出口超过美国，说明中国的实体经济总量大过美国。大部分外国人远离中国，他们对中国的了解是从使用中国商品开始的，他们对中国历史了解并不多，什么抗战历史他们也不了解。对于他们来说，他们看到的中国的形象，可能首先是他们戴的手表、用的手机等。中国产品性价比高，在很大程度上可能战无不胜，像小米手机打入印度市场，虽然印度政府不大欢迎，但是印度老百姓喜欢买，印度造不出这样的手机。

2015 年中国经济增长放慢了，我觉得这是周期性现象。西方经济学家早就讲过，世界上还没有哪个国家可以持续高速增长30年、40年。我们制造业现在出现了产能过剩，"一带一路"战略正好为我们制造业转型提供了很好的机会。到北京参加阅兵的外国数十个国家领袖，其中就有塞尔维亚总统，塞尔维亚原来是南斯拉夫的主要成员，跟中国关系一直很好，它还是欧盟国家。贝尔格莱德是南斯拉夫首都，也是塞尔维亚首都。就是这个贝尔格莱德，已经40年没有修过大桥了，2014年修了第二座大桥。这座大桥还是中国贷款、中国援建的。这座先进的大桥举行通车典礼时，李克强总理帮他们剪彩，天气很冷，1月份下大雪，十几万市民自发上街，影响太大了。

中国扎根非洲

2015年7月，奥巴马访问非洲，第三次回老家肯尼亚。他父亲是肯尼亚人，而且他父亲后来又回去了。他不是我们一般说的美国黑人的第二代、第三代，美国黑人的祖先100多年前被卖到美国，美国大部分黑人是这种情况。但奥巴马的父亲是从非洲肯尼亚到美国的留学生，然后在美国跟一个美国女孩子结婚生孩子，这种情况在20世纪60年代还很少见。现在肯尼亚同中国的贸易关系非常密切。

奥巴马在非盟总部演讲。非盟总部设在非洲埃塞俄比亚首都亚的斯亚贝巴，它是一座现代化会议中心。这座非盟总部就是中国援建的。中国在非洲深耕很久了，不是现在才开始做的。

2008年，第一届中非论坛在北京召开，当时非洲3/4国家的总统和总理都到中国来了，好多非洲国家都是讲法语的，当时法国人很吃惊，他们说现在通到非洲的道路要经过北京。中国就有这么大的号召力。

20世纪五六十年代，中国还比较孤立，西方主要国家都没有跟中国建交，美国也没有，但大部分非洲国家同中国建交了。非洲国家比较穷，中国就尽力帮助它们，包括修建坦赞铁路。1971年，阿尔巴尼亚等十几个国家提出恢复中华人民共和国在联合国合法席位的议案，为什么非洲兄弟愿意把我们抬进联合国？因为非洲国家看到中国在无私帮助它们。

当然，现在情况不一样了。中国在非洲建高速公路铁路网甚至民航机场，在非洲铁路、公路，它有什么特点呢？中国借钱给它们，专款专用。我帮你建一条铁路，设备全部是中国的，中国也要参与管理和经营，非洲人能接受。我贷款给你，我来建，而且中国有个特点，就是中国不提政治上的要求，我们不干预它们的内部事务，它们很欢迎。

中国在南美洲扩大影响力

中国在南美洲的经贸影响力也是空前的。习近平主席访问南美洲时定下来，一个是两洋铁路，经过巴西、秘鲁等国家，这些国家有个特点就是资源很丰富，但是缺乏资金和技术；还有一个在国际上引起关注的事，就是建尼加拉瓜运河。实际上尼加拉瓜运河的距离比巴拿马运河的距离还要短，这个尼加拉瓜运河规划早就有了，但尼加拉瓜没有跟中国建交。现在投资建尼加拉瓜大运河的公司叫尼加拉瓜发展公司，是一个在香港注册的香港公司。

人民币也值钱了

我举了这些例子就是想说明，中国现在强大了。中国在国际上的经济地位以及相应的政治地位确实提升了，那是实实在在的。现在人民币值钱了，相对来说，在发展中国家中我们经济比较发达。现在印度用的货币叫卢比，俄罗斯的叫卢布，南非的叫兰特，当然这些货币跟人民币相比有个特点，即它们都是可自由兑换的货币，可是其汇率的变动在国际上有人关注吗？没有什么人关注。可是人民币汇率哪怕一点点变动，国际上就会关注，为什么？因为中国是世界经济的发动机啊，人民币暂时还不是可自由兑换的货币，可是人民币在国际上已经成为一种世界主要货币了，在国际金融市场上有一种特别提款权，它由美元、欧元、英镑、日元组成，现在要把人民币加上去。

2001年中国加入世贸组织，2013年只过了12年，中国就成为世界最大贸易国。这说明在和平环境里，只要政策和制度好，中国发展就会非常快。中国人的经商才能、创业才能卓越，国际上公认。人人都知道世界上最厉害的做生意的是犹太人，但犹太人毕竟人数少，他们国家相对也小，但中国人至少13亿6000万人，我们真的希望和平。

中美日之间的错综关系

中国军费总额远远低于美国，按人头算更低于美国，现在军费增加了，但没有影响到我们的国计民生。美国想要利用日本牵制中国意图很明显。美军现在还驻在日本，还在保护日本，当然日本人很郁闷，我不需要你保护，但美国非得保护他，那是美国作为战胜国的特权。从这点上看美国也在约束日本，美国绝对不会让日本制造核武器，很简单，日本是唯一两次被原子弹轰炸过的国家，日本和美国之间的种种感情纠葛确实很复杂。

1985年国际上有个非常有名的广场协议，以美国为首的西方国家强迫日元升值，因为当时日本是世界第二大经济体，有点像现在的中国。升值之后日本经济就衰退，一衰退就是20年，到现在还没有走出衰退阴影。但现在中国人民币升值或者贬值跟美国没有关系，为什么？我们完全是自主的，我觉得我的货币要升值，我就升一点，我要贬值，我就贬一点，这就是中国跟日本不同的地方。

美国人对中国的看法最近几年有显著改变。中国是美国第一大债主，当然美国国债相对来说还是比较可靠，日本买，欧盟也买。美国政府发的国债，利息不高，但是很可靠，中国政府买那么多国债不是亏本生意，而且中国跟美国经济贸易关系非常密切。美国老百姓从起床后用的牙刷、毛巾开始，很多都是中国制造的，一天的生活离不开中国产品。中国跟美国一年的贸易额就是 5000 亿美元，我们现在对美国还真不好定位，你说它是敌人吧，哪有这么跟敌人做生意的？但它好像也不算朋友，这种情况肯定还要持续下去。

中国最大的敌人是自己

这次阅兵式实际上是中国强国之路上的一个成年礼，通过这个成年礼我们告诉世界：我们有"一带一路"，我们有这么强大的经济实力，我们愿意跟全世界共同分享。通过这次阅兵式，中国向世界发放的信号很明确，即我们愿意和平崛起。中国最大的敌人其实不是外人，而是我们自己。我们现在的改革叫做问题倒逼改革，我们经过了这个"三峡"，最后出去的就是一个"东海"。从中国的长期看，最衰败的时候就是抗战时期，我们终于走过来了。

现在走下去，中国成为世界主要强国，这个方向、这个目标很明确，而且最主要的是可以让中国老百姓过上更好的生活，因为强国的目的不是炫耀军事，而是让老百姓过上好日子，只有强大的军队才能够保护老百姓过上好日子。谢谢大家！

为了不能忘却的纪念

——主要大国二战胜利日庆典比较

杨　成

杨　成

教育部人文社科重点研究基地华东师范大学俄罗斯研究中心副主任，副教授。兼任北京大学、复旦大学等高校与研究机构研究员。曾在外交部和中国驻俄罗斯使馆工作 7 年，专长于俄罗斯与大国关系研究，是俄罗斯、英国、法国、日本、韩国等多国著名大学和研究机构的访问学者及学术刊物的国际编委。学术成果先后 6 次获得省部级奖励。

作为一门学科，历史学不可谓不久远。中国在世界文明进程中享有足够高的地位，其中一点原因就是中华文明绵绵不断，而这种延续性又体现在历史的记载和传承上。历史在传统的认知中应该是客观的，司马迁等一代又一代史家一直在孜孜以求。但同样，唐朝玄武门兵变的真相又表明，当政治介入的时候，历史的客观性就会被主观性冲淡甚至歪曲。复旦大学葛剑雄教授的一篇文章就阐释了唐太宗李世民如何打破惯例强行要求修改历史的过程。多年以前，哈佛大学曾经召开过一个研讨会，主题就是历史书写中如何还原事实。这个讨论的记录给我留下了深刻印象，因为有学者直接指出，除非我们在遥远的星空安装一个可以全方位无死角记录地球上任何动静的仪器设备，否则所谓信史就是一个遥不可及的目标。我的开场白要花这么长时间是为了陈述一个看起来似乎没有疑问的重要命题：我们所知道的、以为是客观的历史真的是那么客观吗？很有可能，正如哈佛大学研讨会讨论中所揭示的，我们永远认识不了完整的历史面貌，只有可能无限接近。

有人说，历史是胜利者书写的。还有一句名言，胜利者是不受谴责的。也有人说，历史就像个小姑娘，你愿意怎么装扮就怎么装扮。这些耳熟能详的说法都在告诉我们，历史在被书写的过程中有太多的外来因素可能干扰它的最终结果。2015 年是第二次世界大战胜利 70 周年，对中国而言，这还是中国人民赢得可歌可泣的抗日战争胜利的 70 周年。维克多·雨果曾说："开展纪念日活动，如同点燃一支火炬。"在我看来，这把火炬不仅可以照亮被遮蔽在黑暗中的历史真相，也应该照亮我们的前途，给我们一种面向未来的指引。所以，接下来，我想利用二战结束 70 周年相关主要大国的相应纪念活动为案例来说明，记忆政治是如何产生的，而政治记忆又如何塑造了一个国家、一个社会乃至一个个具体的人的世界知识体系。当然，核心问题还是要回答今日之中国应该拥有一个怎样的历史记忆与世界观。

被扭曲的二战历史书写：西方中心主义的衍生品

让我们先从阅兵谈起。大家可能知道，法国的史学，包括国际关系史研究绝对是国际一流，而且往往能别出心裁，将遥远的历史拉回到现场。九三阅兵的那天一早，我从北京赶回上海，主持第十二届中法历史文化讲习班。巴黎一大的教授于果在中场休息时特意找到我，送给我一本他主编的从地缘政治视角切入的国际关系史期刊。其他法国同行也和我交流阅兵背后的深层次问题。好几位都提到了二战的历史书写问题。作为对我提出的二战史书写中的有意无意的欧洲中心/西方中心主义的危害性的回应，有的老朋友直接提醒我关注一下法国著名国际关系史专家罗伯特·弗兰克的最新作品《1937～1947：战争—世界》。我这才知道，法国同行已经开始了克服西方中心主义的努力，不再将亚洲、非洲战场作为边缘对象，而是从全球史的视角重新书写着一场席卷80多个国家和地区、让约20亿人卷入战火的人类空前浩劫。从这本书的名字我们就可以看出，第二次世界大战的起点被前移到1931年。请注意，甚至不是1937年的中国全民抗战，而是日本入侵中国东北的1931年。相对于欧洲人熟悉的1939年起点说，这无疑是一个巨大的进步，是一个具有颠覆性意义的结论。要知道，我们一般意义上也只讲八年抗战，甚至在抗战雷剧中还出现过抗战还有一年就要全面胜利的台词。

在某种意义上，我们应该感谢法国同行作出的努力。他们的学术研究向全世界提供了一个全新的关于第二次世界大战的知识体系。而在过往的历史叙事中，中国的地位、中国的贡献、中国的牺牲并没有得到应有的承认和尊重。甚至，正如一些美国学者所讲的，中国的贡献在联合国成立之初获得的安理会常任理事国席位中得到了体现，但随着1949年中华人民共和国的成立和1950年抗美援朝战争的开始，中国在二战中的贡献就从教科书中被抹掉了。而法国同行也提醒世界，在成立联合国的最初设想中，美国、苏联、英国和中国这四大国是安理会常任理事国，法国是后来才成为第五个常任理事国的。这是战后初期的世界对中国在二战中伟大作用的充分认可。换句话说，政权的更迭和亚洲冷战的兴起最终导致了曾经在反法西斯主义和反军国主义同一阵营中的昔日盟友产生了两种不同的历史叙事。

谁是我们的朋友？谁是我们的敌人？

这一次九三阅兵，国内的民众可能非常关注哪些国家的元首来华参加，社交媒体上也纷纷将谁来谁不来作为跟中国铁不铁的重要凭据，将它视为中国全球影响力的重要评估指标，也有的假托什么外交家的名头号召大家抵制美货、日货、欧洲货。我相信，在座的各位很多人也是这么想的。何亮亮先生此前的演讲也突出阅兵是中国强国之路的成年礼。我倒觉得从另外一个视角看，当我们回到历史的长河中去，才会理解为什么美欧领导人不来北京天安门，才可能知道下一阶段我们的外交应该如何运作才能拾回我们应得的尊重，而不是基于西方国家的不合作用对抗性思维来报复。

关于西方领导人来不来的问题，我在 8 月底凤凰卫视《一虎一席谈》的录制现场做过比电视播出时更详尽的评论。我当时说，我们要有平常心，要知道背后的历史情境，而不能简单地非黑即白地对待。要知道西方国家的主流二战史叙述中，中国的那部分已经被削减得所剩无几了。甚至在我们的全面战略协作伙伴俄罗斯的历史书写中，传统的做法也是突出苏联空军打败关东军为解放中国作出了巨大贡献。也就是说，中国作为东方主战场的身份及其巨大牺牲和贡献只有翻书党们才能从二战盟国领袖们的高度评价中获得些许痕迹。同样是 8 月底，我去哈萨克斯坦参加一次国际会议期间蹭了一次有关抗战胜利 70 周年的座谈会，至少从哈方大部分学者的发言看，他们对于这一段历史所知不多。我们可以想象，欧盟的那些领导人有几个还真真切切地知道中国的抗战史，对他们来说，胜利日就是 5 月 8 日（俄罗斯时间是 5 月节日）。所以，他们会庆祝诺曼底登陆 70 周年，但对于西方中心主义根深蒂固的欧洲人而言，二战主要就是欧洲史，其他的都只是边边角角而已。不要忘记，距离那场浩劫结束的时间都已经过去了 70 年，即便是有深刻记忆，也注定要被时间消磨耗散掉一部分。

何况，今天全世界的很多年轻人可能并不在意过去，而更在意当下和未来。对于西方国家可能更是如此，正如法国教授尼古拉维克布尔所讲的，"冷战是两种意识形态的斗争，美国是基于自由主义经济的意识形态体系，美国的着力点是当下的幸福，而苏联的方式是当下牺牲以换取未来的幸福"。美国或者说美国治下的所谓自由世界秩序中的成员国可能都秉持着这种认识论，也因此可能难以理解中国和俄罗斯对于历史的深刻记忆，也在某种程度上无法理解中国为何对日本在历史问题上的错误立场如此在意。这也是安倍敢在战后70周刊谈话中放言"在日本，二战后出生的人占现在人口的八成以上。与那场战争毫无关联的子子孙孙，我们不能再让他们继续背负谢罪的宿命"的原因。我们中国人，包括那些曾经在二战中饱受日本欺凌的亚洲邻国的民众听了这番话恐怕会油然而生最直接的恶感。这段罄竹难书的日本的罪恶史和无法形容的亚洲人民受害史就这么轻描淡写过去了？但问题是，你认或不认，它就在那里；你批判或不批判，日本的政治生态已然如此。日本的年轻人也与世界其他各国的年轻人一样，更在意当下和未来，而不是过去。否则我们很难解释为什么安倍在历史问题上如此操作，但他在日本国内的支持率始终在高位运行。他大概是日本战后历史上相当长命的一届政府首脑了。对安倍这段特意抢在中国九三阅兵之前的修正主义式讲话，我们只有在全球视野中才能有更好的理解。还应该注意的一点是，安倍讲话的日、中、英各语种文稿在某些词语选择上格外讲究。这种区分折射出日本领导在国内和国际场域的不同话语传播战略。比如，安倍在英语里就用了修辞和语意上比较重一点的词，英语世界的人初一看很可能留下日本当局刻意营造的日本还是很虔诚地对战争行为进行了反思、忏悔的印象。应该说，这些意识形态的操作很明显地影响到全世界，尤其是西方的舆论氛围，影响全世界人民对这场已经过去了70年战争的基本认知，对这些背景，我们应该注意到。

因此，我们的任务可能是借助一场纪念活动以及随后跟进的种种活动，把一幅二战全景图尽快地与其他各方通过联合研究联合发布的方式还原出来。换句话说，我不认为，我们应该把这次没有来捧场的欧美国家视为不合作的典范，从此与它们大路朝天，各走一边。中国要成为世界性大国，必然要有相应的胸怀。来的是朋友，不来的完全有可能是潜在的朋友。

庆典不仅仅是仪式，更是政治

相比之下，在主要大国之中，中国和俄罗斯是最重视二战胜利70周年庆典的，在形式上也有相当的类似之处。而美国和欧洲却较为平淡地度过了胜利日。日本则是在胜利日到来之前借助安倍首相的讲话试图从此与历史完全切割，用一个新的身份进入国际舞台。

以美国为例，美国只是在5月8日那天在华盛顿的二战纪念广场举行了一个很小规模的仪式，全场包含老兵在内不到1000人，奥巴马本人没有出现在活动现场，而是委托国家安全顾问苏珊·赖斯到场讲话。法国的胜利日庆典比美国的隆重些，奥朗德通过向戴高乐铜像进献花圈、到凯旋门无名烈士墓献花、检阅三军仪仗队、接见老兵代表等方式寄托对二战的回忆。德国则是由柏林市政府出面搞了一个露天展览，外长在4月底的开幕式到场发表讲话。德国总理默克尔则是在俄罗斯胜利日庆典的次日访问俄罗斯。

显然，这些和中俄两国的仪式比起来就显得有点寒碜了。5月9日那天，全世界欣赏到了耗资700余万美元的、俄罗斯历史上最精彩的三军方阵表演和其他精彩的海陆空装备展示。总参阅人数超过1.6万人，有194件装甲装备亮相，143架固定翼机和直升机掠过红场上空。中国等国也都派兵参加了此次阅兵。9月3日，世界将目光转向了中国：49个国家领导人或代表到场，17国的1000名士兵和1.2万名中国军人雄赳赳气昂昂地行进在天安门广场。确实，那一刻是令人兴奋的，至少对中国人是如此。但也有一批人为此感到不快或者担忧，比如和我一起参加录制《一虎一席谈》的在上海经商的日本朋友直截了当地讲，请不要让我们害怕！

　　问题来了，为什么我们需要阅兵？为什么我们要无比隆重地纪念这一段历史？对于中国这些问题尤为重要，因为这还是我国的第一次。那么，这些冷战结束以来最大的公共历史纪念活动的背后到底有哪些因素在推动，又反映了怎样的国际权力和国际格局变化？我想，合法性这个关键词可以提醒我们，无论是在国际层面上还是在国际内层面上都是如此。

　　合法性的背后是身份认同问题。一般认为，国家具有两种基本身份。一种就是国家本质上固有的、使家成为国家而独立于国际体系的内在身份。国家行为体只有一个这样的身份，这就是国家的个体身份。另一种则是形成于国家间互动之中，也就是内生于国际体系之中的、由国家间合作进程及其衍生的共有观念建构而成的社会身份。一个国家可以具有多种社会身份。当国家的社会身份构建的前提在于认定某一特定地区或特定集体的话，这种身份就变成了国家的集体身份。显而易见，无论是国家的个体身份，还是国家的集体身份在本质上都必然是一个相对的概念。这些身份的获取和巩固以至于在特定情况下的消失都和他者的认可有关。而承认、认可、吸引力等都是合法性的内在构成要素。历史贡献恰恰是国际地位的来源之一。

　　自从民族国家成为国际体系的核心角色以来，每个国家的历史叙事基本上形成了一条共同的路径：往往突出本民族有一个不朽的过去，对于世界文明进程曾经起到过不可替代的关键作用，并由此衍生出一个不容争议的命题——该民族势将拥有一个辉煌的未来。这意味着，任何一个国家未来在国际上的角色设定，离开了历史的逻辑是很难想象的。历史上的贡献至少是现有地位的合法性来源，也有可能成为未来这一地位维系和巩固不可或缺的外在条件。顺着这条线索理下来，很多事情可能就能看得更清楚一些。换句话说，无论是中国还是俄罗斯，世界大国的身份不靠自封，而要靠获得外部世界的承认，而这种国际承认如果没有历史的合法性是难以为继的。而硬币的另一面则是，在国际舞台上谋求国际地位又需要强有力的国内民众的广泛认可做基础，二者缺一不可。

阅兵背后的政治记忆和记忆政治

合法性的关键词之下又有三个核心词语。

第一个是国际话语权。话语权的背后是地位及其承认程度。红场阅兵也好，天安门广场阅兵也罢，首先体现的是主办国对于书写正统二战史的天然合法性的孜孜以求，其背后则隐含着国家影响力的国际承认问题，因而往往涵盖了远超出纪念本身的政治内容。

在俄罗斯的历史叙事中，苏联为反法西斯战争作出了巨大的牺牲和不容置疑的贡献，苏军是以解放者的身份进入波罗的海和中东欧国家的，战后的领土安排完全符合国际法的一切要求。这些中东欧和独联体国家重新评价二战史的思潮，无疑是书写伪历史的集体行动，是在西方支持下运用政治化方式进行翻案的非法行径。"苏联在二战期间曾屠杀上万波兰军民""苏军入侵波罗的海国家"等话题不断被西方和东欧某些国家热炒，波罗的海各国甚至纷纷拆除本国境内的苏军解放纪念碑和苏联红军塑像，这些舆论与"去红军化"运动均激起了俄罗斯的强烈反弹。俄罗斯领导人不止一次公开谴责："重审二战史"的真正目的是通过人为夸大俄罗斯的威胁将其"妖魔化"，并为重建对俄"包围圈"寻找虚假证据。在中国的历史叙事中，中国为抗日战争作出的巨大牺牲和对世界反法西斯战争的巨大贡献也应该是毋庸置疑的。但是这一点在西方世界的历史书写中并没有得到真正的体现。

第二个是秩序重构的权力政治。越来越多的迹象显示，全球权力转移正在加速，国际秩序和地区秩序的重组在所难免。与历史记忆相关的历史事件的大型庆祝活动就被赋予了一种现实意义，阅兵就是最明显的标志。在此意义上，以阅兵为标志的历史书写之争从来就不是一场对渐行渐远的过去的纠纷，而是对越来越近的未来的抢位。因为，如果是纯粹的历史纪念，阅兵部分只要保留跟历史相关的部分就足够了。所以，从更深层次上看，围绕第二次世界大战的历史叙事与历史书写的争论，实际上反映出中俄两国与西方就秩序重构的合法性展开的激烈争夺。

冷战终结和苏联解体导致俄罗斯失去了昔日的"帝权"体系，也就逐渐失去了在二战史书写方面的绝对优势，这对于一个实力趋于下降的大国无疑是极为耻辱的大事。同时，一旦主动或被动接受了西方和前盟国合谋的新二战史，俄罗斯的全球大国地位不仅日益松动，甚至可能连区域大国的角色都会受到巨大冲击。因此，在某种程度上，红场阅兵已经成为俄罗斯彰显自身的中东欧"解放者"角色和二战胜利者地位不容亵渎的宣传手段，旨在回击西方支持、前社会主义阵营盟国配合的甚嚣尘上的历史虚无主义"逆流"。

中国与俄罗斯不同，我们的问题是成长过快，已经对地区格局形成了强大冲击。当你不够强大的时候，别人不在意你。当你越来越强大但又不够强的时候，别人会害怕你。亚洲秩序的重组已经开始了，我们怎么解决这个难题？中国要崛起，绕不开日本，绕不开美国的盟国体系这一冷战遗产，所以我们通过回到更久远的过去，借助于曾经的并肩血战的历史追求国际社会的理解和认可。

头两个核心词语指向的是合法性的国际层面，而第三个核心词语则导向了合法性的国内层面，这就是政权安全。中俄两国的阅兵庆典实际上都是重塑民族灵魂的一项持久工程，旨在通过宏大的仪式，树立对大国地位理所当然的"文化自信"，并使之内化为一种潜意识的全民"文化自觉"，从而在弘扬民族自豪感的同时，巩固执政当局的合法性与正当性。

2015年的俄罗斯，尤其是普京当局，迫切需要一场盛大典礼提振全民士气，延续俄罗斯的复兴之梦。乌克兰危机以来，西方对俄罗斯的制裁层层加码，同时国际油价在中长期内将持续走低，导致苏联时代就已存在的资源依赖型经济结构的弊端被持续放大，使俄罗斯经济陷入窘境，而且无法短期内获得根本改善。俄罗斯政府已经对形势的恶化做好了必要的心理准备，一场经济转型的持久战难以避免。更关键的是，在俄罗斯当局看来，"颜色革命"的幕后推手正是高举

"民主"旗号、推行暴力政变的伪善的西方国家，其手段包括从经济封锁到威胁断绝外交关系，从组织意识形态攻势、在国内和国际舆论范围内打击俄体制合法性到对反对派予以扶持。在克里姆林宫的战略视野中，如果不能妥善应对这些西方的"组合拳"，"颜色革命"在俄罗斯上演只是时间问题。而乌克兰的两度变化恰恰显示了西方对待俄罗斯的一贯方略，即从外围到核心一次次地挑战俄罗斯的忍耐底线和战略底线，最终图谋让俄在忍让式适应的进程中从内部分裂。在此意义上，基辅的权力交替可能就会是莫斯科未来的路演，俄罗斯不能不做出强势反击。值此危难之际，红场阅兵的盛大表演就超脱了仪式的基本含义，而被赋予释放国内经济下行等巨大压力的重要功能，防止内部不满力量借助外部压力发起冲击，从而在更大意义上拱卫政权安全。正如普京在本年度的"直播连线"中所强调的，"我们面临着很多难以预料的威胁，只要我们继续维持稳定的国内政治局势，保持我们强大的民族凝聚力，我们就不会惧怕任何威胁"。

中国和俄罗斯不同，我们的复杂环境主要体现在国内经济下行的新常态背景下对国内民意的再一次凝聚。王岐山同志在最近一次讲话中提及，我党也要考虑合法性的问题。这也就意味着，提振民族精神，让整个社会变得更加团结，巩固党的正当性的迫切性已经提上日程。解决这一系统性问题当然需要多管齐下，但毫无疑问，大规模阅兵的价值是不可替代的。

庆典过后：成长的中国怎样才会成功？

大国之道不仅仅在于国家财富的积累、军力的强盛，更在于思想的健全。阅兵的盛宴过后我们应该反思：为什么挨打、挨饿到挨骂？绝不仅仅是别人的问题。有的是不以人的意志为转移的，比如超大规模国家必然带来外界担忧问题。当中国提出"一带一路"倡议时，外部世界的第一反应包含了很多的疑虑成分，其中很大的关切就是是否从此会沦为中国经济的附庸和战略上招之即来、挥之即去的棋子。

我的感觉是，中国虽然崛起了，但中国还没有完全适应新的身份，连基本的讲故事的本领都还远远不够，公共外交能力的缺失或欠缺导致了我们在海外的形象确实是正反感情并存。学习做全球和地区大国，我们还有很长的路要走。

还是拿跟二战相关的中日关系为例，比较一下中日两国的做法，恐怕我们就会有不同的发现了。最近几年，中国驻外大使的例行做法是在所在国的媒体发文批评日本历史上的军国主义的危害，并呼吁防止军国主义的复活。且不说西方重概念的内涵和外延界定，因此，少有人相信日本会重新走军事优先且对外扩张的军国主义道路，光是看选择发出本国声音的平台，可能我们就先输了一点点。在传统媒体广受新媒体严重冲击的背景下，发表文章的传播效果恐怕未必上佳。另外，传统媒体的受众面毕竟以大众为主，就算他们被激发出厌恶日本的感觉，到底还是不如直接塑造精英的认知来得有效、来得快捷。在此意义上，日本对达沃斯论坛等类似的精英平台的超热情参与就有相对更好的传播效果。王毅外长有一年在达沃斯论坛上的讲话非常精彩，很可惜很快被淹没在日本人的群海战术中。日本首相、多名政府部长都在达沃斯抓紧一切机会宣传他们的东西。三人成虎！他们说得多了，很容易让其他人形成先入为主的印象。你后来再讲事实，人家也不一定会相信。这种群体攻势，跟我们一个人的非直接舌战效果不一样，再加上西方媒体的偏好，传播效果的差异性显而易见。这个案例说明，中国作为一个大国在经济上已经崛起，但在其他很多方面，包括软实力、国际话语权的掌握等方面还有明显的弱点，我们距离真正的成熟的全球大国角色还有很长的路要走，需要且行且学习，且行且珍惜。

第二次世界大战史的书写也是一样。阅兵有必要，效果也很不错，但问题是仅仅阅兵或者组织一些展览等并不足以修正外部世界对中国贡献的评价不足问题。我们看到了中国和其他外国学者共同研究、共同应对的成果了吗？全世界有中国人参与书写的对反映包括中国战场在内的二战历史全景的描述吗？法国通过跨学科组织非常庞大的学者团队，多年研究获得了一批成果，我们有吗？没有！这说明我们自身没有做好这方面的准备，我们不能仅仅靠行为，在阅兵式讲话中说我们牺牲了多少人，我们做了多少贡献，然后理所当然地认为全世界都接受了它。这样想太天真了。政治家的讲话和历史学家的作品是不一样的。政治家讲话只会被当作政治信号来研究，而历史学家因为其职业特点，有档案资料做支撑，有研究方法做支撑，而容易具有更高的被接受度。所以，这段历史书写，可能更有效的途径不是我们关起门来自说自话，而是要联合其他国家的专业人士一起来做。不仅用汉语，还要用其他语言来发表。经由更多的跨国的专业合作，把这段真实的历史变成不再停留在中国人脑海里、印象里的一场记忆，而是全世界各国及其人民都能体认到的一种事实，才是最理性的选择。这样的话，中国在国际秩序构建中的合法性、正当性才会得到普遍承认，中国成长为一个全球大国也将平添一份厚重的历史资源。这点对我们来讲非常重要。

最后，我想强调的是，我们纪念第二次世界大战的胜利日，纪念中国反法西斯战争的胜利日，不仅是为了追忆昨天，关爱今天，更是为了像火炬一样照亮明天，一个全人类共享和平、共促发展的更加美好的明天！为了不能忘却的纪念，我们还有很多很多事需要完成！

抗战，老兵心中鲜为人知的秘密

李晶川

李晶川

《深圳晚报》记者，南海舰队副营职预任军官，"重返战场·寻访中国抗战传奇"特别行动的策划者和主要执行者。曾参与"5·12"汶川地震、"4·20"雅安地震、"8·03"鲁甸地震前方的救援报道。

一段不应该模糊、更不应该遗忘的历史

发生在 20 世纪三四十年代的这场非常惨烈的战争中，中国的大半国土沦陷于日寇的铁蹄之下，中国军民超过 3000 万人在这场战争中丧生，其中包括我的大舅夏翔鹿，当时他是新四军 4 师 25 团的一位年轻军官，1941 年参加新四军，1945 年 5 月他永远倒在了距离家园不远的苏北平原上。参加过抗日的张震上将，在国庆大阅兵的当天

下午，以 101 岁的高龄离开了这个世界。我在 1993 年洛阳军分区组织的一次实兵演习过后，有幸接受时任国防大学校长的中央军委副主席张震将军的接见，这是我同他距离最近的一次接触。抗战对于每个人来说都是一段不应该模糊、更不应该遗忘的历史，如果没有那场战争，根本就谈不到今天的中国以及今天的世界。

随着岁月流逝，越来越多的抗战老兵正在无可挽回地逝去，但对于他们所承载的那段历史，我们必须进行抢救性挖掘。2015 年年初，我在《深圳晚报》总编辑丁时照的大力支持之下，策划了"重返战场·寻访中国抗战传奇"的特别行动，这个行动也得到了深圳市委宣传部、深圳警备区、深圳市双拥办的大力支持。关爱抗战老兵基金会、中华社会救助基金会，还有深圳新四军历史研究会等都加入进来，搜狐和网易这两大门户网站给我们提供了互联网门户支持，给我们开了一个专区，我们的文字、图片、视频全部都可以在这个网站上搜索得到。这取得了不错的社会反响。在启动仪式上，我们也非常荣幸地邀请到了原八路军老战士、山东鲁南军区第一军分区 15 团保卫部参谋高怀德，原中国远征军老战士、国民革命军新一军新 30 师 89 团团部直属输送连少尉廖腾芳两位先生，市领导为我们两个采访组授旗。

在卢沟桥，我们见到了一队非常整齐的解放军战士，有上千人，他们是解放军装甲兵学院学员。我们在桥上遇到了田庆平，他恰恰是中国第一代坦克兵。我们两个报道组先后用两个月的时间去了 16 个省、自治区、直辖市，走访了 70 多位抗战老兵以及老兵后人，还有战争的亲历者、抗战历史的研究专家，先后刊发了将近 60 篇整版的文图并茂的报道，为抗战历史的收集整理做出了我们力所能及的一些贡献。

见证 64 位开国元勋后代回到原晋绥根据地首府

8 月 29 日到 31 日，原八路军 120 师师长贺龙的女儿贺晓明，原中央晋绥分局书记、全国人大常委会副委员长林枫之子、吉林省原省委副书记林炎志，原中央晋绥分局书记、120 师政委关向应之侄关世功等一共 64 位开国元勋的后代，回到了原来晋绥抗日根据地的首府所在地山西省兴县。兴县在山西西北部，八年抗战中，贺龙率领 120 师以这里为核心创建了著名的晋绥抗日根据地，当时共产党在敌后建立了三大晋字头根据地——晋冀豫、晋察冀、晋绥，它是其中之一。晋绥革命根据地地位非常重要，它成为党中央陕北根据地与华北敌后根据地联系的通道和纽带，并且它一直是西安、洛阳的屏障，保证了重庆侧翼的安全。在兴县的几天里，这些晋绥儿女为二十里铺战斗纪念碑揭幕。在这场战斗中，358 旅 715 团团长顿星云，这位新中国成立以后的装甲兵副司令员被敌人的一颗子弹贯穿左胸，当时流血不止，在战场非常危急的情况下，他的警备员只能拔起路边的野草塞进他的伤口给他止血，战斗非常残酷。

贺晓明带领大家将散葬在乡间的 20 具八路军烈士遗骸归葬到晋绥解放区烈士陵园。他们小心翼翼地把这些烈士遗骸从地里清理出来，然后装到一个红色袋子里，再放到棺椁里，移送到烈士陵园，让烈士和他们的战友在这个陵园里团聚。另外，这些晋绥儿女还参加了国内唯一的以八路军 120 部队番号冠名的 120 小学开学仪式，这些孩子在开学仪式上宣誓，贺龙元帅夫人薛明亲笔题写的 120 小学牌子也授予了这个学校。当得知《深圳晚报》纪念抗战胜利 70 周年，发起了这个"重返战场·寻访中国抗战传奇"的特别行动之后，贺大姐非常高兴，欣然在第一报道组的旗帜上签上了自己的名字。

深圳人设计了 120 小学

《晋绥日报》编辑张广宏的女儿张和平张大姐也到了现场，在这个学校开学以后，她还给孩子们上了第一堂课。120 小学是在贺大姐的推动下成立的，张大姐协调组织策划了 120 小学在兴县的建设，确定了学校的设计方案还有办学理念，这个学校非常漂亮。这所学校的设计方案来自深圳清华大学研究院的一个设计团队。

晋绥儿女助力 120 小学建成开学，源于深圳这座为改革开放而生的城市始终不曾忘怀，如今所取得的一切与先烈们前仆后继的奉献与牺牲有着割不断的牵连，感恩与回馈成了深圳责无旁贷的历史责任。我可以很自豪地告诉大家，推动民间关爱老兵的志愿者最主要的力量，起源于深圳的两大基金，一个是关爱抗战老兵基金，一个是农业基金。全国有数不胜数的志愿者利用这些基金提供的资金，给抗战老兵提供关爱、提供资源。

更为重要的是，晋绥儿女的这个活动也是一次意义深远的再出发，"重返战场·寻找中国抗战传奇"活动以及八路军后代重回老区安葬烈士遗骸，其实都是我们这一代人的精神寻根。用贺晓明大姐的话来说，办学是为了传承，可是传承不是靠嘴来说的，先烈拼死拼活不就是为了现在让孩子们过上好日子嘛，所以晋绥儿女才推动了这个学校的建设。

给大家带来新的视角

迄今为止，关于抗战历史的书籍汗牛充栋，但是很少从个人视角来回顾这段历史。我希望能够从我曾经采访过的抗战老兵的角度来回顾那段不寻常的岁月，希望能够给大家带来一个新的视角，认识、熟悉这段历史，因为人更是活着的历史。

有一位老兵叫宁大年。2013 年春节过后，这位 94 岁的老人在深圳静静地走完了自己的人生长路，只有 50 多个人参加他的追悼会。他曾经是一名赴印缅作战的抗日老兵，这些人后来有一个共同的名字叫中国远征军。

宁老是我采访的第一个国民党抗战老兵。他出生在 1919 年，广西玉林人，离休以后就住在罗湖园岭新村。老人原来是国民革命军新一军新 38 师辎重营少校翻译，在辽阳战役中起义，1949 年以后历任机械工业部第一设计院、第五设计院、第九设计院项目负责人，经济开发区技术顾问等职，1982 年来到深圳担任机械工业部深圳设计院院长，是我国汽车工业的奠基人之一，杰出的技术专家。

宁大年 1943 年参军，当时他是西南联大学生。时任 38 师师长孙立人将军和西南联大工程院院长施嘉炀是清华校友，于是孙立人写信给后者，要求他找几个学生到印度做英语翻译。当时新 38 师在印度接受美军训练，但是中国士兵文化程度不高，没有几个人懂英语，迫切需要一批翻译。消息发出来以后，同学们全都报了名，学校决定抽签，宁大年加入新 38 师。

在我们这次寻访的过程中，像北京的王琦、田庆平，还有沈阳的陈以修、黄耀武，这几个都是当时的远征军士兵。

陈宝琛、宁大年的人生经历

陈宝琛是我们这次寻访中唯一的女战士，也参加过远征军，但是她没有出国，她参加过松山战役。这些当时被称为青年军的抗战老兵想不到的是，抗战胜利以后他们并没有能够去日本。1945 年 9 月，宁大年所在的新一军在广州接受了日军的 23 军投降，美方希望新一军去日本协助盟军，但被蒋介石拒绝，1946 年初，宁老随部队乘美军军舰赴秦皇岛集结，后来被派驻长春。1948 年 10 月，宁大年在任长春车辆修理厂厂长期间随部队起义，新中国成立以后，机械工业部接管了宁大年所在的修理厂。1980 年，61 岁的宁大爷加入中国共产党，宁老的人生经历在他那个时代具有普遍的代表性。

国家有难，人民遭殃，这是 101 岁的原张自忠的警卫员曹廷明给我们说的非常感慨的一句话。在民族危亡面前，在同胞和亲人随时可能面临屠杀甚至已经遭到屠杀的现实面前，他们实在没有办法选择苟且偷生。

沈阳的黄耀武 1928 年出生在上海。1932 年上海爆发战争，黄耀武父亲所在的学校被日军炮火炸毁了，他全家经过香港辗转逃到广州。全面抗战爆发以后，广州很快又沦陷了，他们家又跑到韶关避难。黄老父母在颠沛流离的逃难过程中相继去世，多名亲人死了，哥哥、姐姐不在身边，还要忍受日军飞机频繁的攻击，他觉得受够了，要么当亡国奴，要么就跟日本人拼了，黄耀武说当时很多学生都是这样想的。

黄耀武15岁谎报年龄参加了远征军。有多少人是专门为战争而生的呢？没有经历过这种战争的人，很难感受到这些老兵对和平的珍视，也很难体会到这些老兵对于国家富强、祖国统一、民族团结的热切期盼。在提及抗战的时候，有一个词叫艰苦卓绝。到底有多艰苦呢？我们听听这些抗战老兵和老兵后人是怎么说的。

当兵的人大部分没有鞋穿

贺晓明回顾了父亲在抗战时期的经历，越研究越觉得震撼。贺龙年近半百才生下一个男孩叫贺鹏飞，曾经任海军副司令员，51岁才生下贺晓明。贺龙在部队讲话的时候曾经这么说，他50岁应该当爷爷了，可是因为跟日本人打仗把一代人打丢了。贺晓明说，我们这代人磕磕绊绊活下来多不容易，假如抗日战争到现在还没结束，我们这些人一定会被我们的父母从身边捐出去，一个都不剩，都到前线去，这就是我们的出路，没有任何选择。

在广西贺州昭平县富罗镇沙子村，有一位95岁的抗战老兵叫陈思炫，我于2014年年底看望他的时候，他的行动已经很不便了。1943年，陈思炫参加远征军，当初离开家乡的时候他是穿着军装赤着脚的，从沙子村经昭平县城一路走到桂北的兴安县，然后又从贵阳、昆明一直走到大理，最终跟随部队收复腾冲，打进缅甸。在腾冲战役中，担任机枪手的陈思炫失去了左手的拇指、食指。抗战结束以后，他从贵阳走回广西，退伍时一样是穿着军装光着脚走回家的。陈思炫说，那个时候当兵的人大部分都没有鞋穿，因为只发军装不发鞋，只有个别家境比较好的战友有鞋穿，每个士兵每天一斤半大米，但还是觉得吃不饱。到了大理也没有发枪，新兵训练的时候拿的是木头枪，后来接到命令住到宝山的时候，刚把营地安置好，日本飞机就来轰炸。在腾冲打仗的时候，部队伤亡很大。他是机枪手，枪法也比较好，日本狙击手就向他开枪，他的左手两个手指就这样被打掉了，人也昏过去了，拿到了荣誉军人证。他说他自己是光着脚上前线的，也是光着脚回家的，刚开始还有军饷买饭吃，后来军饷花光了，一路讨饭吃红薯，一路要饭回了家。

老兵文盲多

陈老的经历反映了当时军队的几个很重要的情况。第一，补给非常差。远征军已经是精锐部队了，还没有鞋穿。第二，训练不足。新兵训练没有真枪实弹。第三，兵役制度很落后，就是抽丁，作战精神、战斗作风难免会出一些问题。另外还有一个严重的问题，当时国民的文化水平非常低，90％的老百姓都是文盲，这些老兵也一样，这一路让他们在旗帜上签名，很多老兵没办法签，只好让他们的子女拿着他们的手在上面弄一下或者让别人代签，很多老兵到现在连自己的名字都不会写。当然没有文化不代表没有保家卫国的战斗精神。那个时候当兵的基本上都有绝活，就是打草鞋，否则没鞋穿，那时候日军给中国军队起了一个外号叫草鞋兵。1945年1月，当攻克了松山、龙陵、芒市、畹町的远征军第11集团军攻击缅甸时，和孙立人将军带领的驻印军在缅北会师，驻印军都穿着钉着铜纽扣的卡其布美式军装和大头皮鞋，他们很惊讶地发现国内的远征军战友衣衫褴褛，脚上穿的还是草鞋。

现在越来越多的抗战影视剧开始反映正面战场和国民党部队的抗战事迹，在影视作品里，中国士兵衣着整齐，军官穿着大马靴，士兵也是一样的，倍儿精神，其实根本不是这回事。从军鞋的细节上看，当时的国军甚至还不如八路军、新四军。

李改花三送儿子

山西武乡八路军太行纪念馆是国内最大的八路军纪念馆。纪念馆研究部主任是非常著名的学者郝雪琴，郝主任介绍，在抗战期间，光是武乡县老百姓就给八路军捐了49万双军鞋，这是一个什么概念？他给我们讲了一个非常感人的故事。

抗战期间，武乡县有个老大娘叫李改花。1938年，李改花的二儿子想去当兵，她不同意。当年3月日军侵入武乡，烧杀抢掠，无恶不作，目睹了日军暴行的李改花大娘就把二儿子送到了八路军，结果二儿子不久就在前线牺牲了。李改花大娘又把三儿子送上战场，结果也没能活着回来。这个时候她老伴也被日本人抓夫抓走了，这个老太太二话不说拉着大儿子又报名，但是他大儿子已经40岁，再加上她家里已经牺牲了两个儿子，所以征兵的人坚决不收她这个大儿子。这个李改花大娘就说，让她儿子给部队做饭，只求把日本鬼子打出中国。

"五千干部一万兵"，这是武乡县城在抗战时期的一段佳话。当时仅有14万人口的小县，8年里有14600人参加八路军，9万多人参加各种抗日救亡组织，从武乡调出的区级以上干部有5400多人。当时只有40万亩土地的武乡，8年总共给八路军捐献粮食240万余担，由此可见，抗战期间，武乡人民除了糊口之外，所有粮食以及多年积存的粮食全都捐给了八路军；此外，还捐献煤炭、木材等燃料15亿公斤，建造了两个工厂，一个是黄崖洞，一个是泸沽，所以2015年阅兵时有一句解释叫最后一碗米送去做军粮，最后一尺布送去做军装，最后一个儿送他上战场，这是我们在山西采访时一个非常大的收获。

闫迎儿的故事

山西省兴县恶虎滩乡王家沟村住着一位89岁的八路军老战士，他叫闫迎儿。闫老家庭生活非常困难，孤老一个，儿子、孙子都跑到外面打工去了，他一个人住在村子里，没有人管他。贺大姐要求县里专门把他从山里接出来，贺大姐给他贴上120师师标臂章。闫老原来在晋绥军区21旅，是贺龙元帅手下的兵。给他贴了臂章以后，贺大姐跟他有一张合影。贺大姐还让所有 120 师后人集体面对着老人家鞠了一个躬，当时老人家热泪盈眶，非常感动。他后来告诉我，他当兵的第一个任务就是给贺龙元帅送信，老人感慨万千。王家沟是吕梁山里非常偏僻的一个村子，到现在为止手机没有信号，人也非常少，青壮年都出去打工了，这个老人住在一个破旧的窑洞里，现在还保留着一个木制子弹箱，他说可以装 1000 发子弹。这个老人先后两次负伤，一次是左脚踝负伤，一次是臀部中弹。

聊起八路军抗战的事，这个老人家说三天三夜也讲不完。他1942 年参军，当时 16 岁，征兵的人不要他，嫌他小，他说他拿不动大枪，拿小枪，最后死活进了这个队伍。

八路军的作战特点

在山西几个抗日根据地，包括河北，这次寻访时我们跟当地老百姓交流，提起日本人，当地老百姓恨得咬牙切齿，因为日军下手从来都不手软，他们又讲日本人不太恨国军，恨八路军，为什么呢？因为日本人跟国军打仗吃亏的时候不多，大部分时间占便宜，所以他们对国军不太痛恨。但他们痛恨八路军，八路军很少按常规出牌，他们想报复都找不到对象，所以他们非常恨八路军。在兴县我也问闫迎儿，他证实了这种说法，他说八路军从来不杀日军俘虏，但是八路军俘虏到了日本人手里，很少能活着回来。

闫迎儿着重讲了两次作战经过，也充分体现了八路军的作战特点。

日本人曾在岚县有个据点。有一次，排长陈华林叫他扮演新娘子，穿着花袄，戴着头巾，跑到路上，抓到了一个钓鱼的皇协军，没费太大事就把他们据点的情报审出来了。他们就带着这个皇协军若无其事地混进这个据点，用突然袭击的方式把这个据点端了，还缴了 2门迫击炮、5 挺重机枪、10 挺轻机枪。这是当时非常大的战果，回去以后部队专门给他们唱了台大戏，给他们庆功。

另外一次是突围战斗，当时 1000 多名日本兵到兴县扫荡，连长董信兴外号董塌天，打仗很不要命，他坚决要打一次伏击，打完了就跑。因为弹药不多，又要节省子弹，他交代重点打击日军队伍里面骑马的人，肯定是军官嘛，打完了就跑。结果没想到一开战，日本人实在太多了，他们连很快被包围了。在撤退途中，董连长的腿被炮弹炸断了，连长就拿枪逼着他们三个人说："你们把所有手榴弹和子弹留下来，我掩护你们撤退。" 就在这种情况下，他们只好把手里的武器、弹药都交给连长，然后他们撤退了。在翻越一个陡坡的时候，闫迎儿被日军一颗子弹击中臀部，连长打到最后一颗子弹后自杀了。这次战斗，他们连失去了 20 多名战友，还有 10 多名战友受伤。侦察连在当地打仗名头很大，很多老人至今都记得。

伤亡比例非常高

在兴县奥家湾乡大平上村，我找到了一位 90 岁老人，他叫雷拖孩，是 21 团的。

战后日本防卫厅防卫研究所战史室编写了一本书叫《华北支援战》，里面有很多描写共产党作战的行动，八路军行动轻快而敏捷，熟悉地理，因而无法捕获，相反日军却多次遭到伏击。根据地居民一起动手支援八路军，连妇女儿童都用篮子竹篓帮助八路军送手榴弹，"我们的部队往往冷不防就被手执大刀的敌人包围袭击，陷入苦战"。1944 年 1 月 15 日日本《朝日新闻》报道，华北军发表昭和十八年（1943 年）综合战果，敌人大半为共产党军，交战达 15000 次，这很恐怖。其中，有七成五是与共军作战，交战的两百万敌兵中接近半数是共军，日军收容的 10.9 万具中国人遗尸中共军约占半数，而 7.4 万名俘虏中，共军所占比例只有三成五。另外一个日本老兵白田钦太郎写的一本回忆录叫《日军春兵团战斗记录》，他的回忆录是这样写的，据统计与八路军交手平均每个月达到 40 次，这样频繁的作战有几条命恐怕也不够用，除非自己适应战斗，否则不仅自己，就连自己所在部队也一样没有活路。

在侵略者的这个记述中，不难感受到八路军的这种杀敌士气，同时不难感受到同为抗日军队，八路军的群众基础非常强大，热情很高。不过我们也不能不看到，由于装备落后，士兵训练严重不足，无论国民党部队还是八路军、新四军，在抗战时期的伤亡比例都非常高。

关家垴战斗经过

我重点讲一下 1940 年的关家垴战斗以及 1944 年的松山战役和腾冲战役。

关家垴战斗是抗日战争中百团大战的第三阶段进行的一次最大的进攻战役，当时日本华北军为了报复，发动了非常疯狂的扫荡，八路军总部就往回收，收的过程中，日军冈崎大队 600 多人冲到了抗日根据地阜新，就在黄崖洞冰场打了一仗，八路军总部警备团加上 72 团袭扰他们。日军为了摆脱困境，懵懵懂懂就钻到武乡这边来，离当时八路军总部砖壁村只有十几里路。彭德怀知道战况以后非常愤怒，严令 129 师一定要把它干掉，正好我们的大部队就在附近休整，结果把他们包围在关家垴和旁边的一个山头叫柳树垴，这个山顶上是日军阵地，八路军开始佯攻。

八路军当时调动了 129 师 385 旅、386 旅与新编第十旅，一共有两万多兵力围攻 600 多名日本兵。现在关家垴还有一个阵亡烈士纪念碑，下面是集体墓葬，八路军部分阵亡将士埋在这里。这场恶战打了三天三夜，八路军发动了 10 次攻击，但是最终都没有成功。31 日下午，日军大部队 1500 多人还有 10 架飞机赶过来增援解围，彭德怀主动下令撤围，让日军残部从关家垴撤走了。当时彭德怀在这场战斗中间留了一张非常著名的照片，现在很多史料上说，这是彭德怀在百团大战中的照片。实际上他当时就在关家垴阵地前沿，离日军阵地只有500 米。当时他从指挥所一溜烟跑过去，身体没有任何掩护，拿着望远镜在观察山顶敌人地形以及部队攻击的情况，500 米是当时日军三八大盖的极限杀伤射程。彭德怀非常清楚日军的这个射击距离，所以他停下来没有再往前走。和当时中国士兵比起来，因为日军实行军国主义，绝大多数日本人从小学起就接受非常严格的军事训练，日本鬼子的枪打得真准，很多老兵说，他们的枪法太好了。

关家垴战斗结束以后，彭德怀曾经在回忆录里说这是他一生四次败仗之一。据陈赓将军回忆，这场战斗我军伤亡 2000 余人，其中 1000 多人阵亡，日军阵地遗尸 280 余具，另外还有三大堆骨灰。日军内部战报是怎么说的呢？他们说他们阵亡了 50 个人，负伤 99 人。600 多人的一个大队被两万多八路军猛攻了三天，伤亡不到 150 人？这个战报不可信，绝对有水分。

战斗结束以后，彭德怀和刘怀成曾经回到关家垴日军阵地察看，发现日军的野战工地修得非常认真讲究，尤其是防炮的猫耳洞，让日军在战场的生存率大幅度提高。要知道八路军主力部队当时基本上没有什么重装备，在野战中与日军作战基本上是伏击战，或者是短距离冲击肉搏。我们靠优势兵力消灭敌人，像这样大规模的阵地战、攻坚战非常罕见，这次战斗也让八路军从上到下认识到了自身不足，也为同日军作战积累了宝贵的经验。同样，全面抗战爆发以后，正面战场国军搞了 22 次大会战，仔细研究你会发现，除了配合盟军作战的松山战役和腾冲战役属于进攻型战役外，基本上都是防守型战役。

关家垴村支书叫关金昌，他父亲当年是关家垴战斗的亲历者，他本人对这段历史很感兴趣，做了很多研究。他告诉我们，在 20 世纪五六十年代，在山上还经常能找得出很多子弹壳、炮弹壳，以及迫击炮的炮筒子与炮架子。当时打仗的时候老百姓基本上全都跑光了，因为打大仗，部队事前运动集结，大家都知道要打仗，日本人来了，老百姓都躲起来了，等战斗结束以后这些老百姓回家，他们发现这个山沟里全部是八路军烈士遗体，所以抗日战争非常惨烈。打鬼子绝对不是一件轻松的事情，无论正面战场还是敌后战场，所有参战的中国老兵都值得我们后人永远敬重。

松山战役的教训

在云南大理州漾濞县，我们找到了 90 岁的远征军女战士陈宝琛。她是松山战役的亲历者，战斗中她的右臂中弹负伤，至今伤疤都非常明显。陈宝琛 1925 年出生，在松山主峰子高地下面的远征军群雕，有一个方阵核心是老兵方阵，其中就有她，另外还有我们这次见到的田庆平，他是最早的装甲兵。这个群雕是广州雕塑家李春华设计并且捐献的，一共有 402 个雕塑，2013 年 9 月 23 日落成。1942 年，师范学校毕业的陈宝琛考入了黄埔军校 19 期大理干部训练团，成为一名军人。她告诉我们，这个训练团男学员有两千多人，女学员只有六十几个，毕业以后，陈宝琛就被分配到了中国远征军第 11 集团军第二军第九师任少尉指导员。开赴前线不久，她参加了松山战役。松山战役又称松山会战、松山之战，它是抗日战争滇西缅北战役的一部分。远征军于 1944 年 6 月 4 日进攻位于龙陵县腊勐乡的松山，历时 95 天，本次战役胜利将战线外推，打破滇西战役僵局，同时拉开了中国大反攻序幕。

松山当时驻守日本部队包括第 56 师团，常驻兵力有 3000 人。松山战役打响以前，远征军的作战计划被日军缴获，我方完全不知道。我们的一个情报官当时坐在一架美国人开的飞机上，因为燃油耗尽，就晕晕乎乎降到腾冲了。当时腾冲被日本人占了，所有作战资料全部在飞机上面，日本人把他们杀害以后就毁尸灭迹，我方居然一点都没有觉察到，所以腾冲战役和松山战役打响之前，我们完全没有秘密可言，对我们部队行动的兵力分配日本人一清二楚。日本人把松山建得非常坚固，这帮人都是从日本九州招过来的，大部分是矿工，挖沟挖坑打隧道习惯了，这个工地建得非常牢固。当时日本南方军总司令叫寺内寿一，后来他病死在战俘营。工地修得坚固，给我们的部队造成非常大的麻烦。大家知道有十战松山的说法，后来攻上松山的是何绍周和李黎的第八军，但是攻到离主峰两百米的时候就再也攻不动了，因为子高地面积不大，周围有十几个高低不同的小山丘，上面全部是火力点，形成了交叉火力，根本没有办法接近。后来部队想了一个办法，用爆破的方法在底下开了两条道，挖了两个炸药室，放了 3 吨炸药，全部是美式的，25 公斤一个铁盒子，放了 120 箱，一共是 3 吨，然后用爆破的方法把碉堡给摧毁了，之后接着打了 17 天，日本人就是不投降，战斗到了最后一刻。这个战役持续 95 天，松山的两千多名日军才基本上被全歼了，第 11 集团军为此付出了 7773 条生命的代价。

收复腾冲

腾冲是国军抗战以来收复的第一个有日军驻守的县城，它是在 1942 年失守的。当时远征军在缅甸作战失利，退回国内，日本人就一路追到了怒江西岸。远征军在撤退的时候，在怒江惠通桥东侧的桥头堡下面预埋了炸药，因为日本人一旦攻过怒江，前面到宝山到昆明基本上无险可守了，一旦日本人占了昆明，重庆就会受到威胁，当时做了最坏的打算。

1944 年 5 月 11 日，当时远征军负责收复腾冲的是第 20 集团军，他们从 9 个渡口渡过怒江，开始反攻，因为情报事先泄露，损失非常惨重。日军搞了很多狙击线，直到 7 月 5 日以后，第 20 集团军才陆陆续续翻过高黎贡，到了腾冲外的河冲古镇。7 月 28 日，远征军夺得来凤山制高点的控制权。占了来凤山以后，腾冲就近在眼前了。9 月 14 日，收复腾冲。

当时腾冲已经被炸成了一片废墟，现在全部是重建的，原来的腾冲完全不见了。腾冲光复的时候，张志远 18 岁，他参军 3 年了，是娃娃兵。远征军里面有很多娃娃兵，群雕里面还专门有一个娃娃兵方阵。抗战期间张志远全家有 5 个人参战，包括他的二叔、四叔、大哥、二哥，其中二哥张旭曙在猛剌空军无线电学校毕业以后去了延安，进入康大学习，后来成了八路军。张志远随部队进入腾冲的时候，城内依然浓烟蔽日，部队伤员已经被送到了后方，张志远和他的战友们在城里消毒防疫，同时也给当地老百姓看病。

让中国人无言以对的问题

最后这个故事来自一个日本老兵的回忆，这个故事在很多滇西反攻文献里面都有记载。1990年，两个日本人第一次获准回到松山，其中有一个在当年打仗时相当于中士，这个人出现在松山以后，很多当地老人一眼认出了他，因为他杀人如麻，在松山经常拿刀劈杀中国儿童，用这个方法取乐。这些日本老兵之所以可以若无其事地重返龙陵和松山，是因为他们确信那段历史已经成为过去，但是过去结束了，并不意味着当年的罪行可以一笔勾销。众所周知，日本政府至今在回顾那段历史的时候依然闪烁其词，包括南京大屠杀、随军慰安妇，这些关键事实到现在为止日本政府层面一直不承认。日本老兵回到松山时谈到了这样一件事，在松山战役发起之前，他们曾经抓到过两名中国女兵，在她们的发辫里搜出了松山地图。后来他们审出来，这两个兵就是对岸的学生兵，日本人对她们采取了很多令人发指的酷刑，因为他们也要情报嘛。但是这两个女兵至死都没有开口，后来她们就被日本人一刀一刀把肉切碎喂了日本狼狗。这两个中国女兵给这个日本老兵留下了非常深刻的印象。这个日本老兵当时在跟当地的一位远征军老兵聊起这件事的时候，他问了一个问题：你们知道这两个女兵叫什么名字吗？你们有没有给她们修纪念碑？日本老兵这个问题让在场所有中国人都无言以对。在关家垴村的关金昌家里，我们看到了一份关家垴八路军烈士花名册，我前后认真数了一遍，上面每一个人都有姓有名，有原籍、有职务，但是只有109个人，更多的人，我们也许再也没有办法知道他们的身世。抗战胜利70周年了，关于抗战历史需要我们去做的还有很多很多。

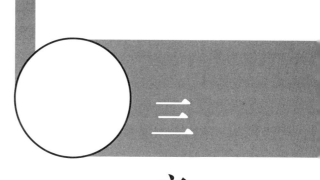

三

文学历史

路遥与《平凡的世界》

厚　夫

厚　夫

本名梁向阳。延安大学文学院院长，教授。陕西省作家协会副主席、延安市作家协会主席、路遥文学馆馆长。荣获中国当代文学研究优秀成果表彰奖、柳青文学奖、冰心散文奖等多个奖项。著有《走过陕北》《行走的风景》《心灵的边际》《当代散文流变研究》《边缘的批评》等，其作品曾入选中学语文教材。

新时期以来，有一本书不光影响到一个人，还影响了一代人甚至几代人，这本书就是路遥的《平凡的世界》。

在全民打造书香社会的今天，再谈《平凡的世界》，我觉得非常有意义。今天我想谈三个问题：路遥是怎样一位作家；《平凡的世界》是怎样一本书；我们应该向路遥学什么。

路遥是文学界的夸父

中国文学研究一个非常重要的方式就是"知人论世"，知道作家的生存状态、精神状态，作家为什么要写这样的书，路遥到底有什么特点。

许多人或多或少都接触过《平凡的世界》，路遥作品的影响非常广泛，但是路遥非常低调，他始终像一个谜。陕西获茅盾文学奖的作家有三个人，一个是路遥，一个是陈忠实，一个是贾平凹。陈忠实和贾平凹对路遥佩服得五体投地。陈忠实在接受《西安晚报》采访时说，他非常感谢路遥。路遥已经把人写到如此高度了，他怎么办？如果他写不出来，要回家种地去。因此，他当年发誓写一部可以当作枕头用的书，就是后来的《白鹿原》。

贾平凹说，路遥是文学界的夸父，他倒在干渴的路上。这个评价非常之高。有人说，路遥是一团谜。以我的理解，路遥是陕北大地上诞生的文化英雄，这个名称随着他的作品影响不断扩大而深入人心，虽然路遥在20多年前就去世了。路遥的《人生》在1982年刊发时，当年就成为"路遥年"。那个时候很多读者非常追崇路遥，中央人民广播电台在1988年3月27日开始播《平凡的世界》，连播126天，好多人一边吃着饭，一边听着广播。

新世纪以来，路遥一直很热。路遥不是高产作家，他的作品非常少，现在我们编的《路遥全集》总共才6卷。他也不是一个通俗化作家，也不是一个市场化作家，更不是一个新潮作家。但是，他的影响却非常深远，热度一直不减。

2008年，第八届茅盾文学奖评选开始，新浪网做过一个"读者最喜爱的茅盾文学奖获奖作品调查"，《平凡的世界》以71.46%的比例高居榜首。2012年，山东大学文学院专门针对全国十省、市进行"茅盾文学奖获奖作品读者接受调查"，读过路遥《平凡的世界》的读者占被调查者的38.6%，居榜首，而且读者以在校学生和青年人居多。

新世纪以来，路遥的读者群非常庞大，既有社会各个阶层的成功人士，又有非常普通的青年读者。比如潘石屹是房地产大亨，他2008年专门到延安大学路遥文学馆参观，然后到延安大学路遥墓祭扫，他是这样说的："走出黄土地，每当我遇到困难的时候，我总是读您的书，您的书给了我勇气，给了我力量……"潘石屹握着我的手说，他把路遥的《平凡的世界》读了7遍。马云是我国电商风云人物，列入现代财富排行榜名录。马云说，看了路遥的《人生》，改变了他自身的命运轨迹。当年他高中毕业没有考上大学，补习之前他偶然看到路遥的《人生》，一看就放不下来了。

前段时间我在北京学习，有一件事情非常感人。北京有一个送快递的小伙子，他不认识我，我也不认识他，他通过服务员给我写了个小纸条说："厚夫老师，我想得到您的一本《路遥传》，我免费给您送几次快递。"小伙子非常诚实，说路遥的《平凡的世界》是他的人生历程里第一本最重要的文学作品。这件事情非常感人。一本书能够影响到社会各个阶层的人士，这有什么不好呢？他的影响已经远远超过我们的文学边际，他也被许多读者不断缅怀。

20世纪80年代以来出现长久不衰的"路遥热"现象，这是什么原因呢？探讨路遥是谁，我们要从路遥的文学人生以及他的作品精神向度来谈一谈。

如何谈路遥呢？我想要找些节点来谈。路遥的人生只有不到43年，毕竟要紧处也就是那么几步。我们寻找他人生的几个关键节点，来看一看他的人生到底是什么样的，为什么能够这样飞翔。

克服自卑走向自强

路遥人生有这么几个节点值得注意。

过继给别人，这是路遥人生的第一个节点。路遥是1949年出生的，1957年被过继给他延川的伯父当养子。有人说路遥是清涧人，实际上路遥生于清涧，长于延川。路遥的母亲是陕北一个英雄的母亲，她一辈子生了9个孩子，路遥是他们家的长子。路遥出生那年是牛年，因此路遥属牛，而且路遥许多名言都与牛有关系。比如，"像牛一样劳动、像土地一样奉献"。路遥家境贫寒，又是长子，因此更懂事。比如砍柴、打猪草，比如照顾他的弟弟妹妹，他干得都非常好。

路遥家里穷，没办法上学，怎么办？因此他父亲同他伯父商量，把他给到他伯父家去，因为他的伯父没有孩子。有人问路遥，你是清涧人，怎么到延川了？实际上，在20世纪40年代，延安地区的人口稀少，榆林地区人口稍微多一点，因此到延安讨生活更容易，他的爷爷走了两天路，从清涧走到了延川，在延川定居。他父亲就这样在延川娶了媳妇，因此路遥的爷爷、奶奶、伯父一辈子在延川生活。路遥的伯父不光过继了路遥，还过继了路遥的兄弟。1957年，路遥虚岁9岁，已经记事了。路遥谈过，父亲第二天早上对他撒谎说到城里赶集去，下午接他回家。结果他看见父亲在坡洼上走下去后，抱着老槐树，眼泪吧嗒吧嗒往下流。他不敢出声喊爸爸，如果一叫，他爸爸肯定要把他领回去。这件事说明路遥非常懂事、敏感和克己。

我记得古人有一句话："必有忍，其乃有济；有容，德乃大。"

这样一个小孩，在他成长的过程里，他更早地懂得了寄人篱下的感受，他性格上比一般孩子早熟。这也是我们从事文学创作非常重要的前提条件。

路遥人生的第二个节点是，他在延川接受了从小学到初中的完整教育，这为培养路遥高远的人生志向提供了非常重要的条件。1958年，他在延川县马家店小学上学，第一次有了官名，语文老师给他起了个名字叫王卫国。1961年，他考到延川县城关小学上高小，那个时候县城小学没有学生灶，他吃的是家里带的干粮，一个礼拜要回两次家拿两次干粮，冬天稍微好办，夏天那么炎热，喝的是熬锅水，吃的是馊饭。你想这样从农村进入县城上学的小孩，他跟别的孩子比什么呢？比吃比不上，比穿比不上，只能比学习，因此这个小孩非常喜欢到当时县城的新华书店和县文化馆翻阅报纸，而且他很聪明，很喜欢看电影，1毛钱的票他买不起，经常约三五个同学钻下水道偷看电影，还经常被放电影的人逮个正着。

在这种情况下，他首先要克服自卑走向自强。1963年，他参加小学升初中考试，在全县1000多名考生里考了第二名，但是他伯父不同意他上学，让他回家劳动，给二老养老送终。怎么办呢？他找到了他伯父的好朋友，当时村子里的大队党支部书记，也是他的干爸爸。他说：干爸，我想上学。干爸很同情他，走遍全村借了两斗黑豆，然后给他变卖成学费，这就是发生在路遥身上真实的事情。

路遥喜欢阅读爱做梦

路遥上了中学后，还是经常到县城图书馆翻阅报纸，喜欢看《参考消息》。《参考消息》一则消息说，苏联宇航员尤里·加加林驾驶人类第一艘宇宙飞船驶过太空。这个少年非常激动，晚上偷偷溜出宿舍，站在县中学的院子里面遥望浩瀚的星空，寻找哪一颗属于尤里·加加林的东方一号。这个善于做梦的孩子，后来的代表作《人生》的主人公名字叫高加林，高加林就来自路遥少年时代的梦想。因此，我后来想，年轻人一定要做梦，一定要有理想。有梦想，注定不平凡。

路遥还喜欢阅读，他看了好多书，比如《红岩》，比如《钢铁是怎样炼成的》，这在《平凡的世界》里都有反映。他还很喜欢写作文，他的作文在年级里写得比较好。到1966年，他参加延川初中升中专考试，考到西安一个石油化工学校，但是"文化大革命"开始了，那个时候如果能上中专，就意味着你能跳出农门成为公家人，意味着你的身份发生重大变化。但是，那个时候最高指示说，所有考入大、中专院校的学生一律就地闹革命，因此路遥就留守在延川开始闹革命。

路遥的造反经历

路遥人生的第三个节点是在"文化大革命"期间经历过"青春过山车"，最终选择通过文学的方式着手表达自己的情感和理想。1966年11月，他成为延川县中学优秀红卫兵代表到了北京，这是路遥第一次人生远行。他第一次过黄河，第一次坐火车，第一次到北京城，第一次到天安门，第一次见到毛主席，人生的诸多第一次都是在18岁时发生的。回来以后，他成为他们班红卫兵造反派队长。当时延川中学分为两派，一派是"红四野"造反派，一派叫"红总司"造反派，他成为"红四野"的头头，到1967年成为延川县"红四野"造反派赫赫有名的"王军长"。延川县革命委员会1968年9月15日成立，路遥成为群众组织代表被选入，成为赫赫有名的"王副主任"。不过，命运给他开了一个非常大的玩笑，1968年11月，最高领袖发指示，知识青年到农村去很有必要，接受贫下中农再教育很有必要。路遥又一次踏上了回家的路，回到他养父养母所在的延川县城关公社刘家圪崂大队郭家沟村。

巧合性的机遇发生了。1968年末到1969年初，不光延川知青要下乡，全国各地知识青年都要下乡，当时有2000名左右的北京知青到延川县插队，而且到延川插队的这些学生全部来自北京海淀区，包括现任国家主席、党总书记习近平同志，以及著名作家史铁生、陶正等。史铁生后来写过《我的遥远的清平湾》，就是对延安地区延川县插队的怀念。

于是，北京知青文化和陕北文化构成双向互动的关系。一方面，北京知青发现陕北原来如此贫困，才知道中国社会的丰富性和复杂性，才用最柔弱的肩膀扛起来自己最初的文学理想或者人生理想；另一方面，陕北青年通过北京知青找到了一个关注世界、认知世界的窗口。当时，路遥发誓要找个北京知青当女朋友。实际上，路遥第一个女朋友确实是北京知青，路遥的第二个女朋友还是北京知青。

路遥的爱情

1969 年，路遥跟一个北京知青谈恋爱。路遥虽然是造反派，但是路遥保了当时的县委书记，他是农村来的孩子，可能对老干部有天然的同情之心。因此，县上给了他一个招工指标，他把这个招工指标让给了第一个女朋友。结果她在半年之后就把他甩了，这差点把路遥逼上死亡之路。路遥说，他当年经历过一场"青春游戏"，站在县城水潭边准备跳水自杀，结果月光里飘来甜瓜的香味，非常诱人。因此，他索性跑到老汉的瓜地偷吃了两个甜瓜，决定不死了。我想，以路遥的性格，死不死都是辩证统一的，他能想到死，也会想到不死。路遥谈的第二个女朋友还是北京知青，很有意思，他第二个女朋友是第一个女朋友的闺蜜，也是笔杆子，当时是延川县革命委员会政工组通讯干事，文笔非常了得，是清华大学附属中学的才女。路遥跟他的女朋友，一个笔名叫路遥，一个笔名叫程远，结果他们的女儿名字就叫路远。

从写诗到写小说的转变

路遥什么时候开始喜欢文学创作呢？据我的考证是 1970 年，他第一次有了笔名叫路遥，王卫国就改名叫王路遥。在"青春过山车"之后，他喜欢文学，于是他用文学的方式来表达自己的心志，成为延川著名的文学青年。当时，延川有一批活跃的文学骨干。延川的文艺骨干首推诗人曹谷溪，他早在 1965 年就参加过全国第一次文学青年积极分子代表大会；延川中学语文老师闻频，是位诗人；北京知青陶正也是文学积极分子。这样，曹谷溪、闻频、陶正、路遥等人一块办了个后来产生重大影响的延川《山花》。那个时候，习近平在延川插队，也是个文学青年，他能步行走 30 里路借一本书，足以说明他是非常有理想的文学青年。他认识路遥，而且他们有交际与交流。2015

年 3 月 5 日，习近平总书记在全国人大会议上对上海代表团曹可凡说，他跟路遥很熟，当年住过一个窑洞，他们有过深入的交谈。路遥、谷溪他们办《山花》，他也参与过文学创作。

路遥文学创作的前期主要写诗，他在 1972 年、1973 年已经很有名了，当时《人民日报》还介绍过路遥的事迹。《人民日报》说，延川县城关公社刘家圪崂大队返乡知识青年王路遥，两年内创作多少诗歌，发表多少诗歌，作为典型案例来宣传，因此路遥才有机会进入延安大学学习。

路遥第四个人生关键节点就是 1973 年进入延安大学中文系学习，他有机会储备振翅高飞的文学能量。如果路遥在清涧，顶多是一个优秀农民而已；如果没有在延安大学学习，路遥顶多是位优秀的乡土作家。延安大学的学习使他打开了人生振翅高飞的大门，他在这里拼命汲取着在文学天空飞翔的能量。

1973 年，高等院校恢复招生，路遥被推荐到延安大学。当时路遥被推荐到延安大学也非常困难，县委书记坐着吉普车亲自到延安大学说好话。当然，路遥的人生理想很高，他想上北大，但因为他是造反派，不可能要他，结果把他推荐到了延安大学。这也是当时的好心人共同努力的结果，一方面是当时的县委书记力荐；另一方面，延安大学领导心胸开阔，包容、接纳了路遥。

苏俄文学对路遥影响很大

路遥后来跟我反复说，延安大学是个读书的好地方，他在延安大学很认真地把"文化大革命"之前所有文学期刊以及图书馆所储存的文学名著都认真地翻过一遍。跟同时代的许多作家相比，路遥的知识储备非常扎实，同时代的许多作家忙着闹革命的时候，路遥很认真地在"文化大革命"期间读了三年书。这个人很有意思，他有非常浓郁的苏俄文学情结，他对列夫·托尔斯泰、肖洛霍夫非常熟悉，他又受到北京知青文化影响，他喜欢喝咖啡，喜欢抽高档烟。他说："只有庄重地生活，才能庄重地工作。"另外，他非常喜欢 19 世纪的批判现实主义文学以及苏俄文学。我认为这同他的知青情结有关系，同他在延安大学很认真地读书分不开。在 20 世纪 80 年代初期，路遥已经开始认真地用自己的思想来进行写作，这是路遥早年认真读书的结果。

路遥人生的第五个节点是 1976 年被分配到当时的《陕西文艺》杂志社（后来的陕西作家协会）工作，这为他的文学远征提供了一个非常重要的条件。陕西是当代文学重镇，柳青写过《创业史》，杜鹏程写过《保卫延安》，王汶石写过《风雪之夜》，路遥能够近距离接触到老一代作家，受到这些作家精神和人格的熏陶。他尤其非常喜欢柳青，他反复说柳青就是他的"文学教父"。这样的环境，对他进行文学远征产生了非常重要的影响。

思考中国当下的现实问题

路遥人生的第六个节点是在新时期拥挤的文学环境里，他找寻到了"城乡交叉地带"这个属于自己的独特生活体验的优质文学表达区位。新时期以来，好多作家都想出人头地，路遥也不例外，但路遥一直迟迟获不了奖。路遥有一部作品叫《惊心动魄的一幕》，这个作品对路遥整个文学远征起到非常重要的作用。1978 年，路遥写的这篇中篇小说屡投屡败，屡败屡投，周转了中国几十个杂志，但是没人敢登他这个作品，后来在 1980 年《当代》杂志第 3 期刊发。这个作品写什么呢？写"文化大革命"武斗期间，有一个县委书记为了制止几派武斗，勇敢站出来进行飞蛾扑火式的自我牺牲，就像殉道者那样。《当代》杂志责任编辑刘茵老师看到这个作品很激动，就推荐给《当代》杂志主编秦兆阳。秦兆阳是非常著名的文学前辈，他看到这个作品以后就拍板推出，对路遥提升文学自信心起到了非常重要的作用。《惊心动魄的一幕》在 1981 年获得全国首届中篇小说奖。

路遥第二部产生影响的中篇小说是《人生》。路遥从 1979 年写到 1981 年 7 月，在上海《收获》杂志 1982 年第 3 期刊登出来。《人生》写作不顺，写了 3 年，三易其稿，先后起过四个名字：第一个名字叫《高加林的故事》；第二名字叫《生活的乐章》；第三个名字叫《你得到了什么》；第四个名字才叫《人生》。但是《人生》一发出，整个社会立即轰动了。为什么全社会关注这个作品，我以为路遥是从农村走出来的城市人，他的根、他的生命始终在农村，他的生存之境在城市，他非常直接、敏锐地注意到中国当时特定的历史阶段，在中国城乡社会二元结构环境下，农村有志有为青年的出路问题。那个时候，许多作家还停留在写伤痕文学、写反思文学的阶段。因此，1982 年在文学界被称为"路遥年"，好多人都在谈路遥，谈高加林，谈刘巧珍，谈黄亚萍。路遥已经拥有非常深邃的思想来思考中国当下的现实问题，这也是这部作品能够写出的非常重要的原因。路遥在"城乡交叉地带"找到了自己人生的突破口。这点很重要，甚至《平凡的世界》走的也是这条路。

路遥一生至少有五六个重要节点。每当山穷水尽的时候，他总是有贵人相助，这也使他拥有更为坚定的人生信念，能够包容万物。路遥之所以是路遥，跟他特定的人生经历分不开，没有特定的人生经历，他不可能写出《平凡的世界》。

决心要真实地记录历史

《平凡的世界》到底是怎样一本书呢？我先谈谈《平凡的世界》是在什么样的环境里写出来的。

路遥在 1982 年已经名满华夏了，那时候全国都知道有一个著名青年作家叫路遥。好多人也都来找路遥，希望路遥回答他们各种各样的人生问题。路遥不甘心，他决定在 40 岁以前做件大事，因此他准备写长篇小说。小说起名叫《走向大世界》，他要把这个礼物献给他"生活过的土地和岁月"。他设计过小说写 3 部 6 卷 100 万字，全景式地反映中国社会，特别是从 1975 年至 1985 年反映城乡社会巨大历史变迁的史诗性著作。这三部作品的名字叫《黄土》《黑金》《大城市》。路遥为什么要写这样的书呢？他说，要像"历史的书记官"那样真实地记录历史。1975～1985年是中国历史非常重大的时期，他要把所叙述的事件放置在这样一个大转折时期。路遥深刻地感受到大转折时期的历史诗意，他决心要真实地记录历史，决心要当平凡世界里的普通人的代言人，要把普通人的生存、奋斗、情感乃至梦想写出来。我觉得当时的路遥所采用的方法就是一种理想与现实方法，为此他做了三年准备，他读书、学习，乃至深入生活，他翻阅过100多部长篇小说，并研究过它们的结构，非常认真。

认真研究小说结构

现在好多作家写长篇小说都没有这种功力，甚至没有很认真地对小说的结构做过研究，因此很多小说都是虎头蛇尾。我以为长篇小说非常难的部分就是小说的结构问题，如果结构不好，这个作品立不起来，但是，路遥这部小说结构非常完整，气韵非常一致，节律非常统一，有点像贝多芬的《命运交响曲》。这需要功力。路遥当时翻阅过《人民日报》《光明日报》《陕西日报》《参考消息》《延安报》。他翻阅几十年的报纸杂志有没有用呢？我以为非常有用，现实主义作家非常重要的写作特点是忠实于历史，要做历史的书记官。有历史学家评论说，路遥的《平凡的世界》比历史学家笔下的历史还要真实，这句话的表达非常到位。你看，它的细节非常真实。通过阅读《平凡的世界》，能真实地再现我们当年生活的现象，这需要功力。

路遥多次重返陕北故乡进行生活的"重新到位"，加深对农村、城市变革性的体验，他到工厂、学校、集市，甚至下矿井认真生活、认真学习，非常难能可贵。许多作家没有深入生活的本领，对生活基本是浮光掠影，我以为感受生活、理解生活、同情生活，才是最重要的方式。

写人性的解放

路遥安排用 3 年时间来写作《平凡的世界》：1985～1986 年，他写了第一部；1986～1987 年，他写了第二部；1987～1988 年写了第三部。但是，这三部小说的写作非常困难。如果说第一部路遥写得非常顺畅，那么第二部、第三部就出了问题。

《平凡的世界》开头是这样的："1975 年的二三月间，一个平平常常的日子，细蒙蒙的雨丝夹着一星半点的雪花，纷纷淋淋地向大地飘洒着。时令已快到惊蛰，雪当然再不会存留，往往还没等落地，便消失得无踪无影了。黄土高原严寒漫长的冬天看来就要过去，但那真正温暖的春天还远远地没有到来。"

路遥通过非常平实的语言来表达他诗意的象征。《平凡的世界》的结构有三条线索：一个是孙少安，一个是孙少平，一个是田福军。路遥在 1985 年写《平凡的世界》的时候，我国文坛已经发生重大变化，这个重大变化是什么呢？1985 年被文学界称为"文学新观念和新方法论年"。在 80 年代初期，路遥写《人生》的时候，我国改革开放程度还不是很高，但是《人生》第一次把人性写得如此到位，写了人性的解放。1984 年以后，各种文学思想纷至沓来，什么现代主义、意识流、黑色幽默、象征主义都来了。80 年代中期，我在北京上学，地摊上都摆着弗洛伊德的《梦的解析》。那个时候，搞文学的人不看弗洛伊德《梦的解析》，人家认为你根本不会写作。西方各种哲学思潮泛滥，比如尼采、叔本华、萨特的许多作品非常流行。

路遥在动笔写作的时候，整个文坛风气正发生非常重要的变化。那个时候，现实主义自卑、现代主义盛行，许多作家唯恐自己落伍，纷纷赶时髦。在当时"八面来风"的情况下，许多人纷纷逐风而去，忙着割裂传统，个个着手学新方法、新观念、新技术，进行各种各样的所谓"文体实验"，比方创作意识流小说，没有标点符号的小说被认为是好小说。许多作家强调文学创作的潜意识、非理性，强调表现人的情欲和性欲，表现人的非理性状态，表现人的原始性。80 年代后期的许多小说有一个变化，认为小说不写人的原始性欲就不是好的小说，在许多形式上玩所谓的花样，许多作家逐新求变，进行没有温度、温情的写作。但路遥的思维当时已经非常冷静、非常清晰。

扎根于大地和泥土之上

我是 20 世纪 80 年代成长起来的文学青年，回过头看，当时许多人不冷静。但是路遥冷静下来了。路遥当时思考，中国的现实主义小说远远没有达到它应有的高度，因此在许多作家以割裂传统为荣的时候，他继续坚持传统，坚持扎根于大地和泥土之上，进行自己的理想现实主义的表达。这部小说的第一部在 1986 年写成以后，没有人出版，没地方发表，《当代》一个年轻编辑看到路遥的书，读了几页就退稿了。后来他写了一篇文章《记得当年毁路遥》，很痛心地说，我当年退稿这个案例已经成为非常经典的案例了。

要研究《平凡的世界》是怎样一本书，必须了解《平凡的世界》是在怎样的文学背景下写出来的，才更有意义。1986 年，《平凡的世界》在《花城》杂志第 6 期发表，当时《花城》杂志和陕西的《小说评论》杂志在北京搞了一个座谈会，评论家去了 32 个人，有 30 个人非常尖锐地批评路遥写出如此低劣的小说，没有一点变化。但是也有老评论家像朱寨、蔡葵坚定地支持路遥。当时开完会以后，路遥的朋友白描回忆说，他们去机场，结果那天下大雪，汽车侧翻了，把他与路遥都扣到水沟里去了，路遥却呼呼大睡。我觉得路遥的确有定力。

事实上，路遥当时写作非常之难。路遥在写《平凡的世界》第二部的时候，他身体出了问题。1987 年，他把第二部稿子抄完之后，夏天他就吐血了。陕西作家协会的朋友，甚至他的同事，直到路遥去世都不知道他得了什么病，后来才知道他是肝硬化腹水，什么时候得的病，不知道。路遥的保密工作做得如此之好，让好多人震惊。

背对文坛，面向大众

1987 年，路遥到医院检查发现，当时他已经是肝硬化初期，很焦虑。怎么办？要么放弃，要么继续写作。他想到了曹雪芹《红楼梦》的八十回，想到了柳青的《创业史》半部书，非常难受。搞文学创作的人都知道，文学作品贵在一气呵成，如果你放上一段时间，这锅馍就蒸不熟了，至少蒸不圆了。他想到了保守治疗，跑到陕北找到一个老中医，吃了 100 多服中药。他说，像牲口一样把 100 多服中药吃下以后，身体才开始渐渐恢复。《平凡的世界》第三部是路遥拖着病体，在身体非常羸弱的情况下坚持完成的，1988 年初把第三部初稿写完，年后就开始抄稿子。1988 年 3 月 27 日，中央人民广播电台每天中午 12 点半开始播他的小说，他最后一边听着他的小说广播，一边坚持完成这部小说。1988 年 5 月 25 日，这部书终于画上了句号。

一部优秀文学作品的诞生，与作家的才、胆、力、识分不开。如果没有路遥当年的坚持，我们现在肯定看不到《平凡的世界》三大本，或者只能看到《平凡的世界》半部书。路遥当时写《平凡的世界》，有两点非常值得我们感动。第一，有深邃的历史理性，他知道自己应该往哪里走。刚才我说了，当时"八面来风"，许多作家忙着割裂传统，逐风而去。路遥却反复思考的一个问题是，"文学应该表达人类社会在特定历史时期的进程"。路遥还反复说，我不认为现代化的国家就一定能出好作品，相反，拉丁美洲的作家反而写出了像马尔克斯《百年孤独》这样非常具有代表性的作品。文学的发达并不是社会发达的全部。他说，当所有人忙于割裂传统时，他要为大地写作。他还说，要"背对文坛，面向大众"。你想这是什么样的定位？如果他当时没有对中国现实主义文学的判断，不可能有后来的坚持。不是以一己之力，像莽夫一样坚持自己的表达，而是有着清晰与理性的认知，我以为这就是路遥。

第二，他敢于迎风而行。许多作家即使脑子非常聪明、思维非常清楚，在当时那种环境下，可能扛不住那种风气。别人逐风而去，路遥却迎风而立，像站在风头的巨人一样，脚踩在大地之上，坚持自己的现实主义表达，坚定书写平凡的世界的普通人。路遥小说里的人物都是平凡世界的小人物，他写这些小人物自尊、自强、自爱，写这些小人物的奋斗。他具有坚韧不拔的意志，如果没有那种硬汉功夫，我们看不到这部大部头作品。

路遥说，柳青是他的"文学教父"。其实路遥也是我的"文学教父"，我是深受路遥的影响成长起来的。作为延川的第二代作家，我对他表达非常深刻的敬意。1988 年 12 月 30 日，路遥给他的友人、《文学评论》的蔡葵老师写过一封信。他说："当别人用西式的餐具吃中国这盘菜的时候，我并不为自己仍然拿着筷子吃饭而感到害臊。"说真话，我编《路遥全集》时，这句话我看了几回，每次几乎都是热泪盈眶。当年一个 38 岁的年轻人能有如此深刻的理解，这应该是中国文坛的幸运。在许多作家放弃传统的时候，路遥却坚持自己传统的表达，坚持对人文的书写，这是多么伟大啊！

路遥长篇小说的听众达到 3 亿人之多

我在不同场合谈过这句话，我称之为路遥的"筷子论"。我的理解是，一个作家必须把自己的艺术个性和民族文化土壤进行有效匹配。你所选择的艺术形式如果和民族土壤、民族文化不对接，你的作品注定不可能长久保留下来。路遥坚持用中国式方法做出的这盘菜，赢得了大众的好评。中央人民广播电台经过小半年连播，根据当时的统计，1988 年，央广 AM747 频道路遥长篇小说的直接听众达到 3 亿人之多，读者来信在 20 世纪 80 年代属于同类作品之最。

我了解到，1988 年全国听众就《平凡的世界》给央广相关节目写了两千多封信。这部小说真实地再现了社会转折时期纷繁复杂的社会变化现象，这部反映了社会底层悲欢离合的现实主义作品一下子征服了我们。因此，这部作品有可能在 1991 年高居第三届茅盾文学奖榜首。因为茅盾文学奖主要是评现实主义力作的，而且这部作品是我们国家当时产生的非常有代表性的现实主义作品。

我们发现一个非常有意思的社会现象，即新时期文学从 20 世纪 70 年代末发端到 2015 年，大约有 40 年时间，潮涨潮落，风云变幻。许多作家可能各领风骚三五年、各领风骚三五月，甚至各领风骚三五时，结果杳然无踪。路遥在当时并不被别人看好的时候，却被我们的读者、被我们的岁月、被我们的历史选择了。我的观点是，作品是作家最好的纪念碑，你能够写出好的作品，读者能够记得住你，时间能够记得住你。因此，路遥活在我们每个读者心里。

传递一种精神和力量

我再简单谈一下《平凡的世界》是怎样的一本书。这本书最大的特点，有人说是温暖。文学作品的本质，不是华美的语言以及复杂的技巧，而是展现人性的光辉，传递一种精神和力量。这部作品如果让我概括，非常简单，这是一部让人向上的书，充满力量感。现在社会上有许多书，写人的荒诞，写社会的荒诞，写人性的黑暗，这种写法我们不能排斥。但是，写人的温暖、奋斗、向上，这有什么不好呢？难道看了作品以后，我们自己没法生活了，这种书太多就好吗？路遥是书写我们社会变革时期普通人生存和命运的现实主义作家，他具有理想主义的标签。他的作品完整地再现了纷纭复杂多变的社会现象，真实记录了底层奋斗者的悲欢离合。

这部小说很有意思。以孙少安、孙少平兄弟的奋斗，串联起中国社会 1975～1985 年城乡巨大的历史变迁，讴歌普通人的情感、奋斗和梦想。孙少安是立足于乡土、脚踩大地的现实奋斗者，孙少平则是拥有现代知识、渴望融入城市的"出走者"，他们二人构成完整的城乡社会奋斗者的两极。

把苦难转化成温情

《平凡的世界》这部作品有很多优点，比如，对作品里的人物寄予同情心，对普通人的生活方式给予极大的尊重和认同。作品里面处处表现出亲情和友情，父子之情、兄弟之情、兄妹之情、同学之情、相邻之情，表现得淋漓尽致。《人民日报》约我写文章的时候，我谈过一个观点，读《平凡的世界》可以充分感受到一股温暖情怀；爱情也写得非常之美，完全超乎我们的世俗要求。

人是社会的人，既有动物性，更有社会性。路遥的这本书，我们可以完全大胆地让社会各个阶层的人阅读，甚至让中学生、小学生阅读。现在社会上写苦难人生的小说很多，但是能够把苦难转化成动力而温暖又励志的小说不是很多，这本书却是典型。《平凡的世界》传达着向上向善的精神，"向上"就是自强不息，"向善"就是厚德载物。因此，这本书就是对中华民族千百年来自强不息、厚德载物精神传统的继承。按我的逻辑，这本书就是让我们的读者向上活的一本书。

文学是烛照前行的灯塔

这部小说之所以在中国社会引起如此巨大反响，能够影响几代人，其核心原因就在这里。铁凝说过，文学是灯，文学是烛照人们前行的灯塔。文学给人以精神，读者能够通过语言文字深刻地感受到语言文字背后的精神魅力，这才是我们阅读作品基本的情感态度。

《平凡的世界》的读者都是理想的读者，都是很认真、很自觉地进行阅读的读者，而不是随意性读者，或者都是理想读者，怀着庄重的态度、怀着虔诚的心灵来很认真地阅读。这些读者从路遥的身上，以及路遥的作品中获得过巨大精神能量，这是我对《平凡的世界》是怎样一本书的解读。

关于路遥的文学精神以及时代意义，我简单总结几点。

第一，所有的人都应该有自己的梦想，要有自己的追求。路遥就是有着自己文学梦想的人，他少年时代想当宇航员，青年时代想当作家，他始终坚持自己的梦想。有梦想的人活得很充实，当然有了梦想还不够，同时要为了实现自己的梦想努力地付出，踏踏实实地奋斗。我觉得要扎根泥土，承接地气。现在许多人都不愿意深入生活，我觉得如果拒绝生活，生活一定会拒绝你；拒绝大众，大众也一定会拒绝你。

第二，要坚持自我，并不断超越自我的意志。坚持自我，并不是说以一己之力拼蛮力，应该科学理性地把握现实，面对未来。《平凡的世界》之所以取得成功，就是因为路遥有深邃的历史理性，立足高远，能够把握到时代的精神脉搏。当别人可能接受各种诱惑的时候，他能够坚持自己的文学表达，这点非常重要。路遥坚持现实主义创作方式的表达，坚持史诗性的表达，坚持理想表达，这回应了我前面说的话，一个作家和艺术家能够成功的有效形式，就是个人的艺术形式一定要跟民族文化、民族土壤相契合。我们现在反复谈什么呢？讲中国故事，唱中国声音，传中国精神。中国作风、中国气派，我以为在路遥身上得到非常完美的阐释。

第三，要关注民生，要有对社会历史的责任担当。路遥身上有许多非常可贵的、非常优秀的品格，我们应该学路遥的奋斗精神、担当精神，而不是学路遥不科学的生活作息习惯。如果他的作息习惯处理好了，路遥现在仍然健在，仍然在书写历史。其实，路遥当年有许多想法，他想写好多作品，但是由于身体垮了，没有来得及。路遥创作《平凡的世界》，燃烧了自己的生命乃至精神，他倒在干渴的道路上了。但是他留给我们好多启示：不管我们是不是从事文学创作工作，我们每个人都应该有自己的社会担当、有自己的历史责任。

谢谢大家。

报告文学中的奇特中国故事

李炳银

李炳银

中国作家协会研究员，中国报告
文学学会常务副会长，全国报告
文学理论研究会会长，《时代报
告·中国报告文学》主编。已出
版《文学感知集》《小说艺术论》
《国学宗师——胡适》《中国报告
文学的凝思》等百余部著作。作
品曾多次获中国当代文学研究会
优秀研究成果奖，其中，《中国
报告文学的凝思》获"首届全国报告文学理论奖"。多次担
任"全国优秀报告文学奖""鲁迅文学奖""徐迟报告文学
奖"等奖项的评委。

不是任何书都值得读

据问卷调查，深圳是读书比例比较高的城市，这应当是国人一个
很好的榜样。但是现在书很多。据 2013 年统计，全国仅长篇小说就

出版了 4700 多部，但是读书人还感觉到没有书读，缺少好书来读。还有，现在报纸很多，书很多，很多人用手机读书，读网络文学，但是我觉得读什么书需要选择，遇见什么就读什么，似乎过于盲目了。托尔斯泰说："真正的学者，不是因为他读了很多书，而是因为他读了有用的书。"我们国家每年出版好几万种书，貌似出版繁荣，实际上很苍白，虽然会有一些优秀的出版物，但平庸的出版物数量太大，存在的问题很多。这样的情形，真正的读书人只要到书店里去转一转就能够感觉到。读书，就要读那些值得读的书。马克·吐温讲了，读 1000 本时尚杂志，不如读雪莱的一首诗。对有些好书，不但要读，还需要反复地读。毛泽东就将《共产党宣言》读了 100 多遍，将《资治通鉴》读过 17 遍。毛泽东还说，《红楼梦》不看三遍，就没有发言权。所以，读书之前，选择读什么书是个很重要的问题。要读习近平总书记说的那些"有筋骨、有道德、有温度"的书，不要陷入盲目的泥潭中去。更不要轻易简单地被纷纭的流俗和时尚娱乐新闻所影响左右。如此，才会真正开卷有益。

不是任何书都值得读，不是任何书读了对你都有效果，比如在地铁上，一些年轻人拿着手机看娱乐新闻，这些娱乐新闻实在没有多少内涵价值，知与不知，与你都关系不大。总看这些，耗费精力，浪费时间。人们应当追求那些真正文明、崇高、纯洁、深邃的价值精神和情感内容，而不是世俗表层的喧闹表演。自己更不能被裹挟到目下的恶俗当中去。

很多作家应当有社会担当

生活很复杂，人们需要读书，需要了解自己的生存环境和生存空间。这是人们对自己生命和社会生活质量关注的必要。文学作品是人们了解感受社会生活的途径之一。优秀的文学作品，可以通过作家独特的社会生活观察、感受、理解与表达实现对社会的描述。过去，人们很看重经典作品的阅读。像托尔斯泰、雨果等很多文学大师的作品，像《红楼梦》《三国演义》等就很受大家看重。可是，现实的很多文学作品和真正的经典比有很大区别。即使那些得过各类大奖的当代作品，很多也存在明显偏颇和缺陷，接近经典的实在太少，人们不应该轻易地被获奖作品所迷惑，而要相信经过时间和读者长期阅读检验的经典作品。1978年我进入中国作家协会，对于近40年来的中国当代文学发展有很直接的感受。如果说20世纪80年代前后，很多作家还有社会担当，还有社会责任心，有一种使命精神，关注国家命运，关注人们疾苦，关注底层人民命运的改变，有一种"经世致用"的努力的话，新世纪以来，很多作家的社会使命精神、社会担当自觉，已经变得非常淡薄了。不少人，写小说，当作家，缺乏为文的神圣感，几乎看不到他们的信仰追求。有的人近乎嬉皮士、玩闹者，似乎想通过文学逐名逐利，总是将名利置于文学之上。写出些名的人，作品还没写出来就想到卖多少版税；小说刚刚动笔，就想着如何适应电视、电影改编等。有不少的现象说明，文学创作成了一种游戏人生和生活的方式，成了一个缺少健康精神、情感指向的技艺玩耍，成了不需要付出人生成本，单凭自我虚构想象编织的迷网等。所以有人开玩笑讲，当今不会当官、不会做生意、不肯下功夫做学问的人，都搞文学创作、编故事、编电视剧去了。在这样的文学创作氛围中，很难期望出现潜身社会生活内里，精心谋篇构思，独特体会人物精神情感，深刻理性表现社会人生的优秀作品。

现在的不少虚构文学作品内容苍白，很多作家关注什么呢？他们非常关注艺术技巧，讲文学伦理、小说纪律、叙述圈套，看起来眼花缭乱，不知所云，写小说几乎变成了一种机械操作。有不少人追逐国外的所谓先锋、时尚手法，似乎国际流行的就好，国外的作品就是高标。更有些"雅偷"现象，从国外的报刊上发现一篇不错的小说，很快就改头换面，模仿其结构、故事，用中国人物演绎出来。文学创作自然离不开技巧，创作本身就是一种从生活转向艺术的创造。但技巧是要服务于内容的。如果连基本的社会生活体验都很少，基础的内容意蕴都缺乏，单在技巧上用心是没有很大作用的。巴金说，优秀的作家，优秀的作品，到了一定的时候，就是无技巧，全凭作品的内容和精神情感来征服读者。文学作品也是这样，真正好的文学作品不需要太过人为雕琢。巴金讲，好的作品到最后就是看不出技巧的作品，就是朴素的，真诚地把自己的心路历程，把自己对社会人生的感受，朴素地真实地通过作品告诉读者。缺乏对社会的独特观察、理解，缺乏对生活的感悟的人，才特别地看重讲究技巧，在形式中找机会。就像很多中小学生写文章，语言华丽、辞藻丰富，用了很多成语，但文章还是浅显、幼稚。文学是人学。文学对作家的要求很高。作家首先要有信仰和德行，要有悲悯情怀和无私救助的自觉。只有作家自己成为一个向往文明和追求美好的人时，其作品方可能真正地进入人的精神世界和情感世界中去。技巧再高超的写作，缺少了社会和人生的健康内容，缺少了对社会人生道义的担当，就会是缺少社会信息和人的生命情感温度的文字游戏！这样的作品如何吸引读者，如何发挥文学的力量？

报告文学的四大特性

今天我为什么特别看重和强调报告文学？因为报告文学这种文体，是生长在现实社会生活厚土上的文学根苗，它和我们的现实生活有很密切的联系。有人说报告文学是社会现实生活的晴雨表、温度计，是社会脉搏跳动的反映。事实也许没有这样灵验，但报告文学表现社会生活的过程中是存在这样的特点的。

在很多文学创作对象流于游戏的这种情况下，报告文学，很多优秀的报告文学，在现在的文化生活环境，在人们渴望了解生存生活状态的真相的时候，它的价值就体现出来了。因此，我建议人们在自己十分匆忙的生活间隙，能够选择阅读一些优秀的报告文学。报告文学中有很多和你的需求渴望相联系的内容，有很多足以引起你兴趣的内容对象，有很多因为独处一方而很难接触和知道的事件真相及人物表现。我多次说过，读报告文学，可以增加你的见闻，可以丰富你的人生，可以使你对自己所处的时代和社会环境有更多更清晰的了解。报告文学作品中，存在很多非常奇特的中国故事和现实历史社会信息。

下面，我将结合报告文学的文体特性，为大家讲一些我的感受和认识记忆。我归纳报告文学有四大特性：真实是报告文学的生命；现实是报告文学表现的平台；作家的理性精神是报告文学的灵魂；文学艺术的表现是报告文学的翅膀。

报告文学的真实性

不像小说，不像现在有些电视剧，几个作家坐在宾馆里面喝咖啡、喝茶、编故事就出成果。报告文学是真实的，写的是生活当中所发生的事，发生在某个人身上的事情。作家需要深入扎根社会生活中进行艰辛的采访才可以进行。它和小说有区别，小说是虚构的，主要靠观察体会和主观想象完成。但报告文学是真实的，这种真实，是一种事实真实，是可以经受验证的新闻式真实。"真实是艺术的上等原料"，真实是报告文学最重要的个性和原则基础，是这种文体的生命根基所在。报告文学写的内容必须真实，必须能够验证。例如，徐迟在《哥德巴赫猜想》中报告的数学家陈景润，就是曾经在中国科学院数学研究所找到的真实的科学家。是他在"文化大革命"那个非常困难的环境下，冒着很大的政治风险，奋力献身科学研究，最后在数学研究上"摘得数学研究皇冠上的明珠"，做出了历史性的国际贡献，为中华民族赢得了荣誉。而鲁迅的小说《阿Q正传》中的阿Q，大家都说很真实，在生活中偶然可以遇见似的。但这是鲁迅经过典型化手段，从很多人身上观察后拼凑起来的一个角色，世上从来就没有过阿Q这个人物存在。这样两篇作品，就很好地将报告文学和小说的特性清楚地予以说明。报告文学写的是事实确切的真实存在，小说是在社会生活基础上通过典型化手段创造出的"艺术真实"。1936年，美国记者埃德加·斯诺越过重重风险到达陕北，接触并直接采访了毛泽东、周恩来、朱德等中共领导人及林彪、徐海东等红军将领等各类人物，广泛地了解了延安的政治环境、革命活动状况后，1937年写出著名的报告文学《西行漫记》。这是最早向世界传递了红军的活动消息，报告了中国共产党在陕北的革命活动情形的作品。当时就在国际上产生很广泛的影响。今天看来，依然有很大的历史和现实价值。真实的信息经文学的报告，经常产生意想不到的社会影响。像王树增的《远东朝鲜战争》，就客观地记述了朝鲜战争发生情形及其对我们国家的影响。优秀的报告文学，能够提供很多在新闻上、在正面宣传当中看不到的真实消息。赵瑜的《马家军调查》，就是通过大量的事实，真实生动地记述了马俊仁教练是如何违背体育道德精神，在满足不少人简单功利的政治欲望下，不顾运动员的尊严、权利、健康等，反科学地野蛮训练，逼迫运动员服用禁药，克扣队员收益，最后导致兵败，导致队伍垮塌解散的情形。朱晓军的《天使在作战》，就是通过医务工作者陈晓兰的亲身经历和仔细观察，真实地报告了上海某医院为了自身利益不惜和医药、医疗器械生产厂家相互合谋，不切实际地开药和重复无效治疗，坑害盘剥患者的情形等。类似的作品，还有瞿秋白当年报告苏维埃俄国社会情形的《赤都心史》《俄乡纪程》、范长江的《中国的西北角》、索尔兹伯里的《长征——前所未闻的故事》、钱钢的《唐山大地震》、李春雷的《木棉花开》、何建明的《国家》、邢军纪的《最后的大师》等很多作品。

这些作品，遵循真实地面对和描述社会生活对象的原则，生动地记载了很多富有发现、富有意蕴、富有价值的事件和人物故事，读这样的作品，对于人们增进对社会的历史、现实信息的把握，对于人们认识、理解现实的社会生活，对于人们崇敬正义、褒奖英雄、鞭笞丑陋等，都会有很大的借鉴和帮助作用。

报告文学的现实性

关注我们身边正在发生的热点问题，是报告文学的特长和优势所在。例如，人们现在面对的政治生态环境、突发灾难事件、医疗状况、教育状况、房价与物价等，报告文学关心的事情和每一个现实生活中的人都发生着密切联系。优秀的报告文学，可以使读者对自己的生存环境的了解更加深入、全面，它甚至可以改变我们的生存状态与感受，使我们对某种社会状态有新的理解。

新闻记者虽然也强调现实、客观、简洁、快速、具体地描述社会新闻对象，但是新闻记者因为环境、条件、生活状态不一样，总是受这样那样的制约，导致新闻不能完全真实充分。新闻记者很难停留下来对某个事件对象进行深入、全面和独立的富有个性的描述。往往是这里还没完或刚刚结束，那边又出现了新的引起人们关注的事件，脚步总是难得停下来。新闻可以现场直播，可以用影像传递，但社会生活事件人物身上，总有很多新闻记者和镜头很难接近的地方，像人的内在思虑和微妙的感受，似乎只有通过语言文字可以真实具体地表达出来。而报告文学作家，是独立的，他没有必须完成任务的压迫感，他可以面对真实状态表达自己的看法。

2011年，利比亚在西方某些势力煽动下发生严重政权危机，一时间战火、血腥缠斗现象不断。中国有4万多名劳务人员及其他人员困留在这里，他们生存艰难、生死危急，需要紧急撤离。很快，中国政府果断做出决定，从利比亚迅速撤离我国侨民。在之后的10天时间内，中国政府动用一切手段，通过海、陆、空三路并进，以周密的计划、组织、行动和罕见的调度措施，无一伤亡地将需要回归的侨民全部撤离，创造了中国外交史和撤侨史上的空前奇迹。此事也创造了世界奇迹，为世界各国所钦佩和感叹！何建明的报告文学《国家》，用激情的叙述和很浓厚的关切感情，真实充分地报告了这个大事件，写出了这部可以说比一般小说、比电影更精彩的写实作品。

深圳今天发展得很好，但是深圳特区怎么来的，前世今生就不为很多人所真正了解。据史料记载，最早深圳特区概念的提出，是1975年。习仲勋复出之后，作为中央巡视员到深圳来视察，看到了当时深圳的焦虑、经济衰败，很多人冒险逃港，面貌和香港对比反差强烈。和广东的不少同志交流后，1976 年经他提议，提出在深圳设立特区的方案。习仲勋的提议得到了当时主持国务院工作的华国锋的支持，并上报毛泽东同意。1978 年让习仲勋作为广东省委书记来进一步具体落实推进。1980 年 8 月 26 日，第五次全国人民代表大会第十五次会议通过了由国务院提出的《广东省经济特区条例》，特区建设以法律的形式得到落实开展。1984 年，邓小平第一次到深圳来，邓小平对深圳特区的开发起了重要推动作用。没有小平同志的坚持，也许习仲勋的特区计划会遭遇很多困难，或者不能很好地向前推进。

为了广东的改革开放，后来的省委书记任仲夷功劳显著。在广东开始开放时一些人不理解。1982 年任仲夷两次被召进京汇报工作。任仲夷从北京回来之后，召开全省地方干部大会，在大会上传达了中央有关精神后，提出：改革开放坚定不移；对外开放要加大力度；对内更加放宽，对下更加放权。这才使得改革开放的大船没有受到巨大风浪干扰而调头，一直风风雨雨地走到今天。

当年梁湘到深圳来当市委书记，是任仲夷动员他来的。深圳对外开放，施行了很多中国空前的治理、发展办法。梁湘最后生病住院的时候很落寞，受过批评，做过检查，没有多少人去看他。当时在医院的任仲夷 80 多岁了，听说梁湘生命垂危，立即拔掉身上的输液针，跑到医院看望梁湘。深圳今天生活如此美好富裕，不能忘记习仲勋、任仲夷、梁湘等很多人所做出的努力。要了解这方面的内容，可以去看李春雷的报告文学《木棉花开》，吕雷、赵洪的《国运》，曾振良的《深圳传奇》等作品。深圳特区确实走到今天很不容易，是一个中国奇迹、世界奇迹！像这些活生生的历史，新闻是无法集中和很难整理系统的，小说也是很难真实准确表达的，而报告文学却给予了很好的记载。报告文学让现实的社会生活表现进入了历史的储存。所以，报告文学是社会现实的一个史官，是能够为历史的重要痕迹留下深刻符号的写作。

报告文学的理性品格

新闻要客观地反映生活，但是新闻记者写新闻，要求你要从事情当中解脱出来，你不能有自己的主观倾向与情绪。但是，报告文学作家可以把自己对某一个事情独到的见解、独到的看法用文学的手段个性地表达出来。报告文学创作要把作家的理性思考和他的作品所面对的对象很好地结合在一起，使作品有一种智慧风采和艺术表达的美妙特性。

讲到真实性、理性，举个例子。比如红军北上长征，实际上红军是在很被动的、处境非常困难的时候转移的。开始时只是有个大方向，是到湘西与贺龙领导的红二方面军会合。但是在经历过惨烈的湘江之战后，在国民党军队已经有所布置、截断前路，无法冒险去与贺龙会合的情况下，只好再西下奔贵州。后来在一系列无奈中，我党在遵义表现出了一种选人的智慧，表现了毛泽东对战术指挥的高超技巧，最后成功了。其间真相是非常复杂曲折的。我们的作家为什么写不出长征的这段历史？就是因为身陷这种历史无法把握和表达。可是，美国一个叫哈里森·索尔兹伯里的作家在80年代来到中国，研究长征，写了一部《长征——闻所未闻的故事》。他把长征最真实的一面、最曲折的那些故事、过去人们不了解的内容提供给人们了，让读者看到了很多真实的面貌，对长征也有了一种更加开阔的高度理解。索尔兹伯里在作品前面写道："我想，它（长征）将成为人类坚定无畏的丰碑，永远流传于世。阅读长征的故事将使人们再次认识到，人类的精神一旦唤起，其威力是无穷的。"这样的认识，就比我们通常多从自身政治价值角度来理解长征更加开阔和深邃。

要求报告文学的现实性表现，并不等于报告文学只能够面对眼前的事变，将报告文学的现实性简单地理解成现时性。重要的是作品有没有现实的关注和思索。克罗齐讲：任何历史都是当代史。只要是在现实立场上观察和表达，不管是历史的还是当下的事件、人物，都会具有现实的社会参考和影响力。面对任何对象，只要作家将理性的关注置于其上，就会使人物生发出一种智慧的光芒，有种很好的洞见穿透力量。有些时候，报告文学作家写的是历史，但是他关注的是现实生活。过去不能说的一些事情，说了就可能和上面的宣传口径不一致，很多真实的历史内容、真实的生活被遮掩了。但历史总有一天被人看到，长征的真实历史被写出来了，发表之后在世界各地影响很大，也没有使长征的价值受到影响。真实永远会比虚假的宣传更有生命和力量。

报告文学不光把事情的来龙去脉告诉大家，还要分析为什么会这样，它会有什么趋势，说明了什么问题。这就是报告文学直接、深刻、理性的表现要求。2015 年是抗日战争暨世界反法西斯战争胜利70 周年，我们需要庆贺纪念，但也应该认真反思。在反映抗日战争生活的时候，我们除了揭露、控诉日寇罪行和表彰宣传英烈壮伟事迹等之外，也许更加应该做的是如何反思和总结。这就不能进行简单的情绪化的表达，而需要理性地观照。

一个叫金辉的报告文学作家写了《恸问苍冥》，写抗战生活。他在点赞英雄的同时面对一些怪异的场景进行反思。他反思什么呢？为什么在东北，在华北，在不少的地方，几个、十多个、一个连的日本人就能把我们一个县控制住？几个日本鬼子到一个村庄就可以把成百上千人集中起来，残酷地殴打、奸淫、杀害，中国人就愣是看着，没有人站出来与之搏斗，没人管，中国人为什么缺乏血性？为什么出那么多汉奸？宣传、讨伐日本人的罪行可以，但是远远不够，我们民族本身要反省。我们希望日本帝国主义、军国主义低头认罪，但是我们也要反省自己。

这样的反省，在何建明的《南京大屠杀全纪实》中也有很好的表现。作品在后面，专章写"十问国人"，非常激情和大胆，很有理性能力和表达感染力。这就是作家的理性，就是报告文学的锐利表现。另外，像胡平、邓贤的报告文学《禅机：1957 苦难的祭坛》《黄河殇》等作品，都具有很好的理性表达品格。不反省，灾难也许还会出现。因此，在很多报告文学作品中，作家用理性穿透了事件和人物故事，使得自己的作品很富有震撼力和启示性。

报告文学的文学艺术表达性

我经常讲，报告文学的文学艺术表达性是其翅膀。你有坚硬的翅膀，有很强悍的羽毛，你才能飞得很远。你的叙述不应该像我们的新闻那样干枯、那么概念化，要有文学的表达、生动的表达。在写作《寻找巴金的黛莉》时，赵瑜根据题材对象的特殊性，就有了新的艺术追求。赵瑜在收藏文玩过程中，得到作家巴金早年写给年轻女读者黛莉的七封信件原件，这在很多人的规范思维下，多是在进行一些必要的考证后，将其资料文献公布完事。可赵瑜却完全不是这样，他愿意进行更加深入的探访。根据信中时间推断，黛莉已经年近九十高龄，赵瑜毅然决定寻找。这里的寻找，具有两方面内容：一是在这些信件中寻找巴金当时的思想情感和文学人生情况；二是通过寻找黛莉本人，拷问当年进步青年的人生轨迹。最后，恰恰是在这些坎坷曲折的寻找经历中，作者获得了比信件更加丰富多彩和深刻特异的社会人生内容，将巴金的文学人生原则及当时心绪，将黛莉及其家族的历史沧桑与命运，进行了真实的揭示与表达。作品的叙述沿着两条路线延伸和展开，像两条并行交织的线索在飘动，像交响乐中的复调旋律在交替延伸中呈现，充满悬疑、迷茫、探析、解惑、震惊、感动、叹息、焦虑、莫名等大量的历史人生命运消息。这些历史消息，或者来自具体的对象本身，或者伴随着对象的行迹出现，或许看似细小、偶然、特别，但是，一经促动读者稍稍展开联想，就立即进入了广阔的历史空间，让你看到一片完全陌生的历史和人生天地。《寻找巴金的黛莉》，其篇幅并不很大，但奇特的题材内容和个性的文学表述，使其具有强烈的艺术牵引力量，魅力无穷。作品出版后，被很多报刊转载和收进多种选本，得到众多作家的钦佩和赞扬，并译介到国外。所以，题材的个性固然重要，但文学的艺术表达也绝不可忽略。

2013 年，我主编的《时代报告·中国报告文学》第 12 期发表了湖南女作家余艳的报告文学《板仓绝唱——杨开慧手稿还原毛泽东爱情》，写了毛泽东和杨开慧的爱情故事。发表后在读者中引起很大的反响，都说真实、好看、动人、深刻。

近几十年来，伴随着政治上的巨大变革和思想解放的脚步，中国的政治环境和思想文化环境也发生了很大的变化。过去，对于领袖人物的个人写作几乎是无法进行，对于领袖人物的情感生活给予关注描写更是禁区的情形也有了很大的改变。正是在这样的背景下，余艳的《板仓绝唱——杨开慧手稿还原毛泽东爱情》这样依据真实历史资料深入探究杨开慧与毛泽东爱情内容的作品，方才有面世的可能。

杨开慧和毛泽东的爱情、婚姻生活，在多年前因为毛泽东的一阕《蝶恋花·答李淑一》而为更多人所了解，可是因为杨开慧 1930 年 11 月 14 日的壮烈牺牲，以及此后岁月的流逝和毛泽东人生历史的巨大起伏变化而曾经被有所遮蔽。毛泽东曾说："开慧之死，百身莫赎。"可是，由于 1982 年和 1991 年杨开慧故居的两次修缮而发现一批泥藏于墙洞中，当年杨开慧手写的信件为人们提供了走近她当时心灵生活与精神情感世界的可能。这些至今看来字迹非常娟秀严谨的信件内容，最充分地书写着杨开慧自己在当年那个特殊环境、生活背景下的生活感受和艰难的存在情形，是认识和理解她与毛泽东爱情关系的最好的可靠资料。

可惜，杨开慧这些当年无法发出和未被公开的信件，自发现以来，却一直被视为珍贵文物很好地保存起来，并没有很好地给予接近和解读。所幸的是，在 2012 年的时候，湖南作家余艳走近了这些信件，并在仔细地阅读了信件之后，还在 2012 年 1 月 28 日一个凄风冷雨的夜晚，整夜独自一人在当年杨开慧书写信件的屋子里，寻求体会和感受、理解杨开慧信件内容的可能。又在经历了将近两年的时间反复查证、辨析及到井冈山做实际考察之后，终于在 2013 年 12 月 26 日，毛泽东诞辰 120 周年的前夕，在《时代报告·中国报告文学》第 12 期上发表了《板仓绝唱——杨开慧手稿还原毛泽东爱情》。作品发表之后，反响强烈，受到社会各界读者的很大关注与好评。

《板仓绝唱——杨开慧手稿还原毛泽东爱情》是从杨开慧手稿这个基点出发而走向她与毛泽东的爱情内容的。因此，这个当年完全是个人私语的信件内容，本身就包含着很强的个性和隐秘性特点，何况又是杨开慧与毛泽东这样的先烈与伟人的情感内容呢！只是浮面地将书信发现的情形介绍述说出来，有作用，可显然简单和草率，有负这些蕴含着杨开慧深情和精神情感抒怀的文字表达。在反复地阅读信件原稿和对当时杨毛生活、生存及行为进行仔细辨识之后，余艳坚定地做出决断，从信件这个窗口切入，深入地理解杨开慧和毛泽东虽然短暂却生死牵挂、古今奇绝的爱情生活世界。这才有了正如副标题所示的"杨开慧手稿还原毛泽东爱情"这样的个性内容表达。

这部在写实基础上的文学书写作品，非常具有女性的细腻感觉和接近精准的探微表达。作品在巧妙的开篇引领之后，以杨开慧信件中的回忆表白文字为章节标题，在并不冗长的 11 章 6 万多字数中，很清晰地描述了杨开慧同毛泽东从相识到相知到相生到分离到永别的爱情生活。作品通过对杨开慧信件内容的解析，将一个既是同毛泽东有共同高贵精神信仰的战友，又是一个毛泽东深爱并结婚生育有三个孩子的妻子、母亲，但又因为残酷的革命斗争环境而不得不忍受离别、思念、煎熬之苦，还要时时经历敌人监视、追捕的革命者，直至最后在刚刚进入 29 岁时被敌人抓捕并杀害的杨开慧进行了真实和文学的形象生动描述，非常令人惋惜和感动。作品从杨开慧真实的信件中看到了她和毛泽东曾经志同道合的革命情谊和真挚爱情生活，也还原了在当年非常复杂的环境中人物所面临的艰危和痛苦无奈的选择，很准确地表现了杨开慧"我是真的爱他呀""他那生活终归是要我思念的""我为母亲而生之外，是为他而生""我一定要同他去共这一个命运""只要他是好好的，属我不属倒在其次""愿润之革命早日成功"的内心写照与"我简直要疯了——人越见枯瘦""我不能忍了，我要跑到他那里去""我总是要带着痛苦度日""我在做一个噩梦？""我疑惑他已把我丢弃——""我好像已经看到了死神"等内心独白和经历的苦闷与煎熬生活。而在井冈山和板仓之间，不仅是万重关山，还有敌我的生死对立和音信的阻断，更有亲情牵连与撕裂。这所有的一切，都从非常复杂和现实的角度介入了杨开慧和毛泽东的爱情世界，从而使他们的这一段刻骨铭心的爱情内容变得异常错综交替，难以言说。对于这样的情感表现和深刻的个性意蕴内容，非当事者实难完全准确理解把握。可是，我以为，余艳围绕杨开慧亲笔书写的文字所进行的解析整理条理分明，其中的某些理解也许接近当时人物的环境和选择，对于探析、感受当事者的那段感情生活会有很大的启发。但是，必须指出，对于历史人物的所有精神或情感的表现，任何的解析判断必须还原历史的环境和人物的特殊生活、行动，绝不能简单粗暴地用自己或者后来者的私识与现今的感觉轻易地臧否历史人物，更不可以政治情绪化的态度歪曲和亵渎本来高尚纯洁的历史对象，即使其因特殊复杂环境带有某些瑕疵。正是在这样的观点支持下，我对余艳的历史客观态度及庄重、认真、仔细的文学写作行为给予充分的肯定。

《板仓绝唱——杨开慧手稿还原毛泽东爱情》在题材对象上的特别和在自主文学表达方面的成功，使之成为近些年间富有思想性和很强艺术感染力量的写实作品之一。这样的作品，是作家在明显知道有难度情况下的写作。因此，也许是存在这样的难度反而激发了作者的用心和智慧，结果使杨开慧的原始信件，使当年革命烈士的崇高信念、理想精神和为革命勇于忍受情感折磨直至牺牲生命的伟大无私行为传递出伟大的力量。这样的作品，自然和如今不少无视事实，人为地消解纯粹美好精神道德和温润的心灵情感，却致力于将人物英雄化的所谓纯人性写作完全不同。所以，余艳的作品，在其写作态度、思想追求和文学艺术的表达方面都是一个很好的表现。我为余艳的成功而高兴，也为写实文学创作的精彩收获而喜悦！

很多人认为李春雷的报告文学富有文学艺术性，我就着重以他的报告文学作品为例，给大家讲一些有关文学表达的情形。报告文学是从比较短小的篇幅开始走向社会和读者的。这是因为，报告文学在开始的时候很受新闻纸的影响和约束。后来，报告文学独立和发展了，新闻传媒的方式也有了很多的改变。这样，报告文学在适应社会生活不断变化的同时，在篇幅上也明显地出现了不少变化。虽然短小的作品还有很多，但自20世纪80年代以来，篇幅在10万字以上的长篇作品明显地多了起来。报告文学篇幅规模的这种变化，说明报告文学所选择的某些题材内容需要有足够的空间和篇幅，另外也说明报告文学记述重大题材对象的能力在增强。自然，也有一些篇幅较大的作品，是因为作家提炼、把握题材不力，不忍剪裁，不会布置结构或受利益驱动而产生的。好的长篇报告文学，是一种厚重和优势的表现，很好，很需要；简单地堆砌资料、为长而长的报告文学作品，就是一种作家乏力和讨嫌的表现了。因为出现了很多不当长而人为抻长的作品，所以，人们呼吁报告文学尽量要写得短小精致一些。短小的作品，既能够及时应对社会生活矛盾事件的变化，也有利于作品在很短的时间内被读者接触阅读，有更大的受众面。因此，提倡和呼吁作家多写短篇的报告文学，写好短篇报告文学，就需要对那些在短篇报告文学写作方面做出了成绩的作家的作品进行研究和总结，找到必要的经验予以借鉴。

近年来，在短篇报告文学创作方面，李春雷是用功最勤、发表作品最多、成就最高的作家之一。他在创作长篇的同时，潜心致力于短篇报告文学的创作，发表上百篇作品，不少作品引起社会和读者强烈关注，从多个方面表现出个性特点，很值得给予研究和总结。不妨，就将李春雷的作品作为一个对象给予解剖。

新中国成立以来，我国短篇报告文学创作名篇佳作不断，从《谁是最可爱的人》《县委书记的好榜样》到《哥德巴赫猜想》《人妖之间》《扬眉剑出鞘》《大雁情》《神圣忧思录》《胡杨泪》等，奠定了报告文学这种文体在中国现当代文坛的历史地位。作为新时期中国报告文学青年作家的优秀代表，李春雷前赴后继，用他丰润的文学修养和独到的审美眼光，在充分汲取前辈大家作品营养的基础上，又进行了多方面的探索，在短篇报告文学创作方面取得了不少开创性的成果。

《木棉花开》仅仅 17000 余字，却堪称当代文学的一朵奇葩，至今已被大陆和港澳台 300 多家报刊转载；《夜宿棚花村》继入选大学语文课本之后，又荣获首届全国短篇报告文学奖一等奖，无疑是独树一帜的短篇报告文学佳作。另外，《乡村的笑靥》《索南的高原》《雪中小卓玛》《我的中国梦》等一系列短篇报告文学作品，将"事实报告"与"文学艺术"表达有机地结合起来，在注重真实性、思想性和新闻性的同时，精心修炼艺术品质，用别具特色的切入视角，完成历史事件和时代风云交融的文学表达，且作品色彩柔和优美，语言精妙、俊逸，意境深邃而高远，具有强烈久远的艺术感染魅力。

李春雷的短篇在哪些地方值得关注呢！

第一，在报告文学的叙事结构上用心探索和创新。

传统的报告文学叙述方式，大致有顺叙、倒叙、插叙等几种。而李春雷则突破这一常规，在借鉴古典散文、现当代小说和西方文学叙事笔法的基础上，进行多维叙述，时空转换，使文本结构形式更加生动灵活，内容环环相扣且更加引人入胜，增添了作品的文学性与可读性，取得了新奇的艺术效果。如在《木棉花开》中，他没有全景式地书写广东改革开放的过程，而是选取了几个极富历史意义的场景，生动形象地把那个时代的历史风云逼真地通过任仲夷的个人经历呈现了出来。也许选取几个典型故事，是任何作家都会选用的。可重要的是作家在选择典型故事之后，是否会精心地编排，运用时空穿插、时空互换、相互呼应等特殊手段，最大限度地凸显了其艺术魅力。

在引起很大关注的《我的中国梦》中，李春雷设置了两条线索，交织叙事。航空工业英模罗阳无私献身祖国伟大建设事业的动人事迹，在各大新闻媒体上已经宣传了一段时间。但是，新闻消息报道的匆忙和简洁似乎不易更加深入地挖掘罗阳的生活和精神世界，不易细腻地表现罗阳丰富的内在情愫。因此，李春雷在一个关键的时刻着力，用两条线索交代了罗阳的人生经历和生前几天的情景。双线缠绕交叉，并行推进，一紧一缓、一张一弛，结构精致，叙述畅达，最后达到高潮，读来催人泪下，取得了很好的艺术效果。

更让人好奇的是，他在《索南的高原》中，竟然设置了三条线索：小索南父母相恋、结婚及孕育的进程，部队紧急救援和兰州军区医院政委朱自清父亲病逝的过程，藏民族特殊的文化风情展示的过程。三条线索同时平行叙述，交叉推进，交相辉映，却又有条不紊，一动一静、一生一死，相互衬托，相得益彰，读来扣人心弦，极大地丰满了作品内容和提升了其艺术品质，增强了真实事实的艺术感染力。

李春雷在短篇报告文学叙述结构上的探索，丰富了报告文学这种文体的文本结构形式，进而也使报告的内容巧妙转化为文学审美趣味。意大利美学家克罗齐就内容与形式的合二为一，在《美学的原理》中强调："内容却是可以转化为形式，但在转化之前，不具有可确定的性质；我们对于内容一无所知，只有当它确实转化之后，才能成为审美内容。"同样，李春雷所报告的事实内容未经艺术地赋予叙述结构形式之前，所谓的内容，更多地带有本原性，本无所谓美；经李春雷艺术形式的熔铸再现后，内容与形式才散发出一种文学艺术的美。

第二，在报告文学的叙述角度上大胆寻求和创新。

就像摄影家的功力在于镜头和角度的选用一样，很多位报告文学作家都在探索着叙述角度的问题，却鲜有收获。因此，在近几年的重大事件或典型报告中，虽然有一批批作家在书写，却大都手法相似，角度单一，少有创新。而李春雷却不同，他总在用自己的视角寻求选取着新的接触叙述角度，且屡获奇效。

在我的印象里，中国式的灾难文学，尤其是报告文学，似乎更关注群体的显性行为，通过齐心协力、不惧艰难，抗击救灾、共建家园等这些行动，表达鲜明的意识形态和价值取向，讴歌人性精神、集体英雄主义、爱国情怀，表达特定历史时期的人文思想和精神。

汶川大地震过后，相关文学作品成千上万，而李春雷不足4000字的短篇报告文学《夜宿棚花村》无疑是特别获得好评的一篇。他没有写山崩地裂的大场面，没有写抢险救灾的众英雄，而是把视角瞄向了一个小山村，一个普通的农村妇女，切入点很小、很独特。村主任妻子在晚上炒菜招待来此采访的作者时，支使男人"出门去借一撮味精，几粒花椒"，说，"第一次打牙祭，要好好贺一下哩，没有味精有啥子味道"。这样的切入表达预示了两层意思：首先是对北京来客的重视，从中表达对党和政府支援灾区的感激之情；其次是体现百姓雅致的生活情趣，在这情趣的背后，昭示着灾区民众对美好生活的向往以及重建家园的信心和热情，散发着浓浓的烟火味道。用一个普通妇女在巨大灾难后对生活的认真，折射全川，用文学温静、细腻的笔法写出灾民从无序到有序、由慌乱到镇静，进而逐渐走出灾难、走向阳光的过程，其艺术价值有别于那些正面普泛报告、翔实叙述说教的长篇报告文学。

在反映另一场大地震——玉树大地震的名篇《雪中小卓玛》中，他又把目光凝聚在路边的一个小灾民身上，通过风雪中作者与小灾民卓玛的几句对话，写出了灾难的沉重，一个民族大团结的主题，读来令人颇为震撼和感动。

在描写同一场大地震的另一个名篇《索南的高原》中，他更是另辟蹊径，凝眸于一个刚出生的藏族婴儿。围绕这个名叫索南的婴儿出生前后的故事，把一场大地震发生后的紧迫、艰难情形具体地写了出来。

同样是三篇写地震的短篇报告文学，角度完全不一样，却取得了同样的艺术效果，让人不得不叹服作家用心的艺术结构创造能力。

《乡村的笑靥》反映的是我国农村义务教育经费改革题材的作品。太行山深处的初一女生孙红艳，是一位生活不幸的小姑娘，但她幸运地赶上了国家"两免一补"的好政策。2007 年春季新学期，本已濒临辍学边缘的她又回到了学校。李春雷在那年初春时分，跋涉在太行山路上，以自己的实际观察，用他的笔，见证了中华人民共和国一个小公民受此政策的恩泽，见证了一个乡村孩子的笑靥。

《木棉花开》则是反映重大政治经济体制改革题材的作品，描述了任仲夷在广东主政期间坚定无私地推进改革开放政策的真实故事。改革浪潮动天地，铁板铜琶唱大风。这样一个大题材，在李春雷手里举重若轻，仅用1万多字的篇幅，就把在广东改革开放中厥功至伟的任仲夷活灵活现地写出来了，具有强大的艺术感染力、心灵震撼力。他用春秋史笔，如实地创作，大胆披露了当年好多鲜为人知的真实细节；同时，从大人物的平民情怀与平民情结切入，透视时代风云。例如，作品写任仲夷刚上任时，在市场上感受广州缺鱼的情景；写他合情合理地处理棘手的鱼骨天线风波；写他站在深圳的文锦渡看灯火辉煌的香港和内地死寂灰暗大地的对比……

文学说到底也是人学。李春雷的短篇报告文学以重大的社会新闻事件为背景，展现给读者的是活生生的贴近生活的小人物的生存状态，以及大人物的平民情怀。那里的一草一木、一人一物，都融入了作者的情感和思考，融入了作者对生活、人性和社会的深刻理解，并用"善于发现美的眼睛"去发现普通事物中的闪光点、文学地捕捉闪光点、艺术地报告闪光点，让报告文学的写实魅力，在浓烈的审美鉴赏中凸显一种精神震撼力。作者可谓深谙写作中的"大"与"小"的辩证关系，从大处着眼、小处切入，艺术而巧妙地以小喻大，收到见微知著、以少胜多的艺术效果。

尽管李春雷也可以写作像《钢铁是这样炼成的》《宝山》等鸿篇巨制，但面对能折射人性光辉的灾难题材和政治题材，他没有选择盘根错节般的宏大叙事，而是删繁就简，标新立异。他的短篇以贴近读者、贴近群众、贴近生活原生态的真实，展示生活的和美、时代的壮美。作者在这里没有只是客观地直面废墟、血腥和悲痛的现场，只关心上层领导对改革的运筹帷幄，而多把悲悯的目光投向普通民众的生存状态和精神状态，体现了浓厚的人文关怀和人文精神。深入浅出的文字引领读者进行探幽入微式的心灵触摸，从中感受时代的风云变幻。

第三，在报告文学的叙述语言上大胆探索和创新。

语言是文学作品的第一要素，就像歌之旋律、鸟之双翼。自古以来，没有一位作家不注意修炼语言的。但就像每一个人都希望把字写好一样，最终能写好字并成为书法家的人，从来都是极少数。所以，语言功夫是需要多年修炼的，也是需要天分的。

李春雷是一位语言表达非常有特色的报告文学作家。尽管各种不同的文体，对语言也有不同要求，但文学的语言是相通的。李春雷吸收散文、小说、诗歌甚至新闻语言的语言特点，将之融为一体，联合发酵，使自己的报告文学语言散发出独特的艺术芳香。读李春雷的报告文学，扑面而来的是一种语言的美，像四月的花信风、像五月的桃花水。李春雷的短篇报告文学叙述语言注重借鉴各种文体语言特点，兼容并包，成就了自我风格。

在他的一系列短篇作品中，他从不去直白地图解政治主旨，而是曲径通幽，润物细无声，不声不响、不枝不蔓，却早已尽得风流——他靠的就是自己散文诗般温情诗意的语言表述。他的叙述细细娓娓，但不显陈冗与臃肿；他的语言温温润润，但不显柔弱与无力。

《夜宿棚花村》里写道："天渐渐暗下来了，在滚滚黄尘中奔波了一天的太阳已经困倦了，西侧的蔡家山、鹿堂山、跑马岭像一个个巨大的枕头，静静地横卧在那里。耕牛们也饿极了，纷纷叫嚷着'回家、回家'，'吃饭、吃饭'，急切切地向着小村跑去。还有水田里那些刚刚定居的秧苗们，在晚风中欢快地唱歌、跳舞，像幼儿园里顽皮无忧的娃娃仔。它们哪里晓得小村的痛楚呢。但，生活恒定是要前行的，就像树一样，总往高处长，就像水一样，毕竟东流去。不错的，你看，四外的帐篷里，渐次亮起了蜡烛，烛光幢幢中，妇人们在准备着各自的晚餐。男人们呢？坐在帐篷外，抽着烟，似乎又恢复了原来的本性，开始吹嘘各自的传奇和历险。稠稠的暮色中，不时有笑声弥散开来。一簇簇炉火燃起来了，一缕缕炊烟飘起来了，小村的黄昏在慢慢地浑厚和丰富起来。"

他在《木棉花开》的开篇写道："到广东上任的时候，他已经66岁了。面皱如核桃，发白如秋草，牙齿大多脱落了，满嘴尽是'赝品'。心脏早搏，时时伴有杂音，胆囊也隐隐作痛。但他显然还没有服老，1.71 米的个头，80 公斤的体重，敦敦实实，走起路来，风风火火，踩得地球'咚咚'直响。"

"结古镇的南部草原上，村里是稀稀落落的土房，村外是高高低低的山峰，山腰间是灰灰白白的雪痕，那是冬天的记忆"，"迟到的暖风在小镇的街上欢快地跑着、唱着、喊着，像一群群活泼的藏羚羊"。（《索南的高原》）

"四周白蒙蒙的，雪已经很深了，像一件厚厚的藏袍，裹在群山和大地上。现在已经是四月了，春天的锣鼓，像迎亲的队伍，在山那边鸣响着，正沿着山沟沟中的小路，向这里进发。我似乎看到，眼前的漫天飞雪，正在化为溟濛的甜润的春雨，绽开了这青藏高原上的万里鲜花……"（《雪中小卓玛》）

多好的句子，寥寥数语，人物跃然纸上。那些闪烁着平平仄仄韵律的句子，精致动人，散发着特有的朴素、唯美气息，形成令人叹服的心灵冲击力，总能轻轻地叩击着读者的心弦。

语言的精准传神在于洞彻的清明，李春雷就是通过现象洞彻事情的真谛，进而用生动形象的语句写尽细致入微常被忽略的生命情绪，营造了一幕幕亲切生动的生活场景。

19 世纪初的英国批评家赫兹里特在《论平易的文体》一文中说："词汇的力量不在词汇本身，而在词汇的应用。正像在建筑中，要使拱门坚固，关键不在材料的大小光泽，而在于它们用在那里是否恰好严丝合缝。"从李春雷的作品中，足可以领略作者词汇应用的过人功力。他把握语言的分寸、火候恰到好处，将普通的语言材料发酵研制成了一坛佳酿，温润优雅的语言让读者仿佛呼吸到油菜花般醉人的芬芳。

报告文学因为可能要接触和面对各种的题材对象，所以，报告文学作家也是需要多方面的知识准备和文化修养的。李春雷短篇报告文学叙述语言的成功，或许是得益于此。他自幼酷爱文学，研究小说技法，三十年勤奋不辍；他的古典文学功底不薄，融化在意识深处。他的大学专业是英语，他能把欧化的语言神韵移植到笔下。他又是写过不少优秀散文的作家，新闻作品也获得过全国奖励，其语言能力训练有年，能曲尽其妙地把极复杂的情绪描述表达出来。

时下，长篇报告文学、人物传记类的写实作品似乎成了社会的宠儿，可李春雷扑下身子，深入生活，在时代风云中创作、探索并收获短篇报告文学的硕果，难能可贵。读他的作品，你会感到血、肉、骨完整丰满，这是文学性、艺术性、思想性高度统一的优秀报告文学艺术作品。从中可以见出作家的思想情感厚度和文学艺术的才情。

这就是李春雷的别样之处。正如陆游诗中所云："天机云锦用在我，剪裁妙处非刀尺。"他将众多艺术"话语"融会贯通，为我所用，巧妙地编织在一起，天衣无缝，抒发今人今情今心今声，颇得"剪裁"之妙。所以，李春雷在短篇报告文学上的收获，不仅是他自己的劳动成果，而且对于启发他人，提升现实报告文学的文学艺术水平也很有参照借鉴价值。

给历史留下了珍贵资料

报告文学还原历史、再现历史真相、再现历史内容的能力很强，它不像新闻那样简短，报告文学可以从容地去说，把事情的方方面面兼顾到。为什么很多人喜欢报告文学？眼前很多重大事件就是今后的历史，就给历史留下了珍贵资料。在正在经历的历史面前闭上眼睛，是作家的悲哀和缺憾。

报告文学里包含的故事非常多，既有正面的，也有反面的，涉及政治、军事、文化、法律、人性等方方面面，给人提供的内容很丰富。

深圳是一座喜欢读书的城市，很多人在阅读，但是读书一定要选择，要读有价值的书，读那些能够给你带来启发，使你灵智开发的作品，而不是无目的地读书，不是懵懵懂懂地读，要有自己的独特感觉和辨析。

这几年，报告文学也写了很多英雄模范，像谷文昌、杨善洲、焦裕禄等，很多国家栋梁、科学家，都是报告文学推选出来的。报告文学既挖掘鞭笞生活中丑陋的东西，又用挑剔的眼光看待社会生活中的矛盾，同时又用非常真挚的情感，用非常宽广的胸怀去拥抱那些为社会、为国家、为民族做出杰出贡献的人物，那些具有高尚的情操的人。所以，报告文学正反两面都能给人提供很多好东西。我经常说，写报告文学，因为作者总会面对新的领域与对象，所以每一次写作都是自己人生知识的新开发，会使作者不断丰富自己，越来越强大，越来越丰盈；读报告文学也会对读者开阔视野、扩大知识面、增进对社会人生的了解、独立自主意识的形成有所帮助。不像写小说，特别是长篇小说，用一些作家的话说，写着写着，自己的生活储存、感知能力就被掏空了，变得干枯起来。

如今这个时代，报告文学应当是最有力量和实际操作能力的文体。只要作家密切关注社会生活矛盾及其发展，深入进去，努力发现和思考，就能创作出非常有现实和历史价值的厚重作品。真实的社会人生存在，永远会比虚构想象更加精彩。生活中的戏剧性是作家永远也难感受穷尽的。报告文学这种文体所能够达到的空间和高度还没有很充分地被我们的作家表现出来。我热爱报告文学，也对报告文学的美好未来充满期待。我的很多报告文学作家朋友，是有人生理想和信仰的人。他们创作总是与国家民族的命运相牵连，并有虔诚纯粹的创作态度，他们是现实生活中富有知识和智慧的优秀知识分子，是可以给予期待的真正作家。

由于时间关系，我就讲到这里。

新女性与新文学中的女性形象

郭冰茹

郭冰茹

中山大学中文系教授，中国现代
文学馆第二届客座研究员。主要
学术领域为 20 世纪中国小说史、
社会性别研究。出版了《十七年
（1949～1966）小说的叙事张力》
《20 世纪中国小说史中的性别建
构》等学术著作和《革命与情
爱——20 世纪中国小说史中的女
性身体与主题重述》等译著。在
《文学评论》《文艺研究》《中国现代文学研究丛刊》《文艺
理论研究》等刊物发表多篇论文。

通过文学中的女性形象研究女性成长轨迹

今天讨论的问题是，我们女性是怎样从晚清非常木讷、裹着小脚
的女性形象变成我们现在熟悉的自信的、大方的女性形象的。

在讨论这个问题之前，必须了解什么叫作新文学。

新文学跟旧文学或者跟传统文学、古代文学相对应。新文学从产生那天起就跟我们国家建构现代民族国家的宏大叙事连在一起。在文学研究领域，有些人把新文学的开端定在1919年五四新文化运动。但是，现在越来越多的研究者倾向于将新文学的上限往前推，推到晚清时期。为什么要通过文学中的女性形象来研究女性成长轨迹呢？文学是现实生活的一种反映，新文学中女性角色为我们呈现了百年来新女性的成长轨迹。

新文化运动为传统女性走出家庭、进入社会创造了条件，但怎么样成为一个"独立"的"个人"是新女性们必须面对的问题。所以从新文学产生那天起，女作家就通过文学这种方式来探讨女性性别认同。

晚清时期的女性成长

文学很多时候是在叙事，讲故事。今天下午主要通过一个个故事来厘清女性成长的过程。

首先看个案。发生在晚清时期屈疆的情书和杜成淑的公开信。杜成淑是当时的一个女学生，也是中国妇人会会员。有一次她为中国妇人会做宣传派传单，在公共场合被另外一个年轻的学生、京师大学堂译学馆的男学生屈疆看中了，屈疆觉得这个杜成淑非常优雅，而且很有新女性的特点，所以他给杜成淑写了一封情书。

这个事情发生在100多年前，晚清社会风气还没那么开放。当杜成淑收到这封情书的时候，她恼羞成怒，非常生气。因为她觉得这个男生轻薄了她，于是她在报纸上写了一封公开信批评这个男生，认为这个男生的行为非常轻薄，不尊重女性。

女生写了公开信之后，这个男生也不示弱，同样在报纸上面回了一封公开信。他说现在的新女性"井蛙不足以语海，夏虫不足以语寒"（对于井底之蛙来说，根本不要跟它谈大海的事情；对于一只夏虫来说，不要跟它提到冬天的问题；因为它们的眼界实在是太小了)，这样的女性怎么配得起新思想呢？这是屈疆的态度。这个事情后来发展得很大，在报纸上闹得不可开交，结果这个男生被辞退，这个女生也被中国妇人会除名。

问题到底出在哪里？到底谁做错了？好像谁也没错。中国妇人会为什么要开除杜成淑呢？妇人会的态度是这样的，女子抛头露面才引来男生的情书，败坏了自己的清誉，而且也累及学会的名声。晚清时期开始兴建女学堂，虽然女学堂有比较多的现代科目，比如教算学、教国文、教英文、教史地，还有一些音乐，可是与此同时，这个女学堂还要教《女孝经》与"女四书"，对女生进行传统道德培养。女学堂成立的时候，承受了非常巨大的压力，家教比较严的家庭不愿意把自己家的女孩子送出去读书，而且送女孩子出去读书还会面临流氓的滋扰。

所以，当时的女学堂都是通过自我封闭的方式来保护自己，而女学生也没有超越出当时京师女界普遍认可的道德规范。什么样的道德规范？"女子苟无旧道德，女子断不会有新文明。"这样的观点其实反映出来的是晚清到五四时期新旧观念的交替这样一个过渡时期的观念。晚清的维新派禁缠足，不准女性再缠足了，办女学堂，同时成立各种各样的女学会，为女性走出家庭、走入社会奠定了一定的基础。五四新文化运动非常强调舶来的观念，比如自由、民主、独立，这些西方观念的引进也为女性走出家庭，成为独立的个体奠定了思想理论基础。

何为新女性？实际上就是指能够成为独立个体的女性。

新女性必须具备的条件

传统女性要成为新女性必须具备什么样的条件呢？可以通过一系列的文学作品来说明这个问题。

女性必须有一定的谋生能力，通过鲁迅的两篇文章我们可以看出。小说《伤逝》是鲁迅所有的小说里面唯一写年轻人爱情故事的小说，另外还有一篇是他在北京女高师（现在的北京师范大学）做的一次演讲，叫作《娜拉走后怎样》，这里其实涉及一个关键词就是：娜拉。同学们可能不太了解谁是娜拉。

19世纪欧洲著名戏剧家易卜生写了一部戏叫《玩偶之家》，在《玩偶之家》里，娜拉是一个中产阶级主妇，她有三个孩子和一个很爱她的丈夫，生活非常优越。一个很偶然的机会，他丈夫受到了敲诈。好多年前，为了给她丈夫治病，为了借钱，娜拉伪造了一个文书，有个人就拿到她伪造的文书来敲诈她丈夫。她丈夫看到这个伪造文书之后非常生气，回到家里就对她大发雷霆，说她虚伪、自私，道德低下，认为她累及了他的声誉。她的丈夫在当时算是很著名的律师。娜拉内心非常痛苦，当时也是为了救丈夫才做违法的事情，她是迫不得已的。

没想到过了几天，她丈夫回到家特别高兴地跟她讲：哎呀，我的小宝贝，我告诉你一个好消息，那个想要敲诈我的人答应和解了，我还是很爱你的，因为你当初是为了我才做这样的事情。这时候娜拉心里就非常难受，她觉得丈夫根本不爱她，原来她丈夫才是很虚伪、很自私、很没有道德的人。于是娜拉就做了一个非常大胆的决定，丢下她的三个孩子和丈夫离家出走。她离家出走的时候说，她要成为一个独立的人，而不是金丝笼里的一只小鸟。

这部戏剧在北欧上演的时候引起非常大的争议，关键点在于这个戏剧开放性的结尾，娜拉到底应不应该抛下自己的孩子、丈夫离家出走，娜拉离家出走以后她会遇到什么。这个戏剧没有告诉你。在北欧传统基督教家庭里，一夫一妻的核心家庭才是非常重要的社会基础，所以传统的基督教徒没有办法理解一个女人不尽自己做母亲、做妻子的责任，离家出走。但是一些社会主义者和一些女性主义者，他们认为娜拉作为女性有权利追求自由。所以，当时这部戏在北欧上演的时候，很多家庭在做家庭沙龙的时候，女主人都会在门口摆一个牌子说：请勿讨论娜拉。她害怕客人因为意见不合打起来。

这样一部戏剧进入中国之后，发生了很大变化。原本在北欧，大家讨论的是娜拉该不该出走，可是到了中国，大家讨论的是你有没有勇气出走。也就是说，他们认为要成为一个独立的人应该离家出走，你之所以没有离家出走是因为你没有勇气！

中国早期新女性

就在这个时候，鲁迅写了一篇小说叫《伤逝》，描述了一对青年人学习娜拉，追求自我，终于离家出走的故事。但这里的青年人离开的是父亲的家。女青年离家出走后建立了自己的小家庭，但在经济困窘的情况下，风雨飘摇，最后还是散掉了。这个女主人公之前意气风发地跟着这个男孩子离家出走，变成了一个新式家庭妇女，每天待在家里买菜做饭、养鸡养狗。后来，当这个男生没有工作了，没有办法养活这个家庭，就对女生说，爱情需要时时更新，你也是一个有抱负的女学生，为什么不可以养活自己？这个男生又继续对这个女生说，如果我们两个人始终这样在一起，也许我们最终都会覆灭的，恐怕还是分开了好，也许各有各的前程。分开之后，这个女孩面临什么样的命运呢？她没办法再回到父母家里，半年之后，死掉了。

没多久，鲁迅做了《娜拉走后怎样》的演讲，一针见血地说，自由固然不能够被钱所买得，但一定会被钱所卖掉。他告诫这些急于离家出走的年轻人，必须首先考虑经济问题，必须手里有钱。这是在20世纪20年代鲁迅告诫所谓要追求自我、追求独立的青年学生的态度。

在当时的中国社会，并不能够给每个想要追求自我的学生以发展的空间。这是当时环境的局限性决定的。

早期中国女性的困境

我们再来看另外一个故事。如果你一定要离家出走，先去上学。

上学以后怎么办呢？这是五四时期女作家庐隐所讨论的问题。这些女生在读大学的时候，进入象牙塔，不用担心柴米油盐问题，可是一旦面临毕业，她们该做怎样的选择呢？庐隐写了很多篇小说讨论这个问题，我跟大家分享其中两部。

一部叫作《何处是归程》，就是问我们将要走到哪里去。在这篇小说里，她写了几个大学生闺蜜，她们毕业之后，第一个嫁给了自己心仪的丈夫，变成了家庭主妇，每天面对的是无休无止的家务活，还有好几个孩子，在家里非常不开心，因为她有一颗服务社会的心；第二个奉行独身主义，决定从此报效社会，可是走上社会之后，她突然发现这个社会处处都是尴尬、挫折，使得她没办法来施展手脚，内心因此非常彷徨，她奉行的独身主义到底对不对呢？第三个毕业之后，就跟她的男朋友出国念书了，念完书回来，她也面临一个选择，到底应该变成家庭主妇，还是学以致用，从此服务社会？每个人都在困苦中，每个人都在纠结中。为什么不能两者兼得，既有家庭，不是个独身主义者，同时也可以服务社会？可是我们要知道，100多年前的中国社会，并没有给女性那么广阔的社会生活空间。

庐隐另外一篇小说叫作《补袜子的太太》，非常短。她写道，一个太太有了丈夫、孩子，每天笔耕不辍，要做一个作家，同时她又是一个编辑，另外她还是学校老师，每天忙得不可开交。这篇小说的场景就发生在一个星期天的早上，她正在奋笔疾书爬格子、写文章呢。这时候，她丈夫走过来了说，你看我的袜子都破洞了，你怎么不能像别人的太太一样，把我的袜子补得好好的，然后每天做一些清爽的小菜，把家收拾得干干净净、漂漂亮亮的，这样多好啊。她说，我每天忙得要命，做好几份工作，还要照顾孩子、家庭，如果我有给你补袜子的时间，还不如给你买双袜子呢。这里庐隐所表达的是一种困境，一个女性既想好好照顾家庭，又想好好地服务社会，在当时不大可能。

如果我们有了职业，可是没有家庭，那会怎么样呢？是不是会比较轻松、比较舒适呢？那倒未必。举两个例子。苏青、张爱玲都是沦陷区时期的作家，她们生活的时代大概在 20 世纪 30～40 年代，主要生活的地点在上海。苏青当时有一部很著名的小说，是写她的自传叫作《结婚十年》，她写了自己这十年里非常困苦不堪的婚姻生活。她有一个观点，就个人而言，只听说职业女性愿意回家做家庭妇女，而没有听说家庭妇女愿意出来做职业女性的。如果这样，为什么苏青还要离婚呢？在她很小的时候，按父母之命她嫁给后来的丈夫。她很听话，父母让她什么时候结婚她就什么时候结婚，让她什么时候退学她就什么时候退学，而且她也一心一意想做一个好妻子。

但是事与愿违。结婚第一年，她生了一个女儿，婆婆来了，说没关系，今年生姐姐，明年抱弟弟。第二年，她又生了一个女儿，婆婆心里有点不太高兴，产房门也没进，只在窗户外面跟她说了一句，没关系，今年生姐姐，明年抱弟弟。第三年，她又生了个女儿，这时候婆婆已经很崩溃了，边打麻将，门都没出，说没关系，今年生姐姐，明年抱弟弟。这时候苏青其实跟她婆婆一样崩溃了。到了第四年，苏青终于生了儿子，她的命运发生了改变没有呢？没有，这时候日本打入上海了，全面抗日战争彻底爆发了，因为她嫁的是一个很大的家族，公公婆婆说，大家还是分家吧，这样跑得快一点，要不然日本人来了，整个家族都被灭了怎么办。苏青只好带着四个孩子，两个姨娘，去上海找她在上海做律师的丈夫。但在沦陷区，物价非常不稳定，通货膨胀很厉害，丈夫的薪水经常不能维持家用。苏青打算自己写稿子挣钱，补贴家用，这时候她的丈夫反倒非常生气。她丈夫说，你长本事了，可以挣钱了，但是家里面我还是一家之主，还得听我的。她丈夫还不允许她写作，这时候苏青面临着很严重的经济困境，丈夫本来挣钱不多，还不让她出去挣钱，二人经常吵架，后来实在日子没法过了，苏青毅然决定离婚，这时候他们的婚姻维持了十年。离了婚之后，苏青作为一个单亲母亲，她一个人要养活四个孩子和两个保姆，可以想象她的生活压力多么大。

张爱玲挣了稿费用来干吗？除了付房租，她会买衣服、买口红，享受生活，看电影。可是苏青呢？每一分钱她都会留下来。张爱玲写了稿子以后就投给杂志社，有出版社帮她出版，有人帮她发行，她只要收稿费就好了。可是苏青写了稿子，自己办杂志，自己出版，自己发行，或者说，著名女作家苏青自己踩着三轮车，拉着她的一车书，满大街串街走巷卖书。为什么？苏青说，与其让别人剥削我，还不如让我的孩子剥削我呢。她不愿意让别人从她的劳动中分得一分钱。因而，苏青非常了解职业女性的艰难。

张爱玲对于当时职业女性有这样的说法：就沦陷区的生活水准而言，是否做职业女性已经没有选择余地。

对女性来讲，是不是出去做工，其实已经没有什么可选择的了，因为当时的生活水准非常高。曾经看到这样的史料，两个人约好去喝早茶，点菜的时候青菜大概还是 800 块钱，等你吃完青菜、喝完粥一结账，这青菜变成 1500 块了。当时的通货膨胀非常厉害，可想而知这时候女性已经没有太多选择余地了。而且就社会风气和观念而言，并没有给予职业女性以特别的尊重，并不会认为说了 lady first，因为你是女性，有人特别照顾你，搭车的时候会给你让座，或者排队的时候会主动给你留点空间。那时候无论是苏青还是张爱玲，她们都认为职业女性必须非常艰难、非常辛苦地工作。

丁玲对于新女性问题的思考

跟她同时代的另外一个作家，就选择了完全不同的生活方式，她是丁玲。丁玲最初是以新女性的形象走向文坛的，大概到了 1930 年，丁玲加入了左联，倾向于革命了，接下来 1936 年去了延安，投奔了解放区，因而她整个人生轨迹发生了很大变化。丁玲是 1936 年进入延安的最著名的作家之一，那时中共高级领导人毛泽东、周恩来等特意开了一个宴会来欢迎丁玲。毛泽东还特意写了一首词，叫《临江仙·赠丁玲》，专门为丁玲而写，这首词很出名。

壁上红岩飘落照／西风漫卷孤城／保安人物一时新／洞中开宴

会/招待出牢人

　　纤笔一枝谁与似/三千毛瑟精兵/阵图开向陇山东/昨天文小
姐/今日武将军

　　丁玲对于新女性问题的思考，也经历了变化的过程。先来看她的
成名作《莎菲女士的日记》，写的是一个年轻女学生爱上了一个从新
加坡回来的北京大学学生。她跟当时很多女孩不一样，她主动追求这
个男生，比如她会主动把自己的家搬到男生租的房子附近，这样可以
制造出无数次偶然邂逅的巧合。还有，她托一个朋友去告诉这个男
生，她很想学英文，请这个男生做她的家庭老师，每周教她两次。这
个女孩子非常主动，我们可以看到丁玲《莎菲女士的日记》中的
语言：

　　　　我敢断定，假使他能把我紧紧地拥抱着，让我吻遍他全身，
　　然后他把我丢下海去，丢下火去，我都会快乐地闭着眼等待那可
　　以永久保藏我那爱情的死的来到。

　　你可以想象，这样的文字在100多年前的中国是相当振聋发聩
的，即便是现在，这样的文字也非常大胆。这个莎菲真的非常爱这个
男性吗？我看未必，也未见得，因为莎菲接着会说，我为什么要主动
追求他呢？是因为：

　　　　她要别人投降，像俘虏一样把心献给她；她接受了，或丢弃
　　了，或暂时保管着都好，只要那心是属于她的。

　　她有很强烈的占有欲，完全不是我们现在想象的爱情故事，或者
像广告里讲的酸酸甜甜的爱情味道，这个女生很显然把追求爱情变成
一场战役了，当这个男性拜倒在莎菲的石榴裙下的时候，这个女生并
不是想我好幸福，我终于得到了他的爱，这个女生在这个男生的怀抱

里睁大了眼睛，心里在喊："我胜利了！我胜利了。"于此我们会看到，在20世纪20年代，丁玲所写的莎菲新女性，其实并不想追求爱情本身，她想追求的是快乐，她通过对于爱人的俘虏来证明自己的能力，证明自己的胜利。

如果丁玲继续沿着莎菲女士的写法走下去，其实很难再有突破，因为这已经是当时的极致了。这时候发生了一件很悲惨的事情，她的先生胡也频被当时的国民党杀害了，胡也频是非常著名的左联五烈士之一。丁玲的内心非常悲伤，后来在朋友的引导之下走上了革命的道路，加入了左联，去了延安，在延安她写了很多能够代表左翼作家或者能够代表无产阶级革命的小说，比如后来很著名的《太阳照在桑干河上》，这篇小说大概是1948年写的，后来获得斯大林文学奖。但是，这并不代表丁玲不太关心性别问题了。她说，女性进入革命的队伍后会怎样呢？她在1941年写过一篇杂文，叫作《三八节有感》，这篇杂文也是后来延安杂文运动中非常著名的文章，跟后来延安的整风运动有很大关系。在《三八节有感》里，丁玲提到，"妇女"这两个字，将在什么时代才不被重视，不需要特别被提出呢？

什么意思？你可以想象，事实上，所有的弱势群体前面都需要一个特别的标志，比如学生会当选主席王强是一个男孩子，会在红榜上面直接写他的名字，可是学生会主席是女孩子，会写学生会主席王强（女）。如果学生会主席又是少数民族呢？也会有一个特别的标志。在解放区，女人结婚了会被大家议论，她到底嫁给了一个艺术家还是嫁给一个老干部？她到底嫁给一个小科长还是嫁给一个团长？如果这个人离婚了，议论她什么？肯定是因为她不够进步，不够革命，所以她丈夫才看不上她。

因而丁玲建议当时的女性，对现在所处的位置要有清醒的认识：第一，不要让自己生病，保持身体健康；第二，要使自己愉快；第三，要用脑子，不要别人说什么，你就相信什么；第四，要下吃苦的决心。

这是丁玲当年给同事们的建议，也可以说是警告。这是走向社会的一部分。

冰心对新女性的要求

不管你们喜欢不喜欢文学，都应该对冰心有所了解，我们小学、中学的时候学过她的《再寄小读者》《小桔灯》这样的一些文章。冰心是职业女性，她是大学教授、作家，可是冰心的观念跟当时很多新女性的观念都不一样，冰心认为，女性最主要的职业是"母职"，做母亲，而不是让你走向社会打拼天下，冰心一系列的小说、散文，其实表达的都是这样的观点。冰心的处女作叫作《两个家庭》，1919年9月下旬发表在《晨报》副刊上。在这篇小说发表之前大概半个月，冰心以自己的本名谢婉莹发表了一封信《"破坏与建设时代"的女学生》，在这个信里，冰心批评"极力图谋'女子参政'、要求'男女开放'"而且"完全模仿欧美女学生的'中国的女学生'"，指出女学生要获得社会的信仰和尊重，要"引导将来无数的女子进入光明"，首先要加强自身修养，接下来列出了包括服饰、言论、阅读、交往、性情陶冶等十项修身要求。

如果我们不知道这篇文章是女学生谢婉莹写的，你肯定以为是当时哪个学校的舍监或者教务主任或者是某个卫道士写的。这里回应了刚才我们在讲晚清的时候，讲到"女子苟无旧道德，女子断不会有新文明"，是不是？

小说《两个家庭》非常简单，两个男生大学毕业了，分别成了家，他们娶了两种完全不同类型的太太，A娶的太太特别温婉，特别照顾家庭，特别有生活情调，特别乐于奉献，所以A先生这个家庭每天都洋溢着幸福和喜悦，而且A先生在职场上进步也很快。B先生娶的太太是另外一种类型，天天打麻将，不管孩子，每天家里还弄得乱七八糟的，结果B先生很快就失业了。冰心写这种小说观念先行，从审美或者从艺术感的角度来讲，冰心的小说写得不是非常好，但是她觉得妻子在家庭当中的作用非常重要。

还有一篇文章《悼沈骊英女士》，强调做一位合格的女性，首先要达到三点：第一，帮助丈夫事业成功；第二，教导自己孩子成功；第三，自己的事业也要成功。当时我在中文系讲这篇文章的时候，每个人都睁大了眼睛，这太难了，这哪是对于女性的规范，这完全是对超人的要求。但是冰心自己朝着这样的方向努力。到了1943年，冰心写了一系列散文，《关于女人》这部散文集非常有意思，它是以"我"第一人称来写，但是这个"我"是谁呢？"我"是一个大学男老师，讨论的都是"我"的学生、母亲、朋友的太太等人，诸如此类。

在这样一系列文本当中，冰心所推崇的还是一以贯之的贤妻良母的女性观。她认为女性在家庭中必须体现出勤俭、善良、包容、忍耐、坚强、体恤等美德。有一篇散文叫作《我的学生》，在这篇散文里，她这样写，这个学生非常漂亮，成绩特别好，属于那种美女加学霸。她还是非常活跃的学生，她是交际场上的宠儿，交际舞跳得特别好，网球也打得特别好，她还会参加辩论赛，参加演讲比赛，参加画图设计。任何一个学校的活动如果没有她参加，完全黯然失色。大家都在偷偷议论，S以后会嫁给什么样的男生呢？大学毕业之后，S结婚了，她的丈夫让所有人大跌眼镜，原来是非常木讷的一个理科生。抗战开始了，很多大学都开始往西南迁，我也跟着学校往西南迁。有一天我骑着一头小毛驴到四川，这个地方自然环境非常好，但是生活很艰难。我在这里遇到了学生S，S家布置很简单，但是很整洁。他们设午宴欢迎我，我当然很高兴。

故事接着往下走。第二天中午我回到S家，发现她换了一套晚礼服，桌子上摆好了他们从北京随身带来的洁白的英国陶瓷餐具，因为她觉得自己的老师是贵客，生活中很需要仪式感，跟这样的人生活在一起，生活还是很有希望的，每天至少都是快乐的，而不是被那些非常琐碎的事情所包围，这就是冰心所描述的学生。她认为，女性在家庭中应该承担这样的责任，或者女性在家庭中应该把家庭的氛围弄得非常温馨、协调。

冰心在《再寄小读者》里写到了她的母亲，通过她对她母亲的描述，我们会看到为什么冰心会有这样的女性观。她说：

> 她一生多病，而身体上的疾病，并不曾影响她心灵的健康。她一生好静，而她常是她周围一切欢笑与热闹的发动者。她不曾进过私塾或学校，而她能欣赏旧文学，接受新思想，她一生没有过多余的财产，而她能急人之急，周老济贫。她在家是个娇生惯养的独女，而嫁后在三四十口的大家庭中，能够敬上怜下，得每一个人的敬爱。在家庭布置上，她喜欢整齐精美，而精美中并不显出骄奢。在家人衣着上，她喜欢素淡质朴，而质朴里并不显出寒酸。她对子女婢仆，从没有过疾言厉色，而一家人都翕然的敬重她的言词。她一生在我们中间，真如父亲所说的，如"清风入座，明月当头"，这是何等有修养、能包容的伟大的人格呵！

这是她对母亲的赞扬。我猜想她一定以她母亲为榜样或者以母亲的要求来要求自己。

新中国成立以后女性地位的变化

讲鲁迅，讲丁玲，讲苏青、张爱玲，再讲冰心，实际上讲的是从新文化运动开始，新女性怎样通过她们的思考来确定自己的性别认同，到底是做贤妻良母还是要投身社会，这是当时新女性面临的一个难题。但是这种难题在新中国成立以后突然消失了，对于女性来说，你没有什么选择的可能性，你不用去纠结你到底是做家庭妇女还是做职业女性，这是为什么呢？

新中国成立以后对女性的要求是，"妇女能顶半边天"，对妇女最高的评价是"铁姑娘"，女性开始高空作业了，从事一些比较危险的工作。

1960 年，对女性开始授予"三八红旗手"称号。

1963 年，出现"铁姑娘"称号，现在都是称"女汉子"，如果称"铁姑娘"可能觉得有点不是很舒服。"铁姑娘"是一种什么形象呢？短头发、圆脸、宽肩、粗腰、黑肤、大嗓门、扛着步枪或铁锹、带着呼呼铁气。我们可以回忆，"铁姑娘"的形象跟当时很多重大历史事件相关联：红旗渠、大寨田、南京大桥、大庆油田、卫星上天、核弹试爆。

这里有一段相声，是当年姜昆相声里的一段：

> 俺队有个铁姑娘，铁手铁脚铁肩膀。拳头一握嘎嘣嘣，走起路来震天响；一拳能把山砸开，一脚能让水倒淌。

仔细想一下，这根本不是在描述"铁姑娘"，有点像描述"黑旋风"李逵。可是恰恰这样的女孩子在五六十年代的时候，那才是美的象征、漂亮的象征。如果我们现在把 Angelababy、章子怡的形象放在 20 世纪 60 年代，可以想象一下，人们一定觉得这两个人不美，她们这么瘦，肯定不能干活。那时候对于女性的要求是什么样的？"妇女能顶半边天"，"男同志能做到的事情，女同志也能做到"，这是对女性的要求。

有一个问题非常值得大家思考，如果要求妇女能顶半边天，实际上妇女解放不仅是一种权利，也是一种责任和义务。

河南大学一个教授李小江，她以个人经验来描述她们这一代女性对性别身份的认知。她大概是 50 年代前后出生的，在青年时代正好上山下乡，她这样描述自己：最强烈的反应就是极端鄙视女性。……我开始自觉地学习男人，读所有能找到的伟人传记，学习像男人一样磨炼意志，像拉赫美托夫那样折磨自己。狂风中，我偏去站风口，一站就是几小时。三伏天暴晒，三九天游泳。村里沿袭千年的所有那些女性禁忌几乎都被她破了。

她的故事说明什么呢？说明一个女人完全可以像男人，只要奋斗，就可以取得像男人一样的成就。

新时代男女对新女性的认同不同

新中国成立以后，女性有了非常广阔的天地，新中国俨然已经实现了"男女平等"这一妇女解放的根本目标。真的是这样吗？我们现在来看20世纪80年代女作家对性别的探讨。

这个作家叫张辛欣。她小说写得很少，但是她80年代初写的两篇小说，对于我们讨论当时的社会性别状况有很大的启发性。

这篇小说叫《在同一地平线上》。她写的是，"文化大革命"刚结束，每个人都要靠自己的能力去获取机会，争取上大学。她写道，"我"想努力争取上学，"我"的先生是一位画家，他努力争取办画展。两个人经常会出现一些矛盾，丈夫就会对妻子讲："（一个男人）在外面要对付的东西实在够多了，回到家里需要妻子温顺，体贴，别吱声，默默做事，哪怕什么也不懂。"大家可以回想，这是不是又回到当年庐隐说的《补袜子的太太》中的问题？这个女孩子怎么回答？"在生活的竞争中从来没有绅士口号：lady first。"即使我们是这么亲密的两个人，组成一个家庭，你也没有办法没有能力去替我争社会上的尊严，必须靠我自己脚踏实地去争取。

接下来，这个女性会怎么讲？"等到我自己什么也没有了，无法和他在事业精神上对话，我依然会失去他。"这其实又是对鲁迅写的小说《伤逝》的回应，爱情需要时时更新，当我们谈恋爱的时候，我们可以讨论哲学、诗歌、人生、社会，可是你每天都对着家里的一亩三分地，每天都照顾孩子，买菜做饭，养鸡养狗，那我们怎么样进行精神上的交流呢？

还有一篇小说，《我在哪儿错过了你》。写的是北京，"我"是一个男主人公，"我"是一个导演，会经常拍一些业余话剧，也有很多的话剧爱好者加入这个业余剧团里面。一个偶然的机会，"我"认识了一个女编剧，她其实是一个公交车上的售票员。导演跟编剧因为观念、角色的处理经常吵架。但后来两人变成很好的朋友，也许很有可能变成很好的男女朋友，可是最终没有走到这一步。为什么？这个男人对这个女人讲，你凭借女性本来的气质完全可以有力量，可是你偏要这么强。可是这个女性说什么？

"（我）希望既生活得像个男人，又生活得像个女人，这样一来便增加了自己的义务，也增加了自己的疲劳"，"这个社会对女性的要求更高一些，家庭义务、社会工作，我们和男性承担的一样，甚至多些，迫使我们不得不像男人一样强壮"。

小说的结尾说什么？我们之间隔着根本不是我和你之间这么短的距离，隔着的是千山万水，因为我们对于社会不同性别看法不一样，你觉得女性凭借女性的力量就可以有力量，可是我觉得社会对女性的要求更高。20世纪80年代初期，在所有社会秩序刚刚走上正轨的时候，女性对自己的定位，跟男性对女性的定位不一样，所以造成矛盾。

社会应该给每个人平等发展的机会

我们把这个话题延伸一下。到了80年代中期，1985年前后，出了一出很著名的戏，叫《寻找男子汉》。为什么要寻找男子汉？目的是说，我们需要寻找中华民族的脊梁。随着女性"雄化"的程度越来越强，男性变得越来越"雌化"了，女性变成女汉子，汉子怎么办呢？汉子变得比较柔弱了。或者当女性也在社会上打拼的时候，她迫切要求这个男性在她回到家的时候也是默默做事，别吱声，哪怕他什么都不懂，递上一条热毛巾，做两个小菜。后来当男女不断协调时，变成两个人一起在社会上打拼，共同地承担一定的家庭义务，80年代中期于是出现所谓寻找男子汉这样的呼声，言外之意还是认为整个社会，男性应该有自己的阳刚之气。

从新文化运动到 80 年代中期女性文学中对于女性的探讨，我们可以看出两点。

1. 性别问题从来都不是一个社会、一个国家所关注的核心问题，它总是与具体的社会文化语境相伴生。

2. 由于女性角色的不断变动，两性关系必然要不断经历调节与整合，女性的独立与平等并不仅仅是女性自身的问题。

下面我们做一个结论，我个人认为，一个成熟健康的社会会给每个人（无关其种族、性别）以平等发展的机会。如果男性本身比较柔弱，我们应该给他这样的环境，或者给他一定的宽容度；如果女孩子本身比较要强，她愿意成为一个女汉子，也应该为她提供这样的社会环境，使得她能够发挥所长。女性精神上的平等和独立必须以自身的文化建设为基础。如果你自身文化建设没跟上来，就强加给你女性解放的特点，如男女平等，实际上并不能够达到女性解放的终极目的。

这是今天我跟大家讨论的内容。非常感谢大家！

曾国藩、左宗棠的朋友圈

刘黎平

刘黎平

《广州日报》（国学版）主笔。荣获两次广东省新闻奖。出版《历史，你也懂的》《一混三千年》等作品。

一段真实的历史

曾国藩跟我是一个县的，他的故居跟我家大概只有二三十公里。但我很遗憾，我们家乡两位伟人的故居，我到现在都没去过。一个是毛泽东，一个是曾国藩，尽管欣然向往已久。

朋友圈这个说法是从微信开始的。你今天加我没有？我加你一下，发个手机号给你，慢慢形成了朋友圈。朋友圈其实是一个负担，你每天打开手机，里面很多圈圈，忍不住看看。

今天，我要把一段真实的历史的朋友圈给大家显示一下。这个朋友圈有光环，也有龌龊的事；朋友之间有信任，也互相攻击。生态十分复杂。这个朋友圈我落实到两个人身上，一个是曾国藩，一个是左宗棠。有曾必有左，有左必有曾。

左宗棠晚年参加过一次宴会，他说，现在怎么回事？老是说曾左曾左，为什么不是左曾左曾呢？为什么不把我老左放在前面呢？岂有此理。大家都不敢吱声。本来按照语言习惯，平仄肯定是曾在前面嘛。这和事业无关，要是论事业，肯定左宗棠在前面，收复新疆，但是人与人之间，不一定看事业，有时候看胸怀。

这两个人在朋友圈里面如何成长？先从我的老乡老曾说起。

曾国藩想建立一套自己的理论体系

老曾出生于1811年，他的仕途比较顺利，在27岁就考上了进士，而且是个京官，这对他的成长既有好处，也有坏处。好处是你早一点取得功名，对你以后干事很有帮助。出名要趁早，张爱玲说的。

曾国藩考秀才考了七次，但是考进士只考了两次。曾国藩考上进士之后，当时住的地方应该在北京五环之外，最便宜的地方，在一个胡同里。为什么呢？他很穷。他一年的收入是500两银子，其中房租、生活费300两，剩下200两做储蓄。那个时候也有基金，就是投资钱庄。但曾国藩性格很谨慎，没有做这些投资。曾国藩当时是一个很闲散、薪水很低的官员，而且他没有资格参加改卷。科举考试要改卷，考举人、考进士，改卷补助一次是800两白银，但同曾国藩没有关系，他搞不到这个改卷的机会。

这个时候的曾国藩读书很努力，但是读得很迷茫。30岁的时候，他想建立一套自己的理论体系。但是，这个体系建立不起来。他自己说，零零碎碎，一地鸡毛。一个人如果很用心，他在解决了生存问题和学历问题之后，30岁正好是自己的知识理论化、体系化或者形成一个整体的关键时候。你这辈子有没有成就就靠这个了，首先必须积累大量的文本知识。

唐鉴给了曾国藩人生中最关键、最重要的建议

曾国藩参加第一次科举考试时，据说在北京看到一套"二十三史"，要几百两银子，他赊账买下来了。买下来之后，回到家不敢告诉他老爸。他老爸就说，我知道你买了一套很贵的书。你买书的钱我替你还。但是你要答应我，你把这"二十三史"给我全部读完，每一句都给我标上句读。因为古代的书没有标点符号，你标上标点，说明你读完了。

曾国藩真的把"二十三史"在家里全部读完了。他积累了大量的文本知识。很多感性的、观念性的、灌输性的知识积累在他的脑袋里，30岁是一个很关键的时候，他要有自己的理论了。曾国藩为这个问题相当苦恼。他曾经想编一套中国历代以来的文史精华，但怎么编都编不出来，为什么？没有系统的理论，没有系统的方法论，没有系统的思想作为指导。

这个时候，需要一个朋友来指点他。这个朋友是谁呢？我翻了他的日记。在道光二十一年农历七月十四日，那天是阴雨天气，他见了老乡唐鉴。唐鉴当时是太常寺卿，官居二品，太常寺卿是一个荣誉职位，没有具体官职。唐鉴当时68岁，曾国藩这天晚上见到唐鉴，问检身之要，我怎么样才能够打造自己、塑造自己？

唐鉴给了他人生中最关键、最重要的建议，如果没有这个指导，曾国藩一生可能没有成就。这个指导就是：义理、考据、辞章。唐鉴成了他导师型的朋友，帮他树立了人生观、世界观，尤其重要的是方法论。读了一肚子的书，你积累了若干年的工作经验，该怎么升华，该怎么提升？这个时候唐鉴出现了。

灭私欲、存天理

义理，就是我们现在说的做人、写文章的指导思想。考据，过去是讲文章的来源，你的知识的来源靠不靠得住，现在说是从材料去找规律性的东西。辞章，就是你的文风，写文章的风格。

唐鉴说，把这三样东西搞好，你就成功了。指导思想、材料，以及风格，这三项搞定了，你的人生就搞定了。现在也是一样，你这一辈子的指导思想是什么？在深圳买两套房、三套房，炒股赚个几千万，或者说你能够为深圳市民做出什么贡献，这是人生的指导思想。考据，就是你的工作方法、你的工作材料，各方面都得有来源，能立得住脚。辞章，就是你说话的风格、你写文章的风格、你为人的风格。这三个靠谱了，你的人生就靠谱了。这是指导思想。

还有一个，是方法。你该怎么做？该怎么操作？唐鉴向他推荐了倭仁，倭仁当时是清朝的一个大学士。他说，倭大人有一个习惯，把自己每天的言行举止、生活细节，全部用日记记录下来。

唐鉴认为，一个人要成功，就要灭私欲、存天理。他是理学大家。理学是什么？朱熹说的理就是当然之理，理在一切之前。你做人之前，先有一个做人的理在前面，你才有一个肉体的人。就是说礼义廉耻存在于人出生之前，人出生之后迷糊了，找不到那个礼义廉耻了，找不到你的思想品德了。必须一天天地把自己的那些私欲、那些邪恶的地方与阴暗面摒除掉，然后找到自己最纯洁的一面。就是身是菩提树，时时勤拂拭。就如神秀法师说的，人要像镜子一样，经常擦干净自己。

曾国藩每天记日记

这个方法极其辛苦。曾国藩后来学了倭仁的这一套，每天记日记。有一次曾国藩听说有一个同事娶了个姜，很漂亮。他说，你把你那个小老婆给我们看看。那个同事把他小老婆介绍给大家，结果曾国藩说了一些亵渎的话，很轻狂。回来之后，他马上写检讨，说自己又动邪念了，这有点像修行。

曾国藩坚持得很辛苦。我买了一套《曾国藩日记全集》，他中间有中断。为什么？太辛苦了，很难坚持下去。

这种修行方法适合于什么样的人呢？内敛的人、阴柔的人。这种人的性格有个特点，宁可自己怄气，也不把负面情绪散发出来，不能强加到别人身上去。这种人能成大事。但是，能够把自己搞死。很多负面情绪积累在心里，不断清洗的过程其实就是不断累积的过程。

曾国藩的性格，就是这么压抑。他习惯用儒家的思想去内制自己。这个性格不是后天培养的，是天生的。我在曾国藩家书里面找到很珍贵的一段。曾国藩的母亲姓江，家境很好，后来嫁到曾家，家境反而变差。曾家是一个中农左右的家庭，还要自己耕地。生活上有诸多不如意，人事上也有诸多矛盾，媳妇进了曾家的门，肯定和公公婆婆有摩擦，和小叔子、小姑子都有摩擦。

江氏很要强。她有一次指着自己的肚子跟曾国藩说，你知道老娘肚子里是什么东西吗？曾国藩说，母亲大人，我不知道。她说，一肚子的牢骚、一肚子的抑郁、一肚子的不痛快。

曾国藩记住了这个场景，他觉得很心酸。到了晚年，他跟儿子曾纪泽说，你知道老爸肚子里是什么吗？他儿子说，文韬武略，忧国忧民。曾国藩说，非也非也。你老爸跟你奶奶一样，怄了一肚子的气，怄了几十年了。我考秀才考了七次，考到第六次，湘乡县政府还挂了一个牌说，曾国藩文理不通，侮辱很大，我打掉牙齿，把牙齿和血一起吞下去，半句话都没讲。为了争气，第七次终于考上了。在长沙，那些不守纪律的绿营兵冲进来，几乎把我打了一顿，我没吱声。在江西，被当地的巡抚骂，我没有吱声。在北京，被皇族骂，我没有吱声。一直怄气怄到61岁，他死掉了。他说，做大事业的人，一方面是内敛的人、压抑自己的人；另一方面，也能把自己搞死。他是气死的。最后一件事，就是处理天津教案，搞得天下读书人把曾国藩的牌子都砸掉了。他的性格适合于修身，每天写日记约束自己、鞭策自己。这也是自我杀伤的过程，这是必须承认的。

左宗棠研究有用的学问

左宗棠的导师型朋友是怎么教导他的呢？左宗棠的导师型朋友是林则徐。林则徐是封疆大吏，曾经当过湖广总督、两广总督，后来当新疆总督、云贵总督，绝对是高富帅朋友。

左宗棠当年在湖南很有名，他考上了举人。但是考进士，一直考不上。左宗棠很倒霉，在 47 岁时，他实际上可以考上，因为他是湖南籍的，当时每个省有指标，但是他超标了，分数可能不是太高，进士还是没入围。

左宗棠做得最对的一件事，就是没有放弃自己。他把考进士的精力用在研究那些有用的学问上，比如新疆地理学，还有经济学。当然那个时候的经济学，实际上是指行政方面的事务。他研究了很多年，最后他的名声跑到了林则徐那里。

1850 年，林则徐从云南回来经过长沙，写了一封信给左宗棠，要他来见自己。左宗棠高兴得没法形容。见了面之后，林则徐成为左宗棠的朋友。和唐鉴作为曾国藩的朋友一样，他们在两方面交流的时候有什么区别呢？唐鉴教给曾国藩的是修身，讲义理、考据、辞章，要约束自己，怎么在道德上做一个完人，这是修身方面的一些交流。

林则徐则不同，没有这些修身的交流，一见面，他就跟左宗棠说，我把新疆交给你了。中国以后的边患肯定是沙俄，如果新疆不保，蒙古就不保；蒙古不保，北京就不保；北京不保，全国就不保。我现在考察了这么多人，只有你可以保住西北边疆。这叫委以重任，君子之交，没有私人方面的交流。最重要的是，林则徐在新疆当过总督，他把新疆所有的地图，还有他的一些心得，全部交给左宗棠。他说，兄弟，就靠你了。左宗棠比他小 11 岁，当时好像是 39 岁，林则徐是 50 岁。

林则徐的性格和左宗棠极其相似。如果说曾国藩属于暖男型，那么左宗棠绝对属于阳刚型、暴烈型，极其火暴。一见面就说国家大事，没什么儿女小事。林则徐的性格相当刚烈、豪爽，他看中了左宗棠的刚烈、豪爽。

左宗棠很刚烈

左宗棠是什么性格呢？他说，老子穷的时候没有人敢欺负我，谁欺负我我就揍他。老子富贵的时候，没有任何人敢妒忌我。他很刚烈，有点像《亮剑》里面的李云龙。

曾国藩不同。曾国藩当年考举人，他和一个同学住在长沙同一个宿舍，他开始睡的那个床位光线好，那个同学说，小曾，你那个床位换给我行不行？曾国藩说，好好好。马上就跟他换了。换了之后，曾国藩晚上喜欢读书，读到十一二点。古代人读书是朗朗上口的，结果一读，那边说，你平常读书不努力，现在临时抱佛脚，吵得我睡不着，你给我滚出去念。曾国藩说，好好，我滚我滚。就自己到走廊上念书，念大半夜。曾国藩特别能忍。后来，这位同学没考上举人，曾国藩考上了。

如果左宗棠和这小子在一个宿舍，早就揍他了。30岁以前，我很崇拜曾国藩。但是35岁以后，我崇拜左宗棠，做人不能太忍，不能太怄气了。怄气会形成疾病。而且，对你做事业也有副作用。面对列强欺负，只有左宗棠能够给中国近现代史、军事史、外交史写下辉煌的一笔，把新疆收复回来。

这里讲的是第一个层面，就是朋友圈里面的导师型朋友。曾国藩的就是唐鉴、倭仁；左宗棠的就是林则徐。

曾国藩、左宗棠的哥们型朋友：郭嵩焘

还有一种朋友是什么呢？哥们型的朋友。有人说，同事不可能成

为好朋友。不一定，尤其是结婚之前的同事，还是能成为好朋友的。如果不幸你们追同一个帅哥、追同一个靓女，那就难说了。

这个朋友圈相当关键，这些朋友不太可能给你的人生一种哲理性的、思辨性的思想上的指导。如果有可能，这个人肯定是你的上级、你的哥们。你困难的时候，我给你钱用；你跌倒的时候，我拉你一把；你失意的时候，我拉你去喝酒；你处于事业关键期时，我帮你说句话。这是哥们型的朋友，曾国藩和左宗棠都有。

曾国藩和左宗棠的哥们型朋友当中有一个交集，就是郭嵩焘。郭嵩焘是中国第一任驻英大使，他比这俩人的年纪都小。曾国藩是1811年出生的，左宗棠是1812年，而郭嵩焘是1818年。郭嵩焘这个人很不错，他把《资治通鉴》读过24遍，现在的大英博物馆，还有很多他的资料。

当年曾国藩母亲去世，他从京城回到湘乡丁忧守丧。他不想出来了，他觉得自己做到了侍郎二品官，不错了，工资也不低了。在这个很关键的时候，郭嵩焘来了。郭嵩焘说，老曾，你是有担当、有使命感的人。你想在中国历史上留下自己的痕迹，现在是最关键的时候。洪秀全起事，需要你的时候来了。曾国藩说，皇上指定43个人办团练，我算个毛啊？郭嵩焘说，43个人里面说不定就你一枝独秀呢。给你机会，你为什么不做呢？然后他又说，你看看，你们家的风水很好，九龙朝日。你们家建在这个地皮上，九条山脉。九条龙都朝着你，你肯定有出息。

其实风水和堪舆决定是一个心理暗示。曾国藩就出来带兵了。曾国藩是个迂腐的书生，读书厉害，但是带兵真的不怎么样。皇帝只给他一个委任状：曾国藩，你到下面办团练，经费自筹，人员自己招聘，没有任何补助。郭嵩焘想了一个办法，他说，现在长江沿线有一个筹集军饷的方法，叫做抽捐。就说江面上的任何船只经过一个关卡的时候，都要抽多少钱给这个关卡。这些钱，全部用来做军饷。他自己亲自帮曾国藩去跑。他跑到湘阴县、长沙，至少筹集了120多万两银子，办一支军队够了。曾国藩就是靠这些钱起家的。

郭嵩焘也帮了左宗棠。左宗棠一直没有考上进士，林则徐死之前，写了一封信给咸丰皇帝。他说，老左是个旷世奇才，你一定要用他。他至少给咸丰皇帝留下了一个印象。左宗棠因为朋友的推荐，去了湖南省政府工作，但没有编制，工资财政不发。

左宗棠工作时十分嚣张，嚣张到什么地步呢？每次省政府开会，就他一个人发言，其他的人史书上记载，静听而已。当时的湖南巡抚，前面一任是张亮基，后面一任是骆秉章。但开会的时候，基本上是左宗棠在发言，其他人听着就够了。

而且，他胆子特别大。有一次湖南省政府起草文件，他起草了，但没有盖章，怎么办？他把巡抚大人的章，啪嚓一下就盖上去了，草鸡变凤凰，变成省政府文件了。这种人往往能成大事。

好人郭嵩焘

左宗棠确实显示出了他的才华。当年太平军萧朝贵带兵围攻长沙，幸亏左宗棠出谋划策，把太平军击退，结果萧朝贵被清军炮火击毙。长沙这个城市很有意思，整个抗日战争中有三次长沙会战，日本鬼子全部被击退。第四次长衡会战，日本人死伤4.8万多人，才夺下长沙和衡阳，这是个很有意思的地方。

左宗棠立了功之后，还是没有升官，还是一个事业编制，不是公务员。他很气愤。有一次，总兵樊燮见骆秉章，出来看到左宗棠站在门口，他不打招呼就走了。左宗棠说，喂，你给我回来。樊燮就不明白，不就是个办事员嘛，你找我干什么。看到我不打招呼是不是？啪一脚就踢了过去，这下可闯祸了。

当年咸丰皇帝接到林则徐的推荐信之后，就问郭嵩焘，老左怎么样？郭嵩焘说，老左年纪不小了，40多岁了。皇帝你要用他，就赶快用他算了。咸丰就说，也好，你给我惦记着这件事，适当的时候把左宗棠拉出来。过了40岁，精力衰退了，做不了事。

郭嵩焘很讲义气

正要等着好消息的时候，坏消息却来了。樊燮一个奏章上去，我堂堂一个总兵大人，被一个事业单位的临时工踢了一脚，还骂我。皇上，你看怎么处理？他又串通了湖广总督爱新觉罗·官文。他说，这小子必须得杀。咸丰皇帝也有点生气了，左宗棠怎么就目无王法，朝廷命官你也敢打！

咸丰的第一反应是马上查证这事，左宗棠怎么这么大的脾气，这还了得！如果这件事真的是这样子，马上处斩，左宗棠的命都保不住了。这个时候，郭嵩焘急坏了。郭嵩焘真的很讲义气。他马上写信给湖南骆秉章，你快保住左宗棠。有一个士大夫就写了一封信给咸丰。他说，天下不可一日无湖南，湖南不可一日无左宗棠。这句话就定性了，老左这个人不管怎么过分，不管怎么坏，就是少不了他。咸丰一看，他说好，那就让他出来。出来之后，左宗棠首先到了曾国藩的手下。郭嵩焘能救朋友、推荐朋友。朋友圈里面如果有这样的人存在，整个朋友圈就有救了。朋友圈里面应该叫他群主。

左宗棠觉得对不起郭嵩焘

曾国藩和左宗棠是怎么对待这些哥们型的朋友的呢？两个人的区别相当大。

曾国藩时时刻刻不忘这些朋友对他的帮助、提拔。曾国藩有一个好处，朋友的亲戚、子弟在他的手下工作，他都提拔。

而左宗棠对朋友真的不是很够义气。他纯粹是从民族大义、从个人脾气、从人的品德出发，他不从人际关系出发。有些人脾气很糟糕、很暴躁，他同样成大事。

左宗棠是怎么对郭嵩焘的？郭嵩焘舍命保过他，但后来郭嵩焘当广东省巡抚，官不是特别大。这个时候，左宗棠和曾国荃打到南京，把太平军剿灭了。太平军的残部一方面往江西走，往浙江湖州走，一方面往广东走。

当太平军涌入广东的时候，郭嵩焘一点辙没有。他向左宗棠求救。但老左是怎么反应的呢？他嘲笑郭嵩焘，说你真没用，太平军你都对付不了，还要我来帮你。他居然写信告郭嵩焘的状，说这个迂夫子不能办事，坏了国家大事。郭嵩焘当时气到吐血。郭嵩焘在他的文章里面写了一句话：郁闷，我郁闷。左宗棠，我帮了你那么多，你最后捅我的刀子，我郁闷。

郭嵩焘退休之后回到长沙定居，左宗棠有一天良心发现，觉得对不起这个哥们型的朋友，就去长沙见这位郭群主。一见到群主就说，兄弟，对不起，当年我确实做得过分了。郭嵩焘闭着眼睛，不理他。两个人算是断交了。

左宗棠当年投奔曾国藩

再说左宗棠在朋友圈里和曾国藩的关系。左宗棠当年投奔曾国藩的时候，真的是个穷小子，一个临时工、一个编外人员，最多也就是个事业编制。曾国藩给了他相当的待遇、相当的话语权，他是从那里起家的。左宗棠跟着曾国藩到江西，在江西曾国藩又把一部分军队给他，成立了一个独立师。左宗棠的脾气就出来了，老曾的军队叫湘军，我的军队就叫楚军，楚比湘大，楚包括湖南、湖北这一带，湘就湖南一个省。这个名字一取，老曾就有点不高兴了。

就在太平军和清军和湘军打得不可开交的时候，曾国藩的老爸曾麟书死了。曾国藩要守丧，要丁忧。皇上还没接到信，曾国藩就跑回湖南了。副统帅左宗棠就火了，他说，老曾说要守孝，国家不要了，就走了。这封信写得有点尖酸刻薄，说曾国藩不忠、不义、不礼。对皇上不忠，国家陷于危难的时候你跑了。不讲义气，不遵礼，君臣之礼你不遵。然后就说，你赶紧给我回来。

老曾接到这封信也吐血，就问左宗棠，事情该怎么办？他说，我不知道，你先回来。左宗棠就这么一个脾气。

曾国藩对左宗棠很恼火

朋友欺骗曾国藩的事情很多。有一次，一个朋友说，我帮你去买军火。曾国藩说，好啊。那个朋友说，我不会欺骗你，因为你老实，我不忍心欺骗你。结果，这个人把大量军火款项卷走之后，跑了。曾国藩就反复唠叨说，不忍心欺骗我，不忍心欺骗我。

曾国藩回来之后，和左宗棠还是磨合了，两个人翻了一阵脸，又变好了。而且，老曾对老左很照顾。当年左宗棠的战地办公室很寒酸，曾国藩偷偷地给他盖了三间办公室，很豪华。但是，老左慢慢地已经和曾国藩越行越远。二人在朋友圈里面互相拉黑，是在打下天津之后。

具体什么事呢？曾国藩给同治皇帝、慈禧太后写信说，洪秀全死了，洪秀全的儿子也自焚了。但是左宗棠马上在后面给他补了一刀。左宗棠写信说，幼天王跑到湖州去了，很可能会逃窜去江西。现在有几万太平军从南京城里面溃散，一部分去了福建、广东，一部分去了江西，曾国藩谎报军情。同治皇帝、慈禧太后勃然大怒，就命曾国藩马上查这件事。曾国藩气得无法形容，又写了一封信给皇上。他说，左宗棠说我放走了太平军，放走了幼天王，这纯属污蔑，子虚乌有。当年左宗棠打下杭州，10万太平军从杭州跑了，他怎么不报告？二人的关系就此掰开了，从此就拉黑了。

从历史记载来看，左宗棠的责任大一点。但是，左宗棠从来不这么认为。左宗棠晚年，曾国藩死了之后，他有一次经过曾国藩的弟弟曾国荃当官的地方。他特意见了曾国荃，他跟曾国荃说，阿荃，我跟你说，我跟你哥关系确实不好。至于责任，30%是我的，70%是你老哥的。左宗棠的心灵很强大，从来没有内疚感。

我们总是说做人要有良心，要处处为他人着想。其实心灵很强大的人，从来没有内疚感的人才叫强大。心理学家做过实验，对人的健康杀伤力最大的就是内疚感。老左活了73岁，曾国藩活了61岁。就是心灵强不强大的区别。

老曾死了之后，左宗棠送了一副挽联给他：知人之明，谋国之忠，自愧不如元辅；同心若金，攻错若石，相期无负平生。这是左宗棠对曾国藩一生的评价，就说曾哥的知人之明、谋国之忠，我是不如你的。我们两个人虽然有摩擦，但这种摩擦是互相促进的，好像在磨玉石一样，两个人互相之间不负平生。好像是和解了。

左宗棠也写信给他的儿子说，我很对不起老曾。但是，这是表面现象。

左宗棠绝对是性情中人

告诉大家真实的一幕。曾国藩死后，朝廷要封他一个谥号，谥号里面有"文正""文襄""文忠"等，最高的是"文正"。"文"，大概就是经天纬地；"正"，就是坚贞不屈。这是最高的评价了。

当时所有的大臣都写了一个条子作为建议，老曾死了之后怎么评价，都送上去了。等了一阵，皇帝的批示出来了，用朱笔写了一个"文正"，大家都没吱声，觉得对曾国藩这样的评价恰如其分。结果，老左憋不住了。他说，曾国藩是"文正"，那么我左宗棠岂不是"武邪"，那我就是左老邪了。

曾国藩的手下一个叫潘季玉的去见左宗棠，向他汇报工作，让他签个字。左宗棠不签字，当面骂曾国藩不是个东西，折腾到中午，那个字才签下来。左宗棠绝对是性情中人，他恨什么、爱什么，都会直接说出来。

曾国藩也有对不住朋友的地方。什么地方呢？曾国藩喜欢写诗，他写得最好的是挽联。实际上挽联特别难写。曾国藩通过写挽联，提高自己的文学素养。当然没那么多死人用挽联，那就用活人。先替同事写个挽联，放到家里练，反复地写，洋洋得意。我对他一生的总结，真的是极其经典啊。你人还在家里吃喝拉撒，已经给你盖棺论定了。

曾国藩有个朋友叫汤海鹏，也是高官。汤海鹏有一次跑到曾国藩家里拜访。曾国藩做事手脚不利落，那个挽联就摆在那里。汤海鹏一生怎么怎么样、永垂不朽之类，把汤海鹏气得不吐血都难。他马上就说，老曾啊，你已经把我塞进棺材了是不是？曾国藩说，对不起，对不起，我是开玩笑呢。以后汤海鹏就和曾国藩绝交了。写挽联已经不恭敬到极点了，这是曾国藩的文学癖好所决定的。

左宗棠在 40 多岁还没有成功的时候，他经常把自己比做诸葛亮。他说，我乃诸葛之亮也。平常的人为了拍他的马屁，就说，老左，你是诸葛之亮也。后来有个朋友开了一个玩笑，他说，老左，你是葛亮之诸也。本来是诸葛之亮，重点在这个亮嘛。左宗棠竟把他的职务给撤了。

老曾忍了一辈子左宗棠

曾国藩是怎么对左宗棠的呢？相对于左宗棠，曾国藩是一个反方向的朋友，永远在忍气吞声。老曾忍了一辈子左宗棠，一直忍到死。老曾这个人有个特点，你越骂他，他越夸你。比如汉朝高官田蚡，有人到汉武帝面前告他的状，汉武帝就问田蚡，某某人告你的状，你对某人有什么看法？他说，这个人道德品质很高尚，我很佩服他。结果皇帝感情的天平就倾向了田蚡。

曾国藩也是这样的。左宗棠再怎么骂他，曾国藩老是到朋友圈里夸他，经常点赞。左宗棠经常拉黑他，经常骂他，他就经常点赞，这是有实例的。某一年，左宗棠在陕甘打仗，他派一个手下回北京汇报工作，见到了曾国藩。左宗棠的手下跟曾国藩说，左大人冒着枪林弹雨干事业，朝廷没有第二个。这个时候，曾国藩就接上了一句话，兄弟你说得对，左大人真是绝对的完人。这个人心里很内疚，他说，左大人真的对不起曾大人，你看曾大人是怎么夸他的，他是怎么贬曾大人的。这样一来，两个人的品德高下立分。所以说，跟人打交道的时候，君子之交绝口不出恶声。你跟他关系再怎么糟糕，你尽量夸他。别人问的时候，你就夸他，一下就把他拍死了。人有时候不是看你的事业，而是看你的品行高低。曾国藩这一点做得很好。

而且，曾国藩在实际工作中从来没有为难过左宗棠。左宗棠打陕甘的时候缺钱，当时曾国藩负责粮草供应，负责军饷派发。左宗棠就说，完蛋了。他说，叫谁来管我的后勤供应不好，怎么叫老曾呢！曾哥跟我关系这么糟糕。但曾国藩真的没有任何怨言，没有任何报复，没有把私人感情放到公事上去，照样地把所有的东西都供应给了左宗棠。左宗棠之所以能够打下陕甘，就因为曾国藩财政上的援助。还有，曾国藩敢于把自己最得力的助手给左宗棠。他有一个助手叫刘松山，后来收复新疆，刘松山就是左宗棠的副手。左宗棠死了之后，谥号为文襄，文就是经天纬地，襄就是有军功，就是说文襄的事业能够成功，文正帮助了他。曾国藩这一点值得学习，他不把私人恩怨放到工作上去。现在我们的问题就是，经常把私人恩怨当成正式的工作，把正式的工作当成私人的恩怨，这种事情不少。

比方抗战时候的张自忠将军是国民党第三十三集团军总司令。在临沂战役的时候，有个叫庞炳勋的军长被日本人包围了，7000多人被日本人包围。打到最艰苦的时候，他向蒋介石求救，蒋介石、李宗仁就叫张自忠去救。张自忠在西北军的时候，当年差点被庞炳勋打死。但是，张自忠不计较，命令军队必须开到临沂去，把庞炳勋从日本人的重围中救出来了。

做事要有大格局，不要把恩怨放到里面去，尤其不要把私人恩怨放到里面去。如果私人恩怨成了正式工作，对个人、集体、整个国家都很不利。

曾国藩反省自己

曾国藩27岁就考上进士，当了京官，事业有成，职位上去了。

他的弟弟们都考不上。曾国荃、曾国华就写信给曾国藩说，哥，我们现在都考不上，你能不能给我们想想办法？曾国藩正儿八经地回信说，考取功名利禄，是一件很次要的事。做人，做天地之智人、做天地之完人，才是很重要的。工资不重要，待遇不重要，职称不重要，做人才重要。他弟弟就生气了。弟弟们联合写信骂曾国藩。这封信对曾国藩的品德的养成，有很大的促进作用。表面上是骂他，其实是督促他。你得意了，你不要得瑟，尤其不要因为你的职位比人家高，你的收入比人家高，你的成就比人家大，你就去当人生的导师。当人生的导师，是最令人讨厌的。

曾国藩的这一番话被他的弟弟批驳了之后，曾国藩马上就反省，写信道歉。他说，对不起，弟弟们，我这一阵子写信，因为自己考试很顺利，我的事业、职场很顺利，忘记了你们的不容易，忘记了你们的困难，还来居高临下地教导你们。曾国藩真的给弟弟们写了一封信，他的弟弟也像他的朋友，群里面这些屌丝的一个抗议，给这个群里面混得很光鲜的一个人一个教训，就是不要骄傲、不要得瑟，你永远都没有资格去教训别人，不要轻易同情别人、教育别人。

曾国藩吸取了教训。而且曾国藩后来就做到了孔子所说的恕，就是替别人着想。别人是屌丝、别人是草根，我就站在屌丝和草根的位置上想他的事情。

还有最严重的批评。咸丰皇帝的批评，也对曾国藩的人格铸造有很大帮助。曾国藩在 1854 年和胡林翼一起打下了武昌城，曾国藩担任署理湖北巡抚，就是代理湖北省省长。曾国藩因为修身，他每天都要写日记反省自己，今天哪些事情做得不应当，哪个地方有骄傲的情绪，哪里没有谦让。他写过一封奏折给咸丰皇帝，他说，皇上，我功劳不高、才能也不咋地，这个署理湖北巡抚我就不当了。

咸丰皇帝很聪明。他接到曾国藩的信之后，马上冷笑一声，回了一封信，口气很严厉。他怎么讲呢？爱卿好名，朕知之。紧接着又说，巡抚该你当就得当。你如果再作秀下去，严惩不贷。

这句话很重。曾国藩接到信之后，很郁闷。第二天，他写信给他的弟弟。他说，有人说我好名，我确实有这个毛病，我还要改。这个"有人"，据我的推断，绝对是皇上——咸丰皇帝。他不能说皇帝批评了他，只能说有人批评他好名。

中国历史上的王阳明也好、朱熹也好，对好名深恶痛绝，不喜欢这件事。王阳明说，如果哪个弟子喜欢显示自己的学问，说明他的修身功夫没有到家。

任何人都是好名的，只是好名的层次不同。其实，名这个东西很难避开。历史上有名的唐太宗就很好名。他和魏徵等大臣的所有对话被全部记录下来，叫《贞观政要》，后来有人把它整理。一方面，唐太宗确实严格要求自己，能够听取不同意见；另一方面，他觉得，你看我这个人多谦虚啊，器量有多大啊，我能够接受臣下各种各样的批评，赶快把它记录下来，让后面的人看到。

压抑、摩擦当中成就自己

好不好名也是判断人品的一个标准。但是，我们不能以好名去批评一个人。他至少是好名的嘛，好名他就会做好事。但如果这个和利益挂钩，这就不对了。

老曾在反复的修身、压抑、摩擦当中成就了自己。人成功了，身体搞垮了。老曾晚年也开始昏聩，他61岁去世，但是在58、59岁的时候，他周边的朋友就开始一个个凋零了。

他当时已经是两江总督，他周围的朋友会怎么样呢？这个时候朋友圈就变了，都是下级。曾国藩的一个手下叫钱子密，曾经写日记回忆曾国藩晚年和朋友的生活。曾国藩晚年镇压捻军，捻军是太平军之后北方的一支部队，骑着马在北方平原上跑来跑去，曾国藩毫无办法。每一次手下人跟曾国藩汇报的时候都说，曾大人，我们又被捻军打败了。曾国藩已经没有任何作为了，就说，看它国运如何，意思是说，我老曾没办法了，国家前途看运气了。这句话是学谁的？学龚自珍的。

曾国藩晚年跟朋友下棋总是赢。他的棋艺很一般，为什么赢呢？因为他的朋友都是他的下级，都怕他。钱子密开玩笑说，曾湘乡晚年愈趋愈下，走下坡路，一天不如一天了。他总结了一个原因，他的朋友圈的人地位都比他低，导致曾国藩晚年境界走下坡路。

左宗棠不给朋友面子

左宗棠晚年也没什么朋友。他后来被调到军机处，还有北洋外交部门，结果同事们都说他不好打交道，同行颇厌恶之，觉得他脾气大。有一次，他和刑部尚书聊天，这个刑部尚书说，老左，你说68岁以上的人就要免予刑事处罚，但是你当年打太平军，杀了很多68岁以上的老太平军。左宗棠立即啪的就把茶杯摔了，说，我老左从来不杀68岁以上的人，哪怕是太平军我都不杀，然后拂袖就走。当时文武百官都在场，他就这么不给朋友面子。

最后补一个笑话。胡林翼是湘军的创始人之一，他的朋友圈里有曾国藩、左宗棠，还有一个朋友叫周寿昌。周寿昌曾经跟他一起嫖娼，当年两个人都是翰林，跑到乡下嫖娼。清政府也是抓嫖的，他们是斯文的读书人，被抓住了该怎么办呢？周寿昌动作比较快，从床上穿好衣服马上跑到厨房里，把伙夫的衣服穿到身上，就在那里炒粉。但胡林翼来不及，被抓住了。人家问他，你是什么人？胡林翼不敢说自己是翰林。罚了款之后就放了。从此，胡林翼和周寿昌断交。我们俩快活的时候就一起快活，出事了你就跑得比兔子还快。我被逮住了，你一点都不管。后来，甚至影响到他的工作风格。周寿昌是湖南善化人，结果，胡林翼招兵，就是不用善化人。这是历史上真实的事件。

左宗棠以天下为重

最后我再总结一下。在朋友圈里，为什么曾国藩和左宗棠的风格这么不同。首先，曾国藩性格内敛，抑制自己，叫内视外望，就是内里压制自己，要清除自己的道德阴影，外面表现出来的是一个君子、圣人；其次，他之所以能够有修养，还是因为考试成绩好，早一点考上了，心理上平衡。

左宗棠，第一，他是以天下为重的人，心忧天下，有责任感、有担当。脾气暴躁，眼睛里面容不得沙子。所以，他能成大事。左宗棠收复新疆，梁启超说他是五百年以来第一人。第二，左宗棠在考场上太不得意了，压制的那种怒火、不平、委屈太多了，所以，当了官以后就爆发出来了。一方面，爆发为做事的热情；另一方面，爆发为牢骚、脾气。为什么洪秀全要造反？没考上啊。他考秀才老是考不上，考到后面，他说，以后我不考了，我来开科取士，录取天下的人。但是有一点他做得不好，他当了天王之后，没有学曾国藩那样再求进步。你创业成功了，成了天王，有半壁江山了，应该继续修行。所以，曾国藩和洪秀全的区别是，一个善于提升自我修养，另一个完全没有修养。洪秀全所领导的伟大的事业，跟他的人格搭配不上。

为什么左宗棠上去了，曾国藩上去了，洪秀全上不去？成绩好的人、努力的人，总会考上名牌大学。这句话对我影响颇深。只要你努力，有一定的资质，总能考上。

我也跟曾国藩有同样感受，只要你努力，在这方面有一点天分，一定能够上去。

这是我和大家一起共勉的一句话。

左宗棠、曾国藩，都是大圣大贤，我没有资格评论他们，我只是根据史料，使他们接地气，希望我和大家能够从中学到一点东西，对我们的人生有一些帮助。

中华历史的缺憾之痛

阎崇年

阎崇年

北京社会科学院满学研究所研究员，北京满学会会长，中国紫禁城学会副会长。著名历史学家，央视《百家讲坛》主讲人。主要论文集有《满学论集》《燕史集》《袁崇焕研究论集》《燕步集》；主要专著有《努尔哈赤传》《古都北京》《天命汗》等。主编学术丛刊《满学研究》和《袁崇焕学术论文集》。已发表满学、清史论文 250 余篇。

五种经济文化类型

过去我总是讲历史、说文化，今天倒过来讲文化、说历史，我认为至少从甲骨文开始一直到清朝末年，中国基本上有五种经济文化类型。第一种，农耕文化，主要是中原地区，大部分土地、大部分人以农耕为主。第二种，草原文化，比如蒙古，它是衣牛羊之皮，食牛羊之肉，"天苍苍，野茫茫，风吹草低见牛羊"，说的就是一种草原文化。第三种，森林文化，就是生存形态以森林为主。第四种，高原文化。第五种，沿海及岛屿的海洋文化。

农耕文化占主导地位

农耕文化在我们五千年文明史上占主导地位。草原文化建立过全国政权，就是元代蒙古人建的草原政权。有人就说元代不是中国的，我觉得这是违反历史事实的，也是不可以接受的。

我在蒙古乌兰巴托参加过一个国际学术研讨会，我说蒙古在元代、明代、清代都属于中国，蒙古一位教授说在元代中国属于蒙古，我们俩就争论了一下。散了会这位蒙古教授跟我说，他们政府的观点是元代中国是蒙古的，但会下他是学者，同意我的观点。

我们考证，成吉思汗出生在中国，蒙古一些学者说他出生在蒙古。草原文化建立过的大一统政权就是元朝，我们要承认元朝是蒙古族建立的，但是政权是中国的。那么森林文化建立过政权没有？清朝是森林文化建立的全国政权，清朝是中国的，还是满洲的？这是原则问题。清朝是中国的，满洲（其前身为女真）是中国诸多民族中的一个民族。

农耕文化、草原文化、森林文化都建立过全国性的政权。高原文化建立过地域性的政权，如南诏、吐蕃，但是属于局部、地域性的政权，不是全国统一的政权。在中国五千年文明史上，海洋文化从来没有建立过政权，处于比较被忽视的地位，这是海洋文化在中华文化当中一个短板。

文明史从甲骨文开始

回顾一下中国历史，有记载的文明史是从甲骨文开始的，到现在

3000 年多一点。之前的三皇五帝时期，包括夏朝，我个人把它叫做考古的历史和传说的历史。从有甲骨文的商朝开始，就变成了有文字的历史、文明的历史。所以，中华五千年文明历史可以分作两段，前一段是考古和传说的时代，后一段是有文字记载的文明的历史。中国有文字记载的文明的历史从商朝开始，然后是周朝，商、周两个朝代最高执政者都是称王，我把这两个朝代叫做王朝的历史。从秦始皇（公元前 221 年）开始到清宣统三年（1911 年），总共是 2132 年。这 2132 年的朝代，最高执政者都是称帝，为帝制时代。中国帝制时代的历史，大数算是两千年。这 2132 年的帝制时代历史，可以分为前后两段，从秦始皇到唐末为前段，大数算 1000 年；两宋、西夏、辽、金、元、明、清为后段，大数算也是 1000 年。

从商到周，从春秋到战国——春秋五霸，战国七雄，打来打去，我们可以看出一个历史现象，就是农耕文化在斗争和融合中发展。这 1000 年变化很大，是经济文化大发展时期，也是经济文化大融合的时期。春秋五霸，战国七雄，各方国之间，各诸侯之间，今天互为盟邦，明天互为敌人，合纵连横，彼此争霸。

东周分春秋和战国，打来打去，我算了一下，就是八块，北方四块、南方四块。北方四块，第一是齐鲁文化；第二是燕赵文化；第三是秦晋文化；第四是河洛文化。江南也是四块，第一是吴越文化，以今江苏苏州、浙江绍兴为中心；第二是湘楚文化，主要在湖北、湖南；第三是巴蜀文化，今四川一带；第四是岭南文化。到公元前 221 年，秦始皇统一六国，文化大发展。殷商甲骨文，周朝钟鼎文，商周青铜器，西周石鼓文，都是这个时期的华夏珍宝；孔子的《论语》，老子的《道德经》，《诗经》的情志，《周易》的智慧，《孙子兵法》的谋略，屈原《离骚》的文采，诸子百家，竞相争鸣，那个时代的思想精华令人惊叹，影响世界。

草原文化进入中原

这个时期在人类文明史上闪烁了一道光辉，有碰撞、有斗争，为此付出了巨大代价。司马迁说："屈原放逐，乃赋《离骚》；左丘失明，厥有《国语》；孙子膑脚，《兵法》修列；不韦迁蜀，世传《吕览》；韩非囚秦，《说难》、《孤愤》。《诗》三百篇，大底贤圣发愤之所为作也。"这个时期森林文化、草原文化已经存在，但是没有登上中国中原历史的文化舞台。中原历史文化舞台上演着汉族农耕文化之间的争夺。秦始皇统一了六国，主体民族应该叫秦，但为什么不叫秦而叫汉呢？我个人认为，第一，秦朝时间太短了；第二，秦始皇焚书坑儒得罪了念书人，念书人没有权、没有钱，但是他们有话语权，这样就把这个新型的统合的民族叫汉族，因为刘邦建立的是汉朝，所以我们通常都叫汉族。

从秦始皇以后到唐末，中原文化继续融合。历史出现新的因素，就是草原文化进入中原。西汉刘邦在平城（今山西大同）被匈奴包围了七天七夜，差点就被抓住了。他的谋士给他出个策略，什么呢？第一，用美女；第二，用金钱。买通了，他就跑了，没抓住他，抓住之后历史会另写。这就是对中原农耕文化的挑战。

草原文化给中原地区带来的矛盾和冲突一直到唐，这个时期文化繁荣，气势博大，令人震撼。秦陵兵马俑、汉墓马王堆，司马迁的《史记》、王羲之的书法、阎立本的绘画、李杜的诗篇，大唐宫殿、敦煌壁画、龙门石窟，张骞出使西域、玄奘西天取经……都向全世界展示中华文化盛大光明，东西交流，盛况空前。但是在这场文化冲突和融合当中，有牺牲，也有奉献。比如，王昭君出塞和亲，蔡文姬的《胡笳十八拍》，木兰从军的传说，文成公主的故事，既奏响民族融合的乐章，也含着贵族闺秀的悲歌。

我们缺乏海洋文化基因

历史到了第三个 1000 年，东北森林文化崛起，逐渐进入中原，争夺中原统治权。最开始是安禄山，从现在的北京出发一路打到洛阳，往西又打到长安，唐玄宗带着杨贵妃跑，在路上杨贵妃自杀了，也有人说给勒死了，或者出家做尼姑了，或者到日本了，我们今天不去考证。之后，女真崛起；而后，蒙古勃兴。蒙古重新统一中国，建立元朝。再后，满洲崛起。满洲人是女真人的后裔，从山海关外打到北京，一直到占领广州。史可法抗清，也是这次抗清浪潮中悲壮的一幕。"扬州十日""嘉定三屠"等，都是这场冲突当中的历史悲剧。

我国缺乏海洋文化基因，但有人就说了，永乐帝派郑和下西洋，怎么说我们没有海洋文化基因呢？永乐帝的爸爸是朱元璋，小农出身，当过和尚。朱元璋父子有典型的农耕文化的基因。他派郑和下西洋，不是为了发展海洋文化，开通海道，建立海权，而是为什么呢？第一，为了寻找建文帝下落；第二，为了宣扬大明国威；第三，为了获取香料等物品。当然，也进行了一些贸易，但后来就实行海禁了。

元朝也没有海洋文化基因，有证明吗？有啊，忽必烈派军队到日本，10万军队驾船过去，差一步就登岸了，但一场飓风来了，船翻了，活着回到元大都的寥寥无几，"十万之众，得还者三人耳！"诸位，10万人，只有3～5个人活着回到大都。这次失败原因很多，其中一个重要原因是他们没有海洋文化基因，不了解海洋气候、海洋风信、海潮规律等。

明朝戚继光是中国历史上一个反抗外来侵略并且取得胜利的英雄。戚继光之所以能够打败倭寇，原因很多，其中一个原因就是戚继光有海洋文化知识。戚继光是山东蓬莱人，蓬莱水城有水兵、有船队，他知道涨潮退潮、信风海流等规律。

我们缺乏海洋文化意识

清朝还是马上民族，骑马射猎可以，海洋文化基因没有，努尔哈赤没有，皇太极没有，多尔衮没有，顺治没有，康熙也没有。从有甲骨文开始到清朝3000多年，海洋文化一直是中华文化的短板。

到了近代，我们国家遭受外国侵略，英国从大西洋过来，穿过印度洋，到太平洋，到了广东广州。我们没有强大的海军对付它们呀，又往北打，打到定海、南京，割地赔款，鸦片战争失败。不知道光皇帝思考了没有，我为什么失败了？我觉得他没有。没有检讨文化上的原因，我们缺乏海洋文化意识，海军不行，海上防御力量不行。

第二次鸦片战争，英法联军又从海上打来，清朝又失败了，但还是没总结海上问题。之后好一点，买了几艘船，开始训练北洋海军，但是没有提高到国家战略应有地位重视海军，否则他们不会拿着买军舰的钱修颐和园，为慈禧过生日。结果甲午海战又打败了。

康熙帝晚年说："海外如西洋等国，千百年后，中国恐受其累。此朕逆料之言。"他告诫："国家承平日久，务须安不忘危。"康熙帝的预见很可贵，但遗憾的是他既没有在理论上、制度上做出创新思考，也没有在政策上、措施上做出具体安排。他的子孙很快把这句话忘记了，在海上一败再败，大清帝国覆亡了。

建设世界一流的海洋强国

辛亥革命之后，民国时期同样没有建立一支像样的海军。蒋介石还是传统的农耕文化观念，缺乏海洋意识。淞沪会战中日双方接近70万军队，在上海附近对垒。开始国民政府军占主动，日本侵略军被动，怎么我们又输了？就是日本海军组织力量从杭州湾强行登陆，我们海军防御不够，日本人上岸以后，从海陆两面夹击，国民军被动了，淞沪抗战失败了，接着南京丢了，武汉丢了，长沙丢了，广州也丢了！

新中国成立后，我们建立了海军，但是应有的重视不够。我们没有航空母舰，美国、英国有，印度、泰国有。堂堂中华人民共和国，13亿多人口，我们不但要有航空母舰，而且要准备迎击外敌侵略。中华民族5000年来缺乏海洋文化基因，不是一个人的问题。3000年中华文明史给了我们一点启示：发展海洋文化，建立强大海军，建设海洋强国，制定海洋方略。我们要有海洋发展方略，由被动变成主动。

之所以回顾 3000 年历史，我个人有一点感受：过去这 3000 年，农耕文化、草原文化、森林文化在互相争夺。从 2001 年开始以后 1000 年，人类大国之间的竞争是一个天上、一个海上，天上我们今天成绩很大，海上如果没有强大海军，抵抗不住他国的侵略，将来还会被动，还会挨打。今天有一个数字，就是到现在为止，我们国家的陆军、海军、空军的比例多大？陆军 72，海军 11，空军 17，就是 72∶11∶17；美国多少？美国是 4∶3∶3。这就看出我们海洋文化的差距。现在北冰洋又热闹起来了，我们没有强大海军行吗？一艘航空母舰行吗？两艘行吗？把我们的海军建成世界一流的强大海军，包括建设世界一流的海洋强国，中华民族在未来 100 年或者更远一点才能立足于世界文明之林，否则还要被动挨打。我研究海洋文化有这么一点体会和心得，和在座的诸位共同交流和讨论。

成功者的共同借鉴

我学历史有 60 年了，我喜欢看历史人物传，看完了我发现，历史人物成功者少、失败者多。清朝举办科举考试，在北京参加考试的生员有多少人？1 万人左右，多的时候到两万人。金榜题名的有多少人？少的时候八十几个人，多的时候 300 多人，清朝平均 300 人左右，绝大部分人名落孙山。就算中了进士，进入 300 多人之内，你取得就业资格，但不分配工作。什么时候分配啊？哪个知县缺了，有一个坑了你再补，有的人等了二十几年还没有安排。即使做知县了，你想做点事情难着呢，各种关系错综复杂，大部分知县干到退休，还是觉得自己的抱负没实现。少数人升到知府，官不小了，相当于正厅级干部了，你看那个知府级别的回忆录，大部分人还是不满意。到了侍郎、尚书、大学士这一层，很多人都不满意，写报告辞职，皇帝压着不看，不批。我见过有个人最多写了 120 多封辞职报告，你说他心里多难过!

搞历史的人,要研究为什么这个人成功了,为什么那个人失败了。要总结经验、教训。成功者的共同原因有四句话:第一,天合;第二,地合;第三,人合;第四,己合,自己跟自己合。所有失败者的共同原因是:第一,天不合;第二,地不合;第三,人不合;第四,己不合。

下面具体说说吧。

天时很重要

第一,天合。这个天是什么意思?是儒家的那个"天理"的天吗?不是。是气象的天吗,刮风下雨的天?不是。我把它概括为历史哲学,所有人办什么事情必须符合天时,逆了天时肯定办不成。

古代北京叫什么呢?明清都叫顺天府,南京叫应天府,沈阳清朝叫奉天府,嘉靖皇帝的老家叫承天府,都以天命名。努尔哈赤年号天命,不是随便起的,皇太极年号天聪,都带天。任何一个人,人生首先要处理好跟天的关系。怎么处理?天对任何人公平,不因为你有钱对你恩惠,因为你有权有势对你另眼相看,男女老幼、贫富贵贱在天面前是平等的。

问题是怎么对待天,这就有学问了。朱元璋不就是皇觉寺一个小和尚嘛,怎么成明太祖了?朱元璋赶上了500年一遇的大天时,早了不行,晚了也不行。明朝正强盛,李自成坐天下行吗?康乾盛世,黄花岗72个烈士能推翻清朝吗?肯定推翻不了,晚了行吗?晚了也不行,天时很重要。

一个人的聪明才智,一个重要的表现就是合天时。不早不晚,顺应着天时活动就成功了,逆天时就失败了。多尔衮和李自成山海关之战,诸位,就差三天,吴三桂跟多尔衮联盟,形势改变了。我看了一个二战材料,当时苏联和德国即将进行一场重要战役,苏联元帅提前10分钟采取行动,就把德国军队摧毁了,这个天时太重要了。

聪明人要善于借天时发展自己。聪明人一个重要表现就是善于巧妙地利用天时、借用天时来发展。深圳发展到拥有1000多万人口的国际大城市，就是借了改革开放这个天时，没这个天时行吗？个人也是如此。

第二，地合。谁也离不开地，古今中外、男女老幼、白人黑人皆然，多聪明的人、多伟大的人你也离不开地，跟地不合肯定不行。要动脑筋研究这个地的特点，怎么结合自己来发展，这叫借地利。1958年"大跃进"跟地不合，人有多大胆，地有多大产，一亩地产小麦30万斤，那肯定失败，怎么跟地合？一定要利用地方特点来发展。苏北有一个贫困县，现在生活很好了。起初这个县县委书记想跟地合，但这里工业不行，交通不行，没法发展。他经过调查，发现这个地方可以做海港，10万吨的轮船可以直接在这里停靠，而且储油储气仓库可以直接建立在海边。这么一来，这个县的经济很快改善了。人生经历的事情千千万万，一生能办好这样一两件大事就很好了。

第三，人合，就是跟人之间的关系合。这个非常重要，大家都深有体会，我今天就不多讲了。

第四，己合，跟自己合。这个"己合"别人没说过，有人说是我第一次说。这我没查。我看历史上的人，最大的问题就是跟自己不合，跟自己较劲。具体来说就是三个平衡。

其一，生理平衡。人生下来生理不平衡，所以老闹病。怎么主动来管理、调整自身的生理平衡？只有生理平衡，才健康长寿。我们共同修炼，努力促使自己生理平衡。

其二，心理平衡。最难的是心理平衡，烦躁啊，生气啊，睡不着觉啊。我比较关注80岁以上人的健康情况。健康长寿其中一个最重要的因素，就是心里坦荡，生活乐观，不断修养这颗心。要心里坦荡，生活乐观。我出了5本论文集，有人建议我搞一个自选集，其实，真正具有学术水平的学术论文有几篇？读起来有味道，百年后还能看的论文又能有几篇？人生不用贪多，像那个县委书记做好一两件事情就很不错了，但是我们往往花太多时间处理具体事务。

其三，伦理平衡。要注意伦理道德修养。

上面所说三个平衡要时时注意、处处注意。有记者问，阎老师，你做到"四合"了吗？"四合"是个过程，生命终止之前就要不断调整，要不断跟天合、跟地合、跟人合、跟己合，来维护人与天、地、人、己之间的平衡。

我有个想法：人生有三个 30 年，第一个 30 年，主要是学习，有爹妈、老师管着；第二个 30 年，主要是工作，有领导管着；第三个 30 年，从 60 岁到 90 岁，真正属于自己，要生活得更健康、更丰富、更幸福并更有意义。

最后，努力使自己成为什么人呢？正如《大学》所说的："大学之道，在明明德，在亲民，在止于至善。"大家共勉。

四

科学创新

工业4.0：制造业的未来

史世伟

史世伟

德国波茨坦大学经济与社会科学
博士，对外经济贸易大学教授，
区域国别研究所欧洲中心主任。
中国欧洲学会德国研究分会理
事，国家发展和改革委员会国际
合作中心特约研究员，北京大学
德国研究中心兼职研究员。已出
版《中德经贸关系研究》《德国
国家创新体系与德国制造业的竞
争优势》等著作8部，发表学术论文40余篇。

工业4.0概念引起极大关注和认同

什么叫工业4.0？

工业4.0是德国联邦教研部与联邦经济技术部在2013年汉诺威
工业博览会上提出的概念。它描绘了制造业的未来愿景，核心内容就是数字化与智能化。工业 4.0 的核心技术就是我们现在说的信息物理融合系统，就是 CPS，以及制造业使用的物联网、数据网和服务网。

工业 4.0 概念在欧洲乃至全球工业领域都引起了极大的关注和认同。

信息物理融合系统 （CPS） 是一个综合计算、网络和物理环境的多维复杂系统，通过 3C （Computation，Communication，Control） 技术的有机融合与深度协作，实现大型工程系统的实时感知、动态控制和信息服务。CPS 实现计算、通信与物理系统的一体化设计，可使系统更加可靠、高效、实时协同，具有重要而广泛的应用前景。

信息和物理怎么融合起来？主要通过一个嵌入系统。等于每个零件、每个物品里面都带一个计算机，它才能相互计算。通过指令，它就可以识别。大家都知道，最早埃尼研究出大计算机，当时每个企业都有一个大的计算机中心系统，所有的人都要用那台计算机。像德国企业，一般都有一个计算机部门，有一台大计算机。微软发明了操作系统之后，微机发展了，后来有了智能手机，手机也可以作为一个虚拟对象，发出不同指令。实际上这些计算机都嵌入各个物体之中。比如一只鞋，有一个传感器接收各种指令。

工业 4.0 的由来

为什么叫工业 4.0 呢？每一次工业革命都有核心技术出现。

最早是蒸汽机时代。1784 年，出现了第一台机械织布机。之前都是用水力推动的。而且，基本上都是人工来织布。后来出现了第一台蒸汽机，逐步实现了机械化，就是第一次工业革命，机械化 1.0。后来，蒸汽机发展到运输系统。

接着是第二次工业革命。电器时代用电，功率更大，推动了很多机器运转，可以实现大批量、流水线式生产。1929 年，福特汽车组成第一代流水线，汽车开始为平民所拥有。1970 年，辛辛那提屠宰场开始大规模生产。

第三次工业革命，就是电子信息技术的使用。从 20 世纪 70 年代开始，它的标志是我们叫程控交换机的逻辑控制器，机器人的功能越来越多。

第四次工业革命，就是刚才讲的核心技术信息物理融合系统，是德国在 2011 年提出来的。

工业 4.0 是制造业的未来。这个未来将带来什么样的变化呢？我总结了三个方面。

第一，它可以使生产灵活化和智能化。由于借助物联网信息物理系统，人和物可以联网，物和物也可以联网，它就可以制造大量工业化的产品。制造智能化，很小的变化，新的设计，都可以很快地反映出来，这是从产品角度来看。另外，整个生产过程，它也用智能控制。创新一般就是说产品创新和流程创新。流程创新最关键的目的就是降低成本，使得生产决策最优化和产品成本最小化。进一步说，由于它的这种产品完全是另外一种样式，不是那种大众化的产品，顾客可以充分参与制造。这样，整个产业链就不像以前这样了。靠技术来推，或者靠消费者拉动，这是一个网络化的过程。出现了一个新的产业链和新的商业模式。

第二，它有巨大潜力，能克服当前人类面临的重大挑战，如气候变化、环境污染。它使得资源和能源利用达到最优，生产率大大提高。

第三，它能够通过智能化的辅助手段，使人类的劳动生命延长。分散化的生产模式能够达到工作和生活平衡，创造一种新的工业与生活结合的模式，可以用来更好地应对人口老龄化带来的挑战。虚拟对象和物的这种连接，很多指令全都用语音，实际上体力劳动非常少。由于全用网络贯通，大家不用集中到一个工作岗位，未来的工厂都很分散，很多人可以在自己家里工作。工作和生活模式会改变。

工业 4.0，将产生高精度、高品质的标准，实现大品种、小批量生产，能源、资源利用率非常高，实现可持续发展；另外，智能工厂会减少污染，对交通也很有好处。

德国的对策

德国怎么实施这个愿景呢？为了实现工业 4.0，德国实际上在推动双元战略，并不是一步就实现工业 4.0，而是继续贯彻将 ICT 技术与传统高生产技术深度结合的路径，就是信息化与工业化深度融合，保持德国装备制造业全球领先的地位。德国制造业继续在 3.0 上保持自己的领先地位，但是装备制造业开始着力对 CPS 主导的市场进行研发与开拓。

在这个基础上，德国从三个方面来做。

第一，对不同层面的生产系统的纵向集成。它的架构是这样的，就是这个工厂在中间，而刚才讲的物料，全都嵌入系统，都是智能化的。它有一个 App 平台，这个生产模式特别好，大量中小企业可以参加进来，除了大型的生产企业之外，很多中小企业就在 App 平台里面再生产这个系统。服务业都可以纳入这里。在工业 3.0 情况下，它都已经是自动化的程序了。这些东西完全融合在一起，而且可以用语音操作，硬件用软件全部连接起来，等于完全虚拟化了。这种智能工厂通过人机联网、物联网、信息物理系统，全部连成一片。智能物料机房之间可以通信，零件之间可以通信。

第二，对价值网络的横向集成。一个产品不光是生产，它要有设计，还要有售后服务，整个价值链包括市场营销、销售、售后服务，整个价值链就叫横向集成。把这些东西横向集成，就是通过联网来实现的。

第三，整个价值链的工程技术和数据化实现了贯通。工程师要对整个工程过程进行监控。

最后，不仅仅是产品生产问题，通过把所有的指令、命令、服务贯穿和互联，人类生活的各方面将全部智能化，包括 CPS 平台，比如智能电网、智能工厂、智能建筑、智能家庭。

有这样一个例子。现在顾客想要一台汽车，顾客可以自己设计，工程师对整体的生产规划与工程进行监控。从设计、监控，全部实现了自动化，生产设计成本可以节省 40%，而生产本身的成本可以节约 30%。

当时德国提出工业 4.0，它有一个实施建议。实施建议讲，除了对 CPS 进行研发外，工业 4.0 应该作为一种工业革命，实际上，它还包括很多内涵，比如标准化、网络安全等。一个关键的云计算给破坏了，整个生产可能就瘫痪了。如果全社会都连在一起，整个国家可能瘫痪，如果路口全部混乱，那么电也输不上来。所以网络安全十分重要，可以上升到公民安全的高度。

工业 4.0 比较新，很多情况下德国把它看成 2020 年的愿景，它还是比较谨慎的。

德国工业 4.0 提出的背景

下面讲一下德国工业 4.0 提出的背景。

为什么德国提出工业 4.0？首先，因为德国本来就是世界工厂设备制造商，国际竞争力非常强。数字说明，德国在主要工业领域综合排名第一。在企业 100 强里，22 个是机械和设备制造业。其次，应对美国的互联网优势。美国没用工业 4.0 这个词，它用了工业互联网替代。美国其实也在搞先进制造业，也在进行同样的工作。现在，亚洲新兴工业国家在机械设备领域追赶很快，比如中国、印度，德国夹在中间了，同拥有最高科技的美国有差距。在磁芯技术等方面，它受到中国等国的挑战。

世界装备制造业的份额是这样的，德国第一，占世界产品的 12%；美国第二，占 10%；中国第三，占 8%。从制造业角度讲，从 2002 年到 2011 年，发达国家差不多缩小了 20 个百分点。中国、巴西、俄罗斯、南非、印度，从 12.29% 增加到 28.55%；中国从 2002 年的 8.34% 增加到 20.82%。德国坚持不放弃制造业，它要保持这个优势。

工业4.0也是德国政府高科技战略的一部分。2010年，德国政府提出高科技战略计划，提出五个主导市场，即气候和能源、健康和食品、交通工具、安全和通信，还有九大核心领域。德国特别讲究政策的持续性和演化性。

2013年4月在汉诺威工业博览会上，在德国工程院、弗劳恩霍夫协会、西门子和博世等学术界和产业界机构提出实施工业4.0计划之后，政府把这个安排正式纳入高科技战略。计划投入2亿欧元的资助资金，好像不多，但西方国家的政府不像中国政府，它没有那么多资源。像这种高科技战略，在德国历史上也是第一次。它们还是相信市场，政府只是起辅助性作用，不会拿出很多钱来。2014年李克强总理访问德国，在"中德合作"中就有一句话：中国和德国认为，发展工业4.0主要是企业自己的事情。

德国为什么敢于提出这个？因为德国有悠久的多元化、高质量生产的传统，它有很强的创新能力，可以提供世界先进水平的嵌入系统。世界有三大专业局——美国专利局、欧洲专利局和日本专利局，以人口平均专利申请数量论，最高是德国。德国是名副其实的世界冠军。

对中国制造业发展的意义

再讲一下工业4.0对中国制造业发展的意义。

中国制造业的发展有两个原因。第一，这些年大量投资，比如说房地产。当然，现在能看到一些弊端，产能过剩。第二，出口。日本先把劳动密集型产业发展起来，在20世纪70年代转移到亚洲"四小龙"。到了90年代，亚洲"四小龙"再把比较低端的资本密集型产业转移到中国大陆，使中国制造业发达起来。我们采取了大进大出的策略，我们主要承接中间制造环节。

2001年，中国加入WTO。中国加入WTO非常重要，大量的跨国公司直接在中国生产。中国出口突飞猛进，像手机、家电、电子信息产品，基本都在中国生产。另外，中国有巨大市场。

现在出现一个问题，即中国制造业大而不强。因为我们主要借鉴别人的技术、管理经验，自主创新不够。实际上一般都先模仿再创新。像日本仿效德国，更早，德国模仿英国，后来才逐渐改进。另外，创新有个过程，特别需要人才，以及制度创新。

中国要承认，资本投资有一个边际效益递减问题。由于劳动成本提高，你再搞过去的价格竞争、低廉投入，无法维持了。所以，现在要实现结构转型，把中国制造变成中国创造。中国制造的产品在竞争力、高端、高质量、多元化等方面需要提高。

中国政府制定了《中国制造 2025》规划，描绘下一步蓝图。针对德国提出的工业 4.0，中国工信部和中国工程院牵头，推出了《中国制造 2025》，加快从制造大国转向制造强国，实现"弯道超车"。中国的追赶速度非常快，德国感到受到威胁，所以才开始要从 3.0 发展到 4.0，进一步占领技术和科技革命的高地。

中德两个规划，有什么相同点和不同点呢？相同点是都强调新一轮科技革命和产业革命的主要特征是信息技术与制造技术的深度融合。德国瞄准新产业革命，而中国从 2.0、3.0 向 4.0 推进，最终在 4.0 同德国会合。自动化这方面还有很长的路要走。而且，我们强调两化融合，实际还是 3.0 阶段。

现在机器人发展非常快，制造业增长也非常快。在 3.0 方面，还要向德国学习。在 2025 年争取和德国会合，这是一个非常远大的目标。

中德合作的机遇

然后，讲一下在工业 4.0 方面中国与德国的合作。

从整个欧盟来讲，欧盟是中国第一大贸易伙伴，贸易额超过 2000 亿欧元。从技术转让这方面讲，德国硬件方面排第一位；在软件方面，美日要超过德国。相对来讲，技术转让德国还是比较慷慨的。

德国是非常依赖出口的国家，外贸额占国内生产总值比例是80%，居世界第一。中国有非常高的外贸出超，不过才2000亿美元，而德国是2000亿欧元。当然德国58%的贸易在欧盟内部进行，因为欧盟内部市场一体化，没有关税，促进了贸易发展。另外，人家已经把欧盟整体看成一体了。

中德为什么合作这么好？关键是两个国家经济互补性非常强，文化也有些相近。比如中国人比较节俭，德国人也比较节俭；中国人不是那么盛气凌人，比较喜欢和谐，以和为贵，德国人也有这种特点。两国最关键的还是互补性。我们需要德国的技术，特别是中国有非常强的装备制造业，包括汽车。而德国需要中国市场。

两国于是有了政府磋商中的一个《中德合作行动纲要：共塑创新》。其中，工业4.0作为一个独立标准被着重提出来了，成为未来中德合作的重要领域，这是在2014年。之前，德国人，特别是企业，在工业4.0方面不愿意和中国合作，它认为中国制造业已经是它的竞争对手。另外，在知识产权保护方面，中国有一些不好的声誉。

但是，2015年马凯副总理去了之后，有些具体的合作成果。两国建立了"中国制造2025"和"德国工业4.0"联合工作组，共同推进两国纲要实施。而且，双方已经有一个非常明确的合作机制。原因就是我刚才讲的，优势互补、互利双赢。

德国在高端制造业方面非常强。其实美国、日本、法国也有很好的机械制造企业，为什么德国相对来讲更成功呢？因为德国企业的适应性比较强，很多都是百年老店，有很多这方面的经验，对顾客的需求反应非常快，售后服务好。尤其在整体解决方案方面，德国工程师能力强，跟德国的教育传统非常有关系。

德国人很多创新都是流程创新，主要在提高质量和减少成本这方面做得非常好。它的东西质量好，又相对便宜，这就是德国的特点。

另外就是嵌入系统。刚才讲的传感器，这方面德国做得特别好。工业4.0非常重要的就是你要靠嵌入系统，每个产品都是智能产品，这方面比较强。另外，企业管理软件 SAP，就是整个企业资源管理的软件，做得很好。此外，还有网络安全系统，德国在世界上也处于领先地位。

大众创业、万众创新

中国的优势在什么地方呢？

一是互联网技术。大家知道有华为、中兴、腾讯。当然，腾讯主要从社交网络、商业角度开发产品。商业互联网今后也很重要。我们现在主要讲制造业。我们也有比较好的企业，比如华为、海尔和联想。

二是市场优势，市场巨大。现在讲大众创业、万众创新。风投只有 20% 的成功率。德国市场非常小，吸引的资金就比较少。巨大的市场对于新的产业革命是非常重要的因素。欧盟有 5 亿人，市场大。所以要搞欧洲经济一体化。但欧盟说的四大自由，实际上只是在资本自由和货物自由方面做得比较好。在人员流动和服务业方面，欧盟国家之间还存在很大限制，不能跟美国与中国比。

三是资金充裕。通过这么多年的发展，中国积累了大量财富，光外汇储备就 14 万亿元（2 万多亿美元）。我们的企业可以走出去收购一些企业，或者跟它们联合入股。这样，我们可以很快地掌握它们的一些技术。中国在海外的投资已经不再是资源性的了，主要是技术性的，就是收购一些我们感兴趣的高技术企业。资金给我们提供了很好的后盾。另外，由于国际金融危机、欧债危机，欧洲没有钱，它们的很多企业难以为继。我们可以利用这个机会。

除了技术，我们还能够从德国学习到什么呢？我们讲创新，狭隘地理解就是技术创新，现在我们说创新至少还包括组织创新和市场创新。组织创新，和我们讲的制度创新很接近。

我在这里总结了一点。我现在研究国家创新系统这个概念。国家创新系统提出来，一个很重要的原因是，人们对创新的理解不同。创新不仅是概念的外延扩大，还包括对创新本身的理解。发明想法并不是创新。创新是企业家的行为，企业家把这些想法拿来商业化。企业家敢吃第一只螃蟹，大家就要模仿它，技术就扩散了，就是三段式：发明、创新、扩散。

创新不仅仅是直线或者两边推的过程，它根本就是网络性的，是一种网络性的系统化。网络之间会产生互动。创新系统是指公共和私营部门中间发起和扩散的新技术活动和互动的制度和组织网络，相当于一种网络型活动。当然，现在也有分类，有国家创新系统、区域创新系统、行业创新系统、国际创新合作网络等说法。

德国经验

德国的创新系统有什么特点？从政治上来讲，德国是一个联邦制国家。在德国州相当于一个小国家，有自己的宪法，一些研究机构非常有名，它们的经费由联邦和州共同负担，通过法律协议的形式搞出来。

从历史发展来讲，德国的政治、经济、科学是独立的。州政府和联邦政府在某种意义上平起平坐，并不是中央和地方的关系，而是职能上分配的关系。还有，德国的大学全都是州政府管的。德国大学都是公立大学，但是它由州管理，每个州都不一样。

德国高校搞科研和教育，它还有所谓公立科研机构，分工非常明确。马斯克·普朗克协会搞基础研究，而弗劳恩霍夫协会也搞基础研究，但是更多的是把这些研究成果进行应用。赫尔姆霍茨联合会研究所比较少，只有16个，但是它的经费最多，整个联邦政府的研发投入大概有600多亿马克，它就有100多亿马克。因为它执行国家大的项目，而且它有大的设备，比如加速器，这种设备供大家共同使用。不像我们国家，条块分割，科学院设备只能供科学院系统使用。莱布尼茨学会比较大，成立比较晚，主要是在原来东德科学院的基础上成立。它跟前三个协会的区别在哪？前三个协会除了研究所，有协会总部，总部很有权力。因为科学是独立的，虽然国家拨了钱，但在立项上国家没有任何发言权，发言权全在学会，项目全是科学界自己决定。但是莱布尼茨学会有点不一样，它没有总部，钱直接给研究所。它有 60 多个研究所，它的力量不像前三个那么大，研究所相对比较小。另外，德国有很多咨询机构，就是我们讲的智库。它还有很多中介。政府的这些钱有时候不是政府直接给的，而是通过德国研究协会等，还有一些公立和私立基金会。另外，一些商会、工业协会，都属于非常重要的中介，在创新组织管理方面起到举足轻重的作用。

德国非常重视中小企业，有一个工业研究协会联盟组织，半官方性质，它自己也筹一部分钱。

德国是研究型大学的先驱，也是技术类学位的先驱，现在还有 28 所技术大学，非常著名，都是在 19 世纪最后 20 年建立起来的，以前的大学一般是注重哲学、法律、神学，技术不登大雅之堂。1899 年，德皇下命令，使得德国的技术大学在世界上第一个承认工程师学位。现在这些大学共同成立了一个叫德国技术大学联盟的组织。

20 世纪七八十年代，德国又成立了很多应用技术大学，没有博士授予权，不搞研究，主要搞应用。有很多教授直接来自企业，这些大学跟中小企业合作非常紧密，有时候联合搞一些项目。工业研究协会也是非常重要的中介，政府对很多中小企业的赞助，通过它来发放。它实际上是一个私立的产学研联合开发通用技术的平台。所以，科研资助体系非常重要。在我们国家很少利用这样的中介机构。德国现在的研发经费差不多占国民总值 3%，其中政府只占 0.8%，大量是企业自己开展研发。像西门子除了应用研发，也做基础性研发。从历史演化来讲，德国的大学、企业、协会就有一个很好的协调，部门之间的协调形成协同创新。

我们向德国学习，就是我们在创新系统方面，不要把创新只看做简单的直线性过程。另外，就是实施目标明确、辅助性强的政府创新促进政策。过去德国科技政策、产业政策比较偏重于研究和技术开发，也有一些认识误区，现在比较重视创新了，提出制定战略性的创新政策。政策的重点，尤其在于促进大学和公立科研机构、企业的合作。

现在德国的创新政策有两个重点，一是创新集群，一是中小企业创新促进政策。其实集群就是一个地域化的合作网络。而创新集群，特别强调集群有创新作用。除了集聚经济，还有大量知识溢出的特点。在19世纪90年代，实际上就有产业集聚了。当然，当时产业集群还没有特别多的溢出效益。到了20世纪70年代，出现了所谓产业集群。比如汽车产业集群，如日本就特别讲究零库存，日本丰田特别强调总装厂和配件厂的紧密合作，所有的配件厂离总装厂距离不能超过两公里，可以节约大量成本。另外，强调共同研发，总装厂会给它的一些配件厂提供研发资助。

20世纪90年代，创新集群一个最典型的例子就是硅谷。以前硅谷还是比较企业性质的，现在它完全开放了，企业之间价值链、知识链交往非常密集。另外，它往往同大学交往密切，同斯坦福大学、美国麻省理工学院。我们国家现在建设科技园区，就是想把它发展成为创新集群。但是，像硅谷创新集群，在一定程度上是自发形成的。而科技园区往往是政府设计的。当然这也不是绝对的，政府主导的集群也可以发展起来。像台湾新竹就是政府设计的，很成功。

为什么要特别支持中小企业创新？因为创新具有高成本、高不确定性。中小企业由于规模限制，往往望而却步。另外，它有溢出效益。中小企业投入很多，初创企业不一定收益最多。后面模仿者有可能受益。所以中小企业需要政府赞助。

为中小企业提供发展机遇

最后，我们再回到工业4.0。德国政府的创新政策与工业4.0的关联在什么地方？刚才讲大企业与中小企业构建新的灵活的价值网络，更多的中小企业能够受益。工业4.0，通过德国政府促进，德国整个经济结构特别强调把中小企业纳入进来，更加强调信息化、智能化，中小企业可以参与到不同集群网络中去，通过软件实现生产过程的纵向融合、横向融合。

所谓融合，即智能工厂，主要是一些大企业，催生出"西门子"让它们搞。但是，很多通过云计算的多元化服务，需要中小企业参与。与以往相对封闭的集群网络相比，新的集群将变得更加开放，像硅谷这样的集群网络，大的生产商可以根据市场需求变化，与新的企业合作，取代那些能力不足的供应商。在整个工业 4.0 的创新网络里，竞争很激烈，以此提高整个集群的竞争力。而中小企业由于可以同时参加多个企业网络，它获得订单的机会大大增加，因为它生产各种应用。现在腾讯也建立了中小企业应用平台。这种平台应用可以参与智能生产，企业获得订单的机会增加了。

政府促进工业 4.0，很重要的原因是为中小企业提供一个很好的发展机遇。经济发展、经济稳定，很重要的是要解决就业问题，充分就业，社会才能稳定。而且，只有大家都赚到钱，消费才能上去。创造就业要靠中小企业，工业 4.0 也有这样很重要的作用。

今天我就讲这些。谢谢大家！

爱因斯坦与相对论

冯八飞

冯八飞

对外经济贸易大学教授，洪堡大学语言与语言学系博士生导师。北京洪堡论坛副主席兼秘书长，国家社科基金、教育部人文社科基金等评议专家，《南方周末》《经济观察报》《当代》等报刊专栏作家。著有《沉浮莱茵河》《永远的白玫瑰》《瞧，大师的小样儿》《谁杀了岳飞》等。

1905 年 3 月，26 岁的爱因斯坦给德国哈勒的《物理学刊》投稿 5 篇。

第一篇论文完成于 1905 年 3 月 17 日，标题是《关于光的产生和转化的一个启发性观点》（Über einen die Erzeugung und Verwandlung des Lichtes betreffenden heuristischen Gesichtspunkt），由《物理学刊》于 1905 年 6 月 9 日发表。

这是《物理学刊》至今为止发表过的最成功的文章，它把普朗克 1900 年提出的"量子"概念推广到光在空间的传播上，提出"光量子"（即光子）假说，第一次揭示了光的波粒二重性，而这正是量子力学的基础。论文中提出的光电效应成为众多现代技术的理论基础，包括我们今天普遍运用的激光。

这一设想于 10 年后由美国物理学家密立根（Robert Andrews Millikan，1868－1953）实验证实。1921 年，爱因斯坦因"光电效应定律的发现"获得诺贝尔物理学奖。

第一篇论文发表前，爱因斯坦已于 1905 年 4 月 30 日写完第二篇论文《分子大小的新测定》（Eine neue Bestimmung der Moleküldimensionen）。7 月，爱因斯坦将这篇 17 页的论文作为博士论文上交苏黎世大学。爱因斯坦此前曾向苏黎世理工学院提交过另一篇博士论文，惨遭退货。苏黎世大学虽然非常宽容，但再次退货，不是因为论文质量，而是因为 17 页篇幅作为博士论文实在是太短了。作为妥协，爱因斯坦又勉强加了几页废话，论文于 7 月底被接受。1905 年 8 月 15 日爱因斯坦将这篇文章寄给《物理学刊》，并最终发表在该刊 1906 年第 4 期上。1906 年 1 月 15 日，爱因斯坦凭这 21 页的论文在苏黎世大学获得博士学位。

爱因斯坦这篇论文发表于当时声誉最高的物理学杂志，至今为止，它是全世界物理学论文的被引用冠军。

1905 年 5 月 11 日寄出的是第三篇文章，灵感来自他在 5 月与好友贝索（Michele Angelo Besso，1873－1955）一起喝茶时。它与第一篇文章一起让爱因斯坦成为统计物理学的奠基人。论文名叫《关于热的分子运动论所要求的静止液体中悬浮小粒子的运动》（Über die von der molekularkinetischen Theorie der Wärme geforderte Bewegung von in ruhenden Flüssigkeiten suspendierten Teilchen），它被公认是第二篇"对世界产生革命性影响"的论文。

20 世纪初，科学界对原子是否存在还有争议，而爱因斯坦在这篇论文中创立了支配"布朗运动"的数学定律，证明了原子的存在。

什么是"布朗运动"？

19 世纪初英国植物学家布朗 （Robert Brown，1773 – 1858） 在实验中将花粉酒在水里，然后用显微镜观察，发现花粉总是不断沿"之"字形在水中不规则运动，这种现象后来被称为布朗运动。在这篇论文中爱因斯坦通过观测分子运动的涨落所产生的悬浮粒子的无规则运动来测定分子的实际大小，证明原子确实存在，从而结束了半个多世纪科学界和哲学界关于原子是否存在的争论。

3 年后法国物理学家佩兰以精密的实验证实了爱因斯坦的理论预测。这也是对现代统计力学的重大贡献，其方法直到今天还用于模拟空气污染物的飘动或股票市场涨落走势。

爱因斯坦于 1905 年 6 月 30 日完成的第四篇论文名字叫《论运动物体的电动力学》（Zur Elektrodynamik bewegter Körper）。灵感是爱因斯坦一天早上醒来时突然出现在他脑海中的，但其酝酿用了差不多 10 年。该文于 9 月 26 日在《物理学刊》发表，它将经典力学的相对性原理——时间、空间和同时性（Gleichzeitigkeit）引入物理学。

它标志着狭义相对论的诞生。

从科学发展上说，这篇论文提出了不同于牛顿的全新时空理论。

这个理论很复杂，我不是物理学家，只是个业余爱因斯坦爱好者。我试着来解释一下我所理解的这个理论。

爱因斯坦的意思是：

第一，我们无法确定相对静止的物体到底是静止还是匀速运动，因此不存在绝对静止的空间，一切静止都是相对的；

第二，光在真空中的速度永远不变而且不可超越，它与光源的速度无关。

这个意思是，对于站在地球上的人来说，以每秒 20 米速度前进的火车发出的灯光和以光速飞行的火箭发出的灯光，其速度是一样的，均为每秒 30 万公里，火车发出的灯光的速度不是每秒 30 万公里加 20 米。

再举个例子：如果一架透明飞机从我们眼前飞过，站在地球上的我们会先看见机头的空姐把一个碟子掉在地上，然后才看见机尾的男人喝了口红酒。可如果去问飞机上的乘客，他们都会说，是空姐碰落碟子的"同时"男人喝了口红酒。

光速不变定律彻底摧毁了牛顿的绝对时空观。爱因斯坦的这两个假设告诉我们，我们人类坚信了几千年的所谓"同时"，其实不是"绝对的"，而是"相对的"！

第三个例子：对于在北京生活的人来说，北京的白天和黑夜是不是绝对的？

是。

地球上的白天和黑夜是不是绝对的？

很容易跟着回答"是"。

其实不是。对于这个问题的回答得先明确地点。当北京是白天时，纽约正是黑夜。因此，地球的白天和黑夜其实是"相对的"，北京的白天跟纽约的白天不是一回事儿，至少肯定不是同时的。也就是说，不确定具体地点，我们根本无法回答这个问题。

也就是说，地球的时间跟月球的时间不是一回事。在宇宙中，时间是相对的。

最后一个例子："上"和"下"是不是绝对的？

17 世纪之前人类认为地球是扁平的。那个时候人类的"上"和"下"是绝对的。

1622 年葡萄牙航海家麦哲伦领导的环球航行证实地球是圆的。在圆的地球上，"上"和"下"就变成相对的了，因为北京的"下"，可能正好是纽约的"上"。

这篇论文还提出了著名的"尺缩效应"、"钟缓效应"和"质增效应"。

"尺缩效应"是说，如果有把尺子放在你面前，当它相对于你运动时，你会发现它变短了。

"钟缓效应"是说，飞机里的钟比地面的钟走得慢。

更加不可思议的是"质增效应"，它是说，高速运动中的物体，其质量（放在地球上说就是重量）会增加。例如，高速飞行的航天飞机上一筐 3 斤鸡蛋，如果我们地面上的人来称，会发现它变成了 30 斤。

作为《论运动物体的电动力学》的续篇、11 月 21 日发表在《物理学刊》上的第五篇短论文《物体的惯性是否决定其包含的能量?》（Ist die Trägheit eines Körpers von seinem Energieinhalt abhängig?）证明质量和能量可以互换，因此爱因斯坦提出"物体质量是其内能的一个尺度"。第四、第五篇文章是狭义相对论、广义相对论、原子弹和那个人类历史上最著名的公式"$E = MC^2$"的基础，具体我们后面再讲。

历史学家从此将 1905 年称作"奇迹年"。

英语的"奇迹"是"miracle"，拉丁文中是"miraculum"，即科学无法解释的超自然现象或事件，如基督教所称的耶稣的诞生与死亡。

"奇迹年"的拉丁文写成"annus mirabilis"。在西方科学史上只有三个"奇迹年"。

第一个奇迹年是 1543 年，这一年波兰天文学家哥白尼的《天体运行论》和比利时医生、现代解剖学创始人维萨留斯的《人体构造》双双出版，标志着西方科学摆脱神学开始探索宇宙和人体，拉开了西方科学革命的大幕。

第二个奇迹年指的是 1666 年。1665 年英国舰队在洛夫斯托夫特之战中大胜占绝对优势的荷兰舰队，拯救英国，1666 年 9 月伦敦城历五天大火而幸存，英国人认为这是上帝显灵保佑了英格兰。1667 年英国诗人约翰·德莱顿写长诗《奇迹年 1666》来歌颂这一年。后来这个词被用来特指牛顿，因为他 1666 年从剑桥回到乡间躲避鼠疫，结果发现了微积分、万有引力和光谱理论，即太阳光是由七种颜色组成的。

1909 年之后，这个词被用来指代爱因斯坦的 1905 年。

观察欧洲历史就会发现，欧洲天才最密集的时期是 17、18 世纪，那个伟大的年代，天才像流星雨一样密集降临欧洲，一直延续到 20

世纪初，欧洲也因此称雄世界。

事实上，1905 年不仅是革命之年，而且注定是奇迹之年。这一年，世界上发生了诸多非常事件，而很多非常事件都与爱因斯坦有关。

1905 年，维也纳一个默默无闻的青年医生出版了一本名叫《梦的解析》的怪书，遭到科学家同仇敌忾的口诛笔伐。这个医生后来向爱因斯坦抱怨："你真是幸运，当你发表自己的学说时，大家都承认看不懂，却赞成你的意见；而当我发表自己的学说时，大家都不懂装懂，而且还七嘴八舌地批评我。"

这个人是精神分析学说的开山祖师西格蒙德·弗洛伊德。他也是个犹太人。

据说卓别林也向爱因斯坦说过："我赢得了如潮喝彩，因为每个人都明白我的意思；而您也赢得了如潮喝彩，却是因为谁都不明白您的意思！"

卓别林，也是犹太人！

还是 1905 年，一个奥地利青年满怀热情地在维也纳的林茨里尔中学求学。他坚信自己是一个伟大的艺术家，一定会在历史上扬名立万。后来他确实让世界历史永远记住了他。爱因斯坦因为他离开了德国，而弗洛伊德因为他离开了奥地利。

他是希特勒，是个遗臭万年的独裁者。

而与希特勒一同在这所中学学习的，是赫然有"哲学史上百年一现的天才"之称的维特根斯坦。在一张近年发现的照片上，维特根斯坦在前排，而希特勒在后排，两人仅相距一臂之遥。希特勒在自传《我的奋斗》中说，他对犹太人的仇恨，就是因为维也纳的一个犹太人。有研究者推测，这个犹太人就是当时他的高富帅同学维特根斯坦。

同样在 1905 年，在遥远的新大陆美洲，一个年轻人步履轻快地走出了哈佛大学校门。那时他根本不知道自己 16 年之后会因为小儿麻痹症而被禁锢在轮椅上。更重要的是，他那时根本不知道世界上有个犹太人名叫爱因斯坦。34 年后他收到了爱因斯坦一封信，而这封信决定 30 多万日本人必须死去。

这个人叫富兰克林·罗斯福，美国历史上唯一当了 4 届总统的人。

奇迹年之后，再讲下相对论。

1914 年 4 月爱因斯坦应德国科学领袖普朗克之邀到柏林，6 月 2 日在普鲁士科学院发表院士就职演说，话音未落，8 月 1 日第一次世界大战爆发，爱因斯坦签署了《致欧洲人宣言》（Manifest an die Europär），遭到广大"爱国"科学家的疯狂围攻。爱因斯坦曾这样描述自己的处境："我现在德国被称为德国科学家，在英国被视为犹太人。如果我的科学理论被推翻，情况肯定大变：我在德国会被视为犹太人，而在英国被称为德国科学家。"

在与第一任太太马蜜娃分居后，顶着第一次世界大战，爱因斯坦在 1915 年 11 月完成广义相对论研究，并在 11 月将研究结果分为 4 次学术报告向普鲁士科学院宣读。

爱因斯坦在第一篇报告中提出满足守恒定律的普遍协变引力场方程，在第三篇报告中根据这个方程算出外太空星光掠过太阳表面发生的偏转将是 1.7 弧秒，同时推算出水星近日点每 100 年进动 43 秒，完美解决困扰天文学家 60 多年的"水星进动"难题。在第四篇报告《引力的场方程》中，爱因斯坦放弃对变换群的不必要限制，建立真正普遍协变的引力场方程，宣告广义相对论作为逻辑结构正式形成。1916 年 12 月，爱因斯坦完成第一本相对论科普手册《论狭义与广义相对论》，正式决定将 1905 年这一奇迹年的相对论定名为"狭义相对论"，而将 1915~1916 年成形的理论定名"广义相对论"。

广义相对论被誉为人类历史上单个科学家所取得的最伟大的科学成就。

讲爱因斯坦实在躲不过相对论，我讲下我理解的极简版科普相对论。

什么叫物理学？物理学听起来很高深。汉语中什么东西加个

"学"就不得了，其实"物理"就是"世界万物到底是什么"。它是跟我们普通人关系最密切的科学，因为每个人都会问："太阳是什么？""地球是什么？""人为什么会死？"

物理学发源于亚里士多德，他的主要著作之一就是《物理学》。从科普意义上看，物理学中探索最大物体——宇宙的理论是相对论；而探索最小物体——原子、电子和微电子的理论是量子理论。爱因斯坦是相对论之父，也算量子论教父，虽然他本人根本不承认量子论。最机智的相对论科普版来自爱因斯坦本人。他晚年与青年学生谈话时说："如果你和一个美女一起坐了两小时，你会认为仅仅是一分钟；如果你在通红的火炉上坐了一分钟，你会认为已经过了两小时。这就是相对论。"

相对论的伟大并不仅仅在于它说明了美女和火炉与你的屁股的关系，更在于超越了此前人类历史上最伟大的科学理论：牛顿力学。从科学上说，爱因斯坦的伟大就在于超越了牛顿。那么，哪个是牛顿？

艾萨克·牛顿（Isaac Newton，1642 – 1727）是继古希腊圣哲亚里士多德之后物理学世界第一大师。

前面说过，物理学起源于亚里士多德。

如果一个 10 公斤的铅球和一个 1 公斤的铅球同时掉下来，哪个先落地？

像我这样的科普爱好者想都不会想就会说 10 公斤的铅球先落地。

亚里士多德也这样说。他这句话人类信了 1900 年。

17 世纪初出了个伽利略，这个愣头青不识好歹地从比萨斜塔上同时扔下大小两个铁球，两者同时落地，大家才发现亚里士多德说得不对。1632 年他出版《关于两个主要世界系统——托勒密与哥白尼系统——的对话》，居然被以书治罪遭软禁，339 年之后方沉冤得雪。

牛顿被公认为英国最伟大的科学家，身兼物理学家、天文学家、数学家，是近代力学开山祖师，提出著名的万有引力定律和牛顿运动三定律，后者被誉为人类历史上最伟大的十大科学发现之一。

公元 1500 年时地球上大部分人的生活仍然与公元前 1500 年的人差不多，然而，这之后的 500 年，人类世界翻天覆地，陷入一场伟大革命之中，至今尚未结束。这革命几乎都归功于科学，而揭竿而起发动这场科学革命的是牛顿。牛顿之前，欧洲知识界长期是神学的天下，当时欧洲人都认为人类对世界的一切认识都来自上帝。

牛顿力学代表作《自然哲学的数学原理》被誉为科学史上最伟大的十大著作之一，其最基本的观念就是"绝对空间和绝对时间"，即：在绝对空间中，空间和时间都固定不动。这话现在说起来稀松平常，当时却是个超级原子弹。此前欧洲人深信天上地下的一切都是上帝安排好的，当然也包括空间和时间，怎么会"绝对"？"绝对"的意思就是时间和空间跟上帝都没关系。

牛顿担任英国皇家学会主席长达 24 年，不仅是英国科学界一霸，而且被视为全世界活着的最伟大的人。当时世界科学水平的代表是英国皇家学会，而这个学会全体成员毕恭毕敬、屏息吞声地倾听牛顿每一句模糊不清的话；他不点头，任何人不能当选皇家学会会员。牛顿 62 岁被安妮女王封为爵士，1727 年 3 月 20 日去世后被葬于西敏寺，墓志铭直接就是万年马屁，居然号召大家"让人类欢呼如此伟人曾经光临尘世"。

可是"绝对时间和绝对空间"这个论断有明显的毛病："绝对"就是不依赖于任何事物都独立存在。可如果它们跟任何事物都没关系，那我们怎能知道世界上存在时间和空间呢？这问题牛顿答不上来，最后只好推到上帝身上。他说绝对时间和绝对空间是上帝创造的。

因为绝对空间和绝对时间这个毛病太明显，所以批牛顿的人络绎不绝。德国哲学家莱布尼茨批了一回，没批倒；19 世纪奥地利的物理学家马赫又批了一回，还是没彻底批倒。以"绝对时间和绝对空间"为金字招牌的牛顿力学经两百多年发展已臻完美，在解决地球上低速运动中的物理问题时取得了无与伦比的辉煌成就，直到 20 世纪初，"绝对时间和绝对空间"在物理学界依旧神圣不可侵犯，当时物理学家都认为"后世物理学家可做的事情已经不多了"。

爱因斯坦对牛顿非常尊敬，他书房里长期挂着一幅牛顿画像。第一次访英时他首先到牛顿墓前献花，然后才去皇家学会作报告。

牛顿力学理论认为时间与空间绝对不变；速度可以相加；星球之间依靠万有引力互相吸引，所以不会彼此离开。可当时已经有实验证明无论火车朝什么方向开，信号灯相对火车的速度都是一样的；而迈克尔森实验则证明，无论顺着还是逆着地球运动，光速都一样。

这个问题说起来听不懂，举个例子吧。你原地不动，詹姆斯朝你扔过一个篮球，你能看到篮球吧？可牛顿力学说速度必然相加，因此球出了詹姆斯手之后就有一个向你而来的球速，这时球反射到你眼中的速度就是光速＋球速，比球未出手前要多出一个球速。如果真是这样，我们根本看不见篮球，因为眼睛的运动只能达到光速，永远跟不上加了一个球速的篮球。

广义相对论正是源于对这个问题的追根究底：如果光速不变，时间和距离必须是变量，我们才能看 NBA 比赛。因此，时间和空间肯定不是固定不变的，也就是说，它们不是绝对的。爱因斯坦的结论是：时间、距离会因物体运动快慢而变化。在一艘以每秒 26 万公里飞行的飞船上，1 米的尺子会缩成半米；地球上过了 1 小时，飞船上的钟才走了 5 分钟。因为我们造不出光速飞船，所以我们很难理解时间和空间的变化，但科学实验证明，高速运动中时钟确实会变慢，时空确实是变化的，只是因为地球上物体运动的速度太慢，所以我们感觉不到它们在变。

这个理论听起来平淡无奇，实际上石破天惊，因为它打破了牛顿的绝对时间和绝对空间，也就从侧面否定了上帝的存在。

爱因斯坦的第二任妻子罗爱莎曾向卓别林讲述广义相对论诞生的具体过程，后被卓别林记入自传，原文如下：

博士像往常那样穿着睡袍下楼吃早餐，可那天他什么都没吃。我想一定出了什么大事儿，于是就问到底啥事儿让他魂不守舍。

他回答说："亲爱的！我突然有了个巧妙的想法。"

喝完咖啡后他走过去弹钢琴，几次停下来在纸上记录，然后重复说："我有了个巧妙想法，非常奇妙的想法。"他说："这很困难，我仍需工作。"他继续弹钢琴，并在纸上写来写去。半小时后他上楼去书房，告诉我不要打扰他。他一直留在书房里两个星期，每天我上楼把食物送给他，傍晚时他散一会儿步当作运动，回来继续工作。

最后，他走下楼来，把两张纸放在桌上，脸色苍白地说："这是我的发现。"

这就是广义相对论！

1905年狭义相对论诞生仿佛如鲠在喉，不吐不快，爱因斯坦捷足先登，不过证明他才思敏捷。爱因斯坦自己也说过，如果他没发现狭义相对论，5年之内必被他人发现。其实洛伦兹和法国大数学家彭加莱已无限接近发现狭义相对论，可洛伦兹不愿打烂牛顿力学，而彭加莱主要研究数学，因此这个成果最后落到爱因斯坦身上。

广义相对论的出现完全不同。它像一个晴天霹雳，是在没有任何先兆下横空出世的，它是爱因斯坦天才最强有力的证据。可以说，没有爱因斯坦，今天咱们也未必就能发现它。没有任何实验上的矛盾，没有任何实际需求，当时地球上也无人意识到它的必要性。即使没有广义相对论，也不妨碍火箭发射、卫星上天和计算机出现。

但是，广义相对论继狭义相对论之后，又一次掀起了人类时空观大革命。

这场大革命到底有多大？

翻开初中一年级几何课本，扉页里就有一条人所共知的平行公理："在平面内，过已知直线外一点，只有一条直线和已知直线平行。"

这是欧几里得几何第五公设。

公元前 300 年欧几里得将它写入《几何原本》，它和其他几个公理组成的欧几里得几何横扫世界，随之导出的大批定理成了人类根深蒂固的观念：三角形内角和等于 180 度，直角三角形两直角边的平方和等于斜边的平方（勾股定理），等等。欧几里得几何是人类创立千年完美数学大厦最重要的那块儿基石。在人类文明中，从平淡无奇的桌椅到气势恢宏的宫殿，从终将毁灭人类的原子弹到俯瞰人间的卫星，无不闪烁着欧几里得几何直线的耀眼光彩。

Any more Question？

1 加 1 难道不等于 2 吗？

结果 18 世纪末德国出了个"数学王子"高斯，他就出来 question 了一下。他与俄罗斯的罗巴切夫斯基和匈牙利的波尔约分别独立提出非欧几何，经艰苦论证，终创与欧氏几何分庭抗礼的非欧几何。

正是非欧几何救了爱因斯坦。他提出广义相对论之后非常犹豫，因为广义相对论得出的几何结果实在太出乎意料了，连他自己也不大相信。幸亏格罗斯曼向爱因斯坦介绍了非欧几何之后的黎曼几何，这才让爱因斯坦茅塞顿开。

这黎曼也是德国人，他紧跟老师高斯彻头彻尾跟欧几里得唱反调。黎曼几何最基本的原则就是："在同一平面内，任何两条直线都有交点。"

What？

黎曼根本不承认平面内存在平行线！

黎曼几何告诉爱因斯坦，我们身在其中的这个空间并非简单的长、宽、高三维空间，这个三维空间实际上还得加上时间，因此它是一个四维时空，它并非人类一直相信的那样平直，而是一个弯曲空间。

弯曲空间就是，如果你站在地球边上向宇宙发出一束光，若干年后，如果地球还存在的话，你会发现光从你背后绕了回来。

爱因斯坦是对的：宇宙空间遵循的是黎曼几何，而不是欧几里得几何。当你精确测量空间三点连成的三角形之内角和时，你会发现它大于180度。欧几里得空间是平直的，而黎曼空间是弯曲的，它的弯曲程度取决于空间中物质的分布，物质密度越大的地方（比如有个太阳或者黑洞悬在那儿），引力就越大，相应地，空间弯曲就越厉害。

两点之间直线最短，这没问题吧？

实际上，最短的是条曲线，即爱因斯坦提出的"世界线"。

什么是世界线？

欧几里得几何中，两点间最短的距离是直线。在地图上的北京与纽约之间画条最短的线，那条线就是直线。可你找个地球仪，再在北京与纽约之间画条线，你会发现那是条曲线，因为地球是圆的，它只在地图上才是平的。在真正的地球上，北京与纽约之间最短的线不是直线，而是一条曲线，这段距离称为"度规"（metric）。

光线的传播与此相同。在欧几里得几何中，光线在两点之间永远走耗时最短的直线。但是，如果光线在引力影响下发生弯曲，就意味着此时两点之间最短的距离是条曲线。

这条线，就是世界线。

世界线，是时间机器的理论基础。

世界线涉及等效原理。

什么是等效原理？

1907年，德国物理学家、诺贝尔奖获得者斯塔克约爱因斯坦给他写文章介绍狭义相对论，结果爱因斯坦思考这篇文章时，灵感突然降临：一个人从屋顶摔下来时，他感觉不到自己的体重。

爱因斯坦提出：在无限小的体积中，均匀的引力场可以代替加速运动的参照系。此即爱因斯坦著名的"封闭箱"论点。在完全封闭的箱子中，观察者无法确定他自己究竟是静止待在一个引力场中，还是处在没有引力场却在做加速运动的空间中。此即惯性质量与引力质量"等效"。

根据等效原理，爱因斯坦提出高速运动会让时间变慢。这意味着强大的引力场同样会让时间变慢。地球引力很小，因此在地球上的我们无法感受到时间变慢，但如果您一头扎进黑洞，而且到达"黑洞视界"时没有被巨大的引力撕成亿万颗基本粒子，那么你就可以看见，在"黑洞视界"，时间停止不动了。

而我们知道，只有在运动达到光速时，时间才会停止。

正是在这一点上，广义相对论超过了狭义相对论。狭义相对论把相对性扩展到时间与空间，即时间的快慢取决于运动的速度；而广义相对论再进一步，把相对性扩展到惯性系与非惯性系，于是，时间的快慢不仅取决于运动速度，而且取决于物质分布的密度。

因此，广义相对论的引力定律不再是力的定律，而是时空几何结构，就是说，广义相对论统一了几何与物理，它用空间结构的几何性质来描写引力场，在这种空间几何中，引力速度等于光速。

因此，我们的空间是"四维时空"，所以高速列车对站在月台的人来说长度会缩短。广义相对论证明，我们之所以只能看见三维空间，是因为人类思维早已习惯三维空间，我们只想看见三维空间。

在牛顿力学中，物体如无外力作用将做匀速直线运动，在相对论中亦然，但在相对论中这条"直线"是四维时空中的直线，在三维空间中它表现为弯曲的"世界线"。

爱因斯坦的意思是：万有引力根本就不是力！

牛顿认为太阳吸引地球，而地球吸引苹果，最后苹果掉下来砸到牛顿脑袋上。事实居然并非如此！无论地球还是苹果，它们都不过是义无反顾地选择了最近的路，而它们的路之所以是弯的，以至于我们错误地认为它们受到万有引力的影响，仅仅是因为任何物体的存在都会导致自己周围的空间弯曲，重量巨大的物体（如黑洞或者星系）会使空间明显弯曲。换句话说，如果我们这个空间什么东西都没有，它就是平直的欧几里得空间；它之所以是弯的，就是因为存在黑洞、银河系这些东西。

举个容易明白的例子。我们把床单绷在长方形框架上，然后放上一个橙子，它会凹陷下去，之后我们再放一个小石子，根本不用我们推动，石子就会自动滚向凹坑中的橙子。这并非因为橙子的"万有引力"吸引了石子，而是橙子的重量在床单上压出的那个坑让石子义无反顾地选择最短的路顺着坑壁滚了下去。

地球绕太阳旋转，苹果落向牛顿的脑袋，同理。

为什么说广义相对论伟大？

因为广义相对论面对的是人类的两个大问题。

第一个问题是引力。狭义相对论对力学、热力学和电动力学物理规律的解释都正确，却无法圆满解释引力。牛顿的引力理论是超距的，他认为两个物体之间引力的传递是瞬间的，即传递速度无穷大，这与相对论关于场和光速恒定 30 万公里/秒的定律无法调和。

第二个问题是非惯性系。狭义相对论与牛顿力学以及其他物理学原理一样只适用于惯性系。但事实上我们很难找到真正的"惯性系"。例如，狭义相对论很难解释"双胞胎佯谬"：双胞胎哥哥在宇宙飞船上以亚光速航行，根据相对论，高速运动中时钟变慢，等哥哥回来时弟弟已经比哥哥老得多了，因为地球上已过去了几十年。这事儿很多人都知道。可很多人不知道的是，按照相对性原理，飞船相对于地球高速运动，实际上也等于地球相对于飞船高速运动，因此，弟弟看哥哥变年轻了，哥哥看弟弟也应该年轻了。因此他俩看上去应当一样年轻。

这问题简直没法儿回答。

为找到答案，科学家把一个非常精确的原子钟放在实验室，另一个由飞机载着在跑道上飞驰，然后比较两个原子钟的时间，令人惊讶的是，飞机上的原子钟确实比实验室里的钟慢了。

那么，狭义相对论错了吗？

没错。

这里的问题就出在惯性系。狭义相对论讨论的运动，其速度都是恒定的（即惯性系），而双胞胎哥哥要回到地球，肯定不能永远是恒定速度，因为他乘坐的飞船必须减速他才能降落到地球上（即非惯性系）。可狭义相对论并不讨论减速运动的事儿，因此狭义相对论无法解释"双胞胎佯谬"。

广义相对论告诉我们，我们的宇宙到底是什么样。

直到 1917 年，最聪明的科学家，包括伟大的牛顿，都认为我们的银河系就是整个宇宙，而且这个宇宙永远固定不变。

从人类文明一发源，人类最大的问题就是：为什么有这个世界？为什么月球不离开地球，地球也不离开太阳？

基督教说，这世界是上帝创造的。上帝规定月球与地球必须待在一起。

牛顿说，是因为万有引力，所以地球永远都不离开地球。

爱因斯坦说，那是因为空间弯曲。

牛顿说引力是联系宇宙万物的纽带，引力将太阳和地球吊在空间中，并且自转加公转。

爱因斯坦说，其实宇宙根本没什么万有引力，那是我们肉眼看不见的空间弯曲造成的假象。

牛顿认为宇宙空间是平直的。

爱因斯坦认为宇宙空间像一张绷在方框上的床单，宇宙中质量巨大的星系就像放在这张床单上的铅球。铅球在床单上压出的坑，竖起来看就相当于哈哈镜，而光线通过这些哈哈镜时会改变空间的镜像，使我们产生宇宙广阔无边的幻觉。爱因斯坦预言，如果我们站的位置合适，我们可以看见一个遥远星体的数个幻象。

这就是天文学上著名的"引力透镜"。

可我们透过引力透镜看见遥远星体的情况并不常见，因为宇宙如此辽阔，而且地球、引力透镜与我们观测的星体必须正好三点一线，我们才能看见引力透镜，而这种概率微乎其微：地球观测范围以内的星体，大概 100 万颗中间才有 1 颗能被引力透镜放大。因此，从爱因斯坦提出这个理论至今，在银河系里还没发现过较大的引力透镜。截至 1990 年，我们观测到引力透镜，不过 6 例。

1979 年，爱因斯坦提出这个理论半个多世纪之后，天文学家对遥远的类星体 Q0597 + 561 的观察证实了引力透镜的存在。

空间居然真的弯曲！当这一点被科学证实，我们才发现，牛顿只不过看见了自己鼻子尖，而爱因斯坦看见了万里之外的大海。

空间可以弯曲，我们很难理解，因为我们这些生活在地球上的人实在感受不到空间是弯曲的。牛顿的万有引力之所以容易理解，就是因为他的万有引力建立在人类日常生活经验之上。牛顿不仅认为太阳系是平的，还认为宇宙也是平的，所以他带领我们发现了三维世界，即万物都有长、宽、高。牛顿提出万有引力定律是物理学的伟大革命，问题是一直到这场革命结束他都无法说明引力是怎么来的。以探索科学为己任的伟大科学家牛顿发现万有引力从而否定了上帝，但这个伟大的科学暴动者最后不得不回到上帝温暖的身边：牛顿宣布引力来源于上帝。

爱因斯坦超越牛顿。他根本否认宇宙空间是平的，他认为宇宙就像放了无数棉花球和铅球的床单，床单被这些球压出深浅不一的坑。牛顿之所以认为宇宙是平的，是因为他只看到了几乎压不出坑的棉花球——地球。想在宇宙空间中压出明显的坑来，需要巨大的重量（即质量）。太阳这么大的星球也只能压出几个原子大小的坑来（即坑深只相当于几个原子的直径），这样的坑，我们地球人用现在最先进的仪器也测不出来。

所以，要找到地球人也看得见的坑，必须放眼整个宇宙。

相对论的另一个功绩，是发现黑洞。

1916 年爱因斯坦发表广义相对论后不久，德国物理学家卡尔·史瓦西证明，如果把太阳压缩成半径 3 公里的球体，引力的强烈挤压会使太阳密度无限增大，随后产生灾难性崩塌，使太阳上的时空变得无限弯曲，在这样的时空中，连光都不能逃出来！由于无法反射光，崩塌后的太阳与宇宙就被分割成两个截然不同的区域，而那个分割的球面就是黑洞视界，即我们眼睛能看到的尽头，超过这个尽头，我们就看不见了。也就是说，如果这个黑洞是太阳，这时我们站在地球上就看不到太阳，却能看见太阳前后的其他星球。

这就是黑洞！

按照以他命名的"史瓦西度规"，当我们接近黑洞达到一定半径之后，时空弯曲会变得无穷大，这时我们不再像是走缓坡，而是突然从悬崖边上掉下去了——你走得太远了，已经找不到回家的路。此即"史瓦西半径"，即黑洞的半径。任何东西包括光线进入史瓦西半径后将无法逃走，最后一定会被黑洞撕碎吞掉。

黑洞质量巨大，最大黑洞的质量据说超过太阳10亿倍。太阳相当于130万个地球！130万乘以10亿。如果黑洞是地球，地球大概相当于一粒芝麻。

有意思的是，当时所有科学家，包括爱因斯坦本人和证实相对论的爱丁顿，全体断然否认存在黑洞。爱因斯坦宣布他可以证明没有任何星体可以达到密度无限大。黑洞这个名称，也是50年之后才由美国物理学家惠勒命名的。

严格说来，黑洞并非星球，它只是宇宙中的一块儿地方，跟宇宙互不通连，黑洞视界将它们彻底分隔。黑洞视界以外光可以任意相互联系，意思就是，我们可以看见所有东西，这就是我们的宇宙。黑洞视界以内，光线不能自由传播，而是向中心集聚，这就是黑洞。在黑洞内部，物体向黑洞坠落的过程中潮汐力越来越大，在中心区域，其引力和起潮力都是无限大。因此，在黑洞中心，除了质量、电荷和角动量以外，原子、分子等都将分崩离析，根本不存在我们人类已知的任何"物体"。在黑洞中心，全部物质被极为紧密地挤压成为一个体积无限趋近于零的几何点，任何强大的力量都不可能把它们分开。

这就是"奇点"！

广义相对论无法说明"奇点"，只有量子理论才能说明，于是令人啼笑皆非的情况出现了：广义相对论发现了黑洞，却在"奇点"失效，被迫让位给量子理论；可广义相对论的发现者爱因斯坦与量子理论的发现者玻尔，却水火不相容！

广义相对论的第三个功绩是提出宇宙常数。

意思就是，爱因斯坦认为宇宙是静态的。

可是，1922 年俄裔美籍物理学家弗里德曼通过数学计算发现宇宙随着时间在不断膨胀。1927 年，比利时天文学家、顶级桥牌大师勒梅特也计算出同样的结果。爱因斯坦拒绝接受动态宇宙。他坚信宇宙是静态的，除了时间变化，其他一切都不会变。因此，他尖锐地批评弗里德曼和勒梅特。

结果，1929 年，现代天文学之父哈勃观察宇宙深处星云的红移现象后证实，所有星系都在高速离银河系而去，而且，无论我们站在宇宙中哪个星系中，看到的情形也都一样：别的星系也在高速逃离我们所站的这个星系。距离越远的星系，逃离的速度越快。

意思就是，整个宇宙正在不断地膨胀。

就是说，宇宙是动态的。

哈勃得意扬扬地把自己的观测结果拿给爱因斯坦看，爱因斯坦不得不宣布放弃宇宙常数，并公开收回对弗里德曼的批评。

按哈勃定律，如果我们将宇宙的膨胀反推，就意味着在非常遥远的过去，最早的宇宙是半径为零的一个点。1948 年，俄籍美国物理学家伽莫夫和学生阿尔法共同提出宇宙大爆炸理论，认为原始宇宙诞生于一次壮观的大爆炸，立刻成为科学界主流意见。50 年后，天文学家发现宇宙不只在膨胀，而且这种膨胀还是加速的，即所有星系逃离银河系的速度都越来越快。

意思是，一定有某种神秘的力量在暗中以加速膨胀的方式撕扯着宇宙的所有星系。这种力量，科学家称为"暗能量"。近年来，科学家通过观测和计算证实"暗能量"不仅存在，而且还是宇宙的主流，约占宇宙总量的 73%，此外"暗物质"约占 23%，而我们人眼能看见的宇宙物质，如地球、月亮、星星等，仅约占 4%。

我们从小就知道，天上星，数不清。爱因斯坦告诉我们，数不清的满天星只是宇宙的"一小撮"，宇宙的绝大部分我们知之甚少，或者干脆毫无所知。

暗能量的出现给爱因斯坦平了反，它证明爱因斯坦当初提出的宇宙常数起码从思路上是正确的。

宇宙常数以暗能量的面目满血复活，它产生的汹涌澎湃的斥力令整个宇宙为之色变。暗能量和引力之间的战争自宇宙诞生起就从未停止。科学实验证明现在暗能量的密度已大于物质的密度，即斥力已经战胜引力，宇宙正在以前所未有的速度加速膨胀。科学家们预测，再过200亿年，宇宙将迎来动荡的末日，恐怖的暗能量终将把所有行星、恒星、星系一一撕碎，宇宙将只剩下没有尽头的寒冷和黑暗。

广义相对论还有一个功绩是发现了引力波。

质量巨大的星系在宇宙中压出深坑的同时还会形成"引力波"。任何被外力弯曲的物体在连续时间里都会形成"波"，比如风吹西湖就会产生水波。这种在宇宙星系弯曲过程中形成的"波"，就是引力波。

引力波处处存在，声波和光波不存在的地方它也存在。声波和光波无法穿越墙壁，更不用说地球了，而引力波能以光速穿过真空。任何物体对引力波而言都是透明的，所以从太阳传向地球的引力波可以轻而易举地穿透地球。按爱因斯坦的说法，引力波形成后就携带着能量和波源物体的密码在宇宙中游荡，永不消逝。

声波和光波为人类打开了地球的奥秘之门，而引力波为人类打开了一扇了解宇宙的全新窗口。凡是有质量的物体进入加速运动都会发射引力波：一个李娜发出的网球，一个散步的爱因斯坦，月亮围绕地球运动……不过，对人类来说，引力波实在太弱了，根本测不出来。像太阳这么大的星球发出的引力波，人类用现有仪器也无法测量。因此，要测引力波，只能把目光投向宇宙中那些质量巨大的恒星。天狼双星产生的引力波功能量足以推动太阳那么大的恒星。不过，它们的引力波穿越辽阔的宇宙到达地球时微弱得只能震动一个原子，根本测不出来。我们只好想别的办法。

1974年底，美国射电天文学家胡尔斯及泰勒证实引力波存在。

如果我们对引力波的了解跟对声波和音波一样多，我们就可以看见地球内部到底有什么、黑洞到底是什么，甚至有可能看见137亿年前宇宙是不是真的发生过大爆炸。我们还可能找到外星生命。迄今为止我们寻找外星生命都是通过电磁波和声波，其实电磁波和声波连墙壁都无法穿透，它们在宇宙中到底能走多远很值得怀疑。也许外星人早就用引力波跟我们联系过了，只是我们的耳力如此不好，从来没听到过而已。

我们夜晚仰望太空，总觉得宇宙无限美丽、寂静，其实那是因为宇宙中没有空气，声波无法传送，所以我们听不到声音。如果我们通过一个引力波喇叭来听，宇宙将变得万声鼎沸，引力波能让我们听到宇宙所有的故事：耀眼的超新星爆炸不再是哑剧，它会借引力波传来爆米花一样的声音；中子星碰撞和黑洞产生，像一场《欢乐颂》大合唱；你甚至能听见宇宙炸开但光子还没跑出来之前那阵空前绝后的巨响。光波让我们穿越空间看见远处的东西，而引力波则能让我们听见过去和现在。如果用引力波来发射信号，我们将不需要高高的电视塔和天上的通信卫星，我们的手机将没有盲区，而且永不掉线。

现在咱们老说"穿越"，其实那都是电影。引力波带给我们的，才是真正无与伦比的时空穿越。

按照爱因斯坦的这个理论，创造宇宙的不是上帝，而是引力波。宇宙大爆炸后产生了一锅能量与物质完全均匀分布的高温"夸克汤"，根本没有太阳、地球、冯教授这些东西，正是与大爆炸同时产生的引力波搅动了夸克汤，让物质开始碰撞、旋转、冷却、凝聚，依次聚成原子、尘埃、恒星和星系，这才有了地球！

然后又过了多少万年，才有的我们。

从光速不变原理的萌芽，到逐渐完成弯曲空间的宇宙构想，最终认识到波动时空这一宇宙本真，爱因斯坦思想的光辉历程不但为人类构建了一套前所未有的伟大相对论，也为人类发掘出了一座引力波的巨大宝藏。我们不能完全想象出引力波的神奇用途，但它带给我们的每一种想象与期待，都无与伦比地迷人和壮观。为人类展现引力波神话的爱因斯坦，无疑是最伟大的为人类盗取天火的现实版普罗米修斯。引力场的预言彻底改变了时空几何学的游戏规则，它证实时间和空间是不可分割的四维整体，因此远远把牛顿力学抛在身后。

是的，我们的宇宙科学至今仍然不能超越爱因斯坦。也许永远都无法超越。因为，宇宙很可能就是他说的这个样子。

广义相对论亮剑，甚至赢得了科学死敌基督教的支持。在爱因斯坦之前，基督教基本上是反科学的，尽管罗马教廷烧死布鲁诺、查禁哥白尼、监禁伽利略，但科学仍然不可阻挡地深入人心，牛顿力学更是一记打在胃部的重拳，疼得基督教直不起腰来，基督教从此不再是全体欧洲人的信仰，神学家已经不敢跟科学家论战。

基督教虽然号称要拯救全人类，但处理具体事务时跟普通政党并无二致，也得遵循政治游戏规则，比如"敌人的敌人就是我们的朋友"。牛顿学说被相对论打倒，而广义相对论宣布宇宙可能有限，基督教心情愉快：宇宙有限，那宇宙之外不就是天堂么？所以，在爱因斯坦某次访问英国的宴会上，坐在他旁边的坎特伯雷大主教就恭恭敬敬地向爱因斯坦请教："教授，听说您的理论似乎提供了基督教的某种证据？"正遭德国科学界万众围攻、急需同盟军的爱因斯坦却微笑着拒绝了基督教热情洋溢的大手："对不起，相对论纯粹是科学问题，与基督教毫不相干。"

爱因斯坦拒绝与敌人的敌人联手。他知道，那样他会得到一个强大的盟友，却会就此输掉自己。

丘吉尔曾说，为了打败希特勒，他可以跟魔鬼结盟。

爱因斯坦宁愿输掉这场战争，也不愿跟基督教结盟。

因此，丘吉尔虽然也很伟大，但跟爱因斯坦确实没法儿比。

4G 带来无限可能，那么 5G 呢

王殿平

王殿平

中兴通讯副总裁，中兴通讯学院院长。历任中兴通讯市场部、国际部部长、副院长、院长。中兴教育的倡导者和发起人，在全球建设了 15 个培训中心和 4 个实训基地，带领的团队为全球 100 多个国家近 60 万名客户提供知识服务业务。

连接，永无止境

人类，正在追求无所不在的连接。

尽管连接的方式在不断改变，但连接本身终将永恒。

过去十几年，互联网只是将固态的信息介质液态化（即流动起来），一切看得见、摸得着的信息介质，如纸媒（信件、报纸、书籍、杂志、地图、日记本）、影音（胶卷、录像带、VCD、卡带）、

288

通信（座机、广播）、传统游戏（棋牌）、办公（文档）以及所有商品交易信息进行全面数字化，连接到网络后，信息的全面液态化使得现实世界一下子变平，极大提高了信息的流动性与传播效率；而下一个十年，将是液态信息气态化（更加充分地扩散，无所不在），由水到空气，一切数据、连接将无处不在、无时不在，无处无时不感知、不交互、不迭代。

在可见的未来，有三种必然发展趋势。

第一个，信息介质体积越来越小，容量越来越大，计算能力和感知能力越来越强（备注：产生越来越大的数据量）。

追溯历史，信息介质从绳子、山洞石壁、动物甲骨到羊皮竹简、丝帛纸张，到了 20 世纪实现全面大一统，都变成了硅晶体管。在硅时代，信息的存储容量、存储体积与存储时间都有极大的发展，一个小小的 U 盘已经有可以容纳 1TB 信息的容量，已研发出了能够保存 100 万年的介质。然而，信息科技的发展远不止如此，未来，非硅基计算机芯片、量子计算机和仿人脑计算均或将诞生。几可预见，纳米科学的发展使得计算机一定是朝着更微型化、更不可思议的存储与计算能力而去；物联网的发展使得信息介质又多了一个维度——传感器，温度、光、压力、磁、气体、湿度、声音、味觉等各种传感器的快速发展，使得各种智能硬件层出不穷地出现，万物移动互联的时代已提前到来。

第二个，连接的信息终端一定会多元化，且无所不在。是不是所有能够联网的终端 100% 都会被智能化，这还不能确定，考虑到成本，会有很多微型的传感器终端只用来量化物理世界的数据（备注：接入网络的终端会越来越大）。

但是，用于存储、计算、传感的当下最有代表性的联网终端——移动智能手机，开始步入技术的成熟期甚至衰落期，这是不争的事实。在手机是功能机时代，它由巨大笨重式转变为小巧便携式后，多数人只是在关注手机的外观，是翻盖还是直板，是音乐手机还是拍照手机，一夜之间乔布斯将手机变成了一台触摸屏交互的微型联网终端，从而重新定义了手机。现在也是如此，智能手机到现在更多人已经只聚焦在从薄到更薄，是小巧还是大屏，是柔性还是透明，这是一个很明显的成熟信号，也是一个变相衰落的信号。

第三个，连接的速度也在不断快速进化（备注：连接的速度会越来越快）。请看如下事实。

2015年4月，爱尔兰最大的电信运营商爱尔兰电信决定部署光纤到户（FTTH）超宽带网络，目前已在16个社区完成部署，其用户将在2015年8月享受1Gbps超宽带服务。

同样是在4月份，美国最大有线电视运营商康卡斯特（Comcast）宣布将在加利福尼亚州的一些城市和佐治亚州的亚特兰大市推出基于FTTH的2Gbps超宽带业务。

实际上不仅在美国，国际上宽带网络发展水平较高的其他国家及地区也都在积极部署千兆网络，比如日本的KDDI、NTT，瑞士的Swisscom（瑞士电信），中国香港的香港宽频等等。

在中国国内，超宽带部署也进入预热期。据悉，中国电信2015年将在上海、江苏、四川等地推出千兆宽带示范小区，届时下载一部4K视频将进入"秒"计的时代。

你可能还停留在"2M宽带就已经很知足"的感觉中，你可能还在质疑用户需不需要这么快的联网速度，却想不到，高速网络已经如此成熟。

正如，李克强总理近来提倡宽带提速降费，美国联邦通信传播委员会（FCC）在其最新的年度宽带发展报告中将下行25Mbps定义为宽带新标准。为什么？——连接的范畴早就不是过去十几年中仅仅局限于人与信息之间。现在，连接发生在移动中，发生在人与人、人与物以及物与物之间——这是个万物移动互联的时代，这也是中兴M-ICT理念的由来。

总而言之，当万事万物全部进行连接，连接的范畴越来越广泛，连接的终端越来越强大，连接的速度越来越快，连接的交互方式越来越自然，将是一个怎样的场景！

人类的智慧，来自拥有庞大神经网络的大脑，当我们集全世界的力量共同打造一个高速的云端神经大脑，将创造出什么？上帝吗？

答案仍是未知，但可以肯定的是，连接带来无限可能。我们将共同见证这个伟大纪元的到来。

5G 开启新纪元

5G 是第五代移动通信技术（5th-generation）的简称。它采取数字全 IP 技术，支持分组交换，弥补了 4G 技术的不足，在吞吐率、时延、连接数量、能耗等方面进一步提升系统性能。

比如，在网络容量方面，5G 将比 4G 实现单位面积移动数据流量增长 1000 倍，最大传输速率可达 10Gbps（4G 为 100Mbps），同时，频谱效率提升 5～10 倍，网络综合能效提升 1000 倍。

也就是说，5G 通信下手机的无线下载速度最快可达每秒 3.6Gbps，比现在最快的 LTE 网络（泛称准 4G，最高传输速率为 75Mbps）快几百倍，下载一部 1G 大小的超高清电影最多仅需 1 秒钟，即使是 3D 电影和大型游戏等"大块头"文件也能实现秒传。

与前几代移动技术不同，5G 既不是单一的技术演进，也不是几个全新的无线接入技术，而是整合了新型无线接入技术和现有无线接入技术（WLAN，4G、3G、2G 等），通过集成多种技术来满足不同的需求，是一个真正意义上的全球统一标准的融合网络。简单说，以后你去世界任何地方旅游都可以正常使用自己的手机，免去了到达国外要购买当地 SIM 卡的麻烦。并且，由于融合，5G 可以延续使用 4G、3G 的基础设施资源，并实现与 4G、3G、2G 的共存。

2014 年苹果 iPhone 6 发布时，"Bigger than Bigger"的广告文案非常棒，"岂止于大"，这让世界认识到 iPhone 新品不只是简单的尺寸变大，而是综合性能的提升。

借用苹果的广告文案，可以用"faster than faster"（岂止于快）

和"broader than broader"（岂止于宽）来概括 5G 的意义。它的来临、部署、应用，不仅会给通信业自身发展带来新的突破，也会给整个社会的生产和人们的生活带来极大的"变数"，变得更有动力、更具想象力。

因此，可以说 5G 技术将把人类彻底带入网络社会，从而实现人与人、物与物、人与物之间随时随地的联系与沟通。

从这个角度来说，5G 不仅仅是移动宽带技术的演进，它能够让随时随地获取信息服务像打开水龙头一样简单，从而带来人与人的关系、组织间的关系、企业间关系、世界关系的重构；5G 将推动移动互联网在各行各业取得突破性进展，给所有传统产业带来革命性影响，实现产业转型与升级；5G 能让无人驾驶、虚拟现实、远程医疗等梦想中的未来美好生活成为现实，成为我们开启全新"互联网＋"时代的钥匙。

5G 背后的大国博弈

全球通信标准背后存在利益之争。

美国经济观察家 T. 勒维斯在《零阻力经济》中说："在这个时代，谁掌握着标准和核心专利，谁就掌握了挖掘阿里巴巴宝藏的咒符。"在全球通信技术革新与演进的历史进程中，每一个技术标准的确立，都是大国间利益与实力的较量。

第一代移动通信最早由美国的 AT&T 和摩托罗拉公司开发，基本标准也由美国制定，美国因此获取巨大的经济利益，摩托罗拉、朗讯等通信设备制造商迅速成为当时全球顶级的通信公司。

美国还顺势开发了第二代移动通信 CDMA，为了摆脱美国对通信标准的垄断与控制，日本、欧洲等国向全世界推进第二代移动通信。日本新开发 PHS 标准（俗称的"小灵通"），欧洲成立了 GSM 协会，规定整个欧洲范围不允许使用 GSM 外的任何其他技术标准，借助行政力量及对中国市场的成功攻克，GSM 最终成为全球的主流标准，爱立信、诺基亚、西门子等欧洲通信企业迅速崛起。

第三代移动标准开始征集时，日本 PHS 因技术缺陷被甩出通信标准制定阵营，台面上只剩美国和欧洲两强争斗。美国选择支持中国 TD – SCDMA 标准，既契合了中国急于推广自己通信标准的抱负，更实现了对强势的欧洲 GSM 标准进行战略打击。最终全球确立了三大 3G 标准：美国的 CDMA 2000、欧洲 WCDMA 标准、中国 TD – SCDMA 标准。与之对应的是，中兴等中国厂商崭露头角，强势参与 CDMA 2000 的三星帝国发轫，CDMA 2000 的技术大鳄高通也悄然开启了大小通吃的全球垄断游戏。

在 4G 标准制定过程中，中国和欧洲成功合作，将 LTE 定为全球两大 4G 标准之一，而美国主推的 UMB 和 WIMAX 先后失败，中欧联手有效降低了美国企业在 4G 标准中的专利优势，同时增强了中欧在 4G 标准中的主动权和话语权。中国通信厂商也随之迅速壮大，全球前五大通信厂商中，中国厂商占两席，并于 2014 年首次夺得全球通信设备第一的宝座。

标准之争的重要性可见一斑，其背后蕴含着巨大的经济和战略利益。在 4G 尚未普及之时，全球 5G 竞争早已开启。美国 Verizon、高通等大佬级企业积极投入 5G 研究；欧盟已推出 8 个 5G 项目；日本在 2013 年 9 月也设立了 "2020 and Beyond Ad Hoc" 项目，并希望在 2020 年东京奥运会上应用 5G 技术；韩国推出了 "5G 移动通信促进战略" 及 5G Forum 组织，声称要在 2020 年获得全球移动通信设备市场 20% 的份额。

作为全球最大的通信市场，中国也积极部署 5G 全球标准化方面的战略。国家率先在亚太地区成立 IMT – 2020（5G）推进组，整合产、学、研、用精锐力量，积极向 ITU 等国际组织输出观点，以及我国运营商、设备制造商全面参与全球主流 5G 研发组织，等等。

中国通信产业在经历了 "1G 时代看着跑，2G、3G 时代跟着跑，4G 时代齐步跑" 的历史发展阶段后，已经有实力、有能力，更有魄力要实现 "5G 时代领先跑"，并攻克 5G 技术标准的制高点，引领世界通信产业的发展。

目前 5G 在全球尚处于研究和创新阶段，仍有许多技术难题需要攻克，5G 全球标准更是悬而未决。

5G 技术的高门槛，让未来 5G 市场的争夺成为行业顶级高手甚至国家之间的巅峰对决。从全球范围来看，整个业界都已经把注意力集中到 5G 研发上，产业链各环节的重要厂商都已经启动其 5G 研发规划与研发工作，而竞争的焦点则是全球 5G 技术标准。

5G 时代，中兴领先跑

中兴通讯是 5G 全球标准研究活动的主要贡献者与参与者。作为中国 IMT－2020（5G）推进组的核心成员，中兴通讯牵头负责超过 30％的 5G 课题研究任务，如面向 IEEE 的 5G 技术研究、5G 的网络架构研究、5G 物理层突破性技术研究等。

在 5G 关键技术研究方面，中兴通讯全面布局，核心技术重点投入。我们 5G 研究涵盖网络架构设计、多天线技术、高频通信、IOT 物联网融合、新业务（如 D2D、M2X、URC 等）等多个方面，在 Massive MIMO、Virtual Cell、SLA 软链路及 MUSA 多址接入方面都已形成了独特的标签技术。

请看如下事实。

1. 全球首提 Pre5G 概念引热议

中兴通讯聚焦移动运营商今后几年的核心诉求，2014 年 6 月在荷兰举办的 5G World Summit 上，中兴通讯首次提出 Pre5G 概念，在行业引起轰动。

2. Pre5G 概念诠释

中兴通讯作为 4G 产业界一线厂商，在深刻理解 5G 技能的前提下，在特定场景下，可将 5G 中的有些技能直接应用到 4G 中来，乃至能够不需改变空中接口规范，直接选用 4G 终端就能够完成。这样就使用户能够提早得到类似于 5G 的用户体验。

Pre5G 利用最实用的 5G 核心技术，为用户提供接近 5G 的接入体验，后向兼容商用 LTE 终端，而且商用时间早于 2020 年，可利用运营商现有的站点和频谱资源，成倍地提升现网用户的接入速率以及网络的整体容量，在 5G 标准化之前有效缓解数据流量剧增的挑战，为移动运营商提供更为平滑和高效的 5G 演进之路。2014 年 11 月，中兴通讯完成了全球首个基于 Massive MIMO 技术的 Pre5G 基站的预商用外场测试。

Pre5G 的核心技术——Massive MIMO、超密网 Ultra Dense Network 和 Multi-User Shared Access，分别解决客户在今后几年碰到的三大问题：有限的频谱资源与 MBB 和物联网飞速发展的矛盾，人群密集场景下的容量提升和小区干扰问题，以及物联网海量接入引发的网络拥塞问题。

3. 中兴 Pre5G 的独特优势

尽管多家通信厂商预测，5G 要到 2020 年才能商用，但是在 2015 MWC 大会上，中兴通讯已经率先展出了 5G 技术。

现场实测显示，Pre5G 可以实现峰值 400Mbps 的速率，等同于 4G 的 4 个基站，网络部署效率大幅提升。现场使用了 4G 网络的手机终端，在网络速度上能够达到 30 + Mbps/s，是普通 4G 网络速度的 4 倍。

4. 全球首个 5G 预商用基站

2014 年 11 月，中兴通讯联合中国移动在深圳完成了全球首个 TD－LTE 3D/Massive MIMO 基站的预商用测试。该测试由中国移动研究院发起和组织，采用中兴最新研制的 64 端口 128 天线 3D/Massive MIMO 的基带射频一体化室外型基站，测试结果基本符合预商用要求。

5. 中兴推进 5G 技术标准方面的努力与成绩

努力：

2014 年，中兴通讯已投入 2 亿元人民币用于 5G 领域的研究和开发，后续投入将持续增长。

目前中兴通讯已投入 800 位专家，分布在中兴通讯全球十几个研究所中，主要涉及中国、美国、欧洲。

成绩：

2014 年 12 月，在 "2014 中国通信产业大会暨第九届中国通信技术年会" 上，中兴通讯携 Pre5G 创新技术方案荣获 "金榜 2014 年中国通信产业 5G 行业创新突破企业" 与 "金榜 2014 年中国通信产业无线通信创新解决方案" 双料大奖。

2015 年 1 月，2014 年《人民邮电报》编辑推荐奖揭晓，中兴通讯 Pre5G 提案获移动通信前沿创新奖。

2015 年 3 月 3 日，在巴塞罗那 GTI 举办的颁奖典礼上，中兴通讯获得 2014 年度 GTI "创新解决方案与应用大奖"，以此表彰中兴通讯 Pre5G Massive MIMO 产品与解决方案在商用部署进程上取得的成就。

6. 中兴 5G 里程碑

2009 年起，中兴通讯已开始 5G 相关技术的研究。

2014 年 2 月，中兴通讯发布 5G 技术白皮书。

2014 年 5 月，中兴通讯在 4G Cloud Radio 架构的基础上，率先发布了基于动态 Mesh 的全新 5G 接入网架构。

2014 年 6 月，中兴通讯提出 MUSA 技术。

2014 年 6 月，在全球首届 5G 论坛上，中兴通讯首次提出 Pre5G 概念。

2014 年 11 月，中兴通讯全球首测 Massive MIMO 预商用基站，践行 Pre5G 创新理念。

2015 年 1 月，中兴通讯全球首测 Pre5G Massive MIMO 多用户多流，刷新网速纪录。

2015 年 3 月，在巴塞罗那举办的 2015 年世界移动通信大会上，中兴通讯正式发布了基带射频一体化 Pre5G 基站，并与中国移动联合展示。

2015 年 3 月，在德国法兰克福的 NGMN 大会上，中兴通讯被德国电信列入首批 5G 创新实验室合作伙伴名单。

民族品牌之中兴崛起

如果说 5G 之争是大国之间的巅峰对决，那么中兴就是代表中国与欧美、日韩等国家决战的先锋之一，一直担任"幕后英雄"角色，的中兴正以全新的面貌出现在世界舞台。

2015 年初至今，央媒对中兴通讯启动了密集且深度的报道，从史总参加博鳌论坛，到侯董事长参加李克强总理座谈会；从央视新闻频道对中兴的专题报道，到央视财经频道推出的 50 分钟深度报道《解密中兴》。

机遇从来都只垂青有准备的人。中兴通讯之所以能够担当民族之先锋，源于深谙全球通信发展趋势的突破创新，源于深耕通信市场 30 余年的技术积淀，源于勇闯海外市场丰富的实战经验。中兴通讯的发展史，就是中国通信业的发展史的典型缩影。

30 年前，中兴通讯创立，凭"来料加工、转口贸易"等业务挖到了通信设备研发的第一桶金，逐步走上引进交换技术和交换机的自主研发之路。

1990 年自主研发的第一台数据数字用户交换机 ZX500 成功面市，占据了当年中国农话交换市场新增份额的 18%，名列同类产品之首；随之 ZX60、ZXJ2000、ZXJ10 等产品陆续问世，中兴通讯运用农村包围城市的经典战略，迅速成长为中国通信网络骨干设备制造商之一，被国家科委认定为"国家火炬计划重点高新技术企业"。

在行业内对 CDMA 技术尚处于争论阶段的时候，中兴通讯看准 CDMA 市场前景，投入了大量的研发力量，开发出了世界上第一款机卡分离的 CDMA 手机、第一款自主研发的固定台、第一款集群通信手机、第一款车载电话等等。

整个国家通信业从依靠外援到完全自主研发，从曾经的电信业"荒漠"到如今"互联网 +"倡导者，中国通信业（信息化产业）的发展史，在中兴通讯 30 年企业发展史中鲜活呈现。

在中国产业经济升级与转型的时代，在"中国制造"向"中国智造"战略转型的时代，在这个行业跨界深度融合的"互联网＋"时代，在中国民族品牌寻找集体出海之路的"一带一路"时代，以实业强国为使命的中兴通讯将做什么？

第一，助力简政放权。简政放权是全面深化改革的"先手棋"和转变政府职能的"当头炮"，也是新一届政府的"第一件大事"。中兴通讯与银川市共同建设了智慧政务平台，帮助政府部门实现了432项业务一站式审批，审批时限缩短78%，企业注册由5天压缩为1天，大幅提高了企业与市民办事便捷性，提高了服务效率和公众满意度，也探索出了为民服务的新业态、新模式。

实现一站式审批的银川市民办事大厅

第二，发展新能源。在新能源汽车行业，大功率无线充电在全球仍处于摸索阶段，中兴通讯的起步是全球最早的，2014年发布了全球首个无线充电城市微循环解决方案。其一，不用新征土地，现有路面和停车场都可以直接改成汽车充电位。其二，操作简单，用手机或者 iPad 就可以控制车辆实时充电。在等待的几分钟内自动充电，充电8分钟，就能出去跑一圈，正好8公里。中兴通讯完全有可能在新能源汽车领域抢占标准和专利制高点，开辟另一个与世界同步或者领先于全世界的新领域。

第三，参与"一带一路"。作为全球领先的综合通信解决方案提供商、中国最大的通信设备上市公司之一，中兴通讯无疑是"一带一路"战略的最大受益者之一，也是政府"一带一路"战略中的"王牌"。中兴通讯为伊宁市搭建了"丝绸之路经济带"综合信息服务中心，面向中西亚及欧洲提供跨境电商交易平台、跨境第三方支付、通关/物流信息化等服务，实现了中国和周边国家优势资源的对接。

第四，"互联网＋"落地。先有万物移动互联，然后诞生"互联网＋"。中兴通讯以云计算、大数据、软件定义等最新技术升级用户现有 IT 基础架构，为用户消除制约信息经济深入普及、应用的"数字鸿沟"。目前，中兴通讯已经在智慧城市、地空宽带、数字油田、移动金融等领域带来众多技术创新——它将帮助更多行业的领先企业走进"互联网＋"新时代，并以此获得"走出去"的自信与能力。

第五，勇担社会责任。4 月 25 日尼泊尔发生 8.1 级强震，波及多国，造成建筑大面积倒塌、珠峰雪崩营地被毁。中兴通讯的前方员工第一时间驻守客户中心机房，并对关键区域基站进行设备抢修与维护，确保通信顺畅；成立了由 60 名工程师组成的特别工作组，提供

24 小时紧急实地支持；中兴通讯还兵分三路从中国深圳、香港与孟加拉国等地采购药品、帐篷和其他必需品，全力支援灾区。不仅如此，中兴通讯的社会责任感体现在各个领域和方面：沟通世界、保护环境、关爱员工、行业建设、社会公益、特殊群体……每一年，中兴通讯都有自己的年度社会责任报告，对所担当的社会责任和执行情况予以总结规划。

5G 时代的中国梦

正如中兴通讯董事长侯为贵在《求是》杂志撰文提议的，在推进"一带一路"建设中，不仅要推动道路基础设施连通，还要打造信息丝绸之路，提倡为畅通信息丝绸之路贡献"中国能量"。

此外，在推动信息基础设施建设的同时，要加快电子政务、智慧城市、网络社交、海上物流信息化合作等互联网应用在相关国家落地生根，让这些国家企业和人民早点享受畅通信息丝绸之路给生产、生活带来的实实在在的好处，反过来促进信息基础设施进一步加快建设，真正实现信息丝绸之路的畅通无阻。

如此看来，提前布局 5G 市场，抢占 5G 战略制高点就显得颇为重要了。

这不仅有利于中国在未来的移动互联网大潮中占据领先优势，一改往日我国通信产业大而不强的面貌，更是"一带一路"战略布局和中国经济新常态下，全面贯彻"丝绸之路经济带"和"21 世纪海上丝绸之路"发展战略，实现《中国制造 2025》战略、实现产业升级的关键。再往远一点看，乃至工业化升级、农业现代化、信息化与新城镇化建设，都离不开以 5G 为载体的信息技术。

5G，将成为新中国梦的重要实现手段。而中兴通讯，将与国同行。

城市创新基因和企业发展

陈志列

陈志列

研祥高科技控股集团董事局主
席，国家特种计算机工程技术研
究中心主任，广东省优秀民营企
业家。全国政协委员、金砖国家
工商理事会中方理事、全国工商
联科技装备业商会会长等。曾荣
获"中国民营企业新锐人物"
"中国优秀民营科技企业家"
"CCTV中国经济年度人物"称
号。研祥智能产品被列入国家重点新产品和国家火炬计划项
目，多次获得科技进步奖励。

深圳是一个特殊的城市

我是 1992 年到深圳的，那个时候我研究生毕业后在航空部工作，
不到 30 岁，领导安排我到深圳锻炼一下，最多待两年，最少待一年

302

半，承诺一定把我调回来，而且提拔我，基本上连蒙带哄，就把我弄来了。

1992年3月3日，我正式抵达深圳上班。那一天非常凑巧，所以33这个数字，我认为对我可能是一个吉祥数。几年后我自己第一次买下写字楼，就在车公庙工业区，我把我的办公室定为33平方米。当时请不起设计公司，整个办公室600多平方米的平面图是我自己画的。施工队跟我说，你一共600多平方米，办公室为什么只要33平方米？我没告诉他，但我心里明白，33这个数字一定要记住。

当时一个特别明显的印象是，中航集团接我的人，把我安排在上步路的一个小招待所。我没记错的话，每天的费用是15块钱，领我到房间以后他就消失了。也没有人请我吃顿饭，我两眼一摸黑，突然明白，深圳和北京不一样，深圳是一个特殊的城市，大家都很忙。

为什么说深圳的创新是深圳这个城市骨髓和血液里的东西？在深圳这样一个环境，一个从来没办过企业的人，可以在这儿把一个企业做大。1993年我开始创业时，我们家存折上存的钱是500块钱，2014年我们集团的年收入是200亿元，这200亿元不光是研祥2014年的销售收入，也基本上小于我目前的身价，这是一个从500块钱到200亿元的故事。

这个过程中间会有很多关于公司的内容，我首先要说明这不是广告，因为我相信即使你们看了这个，也不会买我们的产品，但是要不讲这些，就很难让大家充分地从我这个角度认识到，深圳到底是一个什么样的城市，深圳的最大特点是什么。

在深圳，如果你不创新，你到深圳可能来错了。创新这个词，今天已经深入世界，也深入中国，大家都在谈论创新。中国的未来靠什么？创新。改革现在碰到了很多瓶颈，贫富差距大。中国的政治中心城市就一个：北京。但说自己是经济中心城市的太多了，但是我觉得最具有创新特征的城市，当然是深圳！深圳在过去5年是中国当仁不让的创新城市，还将在未来引领中国很多城市走向世界级创新城市的地位。

深圳和硅谷的异同

为什么说创新是深圳的基因呢？这要归因于其移民文化。深圳是一座移民城市，当年只有19000人，而且他们大都姓黄。但今天深圳的常住人口，加上一些流动人口，可能超过2000万人。移民文化为什么跟创新有关呢？放眼全球，从国家创新看，一定是美国，在全球股市上得到热烈追捧的公司，基本上都是在硅谷那一带诞生和长大的。

200年来，从欧洲到全世界，只要有移民的地方，或者说移民比例达到一定程度，创新的氛围和创新的动力就与生俱来。美国本来就是一个移民国家，先抵达的人基本上集中在东海岸，然后再开发西部。我们最早看到的美国西部，很荒凉，恰巧在西部加州，洛杉矶靠海港，旧金山有大学，包括斯坦福大学等，城市中间就是丘陵地带，交通不太方便。类似故事就在深圳发生了，深圳就是在香港港口和另外一个有大学的城市——广州中间的丘陵地带，真是天时地利。

深圳的创新基因来自它的移民文化，类似美国硅谷，一个后发的创业创新公司聚集的丘陵地带。还有一个原因，从90年代初，深圳历届市委市政府一直坚持扶持本土的民营科技企业，这些故事没有在苏州发生，没有在上海发生，苏州和上海政府在那个年代都使劲抓引进外资，比如昆山，拼命引进台湾公司，因为台湾公司只要引进一家，上下游就会有很多跟进。上海当然重视引进世界500强，100多年前，老外在这里就有很多生活经验和体验，上海本土一些很优秀的人才，他们在老外的大公司里，会感到骄傲。到今天为止，这个区域的民营科技企业远远不如深圳。深圳为什么会出现这种情况？我觉得和历史发展、区位有关系，来深圳投资最多的是香港人，香港人来深圳最便利，外资招和不招都得来，而国资、央企到不到深圳来，不是深圳政府能够左右和说了算的，深圳只有选择发展本土民营企业。

创新是个巨大的冒险

移民文化敢于冒险，因为创新是个巨大的冒险。加州和硅谷能够活过 3 年的公司不超过 5%。冒险就会有失败，失败了首先要不让人笑话，深圳就具备了这样的条件。深圳社会比较宽容失败，为什么宽容呢？因为大家都在冒险，周围一大堆破产的，谁也来不及笑话谁。为什么北京不比深圳更加宽容呢？我经常去美国硅谷，有时参加一些朋友派对，他们问我，陈总，你开公司多少年了？我说开了 6 年了。没倒闭过吗？我说没有啊，做得好啊。结果周围的人就不愿意跟我聊天了，觉得这人没劲。我就奇怪了，就问一个华裔，这哥们的公司 6 年死过 5 次了，牛。我就跟他聊，原来周围的人跟他聊公司都咋死的。你第一次开了哪个公司？第二次你不是接受教训了吗，怎么又死了？第三次有经验，怎么又死了？很有意思，原来不是幸灾乐祸，他们都想创业，他们想看到公司是怎么死的，对他们有参考价值。所谓宽容失败，原来周围大家的公司都死过，谁也不笑话谁，这就叫宽容失败，加上本土的亲戚朋友少。从社会学角度说，深圳创新基因可以说深入骨髓了。

深圳有很多创新做法

我女儿和研祥同年同月生，2015 年我女儿大四了。最初的 logo 已经不是今天研祥的 logo 了，那是我设计的第一版。

1995 年我去北京外国语学院找了 15 个母语是英语的老外，我拿了 6 个词，其中有 ARXY，这 EVOC 谁起的，忘了。当时有一个表格让他们填，问你认为这 6 个词分别代表的产品大概是哪个国家生产的，它大概是什么样的产品。当时 15 个纯种老外认为 ARXY 是墨西哥产的，大概是胡椒产品，EVOC 应该是美国的，可能是机械或电子产品。所以我们就选择了 EVOC 作为我们的国际商标，现在它已经是我们的国际驰名商标，由研祥智能科技股份有限公司打造的特种计算机品牌，已成为行业领先品牌。

最后我要谈谈深圳市政府。深圳市政府是中国所有地方政府里面最接近小政府、大社会的服务型政府。我有一个独到的发现，首先是中央设计特区政府的时候，就想走和其他内地城市不同的路；其次，深圳的公务人员还想自己再创新一下、再突破一下，他们想做点事情才来深圳，所以深圳有很多创新做法。

深圳的政府非常务实

按深圳的体量，人均 GDP 也好，产业转型也好，深圳现在的政治地位和经济情况完全不相配。我举个例子，按深圳的经济体量应该有 60 个全国政协委员、50 个全国人大代表，可是现在全国政协委员和全国人大代表从来没超过 10 个，很难充分向各部委反映地方利益诉求。当然深圳是计划单列城市，可以跟中央很多部门直接沟通，但这和正省级城市差很远，就是这样一个情况，反而帮了深圳的忙，深圳没有办法向上面找资源，就自己拼命地做，这也导致深圳人愿意创新，希望做得很好，引起中央注意。深圳以能力为标准，以结果为导向，政府非常务实，这是深圳的特点。

听党的话，跟党走

研祥也是一个故事。我第一次开公司，就是在 1993 年，那年我 30 岁。全世界的数据证明，30 岁到 33 岁这段时间创业的人成功率最高，我当年不知道这个数据，是撞的。我开公司的时候，自己骑着自行车到红桂路当时的工商局注册，由于没开过公司，在公司名称一栏写上七个字：研究生的发祥地。后来在窗口正好碰到注册科科长，他说，你开过公司没？我说没有。他说公司名要么两个字，最多三个字，你整七个字，你的意思也不错，就叫研祥吧。我说，为啥不叫研发呢？那时候有了特发、深发，我也是奔着"发"去的。他说，如果你叫发容易重名，那时候需要检索已经注册过的名字，还没有电脑，要15个工作日。他说，你看我是注册科科长，你相信我，你叫研发就得查，而且你要给我五个名字，我顺着查，查着哪个没有就给你过了。他说你就叫研祥，这个名字没人用过，不用查了。后来香港有个评估公司，评估研祥这两个字值24亿元。

选择一个适合创业的城市，我认为非常重要。当年我不是自己选择来的，我是被党派来的，是共产党的干部，单位把我弄到深圳来，所以我感谢党。我在人民大会堂发表过一次演讲，题目就是《听党的话，跟党走》。

把西门子赶出中国大陆市场

来到一个合适的创业地方，我非常荣幸，但是如果想持续成功的话，要折腾，敢冒险。什么叫创新？这个词就是爱折腾，敢于不走常人路，然后敢冒险，愿意行险棋，而且集中精力，看后果，及时调整自己，这就是创新。

22年来，在专业上，在市场上，在技术上，在内部管理上，包括在企业文化上，我们不断地创新，像西门子这样的所谓500强跨国公司，今天几乎已经把它赶出了本行业的中国大陆市场。举一个例子，2005年以后，上海地铁地平线以下的计算机，我们把西门子完全赶走了，到今天为止，没用过它一台，全部用我们的产品。今天很多关键部门在计算机、防火墙，包括服务器方面，像美国思科，像IBM，还占有85%份额。我们正在努力，在同等技术条件、同等性能指标、同等价格上，希望我们比它强，能够让国产品牌占有90%以上份额，这个也需要创新，因为美国人不会把他们的技术完全给你的，原代码要你自己编。

借鉴香港在国际化方面的很多做法

目前在中国有 7 个国家自主创新示范区。其中之一是在深圳，这里聚集了全国百分之六七十的 VC 和 PE，这么大份额的 VC 和 PE 集聚，对初创企业的帮助非常大。

应该说深圳借了香港的光。香港也是一个具有创新特质的城市，香港人的创新和深圳人的创新还不太一样，香港人的创新是"见人说人话，见鬼说鬼话"。我不是代表企业家这样说，我也在很多大学做兼职教授，从学术角度我研究了这个问题，即为什么说香港人"见人说人话，见鬼说鬼话"。香港是一个国际化城市，香港人跟欧美人说，我最了解中国，你要想做大公司，你必须跟我合作；香港人跟内地怎么说？我最了解西方，你得跟我合作。这就是"见人说人话，见鬼说鬼话"，所以香港人灵活多变，完全根据不同的地域、不同的利益群体、不同的文化，寻求自己的生存空间，这是香港人的本事，需要创新。香港在国际化方面有很多做法，对深圳有非常深刻的影响。

国际化有统一的标准吗？没有。今天我们的产品直接卖到 43 个国家，我们进军那么多国家的市场才发现，根本不存在所谓的统一的海外市场，而是有很多不同国家的市场，我们的应对策略完全不一样。在不同的国际区域有不同的理念、不同的文化和不同的对策，或者说国际化就是在不同国家与国家之间生存的技术。

深圳耳闻目睹香港这么多年的做法，跟香港人接触发现，其实香港是一个建筑和街景最没有特色的城市，或者说香港就是欧洲的简化版。我觉得能够比邻香港也是深圳的幸运，就可以看看海外不同地区的情况，这也是深圳的地缘优势。

2003 年"非典"结束以后的 10 月 10 日，研祥当时 1/4 资产在香港创业板挂牌，这对我们是一个重大的转折。为什么去香港上市？当时可以选择去新加坡、纳斯达克、纽交所，但香港更方便，语言也是通的。

敢为天下先

深圳能够处在广东，也是深圳创新基因的一大特点。广东人敢喝头啖汤，敢为天下先，广东到今天还是海外华人比例最高的省份之一。广东人当年漂洋过海，为了生存只有创新，当地已经在卖糖果了，你在旁边再开糖果店基本活不下去，他们就做中国特色，做餐馆。做餐馆其实非常辛苦，很多老外不愿意做，这是广东人在海外近几百年来生存的例子。他们第二代上了大学，就不做这个了，第三代就做议员，这不就是个创新的过程吗？在整个深圳发展过程中，广东人、客家人来深圳的比例非常高，但深圳又不全是广东人，广东人没有超过50%，全国各地的人、五湖四海的人，想折腾的人、想干事的人，这样一群人都来到了深圳。

昨天马书记谈到这个非常深刻，他说，怎样让这个城市在很多人土生土长的情况下继续保持创新的活力呢？他还提到了上海，今天的上海人大部分是100多年前移居在那里的，应该说创新能力现在比当年弱了很多，这是事实，甚至北京也存在一个持续创新问题。至少从政府层面有创新基因以外，深圳还将继续大力营造创新创业和创客氛围。

不走常人路

我个人认为，深圳迎来了继1992年创业潮、下海潮之后的第二次创业高潮。今天有个时代新名词叫创客。应该怎么样给创客提供好的空间？我举了个例子，惠普和苹果是在车库里创业的，为什么？是因为房租便宜。刚创业，不在自家车库折腾，难道租个甲级写字楼吗？深圳要想建成一个国际化城市，我没听说哪个国际化城市在市内还有收费站的。我在2014年市政协大会上的发言中提出这个问题，结果底下五六十个政协委员站出来说取消梅关高速收费，很快梅关高速收费取消了，其他市内高速也将取消收费。

我另外一个身份是国家特种计算机工程技术研究中心主任。这是一个国家级工程研究中心，一般来讲应该挂靠在清华、北大这样的知名高校，挂在深圳民企的不多，任务之一是主导制定我们这个行业的国家标准。全球现在有两个标准体系，一个是德国标准，一个是美国标准。国家给了我们一个任务，把中国标准推崇为全球第三大标准。我觉得企业在大方向上就得听党的话，在深圳就要创新、折腾，不走常人路，政府会支持你。在深圳创业成功以后，怎么继续把企业做大？也得在深圳，全球每年有 20% 的新产品是研祥推出的，先推肯定有定价权。

温家宝总理来我们公司讲了一句话：科技创新，只有第一，没有第二，得先喝头啖汤。这是党和国家领导人对我们的再次肯定。

银行金融界也创新

谈到深圳市政府的创新能力，我举个例子。1995 年深圳在全中国创造了一个词叫民办科技企业，深圳市政府创新了这个词，这是研祥得到的第一块政府奖励的牌子，今天已经锈了，但我们每年都拿油擦。那年研祥是第 27 名，在 30 强里面，华为是第 2 名。1995 年民办科技企业只有深圳市有。深圳市后来还有创新，就是在华侨城的发展银行，我们拿到第一笔 300 万元贷款。当时，这个行长姓仇，今天还在银行界。当时他到车公庙来看我，我领他到工厂转一圈，他说啥也没看懂，但这笔款准备放给我。他就说了两件事：第一，我们 1993 年就拿了营业执照，快 5 年了没关门。第二，我们的车间没人看他，说明手里活多。这是我们历史上第一笔钱。很多内地民营企业家跟我说，从银行贷款很难。我想如果像这种深圳的银行家多一点，他们的贷款不会难，那时候哪里有固定资产抵押？只有信用贷款，一笔放的，所以我觉得深圳不光政府有创新，银行金融界也注重创新。

给大企业提供直通车服务

20 世纪 90 年代中后期以来，深圳大力发展高新技术企业。那时候认证一个高新技术企业很难。1998 年，深圳创新投给我们投资 2000 万元，占 12% 的股份，当时吓我一跳，这就是承认我公司值 2 亿了！今天不就叫 A 轮融资吗？那时候没有这词，所以我就整明白了，既然这样咱就动了上市的念头，这也发生在深圳。这是所有中国地方政府里面第一个由政府出钱发展创新投资业，入股民营企业当小股东，而且政府不管公司的内部事务，深圳是第一家。国家 2009 年首提创新，民营领军骨干企业，这是深圳市政府提的。第一，在深圳本土的；第二，在行业内干到前三名的，这种企业要特别扶持它，因为它能带领产业链发展，据我所查，这在中国也是创新；第三，还有给民营大企业提供直通车服务，深圳开了全国先例。通过海关直通车我们可以先检，而且后报税，平常情况下企业办手续要 15 天，直通车只要盖一个章，当天就行，这在全世界来讲都是顶级待遇，因为全世界只要是政府都有这个流程，这个流程要走好几天。直通车就是先去了，完了再走流程，研祥享有了这个直通车待遇。

在商业模式上进行创新

从上述几块牌子就可以看到，整个国家对创新都鼓励和支持，不光给牌子，党和国家领导人会亲自关心和鼓励。深圳的科技企业，今天至少在 136 个细分市场排名第一。

其实在国外，持续创新创业的公司和企业很多。大家往往在初级阶段强调你有没有专利、有没有发明，那是技术创新，但是一个企业如果没有发明专利，完全可以在商业模式上进行创新。阿里巴巴有多少专利？不多，它也不靠这个，而是靠商业模式创新。包括腾讯，这是商业模式的创新，或者说企业文化创新，它不是靠技术创新。如果我们从商业模式创新、企业文化创新、基础创新等很多方面看创新的话，我们可以看到有很多例子。众所周知，最具有创新技术和创新表现的国家就是以色列，美军是全球号称军用技术最发达的国家，但我可以公开地跟大家披露一个事实，美军的技术有70%是从以色列买的。以色列人几乎百分之百是移民，而且以色列就在丘陵地带。当然，我们在其他地区也看到很多创新创业，它们持续创新的成功例子，由于时间原因，我就不多说了。

深圳，建设更具可持续
竞争力的理想城市

倪鹏飞

倪鹏飞

研究员，博士生导师，中国社会
科学院城市与竞争力研究中心主
任，中国社会科学院财经战略研
究院院长助理，城市与房地产研
究室主任。主要致力于城市经济
学、房地产经济学、空间金融
学、城市竞争力及国家竞争力等
方面的理论与实证研究。出版著
作 10 余部，其代表作《中国城
市竞争力报告》于 2005 年获第十一届孙冶方经济学著作奖。
在《中国社会科学》《经济研究》《城市研究》（*Urban
Study*）等国内外杂志上发表论文数十篇。

深圳经济竞争力处在全国首位

21 世纪，人类进入城市社会，经济的全球化与资源的相对稀缺

313

使得城市社会不仅面临着激烈的竞争和冲突，更面临着经济、社会和环境的可持续挑战。

无论从中国还是从世界看，我们目前面临的问题可以概括为两个方面：一是怎么在竞争中制胜；二是怎么实现可持续发展。两者结合在一起，即如何提高一个城市与国家甚至一个企业、一个人的可持续竞争力。在21世纪及其以后很长一段时间内，这都是一个重大的课题。从中国当前的形势来看，我们正处在城市化的加速期。从城市化角度来看，中国过去的城市化模式不可持续，未来新兴城市化目标应该是建设可持续的、有竞争力的理想城市。

研究具有可持续竞争力的理想城市，制定具有可持续竞争力影响城市的标准尤其重要。从深圳角度来看，深圳特区成立30多年来，创造了全世界的奇迹，也表现出非常强大的竞争力。2015年发布的《中国城市竞争力报告》显示：深圳的经济竞争力已经处在全国首位。接下来深圳应该怎么办？我想应该有两个重要任务：第一，经济竞争力要变成全面的竞争力，变成可持续的竞争力。第二，深圳一直是中国改革开放的窗口，深圳要继续引领中国城市的发展，通过确定新的城市发展目标，建立具有可持续竞争力的理想城市，引领全国城市的发展，支撑中国崛起，这也是实现中华民族伟大复兴梦想的必然要求。

理想城市的内涵有八个方面

什么是具有可持续竞争力的理想城市呢？总的来说，就是能够聚集和充分利用当地和外部的资源要素，创造产品和服务，多快好省、可持续地为城市世代居民提供福利城市。

这个要素和环境应该是什么标准，才能够实现多快好省地、可持续地提供福利呢？在经济上，它应该是高效率的，在社会上是和谐的，在文化上是多元的，在环境上是低碳环保的，在对外关系上是开放的，在经济、社会、环境、文化等全面可持续发展。我们在研究了以后，把具体内涵概括为八个方面：以人为本的宜居城市、创业至上的宜商城市、公平包容的和谐城市、环境友好的生态城市、创新驱动的科技城市、城乡一体的全域城市、交流便捷的信息城市以及多元一本的文化城市。究竟我们的城市处在什么样的理想程度？为了准确评价，我们还进行了一些深入的研究，确定了一套指标体系，同时进行了一些实证研究，研究结果稍后介绍。

第一，以人为本的宜居城市。宜居城市的特征应该是以人为本，简单来说，它应该是一个健康的城市、安全的城市、舒适的城市、便捷的城市，是一个人性化的城市。人们能够从这里获得最大化的福利，能够得到身心健康，生活幸福，自身素质得到提升。市民的个性能够得到充分的张扬，市民的能力获得自由发挥。

第二，创业至上的宜商城市。这个城市的环境、基础设施的建设，公共服务和私人服务的提供，一切以居民的自由创业、企业的自由发展为出发点和落脚点，城市企业生机勃勃，充满活力。既有顶天立地的大企业，也有铺天盖地的小企业，有广阔的市场需求，有充分的生产要素，又有严密的公私服务网络，形成优越的创业环境。

第三，公平包容的和谐城市。从人与人的关系来看，也就是从社会关系来看，应该公平和包容。公平是政府为每个居民提供均等的发展环境、公平的竞争环境、均等的公共服务，使这个城市的老弱病残者皆有所养，使生命之花自由绽放。和谐城市目标是城市里的全体市民闲适放松，相互包容、相互关爱，和谐相处，充满亲和力。

第四，环境友好的生态城市。环境友好是指天人合一，人类作为生态的有机构成部分，应该做到道法自然。理想的生态城市应该在社会经济方面自然协调发展，物质、能量、信息高效率利用，技术、文化、景观充分融合，人与自然的潜力得到充分发挥，居民身心健康；理想的生态城市就是资源节约、环境友好、生物多样的这样一个美好城市。

　　第五，创新驱动的科技城市。这是具可持续竞争力理想城市非常关键的部分。创新驱动的科技城市有这么几个特征，就是知识型的产业是城市市民的主导产业，信息技术广泛应用于生活和商务，市民享受知识，致力于创新。创新驱动的科技城市对经济增长的质量、居民生活环境提出了更高要求，通过知识外溢，形成规模经济，重新构建城市的空间结构，为城市竞争力的发展提供可持续的内在动力。

　　第六，城乡一体的全域城市。在整个城市范围内，没有城市和农村分割概念。城乡一体是指以城市为本底的城乡基础设施的一体化、公共服务的均等化，城乡居民收入差距合理，城市化与工业化协调发展，城乡居民在田园般优美的自然和人工环境中，享受着城市所提供的现代化服务设施。

　　第七，交流便捷的信息城市。城市核心的特征有两个，一个是聚集，一个是联系。城市之所以形成，是因为它有规模效益，所以能够聚集，城市与城市之间、区域与区域之间又是通过城市的联系来实现的。因此，城市的交流、互联，必须得到充分的张扬。如果一个城市的对外联系、对内联系、相互之间的联系，不够多、不够充分、不够网络化，一个城市很难产生竞争力。

　　所以，理想的城市是交流便捷的信息城市，包括企业生产的信息化、居民生活的信息化、政府服务的信息化，信息技术应该为城市生产和生活服务。在理想的信息城市状态下，市民的交流更加便捷，生活模式更加高效，城市规划更加合理，政府服务也更加便捷。

　　第八，多元一本的文化城市。多元一本的文化，意味着它能够汲取其他地方文化的精神，同时又能够保持自己的特征，具有本土的个性化特征。多元就是来自外部、来自城市不同群体背后的文化。理想的城市应该历史文化厚重久远，现代时尚文化枝繁叶茂，外来多样文化兼容并蓄，当地文化独具特色。在开放多元的环境下，各种文化碰撞交流、交相呼应，城市可以保持持续的创造力，因而具有可持续竞争力。

　　我还想强调，虽然这八个方面都非常重要，但是文化和生态更加重要。其他方面很重要，但是它们是可变的，流动的，只有环境和文化既重要，又在短期内难以改变，所以不可移动的生态语言文化才是最关键的。多元的文化和优美的生态是重中之重或者是核心。

深圳宜居城市解读

从 2013 年开始，我们利用以上理论与指标体系，对中国的可持续竞争力进行了评估和跟踪分析，涉及 289 个地级以上城市，结果显示：前 50 名城市主要集中在三大都市区：长三角、珠三角、京津冀。

在可持续竞争力方面，真正可以与深圳进行有意义比较的城市有 4 个，就是香港、广州、上海和北京。以 289 个城市做总体样本，主要对照这 4 个城市，可以分别看出深圳可持续竞争力的每个方面处在一个什么位置。

首先我们看深圳宜居城市竞争力，在 2015 年的排名中，深圳处在第 5 位。所谓宜居城市，可以从五个方面来衡量：人口数字、社会环境、生态环境、居住环境和市政环境。深圳人均住房面积处在比较低的水平，第 243 位，千人小学生数排在第 270 位，它应该引起政府的高度重视；当然，我们的市政设施相对来说比较好，但地下管网排水密度这个很关键的指标排在第 59 位，没有进入最具竞争力的前 50 个城市。看一些关键的分项，深圳的宜居城市定位，还有很多需要提升的方面。空气质量还不是一级的，宜商环境排在第 4 位，香港第 1 位，广州第 5 位，上海第 3 位，北京第 2 位。

深圳宜商城市竞争力比较强，其中，人均存款排在第 2 位。企业增长数对于一个城市来说很关键，它是企业活力非常重要的表现，深圳处在第 1 位。而深圳企业税收负担比较高，信贷不良率排在第 50 位，应该引起重视。

和谐城市竞争力排在第 6 位，可以从四个方面来衡量：政府的善治，社会的公平，社会的保障，社会的安定。其中，户籍和非户籍居民之间的公平性，深圳排在第 179 位，这也是社会和谐非常关键的方面，我们要高度关注，加以改善。

在生态城市竞争力方面，深圳排在第 36 位。生态城市竞争力可以从三个方面来衡量。一是资源节约，总体上我们没有优势，单位GDP 耗电排在第 61 位，单位耗水排在第 61 位。二是空气质量。空气质量二级。三是生态多样性。这方面我们相对好一些，我们处在南方，整体生态环境较好。但是我们没有特别优质的国家级保护区，最核心的友好生态城市建设值得我们加把劲，现在与科技创新、经济高效要求还不太适应。

深圳科技城市竞争力排在第 3 位，在人均专利申请数量方面深圳排在第 1 位，图书馆数排在第 2 位，中等以上学历学生占全部学生比重排在第 199 位。大学指数比较低。

竞争力中核心指标有 3 个。科技教育人才需要高度关注，还需要提升。当然知识经济层面相对来说还不错，比如科技产品出口排在第3 位。科技创新总体上比较好。

深圳信息城市竞争力排在第 4 位。最差的是铁路方面，排在第49 位。人均电话数处在第 1 位，反映出我们这个智慧城市开放互联处在比较靠前的位置。

深圳文化竞争力排在第 17 位，在历史文化方面相对弱一些，但国际文化、多元文化和现代文化要强得多。在历史文化方面还可以做一些努力。

最后，深圳全域城市竞争力排在比较靠前的位置，在内地应该是第一。

全球理想城市的标杆

从可持续竞争力的理想程度视角观察，通过前面的介绍，大家对深圳的优势和劣势有基本的把握了。

深圳未来的目标，就是要在城市现状的基础上再迈一步，成为全国理想的标杆，那么我们应该怎么建设呢？我们首先要了解一下全球的标杆。

从可持续竞争力综合的角度，我们选择了两个国际城市，一个是伦敦，一个是新加坡。我认为伦敦是具有可持续竞争力的全球城市，为什么说它是具有可持续竞争力的全球城市呢？大家知道，从英国工业革命开始，这个城市就崛起了，20世纪以来，英国在衰落，但是伦敦并没有衰落，仍然持续繁荣，引领着世界。可以说，伦敦是现代社会最长寿的一个城市，从17世纪开始兴起一直到现在，仍然是世界顶尖的两大城市之一。它的经验是什么？我概括了两个方面，第一，它超越了当地的英格兰东南地区，也超越了英国，面向世界，服务世界，它利用世界的资源要素，服务世界市场，因此它不因国家的、区域的兴衰而改变。一些学者把它定义为全球城市，全球城市才能够可持续发展。第二，光面向世界服务全球还不行，永远要挑战现状，不断创新，引领未来，它永远在积极变革，永远要革自己的命。

这次我讲之前，主办方特别强调，让我一定要多讲问题、多讲不足。这就反映出我们这个城市宽广的胸怀和充分的自信，只有持这种态度，这个城市才可能实现可持续性发展。

新加坡也是全面协调可持续发展的城市。在研究全国城市或者全球城市的时候，我发现经济、政治、环境、社会、文化各方面，新加坡做得都非常成功，都有成功的经验。新加坡的经验我觉得有这么几点：一是坚持精英执政，打造了法治廉洁的强势政府，执法行之有效；二是坚持自由开放；三是以科技、教育、人才这三个核心竞争力作为立市的根本；四是它能够很好地抓住外部的机会；五是坚持环保优先，实现经济、生态、人文共赢。这几点是它实现可持续发展的最核心的做法。

再讲一个，温哥华是以人为本的宜居城市，它将社区建设置于宜居城市建设的基础环节。它特别强调社区，通过社区来实现宜居，而且温哥华强调环境的系统改善，特别强调文化多元、开放包容，所以能够吸引世界上很多人才。

维也纳，也是创新驱动的知识城市，它是音乐之都，很少有人知道它还是科技之都。而且，维也纳科技创新、科技城市建设非常成功，对深圳有很好的借鉴意义。它用音乐品牌吸引了全球的高端要素，特别是高端人才，把那些喜爱音乐的企业家、科学家吸引到这里，形成高端的科技产业，在这个基础上它又特别重视宜居环境建设，包括教育医疗这些核心内容，因而形成优质生活环境与高端要素及高端产业的良性循环和共促共进的局面。

一些内地城市强调自己区位差，但日内瓦、维也纳、苏黎世这些城市都不是在欧洲的中心，它们为什么可以领先世界呢？实际上开放的互联对于城市区位提升和改善非常关键，可以帮助一个城市利用外部资源要素、外部市场。这也是维也纳的一个经验。

赫尔辛基也是一个科技创新、创新驱动的知识城市。这个城市小，它的发展目标就是搞一些高科技，大量引进外国人才、技术，然后再把它的成果转出去，在科技创新方面它有很多具体做法。每个人既是创新的需求者，又是创新的参与者，这是西方城市发展新的创新模式。

美国亚利桑那州凤凰城是一个宜商城市，特点就是政府采取企业化的运作方法，招商引资，它被多家国际机构评为全球市政管理最佳城市。顾客至上的市场文化，把老百姓当成了顾主，产生了便捷性的政府管理引导式的社区服务。

日内瓦是一个公平包容的和谐城市。通过高税收消除了不同群体之间的差别，建立了全民一致的高福利城市，严格细致的法律保证了社会的安全有序。还有，它有一个高效、公开、透明的网上政府，邀请市民参与城市管理。

环境友好的生态城市还包括哥本哈根。全球气候谈判放在这个地方，就是因为它在这方面做得非常成功。在环保方面，它不仅有理念，而且具体做法也非常值得我们借鉴，比如35％的人选择骑自行车出行，选择乘坐地铁的人达 23%，加在一起超过 50%。另外，步行道路、自行车道路建设得非常齐全，而且它注重环境意识的培养，把环保理念渗透到了市民的生活中，市民做环保形成一种习惯、一种乐趣，实现了知行合一。

加拿大多伦多文化比较有特色，融合了世界文化，成就了多元经典。多伦多成功有很多原因，其中很重要的原因就是多元文化助力这个城市的可持续发展。多元文化最关键的就是能够聚集精英人才，同样多元文化也有利于创新。

德国南部巴伐利亚州在城乡一体方面做得比较成功。第一，有规划，加强了经营系统的规划；第二，加强了制度建设；第三，优化了资本的配置。

在开放多元的全球城市中，纽约是代表，在开放互联方面它比较成功，因为它本身是全球的中心，它最大的任务也就是联系，它的联系能力最强，现在网络互联智慧信息城市做得最好的当然还是纽约。它继续引领着世界向前发展，其他城市挑战它还有一定困难。

如何把深圳建设成理想城市

先介绍了深圳的理想城市是什么样子，再回顾了深圳的理想城市建设的现状、历史和差距，又看了世界城市建设理想城市的一些经验，那么我们如何把深圳建设成理想城市呢？最后我给大家做一个结论，并提出些对策和建议。

第一，我们离理想城市还有一定的距离，但是我们已经具备了建设理想城市很好的基础条件。

我们建设理想城市，要有明确、清晰的理想城市目标，我思考了一下，我觉得我们应该建立一个全球创业阶层栖息的创新城市。什么意思呢？这个城市首先要有全球视野，把全世界优秀人才、创造性人才聚集在这里，让他们留在这里生活、工作、栖息，进行创业。

营造宜居环境，最核心的有几点：一是国际化的教育；二是高端医疗条件；三是高端娱乐；四是保障这些人才安全健康。这些我们深圳有吗？和周边的香港、澳门相比较，深圳可能还有一定差距，这是我们要重点抓的。

第二，宜商环境的建设。要吸引全世界的创新企业，要培育创新企业、高新技术企业，不仅需要提供人才、信息、市场服务，政府的监管也有很大改进空间，包括衡量一个企业从生到死与政府打交道所花费的成本究竟如何，在这个方面，包括中国在内的发展中国家和发达国家差距很大，所以营商环境要有很大改变，要有利于创新。

第三，知识产权的保护、财产权利的保护，我们必须把它们放在重中之重的位置。

第四，要借鉴国际上新的科学实验模式、科技创新模式。要建立这样的一个科技城市，把市民都变成科学工作和科学实验、科技创新的参与者，让他们参与到科学实验中来。

第五，文化是最重要的，也是我们的强项。我们初步形成了一个多元包容、冒险进取的文化氛围，但是诚信文化还可以再进一步提升。深圳本土文化、历史文化不太强，但是深圳作为全国移民的聚集地，是不是可以把全国的历史文化中优秀的东西在这里集中弘扬，形成深圳具有个性化的城市文化平台呢？

最后，我们要以智慧城市技术创新为重要的载体和手段，把城市互联做好，联系便捷了，你才能够拥有世界，引领世界。如果我们有了广泛的联系，我们就可以做到你的东西为我所有，充分利用最先进的技术，使我们在互联交流中处在前列，那么我们整体的竞争力就有可能走在前列。

谢谢大家！

张骁儒 / 主编

深圳市民文化大讲堂
2015年讲座精选

下册

The Selections of
Shenzhen Civil Lecture on Culture
(2015)

社会科学文献出版社
SOCIAL SCIENCES ACADEMIC PRESS (CHINA)

〖目 录〗Contents

上册

一 家国天下

二 抗战胜利 70 周年

三　文学历史

四　科学创新

下　册

五　教育艺术

六　社会民生

七　国学养生

五

教育艺术

小民族大智慧：犹太人及其精神

傅有德

傅有德

教育部人文社科重点研究基地山
东大学犹太教与跨宗教研究中心
主任，博士研究生导师，教育部
"长江学者"特聘教授，山东省
"泰山学者"特聘教授，教育部
哲学教学指导委员会副主任委
员，中国宗教学学会副会长。主
要研究领域为犹太哲学与宗教、
宗教与文化比较、西方哲学史。
主编了《汉译犹太文化名著丛书》与《犹太研究》集刊，
出版了《犹太哲学史》《犹太哲学与宗教研究》《巴克莱哲
学研究》等论著。

今天讲犹太人和犹太精神。很多人可能分不清犹太人和基督徒之
间是什么关系，以为基督徒就是犹太人，或者犹太人信基督教，也是
基督徒。犹太人很有智慧，爱因斯坦是最大的科学家，马克思是伟大
的思想家。他们都是犹太人。为什么犹太人这么有智慧呢？很多人都
知道犹太人命运非常坎坷，苦难的原因是什么？犹太人历经劫难以

后，为什么能够在 1948 年建立自己的国家？这些疑问使我们有必要对犹太人有所了解，尤其在 21 世纪，在全球化过程当中，了解犹太人这样一个非常特殊的民族是非常必要的。

要了解一个民族，有必要花很多时间读它的经典，比如《圣经》《塔木德经》，或者研究它的历史。对于多数普通民众来讲，首先需要对它的精神有宏观的整体性的把握，而且这个把握应该比较准确。现在书店里有很多杂书谈犹太人，其中不少书讲得不准确。

什么是民族精神？是不是我们平素讲的跟物质相对的那种精神呢？其实是有区别的。张岱年先生写过关于中华民族精神的文章，认为中华民族的精神是"自强不息"。"天行健，君子以自强不息"嘛。清末民初的著名教授辜鸿铭也写过《春秋大义》，说中国人的精神是"朴实、博大、深沉"。这里所说的"精神"，其实不是指某种思想和观念，而是指蕴含在一个民族的宗教、历史、生活方式等各个方面的心理倾向或特性。这是我对于精神的界定。

今天讲犹太精神，不是专门谈犹太思想，而是主要回答两个问题：第一，谁是犹太人？第二，什么是犹太精神？

严格地说，现在的犹太人都是公元前 586 年之后的犹大国的遗民。古代以色列曾经是独立的王国。所罗门王死后，这个王国一分为二，南面是犹大国，北边是以色列国。南面的这个国家由两个家族或支派构成，其中一个是犹大，一个是便雅悯。另外，还有作为神职人员的利未家族。北面的以色列国由 10 个支派构成。刚才提到的北面那个以色列国，在公元前 722 年就被亚述帝国所灭，构成它的那 10 个支派从此销声匿迹，不知去向。对于这 10 个消失了的以色列支派有种种猜测，但是谁也不确切知道它们究竟到哪里去了。有人说很可能在当地和周边国家被异族同化了，也很可能到了欧洲、亚洲，也有人说开封的犹太人可能就是那时候经过波斯、印度，最后辗转到了中国。南面的犹大国于公元前 586 年被巴比伦灭亡，其国民大多被掠往巴比伦，48 年之后，波斯帝国兴起并取代了巴比伦，那些被掠走的犹大国的遗民有许多又回到了犹大故地。简单地说，严格意义上的犹太人指的是被巴比伦征服的犹大国的遗民以及后代，现在全世界的犹太人都是犹大国的后人。

按照《圣经》的记述，犹太人的始祖有三位，即亚伯拉罕、以撒和雅各。他们及其后裔被叫做"希伯来人"，意思是"从河那边过来的人"。什么河啊？幼发拉底河。亚伯拉罕、以撒、雅各是子孙三代。雅各生了12个儿子，后来繁衍成为犹太人的12个支派。这12个支派都被称为"以色列人"。这些人先在埃及寄居400多年，后来摩西带领他们逃出埃及，在旷野流浪了40年。摩西死后，其实是出埃及的那一代人死后，约书亚带领他们战胜了迦南七国，建立了自己的国家。当时是中国的商代。真正建立王国的是大卫，大卫之后是所罗门，所罗门之后，统一的王国就分裂为以色列和犹大两个国家，犹大国被征服后有了我们现在所说的犹太人。

犹太人是一个散居民族。前面提到，公元前586年，犹大国的遗民被掠往巴比伦48年，后来又回到故国建立了第二圣殿。后来经过了希腊人和罗马人的统治。到了公元70年，罗马军队焚毁了他们的圣殿，犹太人又开始了历史上最长的散居。从公元70年一直到1948年，犹太人在近1900年期间没有自己的国家，流散在世界各地。在欧洲，最集中的聚集地是南面的葡萄牙、西班牙，这一部分人被称为"塞法迪"犹太人；北面的德国、波兰以及东欧是另一个犹太人集中居住的区域，他们被叫做"阿什肯纳兹"犹太人。二战以后，美国成为犹太人最多的国家。目前，美国有600万犹太人；在过去的20年里，苏联解体后大批犹太人遗民以色列，使以色列的犹太人急剧增长，达到了620多万。

很多人可能关心如何来确定犹太人的身份。如果你读了《圣经》，你就会知道，《圣经》时期主要按照父系来确定犹太人身份。如果父亲是犹太人，其子女都是犹太人，除了极个别例外。公元70年之后，犹太人流散在世界各地。按照这个时期拉比犹太教的界定，犹太人从母系确定。就是说，如果母亲是犹太人，孩子便都是犹太人。除了按照血统确定身份以外，还有一条规则与信教相关。犹太教是一个民族性的宗教。意思是说，凡是犹太人都信犹太教，而且犹太教只是犹太人信的宗教。如果你想信犹太教，那你必须改宗，比如我非常喜欢犹太教，我要加入犹太教，必须经过严格的程序而改宗犹太教。如果我被接受了，完成了这个改宗程序，我就被接纳为犹太人了。在这个意义上，犹太人的宗教性和民族性是一体的。同理，历史上有很多犹太人脱离了自己的宗教，脱离后就不被看作犹太人了。

再讲一下犹太教与基督教的关系。基督教的创始人是耶稣，而耶稣是犹太人。耶稣有 12 个门徒，他们都是犹太人。后来对基督教的传播和教义的制定做出最大贡献的保罗也是犹太人。也就是说，基督教产生之初，最初在巴勒斯坦，后来逐渐传播到土耳其、希腊、罗马，以至更远的地方。基督教是由犹太人创立的，最初的基督徒都是犹太人。

在保罗之后，犹太教跟基督教正式分裂了。基督教从犹太教当中分化出来，而且认为以前的犹太教的经典即《希伯来圣经》，是《旧约》，而通过耶稣与上帝所立的约是《新约》，是基督徒所信奉的经典，这个《新约》超过了《旧约》。另外，基督徒认为，犹太教讲律法，认为上帝所赐的"十诫"等 613 条律法是生活的指南。但律法太复杂了，不如简单直接些，只要信奉上帝的化身耶稣基督，我们就能够得救了。因为宗教上的若干分歧，基督教与犹太教分裂了。犹太人不接受耶稣基督是救世主，犹太人也不接受基督教"道成肉身""三位一体"的教义。这些都是基督教最基本的教义，犹太人一直不认同。后来基督教发展成为世界上最大的宗教之一，而多数犹太人就散居在基督教国家里。但是，犹太教照样不接受基督教教义，跟基督教一直处于不同或对立的状态。二战以后，基督教深刻反思纳粹大屠杀的根源，开始主动与犹太教对话。经过几十年的努力，这两大宗教之间才逐渐缓和了关系。现在，犹太人与基督徒可以和平相处。但是，这并不等于两教或者基督徒和犹太人在宗教上或者在其基本教义上取得了一致，没有。但是二者有共同点，都接受上帝为至高无上、全知全能的神，接受"摩西十诫"。但是，对于基督教的基本教义，犹太人仍然是不接受的。我们一定要把犹太人和基督徒、犹太教和基督教区别开来。犹太人命运多舛，散居世界各地，历史上发生过种种反犹、排犹、屠犹事件，都直接和间接地与两教的分歧有关。

犹太人是一个富有智慧的民族。但是，如果你问我犹太人特别聪明吗，我说，从犹太人所取得的成就看，应该说他们特别聪明。在哲学史上，有斯宾诺莎、胡塞尔、维特根斯坦、弗洛伊德、弗洛姆等一大批犹太思想家，马克思也是犹太人。在科学领域，犹太人的贡献非常大。有一个数字比较陈旧一点，但是在一定程度上能够说明问题。从 1990 年到 1995 年，犹太人得诺贝尔奖的有 129 位，占获奖总人数的 23.6%。诺贝尔奖是世界上公认的科学界最高的奖励。二战当中，希特勒屠杀了 600 万犹太人。全世界的犹太人现在只有 1300 多万，在人口的意义上，是一个小民族。可是，在过去 100 年当中，区区 1000 多万人的犹太民族得诺贝尔奖的人数几乎占到了获诺贝尔奖者总数的 1/4，这是一个惊人的数字。

还有，在经济领域，像洛克菲勒家族、罗斯查尔德家族等都是犹太人，美国的大银行几乎都是犹太人开的，犹太人在华尔街占绝对主导地位。简而言之，犹太人在人类文明的各个领域都取得了杰出成就，从这个意义上讲，犹太人是聪明的，甚至可以说是最聪明的。但是，这不意味着犹太人从基因上来讲比其他民族更聪明。迄今，没有人通过 DNA 鉴定发现犹太人有着特别的基因，因而比别的民族更聪明。他们之所以取得杰出的成就，在各个领域取得世界顶尖的成就，有多方面原因，包括宗教、生活方式、思维方式等原因，以及外界生存环境的压力等。犹太人散居在世界各地，寄人篱下，要想生存下去，出人头地，不努力学习提高自己行吗？是各种因素的结合，使犹太民族成为有大智慧的、能够取得大成就的民族。

什么是犹太精神？我总结概括出以下几点：第一，敬一神；第二，遵律法；第三，守契约；第四，求异；第五，重教育；第六，尚坚韧。

第一，敬一神。一神教不是犹太教所独有，但是犹太教是最早的一神教。它把上帝看作至高无上的、唯一的，是造物主和立法者。按照《圣经》，起初，上帝创造天地，然后用六天时间创造世界和人。这样一个上帝的存在在犹太人看来是不证自明的公理，其他一切都是从这个公理中衍生出来的。在犹太教那里，上帝创造了世界，创造了人，赋予人神圣的律法，人要信奉上帝，按照上帝赋予的律法来生活。一切都是围绕着神这个中心展开，所以，犹太教是一个神本主义的宗教。这个神本主义的宗教，最重要的一点就是培养了犹太人对于唯一神的那种敬畏、虔诚和服从的心理。人在上帝面前非常渺小，犹如尘土一般，人在上帝面前必须非常谦卑。上帝至高无上，他是我们敬畏和仰望的，我们要向他看齐，模仿他而过一种神圣的生活，尽管我们永远变不成上帝。

犹太教告诉人们，耶和华上帝是独一的主，要求犹太人全心全意地爱上帝，与此同时，也要"爱人如己"。但是，自始至终，从古代的犹太教到现在的犹太教，敬神是第一位的，神始终最重要，敬神是犹太人的第一美德。犹太人也主张孝，比较重视家庭和孝道。但是，对于父母的孝和对于神的敬仰相比，始终是第二位的。这跟中国古代的儒家有区别。儒家虽然也说"天生烝民，有物有则"，"天命之谓性"，承认上天生人，赋予人性，使人之为人。但是，儒家的天不像犹太教中的上帝那样通过"说话"给人以直接的启示。"天不言"，所以，人无法直接得到天道。事实上，从周代开始，中国的圣贤都特别重视普通民众，认为只能从民众那里得到天意。所以说，"天听自我民听，天视自我民视"，"民之所欲，天必从之"，"民为邦本"。简而言之，在早期儒家那里既有上天，也有人心，而总起来看人本主义占主导地位。例如，孝道是"为仁"的根本，是儒家的第一美德。这与犹太人以敬神为第一美德不同。在古代中国，对天的敬拜和敬畏远不如对于父母和祖先的敬拜和服从。

第二，遵律法。犹太教是一种律法主义宗教，就是说，犹太人的生活都以上帝赐给他们的律法作为指南。《圣经》时代之后，犹太先哲发现一共有613条律法写在了《圣经》中，被叫作 written law，就是成文律法。他们还认为，公元 70 年以后，犹太教除了成文律法外，还有口传律法。口传律法也是摩西从上帝那里接受下来的，只是没有写在《圣经》里，而是一代代口传下来的。到了公元 200 年左右，有人记录下来，编成了《密西拿》，再后来又有哲人或拉比对口传律法做诠释，编成了《塔木德经》。《塔木德经》是《圣经》之后犹太人的宗教经典和律法书。不管是口传律法还是成文律法，都被犹太人视为生活准则，它们涵盖了生活的各个方面，比如宗教祭祀、日常起居、人际关系、民事纠纷、刑事案子、婚丧嫁娶等。一个人如果严格按照律法行事，就能够成为"义人"，相当于儒家所说的"君子"。

律法有一个特征，就是带有惩罚性、强迫性。这意味着犹太人必须遵守律法，不遵守就会得到相应的惩罚。在犹太教中，一些现在看可能属于道德或单纯宗教的戒条，在当时是被看作法律的。比如，犹太教规定，在安息日所有犹太人都要休息，不得从事劳作。有人在安息日到山上去捡柴，被举报后怎么处理呢？判处死刑！犹太教的训诫就是法律，若违反，就要受惩罚。这种律法主义的精神培养了犹太人的规则意识和法治精神。

第三，守契约。中国的儒家特别强调道德、榜样的作用，我们经常说，"榜样的力量是无穷的"。当然宋明儒学也提出，"存天理，灭人欲"，谁要是犯了道德性的"天理"规范，也要受到严厉的惩罚。但是，儒家总的说特别强调道德的力量，包括治理国家，认为"道之以德，齐之以礼"，人们就会产生一种羞耻感，从而自我约束，就不会做坏事了。儒家相信"仁、义、礼、智、信"是从每个人的内心中生发出来的，不来自外在的力量，所以，道德实践靠每个人的自觉自律。因此，儒家特别强调"慎独"。所谓"君子慎其独也"，要求一个人在任何时候都要严于律己。

犹太教当中一个非常重要的概念就是守约。上帝跟以色列人立约，双方都遵守契约，永不毁弃。上帝跟犹太人的祖先亚伯拉罕立约，允诺赐给他众多人口，使他成为多国之父，还赐给它迦南土地作为永久的产业。上帝跟摩西立约，赐给他"十诫"和其他神圣的律法，让犹太人在生活当中遵守。契约概念根深蒂固地扎根于犹太人的心灵，不仅跟上帝要遵循律法，履行跟上帝的契约，同时也推广到人与人之间立约，而且严格履行契约。久而久之，遵守契约成为一种非常重要的犹太精神。我看过一个小册子，讲犹太人的经商之道，意思是有一个犹太商人在日本做了一宗大买卖，但是后来行情发生了变化，如果履行契约就要赔不少钱。怎么办？这个商人还是坚持履约，不能因为赔钱，原来签的合同就不算数了。守约是犹太人的精神，犹太人在商业领域的成功与这种精神有密切关系。

第四，求异。在多神教流行的古代，犹太人的先祖独树一帜，确立了一神信仰。他们认为他们跟上帝有约，上帝把他们从万民当中挑选出来，成为一个"特选子民"。英语有一个说法是"chosen people"，意思是"被挑选出来的民族"，跟其他民族不同。因此他们有一种自觉，一定要做得比其他民族更好，才能不辜负神对他们的期望。这个"契约"和"选民"是否包含一种民族优越的意思呢？在很多人看来是的。但是，犹太人的解释是：我们跟上帝有约，要遵守613条律法，才能够成为"义人"，而其他民族不用遵守这么多的律法即可产生同样的效果。按照《塔木德经》的解释，其他民族只要遵守7条最基本的律法就可以成为"义人"。在这个意义上讲，"选民"不带有优越感，反而是一种责任感，甚至是负担。上帝的选民要比其他民族遵守更多的清规戒律，接受更多的约束。

求异还表现在行为方式上。我们经常说"入乡随俗"，跟众人打成一片。但犹太人不是这样的。他们有独特的宗教，因此有独特的生活方式，这就使他们独立不依、特立独行，不从众，在散居的各地按照自己的宗教、自己的生活方式来生活，卓尔不群。实际上，这也成为很多人反犹的原因之一，招致人们的怨恨和敌视。

更重要的一点就是，在思维方式上求异和创新。《塔木德经》的文本倡导、鼓励犹太人提出不同于别人的意见和观点，时刻不忘求异创新。比如《塔木德经》开始部分讨论什么时候背诵某段祈祷文，《圣经》上说每天晚上和早上背诵，但是没说什么时候是晚上，什么时候是早上。于是，犹太先哲们便各抒己见，纷纷提出自己的看法。整个《塔木德经》有很多这样拉比讨论的记述，没有哪个拉比是主导性的权威，由他说了算，别人服从，从来没有。他们老想提出不同的看法，而且引经据典去论证自己的看法。因此，犹太人不从众，也善于争论。2008 年，我在以色列参加以色列建国 60 周年"总统大会"，当时的总理奥尔默特说，以色列的事情很复杂，以色列有 700 万人，就有 700 万个总理。在日常生活中，我们也可以发现，每个犹太人都希望发表意见，总想反驳别人的、过去的说法，提出自己的新见解，而且善于讨论，尤其善于辩论。这是犹太人最主要的特点。中国人讲"和为贵"和"求同存异"，我们把"同"看得比"异"更重要。犹太人也讲同与异，但更强调差异；我们讲同，也讲异，但我们强调的是同。在争论与否的问题上，我们强调的是尽量不争论。可见，我们跟犹太人在这点上全然不同。

第五，犹太人特别重视教育。犹太人有专门的经学院研究《圣经》和《塔木德经》，但在现代社会，也很重视世俗教育。犹太经典《塔木德经》中有句话让我永生不忘："不读经，毋宁死。"他们把读经看作人生第一需要，与生命共在。犹太人很早就没有文盲，至少他们会读《圣经》或《塔木德经》。在很长时期里，中国文盲非常多，相比之下，犹太人应该说超前太多了。据统计，犹太人是所有民族当中每年每人读书最多的一个民族。

第六，尚坚韧。《易经》上说："天行健，君子以自强不息。"很多人认为这是中华民族精神，清华大学的校训是"自强不息，厚德载物"。我想，自强不息的精神不是中国人独有的，也适用于描述犹太精神，而且可以说，犹太人比其他民族更为突出。为什么呢？刚才我们说了，犹太人散居在世界各地，寄人篱下差不多两千年，而这期间，他们都是零零星星在某些国家生存，近两千年没有被同化，经过各种磨难，包括十字军东征的屠犹，1492 年西班牙的大规模排犹，以至二战期间的纳粹大屠杀，这一系列灭顶之灾犹太人都挺过去了，而且终于在 1948 年建立了自己的国家。

　　我去过以色列 5 次，每次都不禁感叹，这哪里是《圣经》上说的"流着奶和蜜的地方"啊！放眼望去看到的多半是大片的沙漠和荒山野岭。我没去西奈山，可我从书里得知，那里更是荒凉的山区和不毛之地。在这样的一片土地上，他们在古代曾经建立强大的王国，而在流散近 2000 年后又重建了自己的国家。现在的以色列是一个发达的富强国家。据说，以色列在军事、科技上的实力仅次于美国，成为世界上最强大的国家之一。

　　《圣经》本来是用希伯来语写的，后来犹太人散居在世界各地，希伯来语只是人们读《圣经》、做祈祷时才用的宗教语言，其他时候犹太人讲当地语言。但是，在 1948 年以色列建国前后，这种语言居然复活了，现在希伯来语成了以色列的官方语言。你想一种语言已经濒于灭亡若干世纪后能够起死回生，成为一种活的运用于日常生活的语言，难道这不是一大奇迹吗？

　　反思犹太人的恶劣生存环境和历史上的悲惨经历，想想犹太人培养出了那么多的杰出的思想家、科学家、文学艺术家，不禁让人赞叹犹太人的坚强意志和顽强的生命力。有人说以色列以及犹太人像"沙漠中的仙人掌"，我觉得这个比喻很好。

　　最后说几句感想。

　　为什么犹太人历经劫难和苦难能够生存下来，并且在那样贫瘠的土地上创造出一个个人间奇迹呢？首先是因为他们有信仰支撑，他们相信上帝存在，相信他们跟上帝有约，也相信上帝永远跟他们同在，相信他们是上帝的选民，不同于普通民众、民族，他们是卓尔不群，具有非凡的智慧和使命的一个族群。他们相信并且遵守契约，严格遵行律法，努力成为"义人"，在人间而不是天国实现公平正义。

　　其次，《圣经》和《塔木德经》是犹太教经典，它们教会他们如何思维和生存，是犹太人生活的指南，也是犹太智慧取之不尽的活水源头。

　　再次，长期寄人篱下的社会环境，迫使犹太人以超强的意志和毅力迎接挑战，战胜困难。

最后，现代社会为犹太人提供了创造物质和精神财富的条件。法国大革命以后，犹太人被赋予了公民权，他们开始融入西方社会，很多大的思想家都是在那个时候产生的，现代社会为他们提供了能够综合传统与现代元素的优越条件。那些犹太大思想家一方面得益于传统的熏陶，另一方面又憧憬现代化的美好世界，因此他们没有局限在犹太传统当中，而是超越了传统，发展出一个个普遍的理论。

我想用孟子的一句话来结束我今天的报告。孟子说："天将降大任于是人也，必先苦其心志，劳其筋骨，饿其体肤，空乏其身，行拂乱其所为，所以动心忍性，曾益其所不能。"犹太民族作为一个弱小民族而有大智慧、大成就，是不是可以说是天降大任的缘故呢？

谢谢大家！

学习的本质

杨　进

杨　进

教育部职业教育技术教育中心研究所所长。原教育部基础教育司副司长，北京大学博士生导师。主要研究领域：比较教育、职业教育教学改革和课程建设、终身学习政策、学习型城市（地区）建设等。曾编著《论职业教育创新与发展》《职业教育与中国制造业发展研究》《Conceptual Evolution
and Policy Developments in Lifelong Learning》（《终身学习理念演进及政策发展》）等著作，在《国际教育发展》《教育研究》等杂志发表多篇论文。

今天我的题目是《学习的本质》。到底什么是学习？我给大家带来几个小题目。

第一，教育和学习的关系。我们办各级各类学校，幼儿园、小学、中学、大学，我们在促进教育。我们自己工作的部门就是教育部，下面有教育厅、教育局。

第二，学习到底是怎么发生的？哪种情况叫学习？

第三，什么叫"以学习者为中心"？教育的理念现在发生了变化，以学习者为中心，而不是以老师为中心。

第四，发展高层次的思维能力是怎么回事？

第五，如何推进终身学习？

第六，如何认可多种形式的学习成果？到底什么是学习成果？我们目前的这个学历、学位体制、这种体系，认可了多少？

第七，怎么建立国家资格框架？学习成果如何用资格的形式给大家固定下来？

重新认识教育的定义

首先介绍教育与学习的关系。举个例子，你原来上过学，你家孩子现在也在上学。我本人呢，也是从小学、中学到本科、硕士到博士。现在我还是不太明白，体育课为什么要有教材？我曾经看到过一本体育教材，有一节是"跑"。首先是跑的定义，大腿带动小腿围绕髋关节所做的球状循环网速运动叫"跑"。你笑了。

体育课应该这样教吗？毛主席他老人家在 20 世纪二三十年代就说过，体育是野蛮其体魄，文明其精神。学生们在操场上、在马路边那么跑，满身流汗，团队拼搏，他的意志、品格、气质、团队合作精神，就是这么练就的。这是体育的本质，而不是说，我们大腿带动小腿围绕髋关节做的球状循环网速运动，让学生去背这个概念。

如果我们这样教体育，学习者获得了什么？这样教下去，连刘翔也不会跑了。无病呻吟，没事找事。学习者没有获得真正有用的东西。

那教育到底是什么呢？联合国教科文组织 2011 年通过了一个文件，叫《国际教育标准分类法》。现在已经有第三个版本了。

人家对教育是这么定义的：通过某种形式的有组织的、持续的交流来引发学习的有意识的活动。

或者说，为了引发学习的、有组织的及持续的交流，就叫教育。

一定是为了引发学习，不能引发学习的教育是什么呢？那是伪教育。浪费大家的时间和其他资源。你那样教体育，那就不是体育，因为没有引发学习，没有获得什么。个人的身体素质没有得到提高，这就违背了体育的本质嘛。

我再给大家介绍几个关键词。为了引发学习的这种有组织的及持续的交流，这种交流又是什么呢？

两个人或者更多人之间，或者是无机媒介与人之间传输信息、观念、知识、战略的这种关系就叫交流。我特别喜欢后面这个定义，交流可以分为言语的或者非言语的，直接的或者面对面的，或者是间接的远距离的，并可以有多种途径及媒介。

不光是老师在那儿教，学生们坐在下面听，这就叫交流，这只是很多种交流的一种。同学们之间的讨论是交流，同学们回到家里，跟家长之间的互动、沟通是交流，同学们上网、看电视、读报纸、听广播，都是交流。各种各样的媒介，都在交流啊。不能认为老师在那里教、学生在那里听才是天经地义的唯一的交流，不是这样的。

再看什么是有组织。有组织是带有明确的或者隐含的目标，按照一定的形式或者顺序来计划的。持续是什么意思呢？就是学习过程带有连续性的成分，有教学计划，有课时，有学制安排。这是对正规教育来说的。

对非正规教育来说，同样可衔接呀，不就是这个意思吗？就是有组织的、持续的。

我最喜欢的对学习的定义是：个人通过经历、实践、探究、听讲，而在信息、知识、理解力、态度、价值观、技能、胜任力或者行为方面的获取或者改变。它是为了引发学习的这一种有组织的活动。我特喜欢这个定义有三个原因。

第一，就是看它的顺序。个人通过经历、实践、探究、听讲，经历是在最前头，而听讲在最后。关键是后面还有一句话，读书是学习，使用也是学习，而且是更重要的学习。必须在学中做、做中学。

我们学习方式就是在那里背、记，不是那回事。使用也是学习，而且是更重要的学习。

第二，在哪些方面呢？在信息、在知识、在理解力、在态度、在价值观、在技能、在胜任力或者行为方面。胜任力是什么呢？是用知识、用你的能力、用你的态度把一件一件事拿下，你把一件一件事拿下，你就变成一个"大拿"了。

第三，这些方面的获取或者改变，获取什么呢？获取是增加，改变是调整。

国际社会对学习的定义，对教育工作者有用，对家庭同样有用，对我们社会工作者同样有用。城市应该是一所没有围墙的学校，都来学习，都来获得信息、知识、理解力、态度、价值观、技能、胜任力或者行为方面的改变，这是很宽泛的，不能说参加了考试、课堂活动，就认为这是唯一的、单独的。

大家能接受这个观念吗？教育是为了引发学习，不能为教育而教育，那就大错特错了。

西方人有一句话说，你没有本事的时候，或者你手里只有一把榔头的时候，你看什么都是钉子。但你手里的工具多了以后，你的技巧不就提高了吗？工作范围不就更广泛了吗？我们不要以为教育就是天经地义的那种方式，老师在教，学生在听，这是唯一的办法，不是这样的，我们必须引发学习者的学习，这是最本质的。

学习的过程

第二，学习到底是怎么发生的？

在心理学意义上，我们感知外在世界靠视觉、听觉、味觉、嗅觉、触觉。有人说他有第六感，甚至第七感，但是没有科学依据。

我们从五个器官获得的对外在世界的这种感知，全部要存在我们的大脑里。我再问，人的大脑大概有多重？平均重量是 1350 到 1400

克。也有比较重些的大脑。

这里面又是什么东西呢？你获得的知识、理解力、态度、价值观、行为、胜任力等，全部储存在大脑里，支配人的思想、行动、言语等。

里边又是什么结构呢？人的大脑里有860亿个神经元，或者说2斤七八两里存了860亿个神经元。您用圆珠笔在本子上画一个小数点，那个点里面可以存多少呢？存1000个神经元，神经元就是这样一个结构。

神经元是人体寿命里面最长的细胞，很多神经元要伴随人的一生，大部分神经元你一出生就有啦，一直到咱们离开这个世界的时候，神经元还在那里。

神经元之间要通过一个电化学过程交流信息。我们所有获得的信息、知识、理解力、态度、价值观全部储存在这里，这里也可以翻译成神经键或者神经节，它们的连接处叫突触。

每一个神经元可以建立1000到10000个突触，为了建立这个连接，必须有刺激，就是视觉、听觉、味觉、嗅觉、触觉学习的过程。学习的过程，就是建立连接的过程。

我很遗憾地向大家报告，大部分人，大部分时间，大部分神经元都在那里颤悠了一辈子，也没有建立起那个神经键，这是最大的浪费。教育工作者就是要创造一种条件，让学习者的这个神经键、神经节建得越多越好、越结实越好，这就是学习的过程。

我再说一遍，我们要创造一种条件，形成一种刺激，让学习者的神经键之间建立的连接，越结实越好。老年朋友们容易得痴呆症。老年痴呆的本质是什么呢？就是一种病毒把它建立起来的神经节、神经键给吃掉了。如果吃掉的是管视力的，眼睛看不见；如果吃掉的是管听力的，听不见；如果吃掉的是面部神经，会导致面瘫。

防止老年痴呆的最好办法是：通过学习，建立更多的神经键。如果你本来不学习，没有建几个神经键，病毒一夜之间能够吃掉一大半。所以，学习、积极的生活是防止老年痴呆的最好办法。看看你身边的人，一般能够积极学习的、爱琢磨事的人，他是健康长寿的人。学习是最好的延年益寿的方法。

满足学习者的需要

第三，以学习者为中心。我在一些学校看到一些标语，"一切为了学生，为了一切学生，为了学习一切"，这个标语非常好，以学习者为中心，就是必须研究学习者的学习动机，满足学习者的需要。

课程内容怎么样围绕学习者的需要？学习者的需要是什么？是增强体制，不是背一堆概念，是吧？

学习环境很重要。我们的学习环境现在对学习者友好吗？老年朋友去方便吗？老年朋友坐的地方舒适吗？必须打造对学习者友好的学习环境。

轮椅要能上去，老年人使用洗手间要方便，这是对学习者友好的学习环境；而不是从你那里出发，心里应该围绕着学习者的需要。

要重视学习资源。围绕学习者的需要，而不是出版社的需要，更不是码洋的需要，或者评职称的需要。

教材有相当一部分面目相当可憎，不好用。为什么？它没有把学习者的需要放在心上。

对学习成果的认可，一切围绕学习者需要。这样做了，我们才是以学习者为中心了。

教育不光是学习，不光是获得知识、信息，我们必须获得智慧，就是所谓的聪明才智。任何人学习，首先获得的是数据，在数据的基础上，形成信息，构建知识，形成智慧。

数据、信息、知识，然后上升到智慧，这个过程不是自动的，要发现、要吸收、要应用、要互动、要反思、要有经验、要追求新奇、要有探究、要深化理解；这个发现、吸收、应用、互动、反思是横向的。纵向的呢？我们要积累素材，联系素材，要形成一个整体，把若干整体联系起来，通过两个方面的努力，才能从数据上升到信息，从信息上升到知识，然后才能形成智慧。这是一个过程。

读书是学习，使用也是学习，而且是更重要的学习。在这样一个过程中，我们才能上升到智慧。问题在这里，通过简单背书，简单记忆公式，简单的这种考试，如果仅仅停留在知识层面，没有上升到智慧层面，这是非常遗憾的一件事情。

真正解决问题的能力在哪里？是在高层次的思维能力上，一定要上升到智慧。

我在英国留学读的是比较教育，硕士念完了以后，我导师问我能不能用一句话说做硕士比较教育最大的收获是什么，或者最深刻的体会是什么。我说，老师啊，不瞒你说，我最深刻的体会是，很难比较。你说的是什么？你比什么？你是比知识呢？还是比按部就班、解决问题的能力呢？还是比创造能力？

导师说，行啦，行啦，我给你奖学金，让你做博士。念完了以后，他又问我最大的收获是什么。我说，我最大的收获是，正确地做正确的事。我是英国曼彻斯特大学毕业的。习总书记刚刚还在我的母校参观过。

向教育方法要质量

第四，我们必须发展学生高层次的思维能力。我们做事情的能力怎么样？我们的创造力怎么样？别说高科技领域，中国圆珠笔的笔尖90%依靠进口。我们要发展学习者的智慧。

国际社会有一些新的术语，我简单介绍这么几个概念。

我们必须由积累性的学习上升到吸收性的学习，再发展到调和性的学习，继续上升到转变性的学习，什么叫转变性的学习？就是，原来事情是这样的啊。这就叫转变性的学习。听君一席话，胜读十年书的那种感觉，就叫转变性的学习。

现在的问题是我们这样的感觉太少太少了，豁然开朗的感觉太少太少了。要向教育方法要质量。

我们必须灵活地运用多种教学方式，从文字的感受上升到视觉感受并参与，再上升到实际操作感受。

如果我们只听过一件什么事，我们可以掌握 20%；如果我们看见那件事情发生，我们可以掌握 30%；如果我们听过了、看过了，也在那边观察了，我们可以掌握 50%；如果我们讨论过那件事了，我们可以掌握 70%；如果我们说过、做过了，我们可以掌握 90%。

参与式的学习很重要，讨论很重要。灵活运用多种方法很重要，不能老师在那里教，就知道做作业、背书，那不行，要让学生讨论，让学生参与，让学生去做，让学生学会观察，他们的智慧才能冲上去。

最重要的就是终身学习

第五，推进终身学习。每个人都要活到老、学到老。

全民终身学习、有三个核心词：终身、学习、全民。学习即生活，生活即学习。

社会变革、科技进步的速度越来越快，周期越来越短。过去呢，几代人有一个变革，现在人的一代有好多个变革。

另外，人们的平均寿命越来越长了，一生中要适应的变化越来越多了。过去变化很慢，一个变化跨了几代人、几十代人，现在呢？一代人一生中要经历很多变化。

社会变革的速度越来越快了，咱们一天不学习行吗？变化太快了，谁想到过现在手机有这么多功能？

你看那物流业、信息业发展很快，"互联网＋"、物联网变化也很快。别说这种硬技术，就是软的方面，现在新词、新概念太多了。我的女儿二十六七岁，正值谈婚论嫁的年纪，特别喜欢看的一个电视节目叫《非诚勿扰》。

孩子哈哈在那里笑，我问我太太，他们笑什么呢？我太太说，人家笑，你跟着笑就是了。我说，我没听懂。到现在为止我不明白

"这个小伙子长得萌萌哒"是什么意思。现在的用语太不规范了，这个词典里面都没有。你可以改字典，是不是这个道理？是不是这个意思？变化太快了。

以色列总理2014年访问北京的时候说，生命中最重要的就是终身学习、自由思考、蔑视权威、敢于辩论，这是创新的源泉。到2014年，迄今颁布的诺贝尔奖全部项目达802个，犹太人获奖占了162个；《福布斯》最新富豪前50人中，有10位是犹太人；人类历史上最有影响的百人中犹太人占了7%，在美国，人口不足3%的犹太人操纵着全美国70%以上的财富。

以色列总人口为813万人，其中犹太人占了611万，加上生活在其他国家的犹太人，犹太人加起来约1600万。我们获得诺贝尔奖项的人有多少人？

要对多种形式学习的成果进行认可。我必须给大家建立这个概念。每个人一生中大部分的知识、能力、态度、情感实际上是通过非正规的和无形的渠道来获得的。但是我们的学历、学位制度承认了多少？

非正规学习和无形的学习的成果，必须得到鼓励和认可。欧盟、东盟一些国家现在已经通过立法来肯定和认可非正规和无形的这种学习的地位和作用。

举个例子，如果一位女士在家里长期照顾一位身体不好的老人，她的护理水平已经达到一个护士的水平了，打针呀、用药呀、护理呀、观察呀、洗澡呀、营养啊等，都没有问题了，经过认可给她发一个护士证书不行吗？或者，她理论水平不够，再给她补一些课就够了嘛，为什么还非要让她学习3年，才能拿到护士毕业证书呢？国家应该出台推广这个政策。

我们必须建立几个概念，我们的学习可以分为几类，一个叫正规学习，一个叫非正规学习，一个叫无形学习，就是没有一定形式的学习。

什么是正规学习呢？就是在我们各级各类教育院校里进行的学

习，有固定的时间，有设定好的目标，有课时安排，有课程衔接。

非正规的学习就是我们企业举办的培训，有一些目的，但是最后并没有获得国家认可的学历证书。

什么是无形学习呢？就是无意识的、无组织的在日常生活中的这种学习，个人75％以上的知识、能力、态度，实际上是通过无形学习获得的。

遗憾的是，我们的教育体制是为从事正规学习的人准备的，从上学前班的孩子们，一直到博士。25岁以后的人怎么学习，没有上过大学的人怎么学习，我们还没有过统一的标准。

深圳、北京、杭州在建立学习型城市，我们必须眼界更开阔一些，社区中心、企业培训中心、广播电视系统、社区图书馆，都是提供学习的地方。我们不能光围绕学校教育打转转。

在一个学习型城市里，人人是终身学习者，学习应该无处不在、无时不有。

识别、核定、认证

第六，2012年，联合国教科文组织印发了一个文件，就是《关于非正规和无一定形式学习的识别的核定和认证的指导意见》，就是强调对非正规和无形学习要进行识别、核定、认证。工作中的学习、生活中的学习获得的成果，同样可以得到识别、核定、认证，激励大家学习。

我们必须建立一个国家资格框架，包括职业资格证书制度。

对学习成果的认证需要有明确的定义。我们获得的资格，包括学位、文凭和各种证书，实际上是对学习者所完成的某种学业和拥有的知识和能力的一种奖励。

建立国家资格框架

第七，现在有一些地区和国家已经建立学历学位和资格证书全面融通的国家资格框架。要把技能、胜任力和知识放在同等重要的位置，这个框架一定要建立起来。

英国在这方面的框架全部分八级建立，加上入门证书，就是九级。如果获得六级，相当于学士学位、本科文凭。如果获得七级证书，就相当于硕士学位，如果拿到七（八）级职业证书了，相当于获得博士学位。

三百六十行，行行出状元。我获得了那种八级职业证书，跟获得博士学位是一样的，这不就是对职业技能的一种尊重吗？同样可以得到认可，得到认证，同样可以享受到应有的社会地位，同样可以当公务员，可以得到提拔晋升，可以领高工资。

我们不能鼓励每个人都拿文凭，却把职业资格给忽略了。

深圳制造业很强，我们正在打造《中国制造2025》的工业4.0，问题是谁来制造。大家都不愿意做技术工人，那谁去干实际的事？谁来编程？谁进行质量控制？谁操作数控机床？必须尊重技术、技能。这是国家资格框架需要做的事。

全人教育与青年人竞争力

陈新滋

陈新滋

著名有机化学家，中国科学院院士，香港浸会大学校长。研究方向包括不对称合成及其工业上的应用、手性医药中间体合成和相关工艺的研究和应用、环保化工、新材料研究等领域。取得 51 项中国专利和 30 项美国专利，荣获"中国国家自然科学奖""日本科学振兴会邀请学人奖"。

曾被香港特别行政区政府委任为太平绅士。出版了《展望 21 世纪的化学》等 7 部专著，发表了 500 多篇科学文章。

　　全人教育不仅包括道德的培养，还包括技能的培养、语言能力及其他方面技能的培养。"民知学技创通群"七个范畴基本上包括了人们在生活中所需要的全部技能。

　　为什么鼓励全人教育？假如每一个人道德水平很高，专业水平也很好，人与人之间有很多的了解，就是我们所说的全人，这个世界就会变得很好，大家生活也会变得更好。

我在日本读大学，在美国读博士，后来在美国工作了13年，合起来在国外大概有20年。我在美国工作的时候，那些很知名公司的大老板们不仅专业厉害，而且大部分都接受了全人教育这个元素。在与别人的交往，对社会和整个企业经营的认识，以及各方面的关系方面，全人教育使他们获益匪浅。

浸会大学自1956年成立起，一直都在推动全人教育。

古代儒家要求学习六艺

孔子是如何教育学生的，很多文献已有记载。真正把孔子思想整理出来的是他的学生，门下弟子3000人，贤人72人，他们留下了很多记录。比如六艺，就是中国古代儒家要求学生掌握的六种基本才能，包括礼、乐、射、御、书、数。礼其实就是周礼，就是我们做人的一些传统方法。乐，原来《乐经》在中国已经失传，但音乐很重要，大事发生都有不同的音乐。射，射箭，是很重要的技能。御就是骑马。书，当然这是学问了。数是计算。总体来说，孔子作为很伟大的老师，他整理了中国的学问，教给学生，他还会教不同的领域。孔子的学生很有特点，比如子路带兵很厉害，颜回在道德修为方面值得我们特别敬佩。

古希腊也是同样的，学科有文法、修辞、辩证、音乐、算数、几何、天文学，前面三个是初级训练，后面四个是高级训练，希腊所有知识分子都要接受这些训练，而且希腊人很喜欢辩证讨论，所以他们脑子很发达，可以想出很多天马行空的事情。战国时期，我们有所谓九流十家，百家争鸣，人类思想开放，很多新的东西可以发明出来，这也是全人发展最基础的东西。

专业错了很糟糕

过去几十年，我经常遇到一个问题就是，比较英国跟美国的教育制度，美国过去几十年一直都是领先的，尤其在创意创新方面，比如苹果智能电话。原因是什么？发明苹果手机的这些人，其实真正搞电脑的人不多。他们当然懂电脑，但是这个团队里面有搞音乐的，有搞哲学的，有搞艺术的，各种各样专业的人都有，这些人组合在一起，就产生了意想不到的效果。

美国跟英国最大的不同在于英国人高中最后两年叫预科，已经分了文科跟理科，然后进大学就只有 3 年时间，专门读专科，所以学生的知识面不够广。美国人进大学后，头两年不分专业，因为那个时候孩子还没成熟，如果发觉学错了专业那就很糟糕。

美国一个调查表明，80% 的人认为他们入错行了，就算他能够赚到足够钱可以生活，但他这一辈子不会很快乐。人的工作时间说是 8 小时，其实肯定不止，如果我做的工作我很喜欢，就算一天工作 16 个小时我还是很快乐的。所以，美国很多大学头两年不选你要读什么，第三年才选，有些大学甚至第四年才确定专业。我认识一个很出名的化学家，他大学学音乐，因为他爸爸妈妈是音乐家，他很喜欢。到第四年，他听了一些化学课，觉得这个专业很有意思，就到研究所读化学，他后来发明的东西，我们觉得很了不起。

懂得怎么学习

全人教育、通识教育、素质教育、博雅教育其实大同小异，都很类似，但也不完全一样。通识教育就是希望我们的学生懂得怎么学，不是学一个学科的知识，而是懂得怎么学习，等于你给了他一根鱼竿，他学会钓鱼以后，一辈子都不用你再教他什么，自己可以学了。所以全人教育，我们的看法就是提供深度教育，比如学化学，他应该对化学很了解，但是更重要的还是具备广博的知识、完整的人格，除了知识的探索以外，还要有一个人文关怀，这个教育是香港浸会大学长期追求的，当然每个大学追求不一样，不能说谁好谁不好，反正大家都做好了就是好。下面我举几个例子，讲历史上的一些名人。

第一位，19世纪的一个英国教育家，他认为全人教育就像空气一样，每个孩子与生俱来就应该有。1984年，英国出了一批谈教育的书，他的很多书把全人教育作为很重要的方向，他的贡献相当大。

第二位，Allan Bloom，美国哲学家，他认为全人教育使人具有多元的思维能力。

第三位，芝加哥一个很出名的报纸记者，他写了很多书，他的专栏叫 Absolute personal，他认为全人教育主要的目的在于使思考成为愉快的事情。

第四位，一位瑞士女权主义者。她说男人跟女人生理本来不一样，所以不一定要做同样的工作，但是要有同等的地位。她认为保护女人不是丈夫的责任，也不是儿子的责任，那是国家的责任。

第五位，钱学森先生。钱先生晚年做了很好的一个回顾，他提出了一个问题：为什么中国到目前为止还不能够培养出国际顶级大师？他反思的结果是，我们应该推动全人教育，人的思想应该开放，鼓励思考，这给我们的启发相当大。

杨福家教授曾经是复旦大学校长，他当了校长以后就没有做研究了，全心全意做好教育，他对全人教育的一些方法非常认同，他说我们对科学要有认识，对逻辑要有认识，这样我们分析问题的时候就会更清楚些。

非常用功把一件事情做好

很多人习惯用苹果电脑、苹果手机，其实，苹果手机它厉害的地方就在于，把不同的技术集中在一起，这就需要创意，需要不同人的参与。乔布斯厉害的地方不是他的头脑有多聪明，而是他对事情的坚持，比他懂电脑的人多的是，比他懂数学的人多的是，但是像他那样非常用功地把一件事情做好，把不同的人集中起来做好这件事，很难。

全人教育的优势是什么？假如全人教育各种元素都存在，一旦你接受了新的工作，当我们更需要多方面的知识，全人教育等于帮助我们准备好，将来可以做更高级的领导。

培养有贡献的社会成员也是我们特别希望做的。有一次，我们把全香港最重要的一些户主请到一起，听取他们的意见，想知道他们需要什么样的学生，学校做什么事情能够令整个社会发展得更好。他们有一点是一致的，就是认为学生伦理和道德非常重要，解决问题的能力比专业知识更重要，沟通技巧也非常重要。

读全人教育的学生什么都懂一些，刚毕业的时候专家赚的钱多，但是最后接受全人教育的人能够升到最高位置的机会比较多。

香港浸会大学的教学特色

剩下的时间，我想讲一讲香港浸会大学在这方面做的工作。上网查一查全人教育，会看到涉及浸会大学的比较多，我讲一讲这个学校的历史理念、模式、特色。

我 2010 年当校长，我们提出最重要的三个元素之一就是全人教育，就是高素质的教与学，除了教以外，学更重要，学生是不是真的学到了、学生学到了多少，这才是真正重要的地方。创新研究很重要，创新研究还要跟社区互联，我们的知识技能要能用到社会上。

浸大在全人教育方面的目标是使毕业生具备七大特点，正如浸大师生常说的那句——"浸大愿景育全人，民知学技创通群"。其中，"民"指公民道德培养，即培育具有国际视野、品行高尚、有责任感的社会公民。"知"指知识培养，即在深入学习专科知识的同时，也注重追求横向、广博的知识。"学"指学习、求学的方法，即以开放接纳、独立探求的精神培养终身学习的能力。"技"指技能，即培养学生拥有信息科技等在社会上用得上的技能。"创"指创意和独立思考的能力。当今社会，国际竞争激烈，创意对提高竞争力而言变得越来越重要，因此，学校希望能帮助学生培养创新意识和独立思考能力。"通"指沟通能力。现在，有些学生想与他人交流，但有时候苦于表达和沟通能力不足，因此沟通能力很重要。"群"指群体，即培养学生领导和服务团队的精神。团队合作能力在近代社会尤为重要。现在大部分的社会工作需要跟别人分工合作完成，很少人能自己一个人把所有事情都做好。过去，中国人较少有团队合作习惯，所以我们也希望在这方面加强推动。这个"群"就是加强互相之间的沟通、互相之间的帮助，相互提高。

浸会大学的教育是使毕业生具备七大特质，现在我们的通识课程有 38 个，选修课有 30 个，30 个可以全部选管理或化学，但通识 38 个课程所有人都要修完。

我们还有一个全人发展量表，这是浸会大学自己发展出来的一套方法，每个学生都有个人资料，通过这些资料，再重新设计我们的校内外课程，把它反馈到我们的课程设计里，整个是一个动态过程。不是说我们今天建立了这个系统，以后就不管了，世界每天都在变，学生每天都在变，所以我们也要变，要根据学生的需求而变，进行全人教育的评估、标准学能的一些测试等。

除了标准的学能测试外，我们还有一些水平考核。我们收集到 130 多个问题，把现在存在的问题跟将来要发展的方向定得很清楚，比如职前准备、领导才能、情绪健康、自我欣赏、公民责任、社区关怀、文化交流、朋友辈关系、艺术欣赏、道德诚信、心灵探求等，学生希望在这些领域做到什么样，我们会帮他们做得更好。

管得太多，永远做不出大事

我们教学生道德不是在课堂上教，我们可能把他们带到一些很贫苦的地方，比如到甘肃很穷的地方帮助小孩子，他们会感觉到价值，会觉得自己很伟大。学生在帮人的同时也帮了自己，增强了自己的信心。

内地来的学生数学特别强，但是英语需要提高，沟通技巧需要改进，对社会的关怀也要改进。我们会为每个学生安排一个导师，安排学生接触到社会上真正发生的事情，这个导师我们叫做指导者、校友合作伙伴。以学生为中心，将来他出来就会变成一个为社会服务的人，又会帮助其他学生

我们还走出课堂。我们的中医建立了 15 个诊所，让学生到诊所里面跟病人探讨怎么做一个好的医生。除了治病，还要能够真正关心病人。同时也开展很多义诊，我们的中医诊所已经接待了 250 万个患者。

近代历史上有两个人我特别佩服，一个是曾国藩，一个是林则徐。曾国藩觉得中国文化需要保留，他把太平天国打败后没有留恋权力，他觉得不应该为权力而战。另一个是林则徐。林则徐的爸爸是福州人，他认为，对小孩子的栽培不用每件事情都帮他想好、帮他安排好。你交给他，他自然就会做好，你给他一些鼓励，给他创造一个环境，他需要帮助的时候帮助他，他不需要帮助的时候你不要管他，管得太多，他永远都做不出大事情来。

创新型人才培养与城市未来

陈十一

陈十一

南方科技大学校长，中国科学院院士，首批"千人计划获得者"，国家特聘专家。教育部"长江学者"特聘教授，美国 Los Alamos 国家实验室 fellow，国家杰出青年基金（B）获得者，美国物理学会 fellow，中科院力学所非线性力学国家重点实验室学术委员会委员。曾任北京大学副校长，研究生院院长，工学院首任院长。研究方向为湍流的物理机制、多相流、颗粒流以及微尺度流动等前沿科学问题。曾担任《力学学报》《湍流杂志》《计算物理》等国际、国内杂志的主编、副主编及编委等职务。编写专著 3 部，发表科学论文超过 200 篇。

什么样的城市是"一流城市"？美国有很多"一流城市"，像波士顿，它是美国马萨诸塞州首府和最大城市，美国东北部高等教育、医疗保健中心，全美人口受教育程度最高的城市。提起波士顿，我们

354

想到的是它的高等教育，因为高等教育、著名大学是一座城市最闪亮的名片。哈佛大学也在波士顿，这里走出了 8 位美国总统、上百位诺贝尔奖获得者，被公认为世界顶级的高等教育机构之一。另一所大学麻省理工学院也在旁边，它的教授质量被认为是最好的，被麻省理工学院邀请成为教授，每个人会感觉非常荣耀，这个人被认为是整个世界顶级的教授。每个教授基本都有超过一家的产业，他们跟社会结合非常紧密。这是两所非常有特点的大学。

旧金山是美国西部最大的金融中心，工业发达，被誉为最受美国人欢迎的一流城市。波士顿、旧金山，它们的 GDP 和深圳几乎接近。旧金山有斯坦福大学，斯坦福大学被公认为世界产业化做得最成功的，斯坦福大学的毕业生创造了世界众多的一流产业，以及开办了数以百计的美国知名上市公司。斯坦福大学成功的秘诀在什么地方？第一，学术自由；第二，产业化（企业化），培育企业家精神，这是很多中国大学不具备的。旧金山另一个大学加州伯克利分校也非常有特点，如果讲学术声誉，伯克利分校不比斯坦福大学差，是全美最好的公立大学之一，学术享誉全球，这些城市里有这样一些很好的大学，二者是互动的。

英国剑桥大学跟剑桥融在一起，这里产生了 90 位诺贝尔奖获得者、15 位英国首相，剑桥无愧是世界上最顶尖的大学之一，万有引力、运动定律、微积分、进化论、DNA 结构的发现……剑桥对人类文明的贡献远远超过世界上任何一座学府，来到剑桥，对它不得不产生崇敬之情。剑桥的河水非常漂亮，找一条船，绕着校园转一圈，你将会享受到大学带给你的震撼。大学跟城市完全融合在一起，能充分体现什么是现代文明。

东京是日本经济中心、文化教育中心，世界四大城市之一，东京大学对日本也做出过很大贡献。

新加坡是亚洲"四小龙"之一，是继纽约、伦敦、香港之后的第四大国际金融中心。新加坡有新加坡国立大学，是首屈一指的世界顶级大学，在 2015 年《泰晤士高等教育》世界大学排名中居第 25

位，它的综合实力非常强。

吉达是沙特阿拉伯政府外交部及各国使馆驻地，是沙特第二大城市、第一大港和重要的金融中心，它靠谁来支持？是新兴的大学。阿卜杜拉国王科技大学于 2009 年成立，据说投入了 27 亿美元来建这个大学。仅仅 6 年时间，成为继哈佛大学后接受捐赠资金最多的大学，QSR（衡量学术的重要指标）2014 年排名，投入产出比列全球第 12 名，在百年老店麻省理工学院之后。所以，新兴大学也有机会，只要你敢于投资，方向正确，体制机制得当。

香港是仅次于纽约和伦敦的全球第三大金融中心。香港科大的迅速崛起在世界高等教育发展史上演绎了一段颇为独特的传奇。

最后谈谈我们自己，北京是政治、文化和国际交往中心，上海是金融中心，深圳是创新中心、创新之都。北京有北京大学，北大开创了中国高校最高级别的文科、理科、政科、商科、农科、医科等，是近代中国高等教育的奠基者。说北大的时候，不得不说清华大学，清华大学是中国和世界最重要的高等学府之一，两位共和国主席、7 位中央政治局常委、总共 23 位"两弹一星"功勋奖章获得者从这里走出，对中国现代化进程做出过巨大贡献。北京有北京大学和清华大学，波士顿有麻省理工学院和哈佛大学，旧金山有斯坦福大学和伯克利大学，为什么会这样？这里有一个哲理：竞争使人进步。每个大学都要有一面镜子，深圳有南方科技大学和深圳大学，我希望我们都一起强劲，希望深圳大学成为我们的镜子。

深圳是中国第一个经济特区，中国改革开放的窗口，创造了举世瞩目的深圳速度，同时享有"设计之都""钢琴之城""创客之城"之名，深圳的大学是不是让全世界瞩目？我们还在实践之中。

一流大学和一流城市是融合在一起的，那么多的一流城市是以一流大学作为名片的，希望南方科技大学可以回答深圳如何满足人类对高等教育、医疗的需求的问题。

"大众创新、万众创业"，美国人也讲这个，有一个杂志叫 *Compass*，它对 2015 年全世界城市作了一个排名，根据资金情况、市场情况、人才情况和创业增长情况等 5 个指标，纽约、洛杉矶排在前面，我们的大学在国际上的水平，北京、上海还排得上，但深圳排不上。

一所大学可以繁荣一座城市。一流大学是一流城市的善良名片，我想强调，深圳要在 2020 年努力建成现代化、国际化、创新型城市，没有几所一流大学支撑会很难。

大学与城市互动

Thomas Bender 在 *The University and the City* 里说，没有一所重要大学的城市，是一个不完整的城市。我希望以后南方科技大学、深圳大学成为深圳家长、学生最热爱的大学，成为不可或缺的组成部分。剑桥大学之于剑桥、哈佛大学之于波士顿、莫斯科大学之于莫斯科意义非凡，一所大学随着自身的发展往往成为一座现代城市和一个区域成功发迹的重要支柱，对地方及区域社会经济发展有重大贡献。

中世纪，大学与城市相互隔绝，各自独立，那个时候大学培养人才，不为社会服务。19 世纪前，城市养育大学，大学依赖城市。但是，大学不附属这个城市。从 19 世纪到现在，大学逐渐成为城市发展的动力源泉，大学产生城市，城市文明提升离不开大学。很多人说深圳的大学定位要高，不仅仅考虑深圳，不仅仅考虑南方，要考虑中国，考虑世界，这是深圳人民的胸怀、深圳人民的情怀，这是我们对大学的定义。

旧金山的斯坦福大学培养了众多科技产品领导者及创新型人才，美国杂志 2010 年盘点亿万富翁，斯坦福大学产生亿万富翁 88 位，仅次于哈佛大学，也位于诺贝尔奖得主最多的前十所著名大学之列，美国旧金山地区得益于斯坦福大学。

英国剑桥市长 William 先生曾自豪地说，剑桥市因剑桥大学而繁荣，剑桥经济增长 3/4 因大学而获得，2004 年仅大学科技园区带来的收入就占了税收的 52%。

大学与城市互动，城市培养大学，城市给大学提供财政支持、物质基础、良好环境、公共服务、就业岗位、文化动力，大学则帮助城市积蓄人才。如果能把全国最好的学生招来，就是深圳的大学对深圳这个城市的最大贡献。积蓄人才、培养人才、创新科技、成果转化、服务社会、引领文化，提供智力支持，塑造城市精神，提升城市的品位，这些是大学可以给我们这个城市带来的好的东西。

大学与城市各自有优势，它们的互动与渗透影响已经达到前所未有的紧密程度，大学和城市之间正呈现一种彼此依存、和谐共生、相互促进的生态关系。

大学快速发展的例证

香港科技大学建校 24 年，现在排第 51 名，很了不起，这是一个奇迹。香港科技大学有它合理的高校体制与机制，学自美国，有明确清晰的定位和发展目标，师资团队、薪水待遇、吸引人才的办法，比美国都要好，所以它短期能够起来。韩国浦项科技大学是韩国第一所研究型大学，是以理工学科为主的私立大学，具有小而精的特色。韩国现在最好的 3 所大学是首尔大学、浦项大学和 KAIST 大学。浦项历史很短，建校仅 27 年，但它办学理念很好，"为未来的世界领导者们提供最好的教育；在科学和工程方面进行最尖端的研究；服务国家，为世界科学事业作贡献"。浦项大学致力于延聘世界一流师资、培养世界一流科学家、精选特色学科和确定重点领域、开拓多渠道经费来源。

美国 20 年来重点发展信息技术，推动了信息革命。在新的历史技术发展时期，一个大学要站在波浪的前沿引领和促进城市发展，这是一个城市办大学最主要的目的。有洞察力并了解时代技术的竞争，这是最重要的。美国在这方面做得比较好，我们要学习和超越。

如何建设世界一流大学

35 年来，深圳发展迅猛，但我们缺少了一块就是高等教育。深圳 GDP 接近香港，综合竞争力居全国第一，但高等教育与城市地位极不匹配。到现在为止，深圳没有一流大学，城市需要灵魂，这个城市的灵魂在高等教育。深圳既要开放吸引人才，也要培养人才，吸引和培养人才并举才是深圳继续发展并且到达更高城市水平的必由之路。深圳的创新环境很好，拥有科技型企业超过 3 万家，千亿企业 3 家，百亿企业 17 家，10 亿企业 155 家，超过亿元的企业 1000 多家，国家高新企业 4700 多家。2015 年 5 月，科研经费投入占全市 GDP 的 4.2%，PGE 专利申请 1.16 万项，居全国第一，各类技术 121 万项，深圳创新条件非常好。但是与国际大都市高等教育基本情况比较，深圳高等教育财政投入占一般公共预算支出比例还很低。

如何办好深圳的大学？一是自主办学，一是合作办学。这两条路都须鼓励。每种方法有利有弊，像牛津、剑桥、哈佛、耶鲁等世界一流大学绝大多数都是自主办学，合作办学成为一流的并不多，但过去不代表未来。自主办学对城市的好处是增长经验，实现自己的造血功能，锻炼队伍，储备专业人才，这个学校对城市才更有归属感和认同感，所以我支持"两条腿"走路，支持深圳走自己发展的道路。

深圳的大学想发展为世界一流大学，必须加大教育投入，促进深圳高水平研究型大学的快速提升。比照世界一流大学，以具有国际竞争力的条件和制度优势吸引高层次国际人才。比照国际最有创新能力的城市，进行学科综合布局，构建雄厚的基础学科、强大的应用学科、特色的交叉学科和边缘学科，提升前端创新与产业化能力。

大学始终是城市的核心要素、高端组成、文化标志，是城市创新的源头活水。深圳市努力建成现代化、国际化创新型城市的目标，给南科大创造世界一流大学提供了前所未有的机会，它也必将对城市未来发展产生深远影响。南科大将进一步增强使命感、责任感和紧迫感，解放思想、凝聚共识，开拓创新、脚踏实地、创新引领，不辜负深圳市民对我们的期望，早日建成世界一流大学。

契约式家庭教育
——成就孩子也成就父母

胡　波

胡　波

家庭教育专家，专业教育心理咨询师，中华心理咨询师协会会员，广东教育学会教育国际化专业委员会委员。研究各种情感、沟通、教子难题 20 余年，解决了上千例家庭教育问题，代表作《揪心父母烦心娃》。

家庭教育问题严重

提到教育，我们中国人把它分成三大块。一个是学校教育，一个是社会教育，再就是家庭教育。学校重在提供知识和技能，社会其实是一个检验教育实践效果的场所，唯有家庭教育才是全面塑造一个人的地方。一个人的品格、教养、价值观的形成绝大部分都来自我们的家庭教育。家庭教育可以说是一个生命的培养基，一个生命成长的原动力，一个人人生开始的基础。

家庭教育是如此重要，作为家庭教育承担者的父母，我们面临的问题和挑战又会是什么呢？首先，我们说说互联网时代家庭教育的一些状况。

根据《健康报》报道，目前我国儿童、青少年心理问题的检出率，已经达到了12.97%，也就是说大约有超过3000万到6000万的儿童存在不同程度的心理问题，那如果不加以及时的疏导和治疗，这些人群中的很大一部分人会在他们成年以后成为精神疾病的后备军。而在大学生中，有大约30%的人，存在各种情绪困扰和行为上的障碍。在退学的大学生中这个比例已经增加到50%，甚至超过了50%。更可怕的是，已经有35%的孩子出现了不同程度的抑郁症，而其中很大一部分人曾经有过自杀的念头和倾向，这就是现代孩子带给所有父母的挑战。

如何戒除网瘾

我想通过几个典型的常见案例，分析阐述我对家庭教育的一些认识。

网瘾，这是伴随着互联网时代让很多父母揪心的一个难题，是一个让很多父母头疼的现代教育的难题。我也是一位母亲，有个25岁的儿子，就是刚刚主持人提到的张天一。2012年，张天一以全国研究生统考第一名的成绩考入了北京大学法学院。2014年4月，北大硕士毕业而且拿到了司法考试资格证的张天一颠覆了传统教育的价值观，在北京开了一家名为伏牛堂的米粉店，从而引爆了互联网。随后张天一创办的伏牛堂，因一碗米粉半年估值上亿而引发了社会广泛讨论和关注。2015年5月张天一作为"90后"创业典范得到了李克强总理的接见。很多父母和媒体对张天一的成长环境很关注，希望我谈一些成功的经验。其实今天在这里，我想说的是，一个生命的成长是与不断出现的问题相伴相生的。任何孩子，也包括我们成年人，在生命成长的任何阶段都有可能出问题。所以，我们不必去关注那些被外界定义的所谓的成功，我们需要关注的是一个生命本身，它在成长过程中可能会出现哪些问题，我们如何来避免这些问题，然后其他的父母是如何解决这些问题的。这才是值得我们去研究去学习的。可以说能够未雨绸缪的父母才是有智慧的父母，在张天一成长的过程中，他就存在很大的网瘾问题。

在他读初三的时候为了打游戏离家出走三天三夜不回家，吃在网吧，住在网吧，也不和我说。当时出现了这样的一个情况，可以想见，作为一个母亲我是多么揪心、多么焦虑。

但是冷静下来认真思考这件事，我想我不能像大部分遇到这种情况的父母一样，用苦口婆心的说教，甚至放大自己愤怒的情绪去说他、去骂他甚至去打他来禁止他玩游戏。因为，无数个戒网瘾的事实告诉我，那样做是没有用的。孩子在那样的一个年龄，十四五岁，在他的眼里父母说的大部分话都是没有意义的，在他的世界里，他才永远是对的。你对他的教导他常常都会是用一句"你又 OUT 了吧"来回击你，意思是说你落伍了。你如何能够和这样的一个孩子，以一种自上而下的态度去和他对话，去解决他生命中发生的问题呢？何况他已经完全沉浸在游戏的世界里了。也就是说，游戏在和你抢夺你的孩子，这是一种博弈，而不是你单方面就可以去改变的一种局面。当一个人面临生活中的难题时，我的体会是第一步要修炼的就是冷静和忍耐，一定不要心急。要学会把所有的情绪放在一边，也不要去问为什么会发生这样的事情。而应该感谢上帝给了你一个解决难题的机会。把你所有的心思放在接下来我应该怎么做、我拥有哪些东西可以来解决这个问题上。冷静思考后，我发现当时我很无知，对于电脑，我除了会打字、看新闻外，其他功能一无所知，更不知道游戏是怎么一回事。也就是说，我根本就不了解孩子的世界，但是我想去改变这个世界。有可能吗？当然不可能。如果我贸然行事，不仅于事无补，反而会让整个家庭陷入无休无止的亲子冲突之中。

我下决心先解决我的问题，于是我到培训班学电脑，一个月的时间，可怜天下父母心，为了孩子我拼了命。我发现人的潜能真是无限。我们到了中年，没有孩子我也许根本学不会电脑，但是我现在可以骄傲地讲，所有"90后"玩的游戏我全部会玩，有时候我真的应该感谢孩子！接下来我开始确定我的谈判策略。我挑了一个阳光很好的下午，凡事要讲究天时、地利、人和。记得那天，孩子放学一回到家，匆匆写完他的功课，就开始玩电脑。我走过去，我说能不能停一下，我想跟你说一点重要的事情。他说，有什么事情快说，眼睛当然还盯着电脑，口气十分不耐烦。我当时心里面非常气愤，但是我要忍住，我要解决问题。我站在后面一声不吭，站了一个多小时，我尝到了什么叫忍耐，他可能发现了我的存在。他说，妈妈你真的有事吗？我说不急呀，你什么时候玩完，我什么时候说。

见我这个态度，他有点不好意思了，也不知道我葫芦里卖的是什么药。打完一局，把电脑关了。说："妈，有啥大事？你说吧！"

"我们不在家说，我请你喝咖啡。"为什么不在家说呢？因为守着个电脑，孩子能有心思和你聊吗？

我带他去了我们家附近的咖啡馆，当天下午太阳很大，我找了一个靠窗的座位，一人要了一杯咖啡。我说："天一啊，你为什么那么爱玩电脑啊？"他一听我要找他聊这个事，马上就反感了，不想和我聊了，"怎么了，你又OUT了吧！现在网路时代，谁不玩电脑啊！老妈你找我说这事，我可没空陪你。"见孩子反感，我立即放平了语调，"不是，不是，你不要误会，我看你玩得那么有意思，好奇而已。我知道你玩的是魔兽世界，我也想玩，但我电脑水平差，不会玩，你能不能教我呀。"

他当时眼睛睁得很大。他说，妈你没开玩笑吧？我说真的没开玩笑。其实我已经很懂了。但是我还是认真听。那一天我觉得是我跟我儿子聊得最嗨的一天，因为我在他的世界里聊他的话题，回去了之后他同意教我，我告诉自己忍耐！直到有一天晚上，他住校回来了，我们开始玩游戏，兴高采烈地玩，一起玩到9点多钟，他说，妈，能不能给我做点吃的呀？隔了一会他又说，你做点吃的呀。但我很不耐烦地回答他。他特别生气，就把电脑一关说，哎，没见过你这么疯玩的，你怎么比我还玩得嗨呀？你这不是耽误事吗？说了一大通。我马上把电脑关了，笑着说，这两个月，今天你说的话让我最开心了。我说，是的！我不给你做饭、玩游戏，是玩物丧志、是耽误事，你自己玩游戏不也是耽误事吗？OK，你觉得我给你做饭是天经地义的，不给你做饭你委屈，但是你想过没有，作为妈妈我希望你能够健康学习，你能够有节制，对你自己负责，你是不是也可以理解呢？但是你让我的希望落空了，你觉得我应该怎么办？我很崩溃！说着说着，我的眼泪真的掉下来了。

那一刻，我只是把他当作一个生命，这个生命出了问题，影响到我了，我要解决这个问题，我要打动他。我就去做饭了，一声不吭，那天晚饭我们吃得非常沉闷。第二天早上，他来敲门了，他说妈妈，我真的没有想到，我玩游戏会让你那么难受。你费尽心思就是让我不玩游戏吗？我说，你觉得呢？他说，我非常苦恼，你让我不玩我也觉得对我有些好处，好像也不是，但是我就是做不到，因为大家都在玩，我怕别人说我 OUT 了。我当时说，我并没有不让你玩，我只是说，每个人都会遇到很多问题，但是你的问题在哪里？我告诉你，人生很艰难，要面临很多挑战，你想过没有？你现在只是面临学习的挑战，将来要面临职场的挑战、家庭的挑战，甚至将来还要面对死亡恐惧的挑战，你现在只是想到你的游戏，你的整个人生如何进行你自己想过吗？他说，那怎么解决呢？我说你自己思考，你要思考解决好平衡学和玩的关系。

他开始由不合作到合作了。这样的引导让他真的像成年人一样开始思考了。后来，我们共同协商，定了一个协议：每周五 7 点到 9 点两个小时是孩子法定的玩电脑的时间，任何人不得干涉。我负责放一个闹钟在电脑旁边。闹钟一响，他要关机。如果延时，对不起，我不会说他，也不会骂他，直接拉电闸。如果他遵守规则，学习和其他事情保质保量完成，可以奖励 1～2 小时。如违反，则收回他玩电脑的时间。我把这些用协议的方式写了下来，贴在书房、卧室、客厅这些凡是他能看得到的地方。就这样，不到一个月的时间这个孩子再也没有沉迷在游戏的世界里，完全遵守协议的约定。三个月后无须我监督，他已形成了习惯。当然，我也一样，中考的前一星期，在规定的时间内他照样玩，无论我心里多着急。我没有说他。从此以后，他做任何事情他都非常有节制，而且很守信用。

这个孩子在考研究生的时候是怎么做的？他把他的电脑放到外婆家了，自己买了一个200块钱的手机，这件事让他学会了自律。

父母要承认自己无知

我说这件事，并不是简单的治网瘾这样一件事情。它的意义已经远远超越了这件事情本身的范畴。生命是在不断去解决问题中才能够成长的。家庭教育是一门充满智慧的艺术。孩子成长的过程就是父母和孩子一起不断攻克和解决难题的过程。经历了这件事孩子懂得了自律，学会使用解决人生问题的很重要的两个工具：遵守规则和自我约束。最重要的是这样的处理，让他从小孩的那个以自我为中心的世界中跳出来了，懂得从别人的角度来考虑问题，学会了理解他人的感受。

作为父母，在处理孩子问题的过程中，我意识到了有一个心态非常重要，那就是要怀谦虚之心、平静之心去面对孩子成长过程中的难题，更重要的是要有勇气承认自己的无知。人只有自知无知才会永远求知，人只有自知无知才不会被旧有的生命经验束缚。而一个永远求知的人生、一个不断思考的人生则是充满智慧的人生。对于家庭来说，我们要把它作为一个系统来学习来研究，而且要思考建立一套可以共同遵守的系统规则，在规则里再学会放手。实际上，很多时候，问题的解决其实最终源于当事者本人的醒悟。

这件事情后来我把它总结为解决家庭问题的一个方法，我把它叫做顺势矛盾法。我们有句成语叫做顺势而为，我思考的过程中做了一点变通。青春期的孩子，我们不要逆势，逆势只能造成情绪的对立，无法解决问题，甚至激发矛盾。但顺势也不一定可为。所以我在顺势的过程中制造一个矛盾。然后把这个矛盾抛给了问题的制造者，让他进行反思，最后由他自己化解矛盾，解决了问题。

人生充满了难题和挑战，难题或许让我们感到痛苦，但在痛苦中进行积极的思考，同样也可以让我们自己的生命得到丰盛、得到成长。

要懂得跟孩子商量

有一个妈妈来找我，她有什么问题呢？她发现她老是心慌意乱，经常无缘无故跟老公发脾气，她以为自己身体出问题了，她觉得快崩溃了。她为什么焦虑呢？因为她9岁的女儿早上上学这件事情，用她自己的话说，每天早上如同打仗，6点半叫女儿，叫几遍女儿不起来，她一边收拾东西，好不容易把小公主喊到桌子前吃早餐，送女儿去学校，她自己要马上赶到单位上班，有时候遇到堵车就心里特别焦虑。有一次单位开例会，她迟到了半个小时，被老板批评，大哭一通。

我说，上学是孩子的问题还是你自己的问题呢？她说当然是孩子的问题。孩子从起床到上学有几件事情？一个闹钟、一个衣服、书包收好、吃早餐，让孩子画下来，你要做的事情就是分配好。闹钟买好，具体安排要监督。另外，在头一天晚上跟孩子商量好，穿什么衣服，要训练她，早餐她只能选择几样。后来她照着我的办法做，这个女孩现在可好了。

生活中出现压力肯定对个人生活有很大影响，背疼的人往往是节奏太快了，最典型的就是考试焦虑症。很多孩子腹泻、高烧甚至过敏，家长很急，孩子又要打针了，其实你想想，那个时候是不是孩子要考试了？

压力对心理的影响包括睡眠不好、沮丧、爱发脾气等，根据能量守恒定律，压力100%对我们的身体造成很大影响，身体的很多疾病来源于心理疾病。气和能量如果在身体某个部位卡住，会不断冲击那个部位，会产生热，形成癌细胞。所以有时候，我们对疾病也好、对家庭问题也好，一定要预防为主。切记不要等到问题出现了我们才病急乱投医。这是大学问。

尽早教给孩子承担责任

在教育方面，我们必须分清责任。比如分配孩子倒垃圾，有一天早上，他起迟了就没有倒垃圾，我做的第一件事是，我去学校把他揪回来给我倒垃圾。很多父母不理解，说我太夸张了，但这一件事情告诉他，他永远要为自己所做的事情负责。很多问题就是我们没有分清责任。只有明白责任才懂得界限，明白责任才懂得合作，懂得合作这个事情就好办了。不能把孩子的生活当成自己的生活，教育的过程是什么？教养孩子的过程就是把责任从父母身上一点一滴转移到孩子身上的过程，你若不懂得放手，把责任交给你的孩子，他就会无可救药地被你绑住，你也会被他绑住，你们彼此依赖而动弹不得，结果就是你挤压了孩子成长的空间，抹杀了孩子的成长机会。同时你自己也会疲惫不堪。所以，抚养孩子的最终目的是帮助他们脱离我们的生活；保护孩子最有效的办法是让他们学会自己照顾自己。最终的目的就是让孩子脱离父母，而不是绑住我们自己的生活。

爱孩子最好的方法是尽早教给他承担责任、照顾自己。

有一个企业家事业做得很成功，他有一个上初中的孩子，这个儿子每天放学要说的第一句话是，烦死了、累死了！有一天他说，爸，我们家挺有钱，我不上学了，上学没意思，除了功课什么都没有，我不想这样过。他待在家里玩游戏，父母着急。他就说，你再逼，我跳楼。我就跟这个企业家说了几句话，我说他不想上学可以呀，任何自由必须有代价，你给他提要求，跟着你去上班，你单位开会他也要参加。结果他经历了各种各样的事情，累到晚上 10 点钟才忙完，小孩子说累趴下了。

培养孩子的社会性大脑

要告诉孩子，学校和单位是一样的，学校就是公司嘛，老师就是你的老板嘛，同学就是你的同事啊，你的功课就是你的工作嘛，你应该思考，怎么把老师、同学还有家里这些人整合好，来为你的工作服务。将来你到社会上了，就没有你思考的时间了。同时要告诉他，不同的老板做事的风格不同，给他上一堂人际关系课。孩子听进去了之后，自己拎着书包上学去了，他还跟我说，将来做老板，但是不像爸爸那样累。

从这个案例里面我们可以学到什么？就是你从小要培养孩子的社会性大脑。那什么是人的社会性大脑？它指的是人的大脑负责人际关系的那个部位，让孩子理解他人和适应社会，执行该功能的部位就是大脑额前叶的一部分。美国心理学家丹尼尔·戈尔曼把社会性大脑的发达程度称为灵商（SQ），他把灵商程度作为 21 世纪的人是否成功的重要因素。我们经常说，性格决定命运，那么性格就是由孩子的社会性大脑的质量决定的，孩子在 3 岁之前，这个部位飞速发展，这个时候给孩子哪些刺激，直接决定他的社会性大脑的质量。一般来讲，现在的孩子生下来都有一个好硬件——一个好大脑，但是将来的性格取决于父母对他的社会性大脑给了哪些刺激。

把孩子转化为社会人

我怎么教育孩子呢？从小只要我们家里来了客人，如果这个人是医生，我们告诉他医生是做什么的。孩子 3 岁那年，他过完生日，我的律师朋友在我家里讲了他的一个官司，很复杂。小孩刚好在旁边，律师走了以后，我就跟他聊，讲律师是怎么一回事，法律是怎么一回事，他真的能听懂。开学的时候，我带他到工厂、菜场，告诉他各行各业的人在干吗。所以他现在敢大胆创业、敢卖米粉，跟这个教育有关系。

父母要成为孩子事业成功的引导者。很多父母喜欢让孩子练唱歌，学提琴、书法，将此归类为素质教育。但是我们忘记了，孩子作为独立的生命个体，他们对内在生命要有一个清醒的认识，对外在社会要有探索，他要了解认识和职业的关系，他要掌握为社会服务、谋生的技能，获得将梦想照进现实的权利，这才是素质教育的重要内容，这才能保证你的孩子将来在社会上能够生存、在事业上能够发展。教育的本质怎么理解呀？它是生命的涵养，是丰富自我、提升自我的载体，通过我们的教育，我们的孩子能够从一个自然人高度转化为社会人，最后脱离我们的生活，获得他自己追求生活的权利和能力，这才是健康的，这样的教育才能够成就父母，也成就孩子。

抓大放小，绝不放弃

宋代学者刘清之有几句话分享给大家。他说，对于孩子的教育，要导其性、广其志、养其才、鼓其气、攻其病，什么意思？第一，要引导孩子的性情；第二，要拓展他的志向；第三，要培养他的才干；第四，鼓舞他的志气；最后，改正他的错误。很多人问我，西方教育好还是东方教育好？无论哪个理念，我会对照孩子进行思考，没有什么东方、西方之区别。

有个单亲妈妈找我，她有个 12 岁的女儿，她说很难管。我说，你们通常为什么吵呢？她说女儿放学回来，写几分钟的功课就照镜子，写一次功课，照了六次镜子，她说了孩子，孩子就同她干仗，又哭又闹。听完这位妈妈的话，我对她说："解决这事很简单，放一面大镜子在客厅里，再买一把修眉刀为你女儿修眉。"我为什么这样说？

12 岁正是青少年成长的多事之秋。在这一两年里，青春之河波涛汹涌，充满着各种各样的激流险滩。身为一个单亲妈妈，她最应该关心的是孩子的心理健康，预防叛逆期的孩子出现早恋、吸毒、交友不慎、逃学甚至离家出走等重大问题。因此，在这个关键时期，做父母的一定要学会控制，不要为小事抓狂，和孩子发生冲突。有一项教育原则我希望大家记住：小学管，初中谈，高中协调。

要懂得"当紧则紧，当松则松，抓大放小，决不妥协"。

这是什么意思呢？也就是说给孩子一定的自由度，对那些没有重大意义的事学会放松，对那些你会说"不"的事偶尔说"好"，但是对重要的事情你要坚持到底。最关键的是，不要用你的情绪和孩子的世界碰撞，只有这样，你才可以了解孩子的心理，根据他的心理找到问题的症结，最后解决问题。

现代父母需要具备高度的理解力和圆融的处事能力，才能够在一个资讯丰富、信息发达的时代里应对来自孩子的挑战。

父母只有积极地学习，主动地思考，才能够知现实、懂现实，超越现实，学习常规、了解常规、打破常规，孩子才会成为我们手中的一篇好文章！

有一次我去一个教育机构讲座，一个家长问，如果孩子就是坏孩子，该怎么接纳他？在我的眼中，孩子没有好坏，只是思考的好坏而已。东方、西方很多教育书我看了，我明白了一个道理：过多指责，实际上是不尊重别人。父母希望孩子优秀、更好，我听得最多的一句话是，我的孩子真的很优秀，但是他就是不努力。孩子的特质怎么可能用这么一句话概括呢？你怎么知道你的孩子不愿意努力呢？不愿意上进呢？孩子的思维同父母常常不同。如果他是第一名，可能获得奖金，但是下次考不到第一名，她妈会骂死他，谁又能保证他自己永远是第一呢？

完美主义者等于瘫痪

讲一个小故事。一个渔夫有一天在大海中打捞了一颗珍珠，遗憾的是上面有一个黑点，渔夫就想，我把黑点剥掉，那不就成了无价之宝了吗？于是就剥了，但黑点还在，他就不断地剥，最后黑点没有了，珍珠也没有了。

丘吉尔说过：完美主义者等于瘫痪。生活中我们有得有失，情感上我们又爱又恨，美丽的维纳斯还是一个断臂姑娘，月亮有阴晴圆缺，如果你不了解孩子心理，你不懂得他的压力，你一味地高要求、一味地高期望，就有可能给孩子的心理带来伤害。

面对孩子的教育问题，父母应该保持平常心。情绪化的父母给孩子带来的伤害在哪里呢？这个孩子不会很成功，即使可能我们外界定义的成功是成绩很好，但是就生命的本质来说，都是失败的。因为孩子成年以后，大部分孩子的心理问题都源自这样的父母，如果父母有这种倾向，一定要学会控制，情绪化的父母会给孩子带来很大压力，它会伤害孩子大脑的发育甚至学习。因为人在遭受压力的时候，身体会分泌出一种荷尔蒙，持续分泌的这种压力荷尔蒙，对孩子的大脑有毒化作用。

孩子压力过大影响记忆

一个孩子压力过大，他会记忆不好，记忆不好学习能好吗？压力一旦损伤了扁桃核更麻烦，因为他的情感调节器官出问题了，扁桃核是主管大脑调节感情的器官，这个器官出了问题，这个人就无法控制他的情绪，一点小事就会惊恐不安，然后跟别人争吵，把事情弄得不可收拾。我们父母要积极学习，不要给孩子带来伤害，因为有一些孩子会较劲，所以他的成绩不好。

说起来很容易，但实际生活中我们能不能做到呢？实际上很容易做到，因为你在生活中被各种各样的压力所困扰，而且生活中的一些情绪会左右你。我们经常看到，不管是夫妻关系还是亲子关系，往往那些矛盾、争吵就是由一件小事、一句话甚至一个态度引起。

让孩子成为独立的生命个体

为了孩子健康成长，我奉劝各位一句，当你在单位受了老板的气或者同事让你闹心，你很委屈，但这些情绪你不要带回家里。我们要养成积极的好习惯，这个习惯我坚持了10年。每天我回家站在家门，不会马上进门，先做一下深呼吸，我告诉自己，今天我很幸运、我很快乐、我很感恩，因为我活着平安地回来了，之后我才带着微笑走进家门。这样，即使你没有多少钱，也没有多高的社会地位，但是你至少可以在你的生命里给自己的家庭一片蓝天！给你的家人带去温暖，这难道不是一种人生的幸福和成功吗？

我不知道台下的家长，你们听了这些会有怎样的想法、怎样的感悟。作为一个父母，作为一个教育心理学研究者，在这里我希望提醒大家注意的是：你们要时刻记得我们的孩子他不单单是一个孩子，而是一个独立的世界，是我们的合作者、平等的对话者。我们要对这个世界进行一生的学习、了解、探索和研究，要用我们眼去观察，用我们耳朵去倾听，用我们的心去接纳。只有这样，当有一天你要面对这个世界的狂风暴雨时，你才不会惊慌失措、目瞪口呆。因为你知道你可以用你的了解、爱和智慧让它变得风平浪静。当这个世界有一天变得万紫千红、风光无限时，你才有资格成为那个坐在路边为这个世界的精彩鼓掌的人。这就叫"一分耕耘，一分收获，没有人能够随随便便成功"。世间的万事都脱不开这个道理！区别在于成功的人找方法，失败的人找借口。所以，你们要做的工作不是抱怨，不是说教，不是禁止，也不是溺爱，更不是打骂。你们要像一个火种，去照亮孩子的内心，去点燃他们生命中的火花，让它们熊熊燃烧，成为自己努力、奋斗的内动力。同时让孩子也能够意识到自己是一个独立的生命个体，要为自己的生命存在和价值负责，应该以一个独立的姿态来跟父母、来和我们进行对话！一个孩子只有当他内在的生命被自信、自律、自省充满，形成强大的生命气场时，他才可以做到"鹰击长空，鱼翔浅底，万类霜天竞自由"。

学习做一个快乐的人

对于家庭教育，我总结了几点认识，我认为非常重要。

　　第一点就是，我们要把家庭作为一个系统来研究。要建立一套适合自己家庭发展的系统规则和次序。缺少规则的家庭，会导致无序、混乱，而且没有安全感。世界上的一切都需要按照一定的规则和次序运行，才能让我们的生活和谐。火车要受轨道的约束，飞机要受航线的约束。渴望自由是每个人的天性，很多时候规则在我们眼中是一种限制，其实这是一个误区。规则表面上看起来的确是一种约束，实际上它才是自由的保障。就像红绿灯，似乎是约束，它的目的却是为了保障车辆的自由畅通。如果一个家庭缺少规则，没有约束，不仅孩子会觉得不安全，父母同样也会觉得不安全。就像我们走在高楼之间的天桥上，两边若无栏杆，你会感到不安全一样。栏杆似乎是一种限制，其实给予我们更多是自由和安全感。第二点，在一个家庭里面，父母必须有一个明确的核心价值观，而且贯彻到自己的言语和行动中去。我们说一个家庭的影响力，取决于父母的信念。如果父母没有形成关于养育一致的理念、策略或者方法，如果父母的价值观不明确，他们的行为往往会不一致，结果会让孩子的思想模糊和混乱。所以一个家庭有了核心的价值观，家庭成员才能对事物形成统一的认识。明确的价值观就是一个家庭的信仰和文化。对孩子、对每一个父母、对家庭来说，这都非常重要。我要说的第三点就是，父母要以一个积极乐观的心态去营造一个快乐的家庭氛围。如果把我们的人生比作舞台，每个人要扮演的无非就两个角色，一个是你的社会角色，一个是你的家庭角色。而社会是一个由公共元素搭建的大舞台，你的角色是否光鲜、是否亮丽、是否有作为，很多时候你没有办法掌控，要受很多因素的制约。而家庭是你自己的一片天地，一个你自己搭建的舞台，你可以选择让你的家里充满喜悦、快乐与欢笑，你也可以选择把家变成硝烟弥漫、抱怨吵闹的战场。每天上演的是什么节目，其实都是由你自己来安排的。你就是你们家的总导演。很多人没有这个认知，或者说有这样的认知，但没有认真去思考。

　　因此，我们应该和孩子一起去热爱生活、热爱自然，学习做一个快乐的人，让生活来感染我们的灵魂，让生命从中获取动力。这一点对于一个家庭来说实在太重要了。一个不热爱生活的人是不会快乐的。很多心理问题甚至很多家庭问题的出现就是因为一个人感受不到生命的快乐！我们说生命的成长是为了获取快乐生活的能力，那么热爱生活就是一种能力，快乐则是一种生命的力量。因为对生活的热爱会带动一个人的求知欲，求知欲就是对生命的思考。而一个一直在思考的人生便是充满智慧的人生，而一个一直在求知的人便是富于智慧的人。所以，学会和孩子一起去热爱生活，去感悟生命中每一个别出心裁的瞬间，让生命每天都充满惊喜，这就是家庭幸福和快乐的源泉。时光不可逆，生命每天都是新的，每个人、每件事都可以成为我们心中的一道好风景、一篇好文章。就像今天，在这里，我认识了这么多的家长朋友，是你们给我的生命带来了新的内容、新的活力、新的惊喜。对于我来说，就是一种幸福，而你们认识了我，难道不也是一种快乐吗？所以有一句话说：积极的人像太阳，走到哪里哪里亮；而消极的人像月亮，初一十五不一样。一个热爱生活的人，生活才会热爱你，一个热爱生活的人才配得上快乐，而具备这种心态的父母，具备这种氛围的家庭，你的孩子会和你一样具有对生活的感受力、对生命的创造力。对生活的感受，对生命的追求，就是一个人灵感的源泉，它会使你的精神永不衰老。这比成天盯着孩子的成绩单要有用得多。因为成绩不一定就决定一个孩子的人生，而内在生命所激发的智慧和潜能却有可能改变一个人的命运。第四点我想说的是，教育的过程应该是双向的，这个过程不仅仅是父母在培育孩子，孩子同样在培育父母。在这个过程中，应该体现的是个体生命与个体生命的相互尊重、相互配合、相互理解、相互成全。没有"家长至上"或者"孩子至上"，更没有所谓的"狼爸虎妈"，当然也没有"小公主、小皇帝"。任何生命中的关系，我们都应该把它视为一种平等合作、完全对等的权利和权利、义务和义务的关系。

让孩子在自信中发挥生命的潜能

家庭教育不应该成为父母单方面的"独角戏"，而应该是父母和孩子共同演绎的"双人舞"。养育的过程并非只有说不完的辛苦和苦恼，同样也可以成为生命中全新的体验。你可以让自己成为一个敏锐的观察家，一个善解人意的心理医生，一个善于学习的玩家，一个懂得斡旋的谈判高手。你可以让自己的生命从零开始，和我们的孩子一起共生共长，一起去结出仁爱、喜乐、和平、忍耐、恩慈、良善、诚信、温柔、节制的生命果实，最终一起携手获取成功的勋章。这就是我所提倡的契约式教育，也是我今天所谈的教育理念。中国古代哲学主张生命修炼的最高境界就是"天一合一"，所谓"天地与我并生，万物与我为一"。天给予我们生化之机，地给予我们长养之气，长养之气随着生化之机而变动，阴阳二气的结合让万物化生成形。也就是说，每个人的生命相对于世界这个大宇宙而言的，是包含在大宇宙之内，同时又具有完整体系的小宇宙。所以，我们人以皮肤为界，分为两个世界：一个是外部的世界，一个是内在的自我。契是指人与万物存在的世界契合，约是指人与内在生命潜能的相约，当孩子生命的潜能和外在环境成功契合，他就是你手中一朵绽放的梦想之花！我们说生命因为不同而精彩，世界因为不同而美丽。我们应该感谢孩子，正是他们与我们不同的世界丰富了我们的视野，带来了我们生命的更新！儿女是上天所赐的事业，做父母是一项天赋的特权。我们应该首先学会尊重孩子作为一个平等独立的个体生命，从小教会他为自己的各个生活层面负责，用"同理心"和孩子交流，用不同的方法去解决孩子成长中不断出现的问题；接纳孩子喜乐哀怒的情绪，教会孩子用健康的方式表达心中的不愉快；和孩子建立美好的关系，给孩子机会表达内心的一切感受；培养孩子的智力智慧、情感智慧、逆境智慧、意识智慧、人格智慧和灵商智慧。给孩子以自信，让他在自信中发挥自己的生命潜能；教会孩子自律，让孩子在自律中明白自己的责任，经营好自己的人生；教会孩子自省，让孩子在自省中总结人生的智慧。最后才能放手给孩子自由，让孩子在自由中去经历人生的成功，享受生命的快乐！

各位，给我们的孩子一个梦想，去点燃他生命的火花；给我们自己一个梦想，让自己的人生充满希望！

父母有梦，孩子有梦，家庭才有梦。你的梦，我的梦，汇聚成正能量，就是我们民族复兴的"中国梦"！

最后，我想用一首诗来作为我今天的时光感言，同时，我也把这首诗送给大家。这首诗的名字叫《花》。"在我喊它的名字之前，它只不过是，一个身影而已。在我喊它的名字的那一瞬间，它走进我，变成了'花'。像我喊它的名字一样，我渴望有人，也用一个名字来喊我，那名字可以衬着我的光和热，我也想走进它，变成它的'花'。我们都渴望，成为什么，你成为我的，我成为你的，一个无法忘怀的身影！"

这就是父母和孩子，衷心地希望所有的父母和孩子都能成为彼此心中那朵最美的"花"！好父母不一定就含辛茹苦，成就孩子的同时别忘了修炼自我。谢谢大家！

杨昌林说川剧

杨昌林

杨昌林

国家一级演员，川剧表演艺术家，非物质文化遗产川剧传承人。擅演《新辕门》《杀奢》《卧虎令》等剧，曾获国家级大奖。主演了《县令外传》《梨园情》《黄埔情》《潇潇石窟情》《苏东坡》等多部电视连续剧。多次出访香港、台湾地区和东欧各国，受到国际友人称道。

川剧文学性很强

川剧有 300 多年历史，可能从康熙、雍正、乾隆那时就有了，有书可考。历史上有几个人为川剧在写本、改本，哪几个人？首推黄吉安先生，他是清朝的秀才，为川剧写了很多剧本，特别是三国戏。还有一个是赵熙，川剧最出名的折子戏《情探》，又名《活捉王魁》，就是他写的。《情探》的词过去进入了大学课本，很美，文学性很强。还有就是李调元先生，四川罗江人，在清朝做过官，跟乾隆关系特别好。我前面提到黄吉安先生的词，他不是故意卖弄，也不是有意拔高，你们看不懂、听不懂，更显得他的高明，他的词雅俗共赏，都是四川人的习惯用语。

举个例子，文天祥在北京菜市口就义这折戏，我演文天祥，他的同僚叫刘梦炎，也是丞相，投了元朝，就到菜市口劝文天祥，文天祥骂他是叛臣，讥刺他。当然，文人骂人很有风格。文天祥说，"宋丞相竟换成元人冠戴"，宋朝服装不穿了，穿元人服装了。刘梦炎这样回答他："我死男人嫁男人未必不该。"黄吉安不用"夫君""郎君""官人""秀才""老公"，他恰恰用的是这个"男人"。四川女人叫自己丈夫"男人"。你看，黄先生用的"男人"这个词用在这个地方非常巧妙有趣，四川观众听起来很亲切，没有阻碍，也很风趣。所以，我说川剧在清前期就有，有史为证，就是这帮秀才可以作证。

川剧云、贵、川影响很大

川剧是全国五大剧种之一，哪五大剧种？即京剧、川剧、豫剧、越剧、评剧。早年文化部怎么这样排顺序呢？是按照剧种的历史、文化内涵、它的受众面、剧种的功力等方面来定的。

川剧在大西南三省受众近3亿人，它是云、贵、川三省深受广大观众喜爱的一个剧种。过去云南省有川剧团，贵州贵阳市有川剧团，甚至西藏都有川剧团，"文化大革命"以后才撤掉。它的受众面、群众基础就是这么广大。

川剧出国很早，1959年就到东欧国家演出。那个时候是陈毅元帅亲自在抓，日理万机的周恩来总理还为我们的剧本改过词。

川剧有五种声腔

讲一下川剧的起源。四川是一个移民众多的省份，有"湖、广填四川之说"。川剧的五种声腔即昆、高、胡、弹、灯，是从浙江、江西、安徽、山西、陕西进来的，最后才形成了川剧的五种声腔。

这些外省人入川以后，在他们的会馆演唱当地的地方戏，各唱各的调。后来被川人慢慢接受了，也有了发展。所以，昆腔跟南昆、北昆、苏昆一个样，都是长笛做主奏乐器。当然，中间也有大同小异。既然它进了川剧，便也有一些小改动。川剧昆腔有文昆、武昆之别。文昆表现宫廷、表现天上、表现文人墨客聚会，很抒情、很潇洒、很优美；武昆就是唢呐做伴奏乐器，力度很强，川剧还要加大锣鼓，川剧的《水漫金山》里面的武昆都很铿锵、很振奋。

川剧的高腔受江西弋阳腔影响，弋阳腔采茶调，一人唱，众人和，没有音乐伴奏，就是自己唱。新中国成立前川剧可能也是徒歌一个人唱，我唱一句他帮腔，帮完了我再接着唱，中间没有音乐。新中国成立以后，大家觉得全唱徒歌听觉上单调了一点，也加入了一点音乐伴奏，把音乐弄得美些，原腔跟他的腔，在高腔这一块做了一些改变，但现在还有徒歌式的唱法，这种唱法很考演员的基本功，有乐队，你可以在里面混；没有乐队，就靠你自己的唱功来征服观众。

弹戏受山西、陕西影响较大，板胡拉起来咯咯响，很躁，声音很威武。弹戏里面又分"甜皮""苦皮"。甜皮表现一般的、抒情的、叙事性的场景；苦皮，顾名思义，若是苦情、悲伤、凄凉的场景，这样就用苦皮来表达它。

五种声腔共和才叫川剧

川剧有300多年历史。在川剧五种声腔没有统一之前，它叫什么班、什么社，只唱其中一种腔调，唱昆腔的就唱昆腔，唱高腔的就唱高腔，唱弹戏的就唱弹戏，它不叫川剧。后来由川剧《三庆会》的前辈杨素兰、唐广体等将五种声腔共和后，才叫川剧。

唯一这个"灯戏"才是四川本土的，以川北灯戏为宗，在川剧里大多用在小花脸、丑角的戏上。今天地道的川北灯戏正在深圳演出，真是好，载歌载舞，漂亮风趣，表演夸张。

川剧里面有五个行当

下面讲一下川剧表演体系及流派。那么，川剧属于世界上三大派系哪一派？世界上有表现派、体验派、写意派，中国戏曲就是写意派，我们川剧也是写意派。所谓台上三五人千军万马，行几步走遍天下，一根马鞭，我们属于写意派。

川剧里面有五个行当，即生、旦、净、末、丑。有些剧种没有这个"末"行的称谓。生、旦、净、末、丑，这个"末"行了得，一会我再讲它的厉害。

生行，即老生，有文武老生、正生，川剧都叫他生角，小生不长胡子，有文小生、武小生。我是唱老生的，白胡子、麻胡子、青胡子，文的、武的。

旦行，川剧里面分得很细，有鬼狐旦，就是演鬼魂、狐仙、仙姑；有武旦，还有花旦、闺门旦、奴旦、青衣旦、正旦、摇旦、老旦，接近10个行当，统称旦行。

净行，就是花脸、黑头。

末行，形象跟生角有区别，都是一些衰老生。这个末行，界定在花脸、老生之间，适合他，他就去。这个行当，上要演到帝王将相，下到凡夫走卒。帝王演一些昏庸无为的，民间就是小商小贩，一天喝一些烂酒、无所事事，这就是末行。

我再说得形象点，京剧的《借东风》，那个孔明，就是生角行、老生行大牌的去演。下面鲁肃谁去？就是末行去。新中国成立前，川剧没有导演，末行这一批人，靠自己的记忆记戏本，有的人要记几十本大戏，每个人的台词他都记得住，他要跟这个剧团的人说戏。比方我们要开一个连台戏，他要说戏，他还要起到导演的作用。所以，每个行当的当家人、大角，都不敢得罪他。这行人的工资不比别人低，你杨昌林演什么戏，你得靠他给你配呀。他给你配不好，就糟了。所以在生活中，我们对他们还得行让路、坐让凳，不敢得罪他们。他们这行的本事太大了，但是从不演一号角，就演二、三、四号角，缺什么，他演什么。末行是很厉害的一个行当。

丑行，在川剧里面，分袍带丑，就是演为官人的；襟襟丑，演乞丐等；娃娃丑；折子丑，演纨绔子弟；也有文丑、武丑。这就是川剧的丑行。

川剧雅俗共赏

川剧的文学剧本近乎诗、词、歌、赋，雅俗共赏。这是全国其他剧种公认的，其文学性极强。历史上那么多秀才在帮我们写、帮我们改。川剧很多老艺人跟这些人交了朋友。当然，任何剧种一定受到地方文化的影响。那么地方影响体现在哪里呢？就是影响它的说词、表演。川剧《驼子回门》就喊"婆娘、龟儿子、瓜娃子"。正好是地方老百姓的语言，都用到川剧的一些民间小戏里面去了。

讲一下编、导、演之间的关系。一剧之本，决定你这台戏的命运。史在那里，你怎么来写史？怎么把它变成戏，让戏好看？这就是编剧的能耐。剧本不好，导演不接。剧本不好，导演有天大本事也不行。导演当然小动一下可以，大的修改伤筋动骨，他就不敢了。

戏剧里的导演，我把他们比喻为大厨师，掌勺的。怎么煮出来这一碗菜让大家喜爱，就是导演的手艺。

演自己，还是演角色

现在文艺界争论比较凶的是演员，有两个观点。有人说，不演角色，就演自己，杨昌林你上台就演你杨昌林就可以了。这个话我认为不妥。我也不知道这个理论是从哪里来的。演员就是演角嘛，再有天大的功夫，你不演诸葛亮、不演李白，我就演杨昌林，你们认账吗？

你们认识演员，是通过他们塑造的角色才认识他、承认他的嘛。有人说舞台上没有武松、没有赵云……只有杨小楼、盖叫天，这个话欠妥。演员是为塑造角色服务的，你一身武艺还是为了塑造人物。一离开人物，你就没用武之地了。

杨小楼、盖叫天等人创造了人物，所以他们才是艺术家。舞台上的活孔明、活关羽、活曹操、活武松之称是怎么来的？不塑造角色，行吗？这些都是观众给他们取的，赠送给艺术家的。他们演好了，演得像观众心中的诸葛亮、李白、武松，这是广大观众给成功的艺术家的最高奖赏。你不演人物，就演你自己，此话不妥！这是针锋相对的两个观点。当然，戏曲是"角"的艺术，但角色是为人物服务的，千人一面都不是艺术家，你要演活千人，才是艺术家！

加强表演，留住观众

有人提出，戏剧改革没界限。照这么说，在你那个剧种里，我们加一勺京剧、加一点川剧、加一碟豫剧、再加一盆黄梅戏，那叫什么？比潲水还难吃。发酵以后，观众要掩鼻而过。

演员离不开四功五法，唱、念、做、打。我常跟学生讲，今天我们的川剧舞台，台上搞得金碧辉煌，庞大的交响乐队给你演奏，如果你的唱腔过不了关，怎么办？你在里面东倒西歪，听不到你的唱功，你没有四功五法的基本功，你往那儿站、坐都不是。所以，演员一定要注重基本功，含糊不得。演角、演玩意儿，有人只强调玩意儿，我也强调玩意儿，但我跟他们不同，玩意儿是拿来为人物服务的。

北京人叫听戏，四川人叫看戏。但现在北京人也看戏，我说的是新中国成立。四川人看戏，实际上他既看也听。这就给川剧人提出了要求，在满足观众听觉效果的同时，要动脑筋，要加强表演部分，才吸引得住观众。正因为这些要求，我们的前辈很聪明，创造了很多表演手法。

什么叫代角艺术

下面讲川剧的代角艺术。什么叫代角艺术呢？就是一演二、一演三，由他一个人来演。川剧的代角艺术不是一般的代，它的寓意极为深刻。川剧有一出戏，一个小生上京去求荣，他带了银两，中途遭遇了强盗，把他杀了，把东西抢了，他就倒在我们舞台旁边，强盗看似在给他搜身，实际是帮助这个演员换服装。这个强盗把他的东西拿去，遇害者突然站起来了，"站住，往哪里跑！"就是刚才被杀死的那个小生，他换了古代公安局的服装，一下就把强盗抓住了，"你杀人了还想跑？老子等了你好几天，抓！"观众看到这个地方，解气吧、解恨吧！不是他代就没有意思了，另外出来一个人就不叫艺术了，他就是代角，这就是川剧的代角艺术。

还有一出戏，说的是书生拜堂。一个书生演两角。前面他拜堂了，夫妻交拜入洞房。外面喊："入洞房了没有？"里面答："入了。""上床了没有？""上床了。""怀起了没有？""怀起了。""生下来没有？""生下来了。""长大了没有？""长大了。"长大就出来给大家看一看。还是前面拜堂那个小生，换了服装，演那个小生的孩子，就是一个代角。你看，这里面还涵盖了时空转换。川剧前辈们真的很高明，把所有的都给你省掉了，全由这一个人演。这就是代角艺术。

讲一下川剧《活捉王魁》。名妓敫桂英周济秀才王魁，且许以终身；二人在海神庙设誓，互不负心。王魁入京，中试后另娶宰相韩均之女，遗书桂英休弃之。桂英愤而诉于海神庙，自缢身死。其鬼魂至韩相府，值王魁夜读，敫与相见，王不知其死，斥逐之，且欲加害，桂英乃活捉王魁而去。当年川剧出国演出这个节目，敫桂英死了以后，怎么能在一个晚上把王魁活捉了？这有封建色彩，周恩来提出了这个问题，我们的导演动脑筋：代角。王魁怎么死的？是吓死的。第二天天一亮，小丫鬟出来给王魁献茶、拿洗漱用具，小丫鬟是谁？敫桂英代的，不要另外的演员。代角，就是敫桂英，进去换了服装扮丫头。王魁一看，敫桂英啊！"状元公，我不是，我是小丫鬟。"在这个瞬间，直接吓死了王魁。这样好，回避了封建意识，观众为敫桂英解恨了。所以，川剧的代角寓意非常深刻。

川剧的间离、互动

讲讲川剧的间离互动。川剧《乔子口》讲述了秀才林兆德身陷冤案被判处死刑，在乔子口行刑时，千金小姐王春艾闻讯，不顾其父阻拦，冲破封建礼教的樊笼，赴至刑场祭奠她的未婚夫——林兆德，并苦诉其冤屈，适逢江洋大盗刘子堂也在一起问斩，闹出了很多笑话。如果就是王春艾一个人在那里唱，没戏，不好看。四川人看戏，我们就要给大家编戏，于是我们就编了一些人物进去，其中编了一个江洋大盗刘子堂（丑角）陪杀场，王春艾的未婚公公也要上场，两边还有刀斧手，好看极了，满台增辉。

这个《乔子口》怎么互动？小丫头先出来说："张大哥、王伯伯、李婆婆，我们小姐难得出门，今天来见她的未婚夫，请让个路，更不要把她吓到了，丫头在这里给你们行礼了。"她把台下的观众都招呼进来了，他们就是杀场上的看客，不是观众了，这就是间离、互动。

大家都熟悉的《武家坡》，我演薛平贵。这个戏风趣，不像京剧那么中规中矩，受四川文化影响，风趣诙谐。王宝钏骂薛平贵。薛平贵就说，薛夫人、三小姐，你现在不能骂薛大哥了，你们年轻的时候可以骂一骂，现在薛大哥都长胡须了，你骂不得了。结果王宝钏说，我在这受苦，我的气都不打一处来，我今天要专门指着那个长胡子的骂。薛平贵这个时候指着台下的观众说："王大爷，你长那么多胡子，今天要帮我挨骂了。"观众马上笑起来了。这就是间离、互动效果。

川剧的小花脸戏《双拾黄金》，讲述的是两个叫花子吴讨口和王叫花，一天在路上捡了一坨黄金，头一个捡了以后很高兴，他揣在身上没有揣稳，掉到路上。后面来了一个乞丐，他又把它捡起来了。

"这个是我的，你赶快还给我。""啥子是你的？"两个人就讲条件。最后，两个人达成协议，我们来拼唱，请下面的观众当评委打分。谁唱赢了，谁的分数高，这坨黄金就归谁。

2014年我在重庆看了这个戏，中间突然发生事故，一个演员记不得词了，教他的师傅就在下面给他们递词，观众哄堂大笑。这两个演员的应变能力我服气了，他们就说：师傅，我们没有学到家，评委你们少扣一点分。我认为，艺术在某些时候、在某些剧、某些情节，它的最高境界就是一个玩。像这样的戏，你不可能中规中矩，可以跟观众现场交流。

表演讲究有趣，没人追究合理性

讲一下川剧的时空、二维空间。我们有一出戏《张飞挡夏》，挡夏侯惇。夏侯惇刚败兵，张飞在一个山坡上等他。他求张飞放了他。张飞有点头脑简单，四肢发达。夏侯惇怎么说？"张三哥、三将军，你宽宏大量，你要有个气度嘛。我打了败仗，现在没有吃饱饭，你把我放过去，我吃饱了，明天我们选一个平阳大坝，你一刀我一枪，我们单挑，你把我战死了，你就是大英雄。"张飞说："好，放。"

特别值得一提的是，当张飞放过夏侯惇，准备次日与之决一死战，在中军帐（中场弓马桌）饮酒，在［闹沙河］吹打音乐声中，这时，夏侯惇等人突然从他身后出现，站在弓马桌上并一脚将张飞踢下桌子，骂道："好狗不挡路嘛！"张飞踉跄回头一看："呀！夏侯惇，你娃娃站得高呀！"夏侯惇："夏老子是比你娃高得多啊！"这话语意双关，含智慧在内。张飞："你说的给三老子决一死战呢？"夏侯惇："那是哄你的，哪个龟儿子才给你决一死战！"张飞："你娃娃言而无信！"夏侯惇："啥子信？你问他们信不信（指观众）？他们早都看出来了我在哄你，只有你这张家瓜娃子才信，夏老子走了！"并且拿了一张名片，甩给张飞，这是夏老子的名片，回头打个电话，得意而去。气得张飞哇哇大叫。这段斗智斗勇的戏很有看头，让观众为张飞的"笨"着急，为夏侯惇的"灵"笑得开怀，与相声艺术有异曲同工之妙。观众完全沉浸在有趣的表演之中，谁还有心思去追究它的合理性？川剧艺术就是讲究这样一个离间、时空的艺术处理，妙不可言。如果张飞在那喝酒，夏侯惇不从那个地方上来，把时空叠了，来一个真正的士兵给他一报，夏侯惇挑战，带马。那戏谁看啊？多难看，好简单。这样处理，反映了川剧前辈了不起的才华。

我们还有一出戏《张浪子嫁妈》。张浪子丧父，他的母亲改嫁到了王家，王家前面留了两个小孩，他大一点，三兄弟在一块玩得很好。但是，浪子的母亲心眼很坏，虐待王家前面这两个孩子，时常打骂他们。四个人在戏里面乱窜乱跑，艺术手段了不得。川剧艺术手段的处理，把本不在一个环境的四个人，即浪子娘、两兄弟和浪子并置在同一场上，浪子娘手执竹竿欲打两兄弟，却打在了浪子身上，浪子说："哎哟，我妈又在打我两兄弟了！"它把时空、感官活脱脱地奉献给观众，真是妙趣横生。

川剧要创新

下面讲一下川剧的继承与流派。川剧是重流、不过分强调派的一个剧种。不像别的剧种，什么派你声音都要像，比如你是麒派，那声音就一定要沙哑。京剧样板戏《沙家浜》中阿庆嫂就是程派的唱腔。她唱的是女人的声腔，不是程派男旦的声腔，就很好嘛，何必女人要去唱男旦的声音呢？

2014 年在深圳的艺术节，有很多全国的大家，包括我们川剧院来了许多人，我还演了《卖华山》中的赵匡胤。有一天我跟陈少云在宾馆转圈，我就问他："少云，有没有人说你不像麒派？"他说："多了。"我说："因为你的声音不像麒派吧。"他说："师哥，没法像，又不搞模仿秀。"我说："少云，你很开明。"他说："信芳大师更开明！"有一天他的徒弟问周先生："老师，这个地方我想改一个高音，行不行？"周大师怎么回答他？"我要有高音，我也这么唱。"

你看，一代大师都是这么开明。

川剧的观众和我们的同仁都不会说杨昌林不像他师傅，他们不会这样要求我们。当然，在学的过程前面，肯定要扎扎实实，你没有把传统的学好，乱改不可能成一派。你要形成一派，一定是你学有所成，你有识别能力了，知道你师傅的缺点在哪里，你要把其他老师的优点拿过来，丰富你自己，这样才对。所以，如果有人说："某某人唱得太像你了，好像啊，像。"我反而不高兴。我说："他开始学可以，他学有所成以后，一定要离我远一点，越远越好。你跟我太像了，顶多是个模仿，有什么好处？"将来新的派就出不来了嘛。将来说不定还有新派呢，那完全可能。古人说：学我者生，像我者死。

尊重传统，警惕异化

要与时俱进。戏剧人提出要改革、要发展、要前进，但要警惕异化。改革势在必行，笔墨当随时代。现在，戏曲界经过了这么多改革，我们也看了很多戏，都不同程度地变味了。过分学了外国的，学了话剧的，小剧种被同化为京剧了，把传统的好多东西扔了，很多地方特质丢了。

戏剧艺术是国人审美的家园。如果没有传统基础，讲什么改革，那是无根之木、无源之水，经不起考验。一旦风吹雨打，就全完了。

在这场改革当中，我主张：尊重传统，警惕异化。非改不可的，一定要改。但如果强不过它，最好不要去改。

我参加过一个全国戏剧节，有一个地方剧种，那台戏从剧本、导演手段、舞美、服装没得说。但是一听它的音乐，像京剧，大段大段演唱也像京剧。丝毫没有听出那个地方剧种是什么味道。评奖时，音乐不过关，没有地方剧种的特色，异化了，得分不理想。

我用一句话作为结束语："戏曲艺术是中华民族艺术殿堂的一本正经，值得我们去念、去保护、去弘扬、去传承！"

摄影要领与影像生活之路

李树峰

李树峰

中国艺术研究院摄影艺术研究所所长，《中国摄影家》杂志编委会常务副主任，《中国大百科全书·摄影学科》副主编，中国摄影家协会副主席，摄影史研究委员会主任。多次担任全国性和国际性影展评委，创办中国国际摄影双年展和中国摄影家响沙湾国际摄影周。2006年被中国摄影家协会评为有突出贡献的摄影工作者，2008年获中国摄影金像奖，2013年被评为文化部优秀专家。著有《视觉百年——澳门摄影》《看与见——摄影小札》等书，发表摄影理论、评论文章50余万字。

学习摄影要经历三个阶段

时代在急剧地变化着，从社会经济形态的发展来说，现在逐步走

389

入了文化经济时代；从媒介传播形态的发展来说，现在到了视听时代；从主体表达手段的发展来看，现在到了影像文化时代。现在正在生成的视觉文化给我们带来了更加丰富的手段、更加快捷的通道，摄影人天地更广了。

学习摄影要经历三个阶段：依赖器材阶段，依赖题材阶段，依赖思想阶段。每一个人学习摄影都必须经历这三个阶段，不是孰高孰低的问题。依赖器材阶段，它的主观逻辑就是器材是决定性的，你拍的比我好，是因为你的器材比我好，于是千方百计买器材、摸器材、练器材。到了一定程度以后，就会觉得光有器材根本不行，反思后就会走入依赖题材阶段，认为题材是决定性的，你拍了那么多大片，是因为你到了好地方，逻辑又变了。

当他雪乡也去了，坝上也去了，喀纳斯也去了，九寨沟也去了，鸳鸯梯田都去了，该去的地方都去了，甚至南极、北极都去了，拍出来的东西还是不行的时候，才会走向第三个阶段：依赖思想阶段。真正的摄影艺术必须是主观思想和客观世界高度感应的结果、思想和事物碰撞的结果，这时候才能走出自己独特的路，才能拍出跟别人不一样的片子。

摄影人是用光去画画的人

摄影人是用光去画画的人，而且摄影是激发思维的一种视觉表达形式。经常搞摄影，你就会有一种摄影师的眼光，能带来秩序，带来结构，带来一种遐想和幻象。有人说，摄影是科技与艺术的完美结合，没有一门艺术像摄影，艺术就是技术，技术就是艺术，高度统一。同时摄影还是一种视觉化的记录。刚才主持人说，摄影就是记录一些客观存在的事物，我们不停地在记录，大家一起记录，慢慢地就会形成一个家族、一个社区、一个单位、一个国家、一个民族的影像化的档案，这样，新的历史就开始了。图像化的历史，将来会传之后代，就是图像化的教科书。摄影是瞬间艺术，它就是这么一种表达方式。

摄影是一种美好的生活方式。好多人爱摄影，是因为它能带给我们好多新的、我们原来不曾体会到的感觉。如果你拿起相机来天天拍，一年、两年、三年一直拍下去，总有一天你会发现，摄影改变了你，把你的生活改变了。摄影让我们不但更好地观察这个世界，而且也让我们每个人更深入地融汇到这个世界里面去，这是摄影艺术方式本身的属性。在日常生活中如果看一个人爱摄影，那么他肯定爱生活、爱自然、爱他人、爱动物，然后时时刻刻保持着一种新鲜心态，拍出好作品，把自己从窠臼和格局中解放出来，扑向现实生活，更好、更多地理解和体验这个世界。

摄影是一个过程

为了让大家能更好地找到拍照片过程中你在哪个地方用力，着力点在哪里，我说摄影是一个过程。什么过程呢？经过我们眼睛的瞳孔的通道和镜头的通道，它们是连接的，你拍照的时候给连接起来了，在运动和行走中，主观和客观直接碰撞，这里面蕴含着文化价值判断、视觉思维，最后还有一个后期呈现的过程。碰撞是个中心环节。文化价值判断要融汇进去，视觉思维要在按快门之前迅速地展开，实际上，我们拍照是客观事物的反射光进入了这个通道里，我们主观思想的那个光也进入这个通道里，两种光在这个通道里边发生了碰撞产生感应的时候，你就想按快门了，咔嗒一声，实际上就是碰撞声。当你没有心物感应的时候，你不想按快门，那个时候没碰撞，两种光对流着呢。

摄影就是这样，让我们思想的光辉照亮生活的行囊，让客观事物和我们的主观世界充分直接地碰撞。

摄影有六个基本属性

摄影有六个基本属性，我们在哪个属性上稍微努力一点点，都有可能为摄影创作带来焕然一新的面貌，这六个属性就是技术性、现场性、瞬间性、客观性、随机性、选择性。

技术性是摄影的天性。光学技术、电子机械技术和存储技术，三个系统的技术合而为一，在一个相机里边联动。摄影技术作为人类非物质文化遗产可以保存下去，非常珍贵。所谓的摄影术在1839年发现并且公布于世，不是发现小孔成像那个技术，是存储技术的发明。春秋时期，墨子就发现了小孔成像原理，但是为什么发明不了摄影术啊？因为没法留住影像，如何留住影像才是最主要的。

1839年公布的实际上就是影像留存技术。后来经过玻璃板胶片，现在到数码光电耦合器，都反映了存储技术的演变。

再说光学技术，镜头越来越长、视域越来越宽的广角镜头的配置越来越完善，我们可以无缝隙地从14毫米甚至10毫米的镜头一直拉到1200毫米，进行无缝隙对接，说明人类技术发展到了一种非常高的程度。

摄影技术的发展目标与人类武器一样，与枪、炮一样，稳与准、宽与远、快和清晰、轻和巧都是一样的。如果我们再概括一下技术的属性，这把刻刀对时间进行切分就是快门，对空间进行切分就是原来的感光胶片，现在就是像素，不断地往深层走，人类对现实世界的认识和体验就更深了一层。如果用于科学，一道新的世界之门打开了；如果用于艺术，一道新的影像艺术之门又被打开了。这么多年一直沿着这个体系走，就是切分时间和切分空间。

所谓像素越来越高，就是对空间的切分越来越细，快门一万分之一秒、一万二千分之一秒，往前继续走，实际上是对时间进行切分，切分得越来越细，对时空的切分给我们带来新手段和新理念，这是技术性的表现。如果没有对时间更加精准的切分，我们根本拍不到某些瞬间。

人的眼睛看不清楚快速运动，那个金庸小说里凌波微步，那个武打动作，看不清，为什么？人眼的那种追踪速度和反应速度跟不上，但相机能行，我们对时间的切分足够快，能把马在奔驰中的那个步伐规律展示出来。过去好多画家争论马是一个蹄子着地、三个蹄子腾空，还是两个蹄子着地、两个蹄子腾空，争论了好多年，联动摄影一出来，全部搞清楚了。我们现在能够对时间进行一万分之一秒的切分，而且每一份都是均等的。你看体育摄影、野生动物摄影作品，就会发现这些年来我们能够拍到原来拍不到的东西，为什么？我们对时间的切分能力增强了，还在不断地增强。

拍常人所未见

摄影第二个属性是现场性。摄影要求你的拍摄在现场完成，画画你可以回去反思，然后一点一点地勾勒，小说、诗歌你可以回家再现，用语言去表达，但摄影必须在现场把该抓的都抓到，它的现场性很鲜明，与任何其他艺术的不同之处就在于它的现场性。要利用这个现场性，就要求我们到现场去，到自然界的深处去，到社会生活的深处去，到一个事件的深处去，到心灵的深处去。你敢不敢打开自己的心灵把自己放进去？只有到深处去，你拍来的场景才能见常人所未见，这对摄影人来说是不可回避的要求。

靠近靠近再靠近

著名的马格南通讯社创始人罗伯特·卡帕曾经有一句名言：搞摄影的人都知道，如果你拍得不够好，那是因为你离得不够近，要靠近靠近再靠近。为什么？为的是到事发原点去、到核心去、到现场去，只有这样才能拿到别人得不到的内容，这里不仅是一个物理距离，同时也具有心理意义。这是现场性，下边谈瞬间性。

把特别值得细看的场景冻住

摄影是对一秒钟时间精细切分的结果，就像切分分子，能带来无穷多的原子，我们要的那个瞬间就是凝冻当下流动的事物，好美啊，请停留一下，多少动人的景象啊，请停住！当我们按住快门的时候，实际上就是用一个无穷大的力量把那个内容冻住。流动时瞬息万变，我们需要把某些特别值得细看的内容冻住，这就是摄影独特的功能。

好多同志以为，有了录像、有了视频、有了过程，为什么还要拍照呢？灵活的跑动，瞬间的凝冻，以瞬间带过程，以局部带整体，这就是摄影的静态艺术的特征。以瞬间带过程，有了这个瞬间不用看这个过程了。回顾"9·11"，需要把那两个楼的坍塌过程从头到尾看一遍吗？你可能没有耐心，我们只需要看三张照片足矣，就是一架飞机正冲过去，已经进入那个楼里，冲出了一个爆炸点。第二张，就是两栋大楼开始坍塌；第三张，从下面往上拍的人体和水泥钢筋一起往下砸。三张照片把"9·11"说透了吧，这就是瞬间带过程。"5·12"大地震有了这只手，它的力量也足够了。

如何捕捉瞬间

我们的文化传播需要瞬间，我们的思维需要瞬间，这是摄影的一个基本特性。

不是随便拿出一个片段就能代表一个瞬间。在"胡连会"上，胡锦涛总书记会见连战，贺延光老师在现场拍，当时好多人都拍了，都是这样握手的景象。他拍了一张独特的照片，一个代表着国民党，一个代表着中国共产党，国共两党又在走近。他拍了一个伸出手要靠近但是还没有握到的瞬间，成了一个象征结构，这种结构让我们想起国共两党在20世纪的几分几合，它有很大的想象空间，表达了海峡两岸人民的趋近的欲望，以这个瞬间来代表"胡连会"，把它的意义都激发出来了，有了这一张照片足矣。

香港回归时，好多人拍了紫荆花旗、五星红旗飘起的那个瞬间，领导人讲话的瞬间，但是有一位摄影家拍的是彭去董来，这张照片直截了当地就把交接瞬间以一种非常实在的方式表达出来了。这个瞬间能代表这个事件，所以用哪个瞬间来代表这个事情是非常考验人的，里面蕴含着很多信息，对我们来说，要仔细在这个地方下功夫。

客观性不等于真实性

摄影还有客观性。就是胶片或者是电子感应器对镜头那个反射光无意识的记录，只要你取到取景框里头的东西，它都会记录下来，不加取舍。但是客观性不等于真实性，照片的客观性与人类追求事物真相的那个愿望一结合，就产生了真实性，影像力量就出来了。

现在有好多假照片。为什么要共同维护这种真实性、客观性呢？为什么要取消奖项，严惩造假作者呢？因为客观性是影像力量的来源。如果影像失去了客观性，尤其是新闻和社会纪实，那么影像将变成虚拟的或者是假照，那么摄影的力量和文化含量就大大地降低了。为了维护影像的客观性，全世界有行业规则，有行业道德。

一个姓刘的摄影家在西藏拍了一组照片，把青藏铁路火车路过的照片和羚羊从桥下走过来排队的照片合在一起，这样不行。因为没有这个景象，照片是合成的。出了很多这样的事情，"刘羚羊""张鸽子"，还有所谓周正龙拍虎，现在"正龙拍虎"已经类似一个成语了。那些通过歪曲摄影影像的客观性来虚拟事实以获得某些利益的行为，是在欺骗公众，所以我们必须维护摄影的客观性。

更多的是行动机遇

摄影还有随机性。一方面是主观世界，另一方面是客观世界，主客观碰撞才能形成影像，这样就有了机遇问题。你去黄山30次，你没赶上云海，人家头一天晚上住在那里，第二天就赶上了极好的云海，这是机遇。人家拿着相机一出去就碰到了一个特别大的突发事件，这也是机遇。有两种机遇，一种是行动机遇，一种是职业机遇。

有的人有一种职业优势，恰好组织、社会选择了你，你在那个位置上就能拍到别人拍不到的内容，比如跟着毛泽东，就能拍到好多国家大事、好多重要的国事活动，那是职业机遇。就我们个人来说，我们更多的是行动机遇，如果不行动，肯定没机遇。

最后，摄影还有选择性。摄影的主观性体现在选择性上，拍什么、怎么拍是我们主观发出的指令决定的，好多人认为摄影不就是快门嘛，甚至有一个大画家调侃我们搞摄影的人说，拍了好几天都拍不到满意的，不小心跌了一跤，按了快门，结果这张最好。他说摄影根本是一个碰活，是这样吗？不是。摄影师面临一连串的选择题，从你开始买相机、买镜头，到后来你拍什么、怎么拍，一直到你到达现场，有好多要选择的问题，有时候是多项选择题，有时候是单项选择题。做多项选择题，你可以这样，也可以那样。有时候是单项选择题，比如你拍一个村庄，你今天早晨这段时间从这边上去，你就不能从那边上来。

每天生产的影像，包括我们个人一天拍一两个 G，平常，拍十几个 G，也常有，一年下来，没准你拍了几万张照片，当你要拿出来编辑和做什么文化产品的时候，你面对的是浩如烟海的碎片，选哪张或不选哪张，哪张做大、哪张做小，哪张靠前、哪张靠后，做画册还是做展览，我们面临一连串的选择，现在这个问题越发严重了。

我们拍什么、怎么拍，里面体现了很深厚的文化内涵，比如有的人到了一个村庄，他会重点拍这个村庄里边的老人。而另外一个摄影家就愿意专门拍门墩、门画、门联，不拍人。《中国摄影家》杂志曾经搞过多年中外摄影家大 PK，为的就是让摄影家们直接碰撞，在一个固定时间和区域里拍照片，比较他们的文化背景和审美趣味。

有这样一个案例。中外著名摄影师在一个沙漠景区拍摄，有的摄影师喜欢拍摄蒙古族演员在舞台后台的准备工作，拍他们的休息状态，拍他们打打闹闹，而另一些摄影家喜欢拍他们在沙漠上蹦啊或者是表演时最辉煌的那个瞬间，文化背景不同，选择就不同。

六个要求

技术性，要求我们要苦练这项技能，它不是知识，是技能。为什么一样的相机，有人能拿到好多高难度的活片，其他人拿不到呢？因为他技能不够，控制不到位。

现场性，要求我们到第一现场去，到事发原点去，到深处去，把那些该拍的、该反映的事物大写出来给人们看。照片就相当于是在流动的生活里面拿出那些局部值得看的东西，大写给世人看，凸显的是影像的品相的质感，这是现场性要求决定的。

瞬间性，要求我们找到具有代表性的瞬间，不是随便哪个瞬间都能代表这个事件，可能其中一张就代表了整个世界，代表了这座山，代表了这个人，代表了一场婚礼，代表了一场运动会。在这个地方要仔细下功夫。

客观性，要求我们有追求真相和质感的愿望和能力，让事物的内在结构裸露出来。

随机性，要求我们随时随地拍摄，不要错过时机，行动才有机遇。

选择性，要求我们提高文化素养和判断力，在选题中找到自己的文化归属。

熟视也不无睹

我有一些摄影理念，下面想跟大家交流。

第一，对摄影机的看法。从摄影的角度考虑，摄影本身讲究看事物的方法、着眼点，你怎么去扫视他、凝视他，看不一定见，要看并且见才行。一方面要扫描，另外一方面要明白，要有感应，达到这个层次你才能拍到要拍的东西，到了明白的层次才可能产生碰撞。你仅仅是扫描，你不一定产生碰撞。

成语说，熟视无睹，视而不见。你以为你理解、认识世界了？其实我们对世界的掌握都限于我们脑子里边那个固有的条条框框而已，世界每天都是新的，太阳每天都是新的，看你去感受不感受而已。熟视就无睹，我们摄影人要抵抗这种心灵麻木，熟视也不无睹，上眼一看就能发现最新的东西，这是一种能力，叫眼力。

照相就是观和照，一方面我们是观，另一方面是照。观照是一种审美活动，保持着自己和事物的距离，就能形成一种审美意识，在观与照中发挥镜子和灯的作用。镜子用于反映事物，灯用于烛照现实，像烛光一样照亮现实，任何一张好的照片都是在观与照。

第二，构图是对现实生活局部瞬间的切除，是拿丝条边框去切除那个现实，压快门就把它切出来了，切什么、怎么切，这里边要有一种影像把控能力，实际上是在寻找视觉秩序，实现三维空间向二维空间的转化，这里边有技术和艺术目标的控制。照片是生活的切片，构图有主动构图和被动构图，所谓被动构图就是人家本来就很好，你记录就可以了；主动构图就是眼前的事物杂乱无章，作者通过丝条边框使其内部框进来的事物发生意义关系，形成一个语境，谁是主要的、谁是次要的，谁支配谁、谁衬托谁，立刻就形成了一种内在的羽翼关系。能够拿丝条边框让没关系的事物发生关系，让没有意义的空间里头充满了那种羽翼关系，这就是我们构图的能力。

影像化的家谱流传给后世

搞社会纪实的人这个能力特别重要。要让这个镜框内的不同事物发生关系，有了这个关系，对它进行影像控制，就能拍出意味深长的照片，一层一层地可以剥下去、追问下去。

老人与狗，柳树和桥，你把这四个要素往那儿一框，只要你摆放合适，古典诗词的意境就出来了。如果上边有个月亮，下面有条小船，那元素更加丰富了，但是怎么摆是个大问题。

任何一个人学摄影都经历两个阶段：第一阶段入格，第二阶段出格；第一阶段求同，第二阶段求异。

一开始学摄影，要千方百计跟摄影家拍出好片，后期你就不能这样了，要千方百计拍出不一样的照片。求同是为了学习，求异是为了独立。前期是发现，后期是呈现，这是两个阶段、两个过程。

要收藏生活，做影像化的家谱。将来所有人都要有一个影像化的家谱流传给后世，每个名字背后有一个影像库，从小到大，做过的事情都要有影像化记录，有声音、有图片。每个摄影人尤其要从身边、从自己家庭做起，做好自己家族的影像化家谱。

摄影就是对生活的提炼和萃取，好像从甘蔗里面提炼糖，从海水里边提炼盐。这是个三部曲，从生活里面提炼照片，从照片里面提炼影像，从影像里面进一步提纯就达到了艺术品这个高度。无穷的资源摆在你的眼前，就看你去不去提炼，你有没有提炼与萃取的能力。要靠我们的头脑，从生活中提炼和萃取那些有力量的、有意味的、美的各种各样的影像。

每个人拍照片，不要随大流，要明确拍摄目标。不要骑在墙上，想干这个，又想干那个，不要以美害真，要有场的意识，场的意思是什么呢？现场是一个物理场，你拍了照片，做了个影像，场实际上就是个心理场，通过这个心理场转化成文化场，让读者进到这个空间里去，这是三个场的转换过程。

我们在现实生活中截取影像，截取的东西都有超现实的意味。每一张照片，除了记录了当下，还有一些溢出去的意义，让我们百看不厌。

个展无统一性，群展无差异性

要走个性化道路，要对抗雷同。目前摄影行业最严重的问题是啥呢？是个展无统一性，群展无差异性，就是一个人的展览摆在展场里边，从头到脚看完，你发现不了它的内在统一性，找不见它的个性。如果是一群人合起来办展，你找不见人和人之间的差异性，大家拍的都差不多。而影像艺术，要的是风格，风在哪里，格在哪里，大家要深入地思考。实际上，即使记录类的叙事影像，也可以有个人风格，因为纯客观的东西不存在，任何一种影像都是你选择的景，在选择过程中形成了个人视角。比如纪实摄影，你怎么找到个人风格呢？要在观看方式和编辑方式上下功夫，观看方式指的是机位时态语态，机位决定了你对拍摄对象的态度。好照片是编辑出来的、选出来的、用出来的，这是叙事类作品。另外，艺术类的作品也有风格和格调，比如十字架庄严的时空结构，时间的绵延，空间的张开，十字架咔一立，时间和空间都有了。比如拍一个地平线，有一根电线杆子，就这一点点东西也很庄严。

真理之眼永远向着生活

伟大的摄影家布列松对《中国摄影家》杂志的老主编朱宪民说过一句话：真理之眼永远向着生活。摄影现在已经实现了大众化、日常化，我们能拍黑夜了，夜的眼已经张开，广阔的空间已经拓展了。当前中国最大的特征是变，改革开放30多年，五千年未有之巨变，我们赶上了。影像有强大的记录功能，我们为什么不把它用好？我们要相信生活中有好多值得留住的瞬间，你只要投入进去，能打开自己的心灵，你拍出来的照片就是亲和的，能走进去的，场就是能对流的。这个时候我希望大家拿起相机从身边走到广阔的社会生活、大自然中去，认真记录。留住时间的遗址，让后人能走进我们留住的一座座时间的遗址里头去。

我们现在搞影赛、搞展览，好多时候对影像的基本属性缺乏了解。中外摄影家的文化差异特别大，最典型的就是郎静山和亚当斯。郎静山是摄影大师，郎静山拍的一系列作品，《杨柳岸晓风残月》《晓汲清江》《烟波摇艇》等这些照片，是不是都有中国国画的感觉？亚当斯拍的《月升》，约塞米蒂国家公园、沙漠，两种文化完全不同，郎静山追求画面的意境，亚当斯追求一种影像的感觉、一种现实存在，他不去营造虚无的东西。郎静山作品的背后是中国固有的天人合一的文化观，亚当斯的这些作品后面是实证主义世界观，它追求有质感、有事实、有层次地反映事物。

微小叙事丰富宏大叙事

最后，我再讲一下当下摄影创作的现代性。所谓现代性，就是当下社会在急剧地发生变化，在生成一种跟远古、近代完全不一样的那种属性，我们把它笼统地称为现代性。

现代性社会影响着我们，也是艺术表达的主题和方向。这些年，我就琢磨这些事，我把它归为这么几种：原来我们拍大片实际上就是宏大叙事，现在需要通过微小叙事来丰富宏大叙事；原来公摄影特别多，现在更多的私摄影可以介入，表达自我，表达个人情怀；还有，原来是纵向思维，历史从这个社会阶段到较高级的科学社会主义阶段，现在更加强调横向思维，能够看出一种真实的历史现实的内涵，好多当代影像是从这个角度入手的；还有，我们原来拍片子都有一个固定结构，现在对不确定性更加关注，可以用个体差异来对抗总体化同质性。什么叫总体化呢？就是这个世界总体来说是物质的、同质的，这一句话，把所有的不同差异都给掩盖了。现在，我们要找到差异性，要拍出事物个性化的存在。再一个，原来是那种固定的结构，现在更多强调一种动态性的概念，因为这个世界根本就是一个宇宙，实际上空间在不断地流变着，怎么才能进一步地用影像去表达呢？最后，我们不但关注人的意识，还关心人的潜意识，应该用影像方式对潜意识展开分析。

有探索，有创新

我希望大家从对摄影六个属性的理解里边找到你自己的选择，在技术性上、现场性上、瞬间性上、客观性上、随机性上和选择性上任何一个地方努力，像子弹，打穿那个墙壁，你就能为摄影艺术做出新的贡献，你的影像就会有新突破。在这六个属性上做出你自己哪怕一点点探索，你的作品就会焕然一新。这些理念应该保持在我们的头脑里，这些东西都应该是我们内心涌动着的那种思想之源。另外，有了现代的这种技术之后，我们更多的表达空间已经出现了，我们不但要拍白昼，也要拍黑夜；不但要拍白天人的活动，也要拍黑夜人的活动，要拍各种各样的私人的那种影像。另外，现代性的表达已经有可能了，在好多艺术探索里边已经露出了苗头，能在哪个方向上做出自己的探索和表达，拭目以待。

我特别盼望深圳的摄影艺术在大家的努力下能够蓬蓬勃勃，一个接着一个台阶往上迈，我相信深圳不但是经济领域的排头兵，也是摄影艺术的排头兵。我今天的讲述就到这里。谢谢。

六

社会民生

高铁纵横

聂　磊

聂　磊

北京交通大学教授、博士生导
师，北京交通大学交通运输学院
院长。交通运输部第四届专家委
员会成员。研究方向为交通运输
规划与管理、高速铁路运输组
织、交通安全工程、计算机在交
通运输中的应用。曾参与多项铁
道部项目及其课题。著有《高速
铁路运营组织》《客运专线运输
组织技术》等多部论著，发表了《国外高速铁路列车运行
组织方案的特点分析》《高速铁路列车开行方案编制流程分
析》等多篇学术论文。

今天想从以下六个方面介绍中国高铁。第一，轨道交通发展
的历史；第二，中国高铁成长的故事；第三，走进高铁；第四，
高铁现在的成绩单；第五，高铁安全；第六，展望中国高铁未
来。

铁路滞后带来沉痛教训

第一，轨道交通发展的历史。实际上铁路已经诞生190年了，从最初1825年英国第一条铁路诞生，到大概1870年，这是初创阶段，之后几十年进入一个非常快速的发展期，有一段时间又处于停滞期，特别是二战之后，航空和公路大发展，铁路被大家称为夕阳产业，慢慢地越来越呈现颓势。直到1964年日本修了新干线，从此铁路开始了新的春天，重新进入快速发展期，这是整个铁路发展的历程。

英国先是在本国修铁路，然后满世界修，它就成了"日不落帝国"。紧接着美国人开始修铁路，到现在为止它还有世界上最大规模的铁路网，美国又成为巨无霸国家。中国1876年开始修铁路，滞后了50年，也给我们国家带来很多沉痛的历史教训。甲午战争的时候，我们国家的海军力量其实非常强大，但是几个舰队分散在全国各地，所以开战之前，日本的秘密报告说，清国缺乏铁路，相互难以驰援，可以放心地打。从这个报告我们可以看出，铁路不发达给我们带来沉痛的教训。

当时我们的铁路是一个什么状态呢？日本大概是3000公里，中国不到300公里。甲午战争后，张之洞说，如果我们早修了铁路，何至如此。1896年，成立了中国铁路总公司，所以铁路跟一个国家的兴衰有着很密切的关系。

近十几二十年，我们终于迎头赶上了，特别是中国重载铁路和高速铁路快速发展，我们现在的高速铁路已经处于世界第一，引起世界瞩目。我们也希望抓住这个大好发展时机，实现我们现在努力倡导的中国梦。

高速铁路的诞生非常艰难

下面简单地看看铁路系统是怎么样形成的。它有专门运货的线路，有高速铁路，还有城际铁路，以及客运专线，还有市郊铁路。为什么这么多跟高速铁路类似的铁路叫做城际铁路或客运专线，而不叫高速铁路？实际上高速铁路的诞生非常艰难，是个漫长的过程。

20世纪90年代初，我们就想修高速铁路，由于磁浮和轮轨之争，中国的轮轨高速铁路整整滞后了10年，可是在这十几年间，修铁路任务非常繁重，铁路行业想修高铁，但是一直没有得到批准。于是铁路部门上报了第一个中长期铁路网规划，希望在繁忙通道上修一些客运专线来解决客货分线问题。

最后这些客运专线按照速度来说基本修成了高铁。现在既有铁路时速绝大多数都在200公里以下，只有时速200公里以上的我们才能叫高铁，时速超过400公里，我们叫超高速铁路。实际上，对高铁，我们到现在为止没有一个特别严格的定义。世界各国大概沿用1996年国际铁路联盟给的定义，就是新建铁路如果列车运行时速达到250公里及以上，可以称为高铁。既有线路通过提速改造并且时速达到200公里及以上，也可以称为高铁。

2008年8月1日迎接奥运会的时候，京津城际高铁诞生，这是中国第一条新建高铁。如果按照这个定义，我们国家第六次大提速的时候，很多线路通过提速、改造行驶速度也达到了200公里/小时，其实那个时候就已经有了我们国家的高铁。大家现在坐的动车组列车，其实是第六次大提速时诞生的。

中国铁路还处在大建设阶段

其实铁路系统刚开始基本都是修单线，运输能力不足就变双线，后来发现客货列车在一起跑吃能力，又变成了客货分线，再后来，发现即便把旅客列车放在一起仍有速差，有的长距离旅客希望不停站，有的短距离旅客希望站站停，又按速差分线，然后慢慢形成我们今天这么庞大的一个铁路系统。对比发达国家，其实我们的铁路系统还有很大差距。

在 2008 年第一条新建高铁诞生之前，中国铁路跟世界各国的比较，中国其实人均拥有铁路的长度，也就一根香烟头长，差距非常大。意识到这个问题之后，我们开始三步并作两步走，在一些通道上，我们不仅修高铁，还修城际铁路。单线变复线实现双向分工，然后实现客货分线，再实现速差分线，当然在速差分线上我们还差得比较远，客货分线实际上也没有实现。为什么呢？因为既有线路的客运需求仍然非常大。像京沪这样中国最繁忙的通道，有了一条既有线，还有一条高速线，两端还有两条城际铁路，服务于不同的客流对象，既有线大概三四十公里一个站，主要服务于沿线县级城市交通，京沪高铁平均五六十公里一个站，主要服务于地级市及以上人们之间的快速交流。现在沪宁地区基本看不到城乡差异，交通起到了基础性支撑作用。

美国一些人也想修高铁，可是修不起来。我们能够集中力量办大事，一方面我们能筹到钱，另一方面我们还有中国特色的铁路人才培养体系，有 11 所原铁道部部属院校，一直在系统地培养铁路人才。

另外，美国这些年太依赖于航空和公路，这两个都是采用不可再生能源的交通系统，这些年美国城市轨道交通也不发达。我们国家高铁之所以成功，因为我们国家同时也在修大量的城市轨道交通系统，正好为高铁提供大容量的集散服务。美国人就很担心，修完高铁之后还要开汽车把人运到各个镇上去，这也是我们高铁成功的重要原因之一。

2003 年：铁路发展转折点

第二，中国高铁成长的故事。从 1978 年到 2003 年，中国第一个中长期铁路网规划出台之前，我们的铁路发展实际上受到了很大抑制，在这 20 多年里，公路以及航空发展很快。铁路这 20 多年里就修了一点点。为什么呢？就是我们的综合交通政策有一些问题，有些人认为铁路是夕阳产业，现在不用发展，等这两个交通系统起来之后慢慢就退化了。这 20 多年里，平均每年修建 1000 公里铁路都不到，铁路获得的投资非常少。到了 2003 年，才发现中国这么大国家，这么多人口，特别是处于社会主义初级阶段，还有大量的原材料、大宗货物要运输，不发展铁路，铁路成为阻碍国家发展的重大瓶颈了，这时候才开始琢磨着要大力发展铁路，于是中国第一个中长期铁路网发展规划出台。

在"十一五"期间，木材的 85%、煤炭的 60%、原油的 85%、钢铁的 80% 都是铁路运输完成的。铁路部门没有办法，只能够利用特别少的一点点投资做了六次大提速，把我们的能力提到极限。2004 年 1 月，终于正式通过铁路网中长期发展规划，"开启了高速铁路的新时代"。

在这个规划里，开始出现"四纵四横"的高铁规划，贯穿东北、连通北京的哈大、京沈，这是第一条纵线；京沪是第二条纵线；京广是第三条纵线；还有一条完全新建的沿海铁路，是第四条纵线。这"四横"是完全沿着京广线所经过的省会城市修的。横着的第一条是从青岛到太原，叫青太线；第二条经过郑州，从徐州到兰州，叫徐兰线；再往下，穿过武汉一直到四川，我们把它叫做沪汉蓉通道；还有一条，从上海一直到长沙，我们叫沪昆通道。考虑到城际铁路发展，又规划了三个城际圈的铁路系统，这是 2003 年的规划。没想到京津城际铁路诞生，特别是提速之后，大家看到铁路对促进社会经济发展的巨大作用，各地纷纷要求修高铁，所以不得不在 2008 年对高铁规划做了一个调整，例如把沪昆线延长到昆明，北边又修了一条京沈通道，还规划修更多的城际铁路系统。高铁几乎成为我们生活的一部分了。

现在全国有 1.6 万公里的高铁线路，已经超过世界上其他国家高铁总里程。在中国高铁诞生之前，日本新干线也就 2000 多公里。法国的 TGV 列车特别有名，高铁也就一千五六百公里，德国更少一些。所以只有中国现在形成了全世界最庞大的高速铁路网。

高铁是非常庞大的系统工程

第三，走进高铁。高铁实际上是一个非常庞大的系统工程，它不仅有快速的列车，还有现代化的车站，还有基础设施等，以及保证列车运行速度、质量的"四电"工程，通信、列控、供电等系统，都要做得非常严密整合，让它的时速能达到 250 公里及以上或者 350 公里及以上。中国主要有两套这样的系统，这样才能把高铁系统建起来。比如动车组技术，车体完全是流线型的，动力系统、网络控制系统都很复杂。

高铁车站跟我们旧的车站完全不同，就跟坐飞机一样，实际上高铁车站也有一系列先进技术。法国的高速站跟我们有很多不一样之处，通过技术改造把铁路既有线（包括市郊铁路）等很多交通线路集中在一个站，老百姓坐车非常方便。但是中国修了大量的全新车站，而且很多车站都是上进下出这样的结构，上层出发，下层到达，给我们的运输组织带来很多新挑战，为什么呢？从这个站台到那个站台，得先走出去，再坐电梯转回来，我们的运输组织就要做很多改进，让大家快速地中转。

我们的高铁车站和国外相比，距离市中心远，但是还有那么多人去坐，因为我们的城市轨道配套比较完善，但是也有一些车站城市轨道没跟上，客流就一直上不去，比如徐州东、济南西。我们的高铁线路和既有铁路到底是什么关系？高铁开通到现在，只占路网的12.5%，两个系统是连通的，连通的最大好处是方便。法国只有 4% 的高铁，但是它的 TGV 列车可以在全国大概 18% 的路网上跑，一些城市尽管没有高铁，大家也享受到了高铁列车服务。另外，高铁在中国只开客车，实际上高铁只是一个速度上的定义，高铁一样可以开货车，而且世界上很多国家的高铁，特别是客运不是特繁忙的线路，基本都是客货混跑的。当然，这种货车不是我们的重载货车，是那种轻质货车，也一样很好地保证了高铁效益，同时满足了社会经济发展对快速货运的需求。

高铁也不是万能的，也有技术经济范围，无论日本也好，法国也好，都属于中长距离。在日本，400～1000公里高铁能够占到市场50%以上，800公里左右几乎都是高铁的市场，再短一点的距离和长一点的距离分别就跟公路和航空竞争。中国应该比它们更长一些，一是中国高铁速度快，短时间跑的距离远；二是我们的时间价值现在还低一些，能够承受时间长一点。原来设想北京到广州应该没有多少人坐高铁，但是开通之后这票也不好买，坐的人不少，可能1500公里都是我们的优势技术经济范围。

客观看待高铁运价与运量

第四，下面晒一晒中国高铁成绩单。首先看我们的经济效益。高铁刚开通时，很多人抱怨，说高铁很贵。我们现在比较一下各种票价，有250公里/小时、350公里/小时两种高铁，主要分一等座、二等座，如果按G字头350公里/小时这样的线路，每人公里一等座7毛多，二等座4毛多，D字头250公里/小时这样的线路，一等座4毛多，二等座才3毛多钱，如果按绝对值跟日本高铁和法国高铁比，我们要便宜得多。有美国人就感慨，你们的高铁怎么那么便宜？

高铁票价跟航空相比，假设航空是1，高铁G字头列车按照二等座和一等座算，二等座票价大概相当于航空票价的4折，一等座票价相当于航空票价7折。航空当然可以打折，可能也4折、5折，但不是总能买得到折扣票。我国高铁现在还没有实行灵活票价，大概是航空的4折或7折，相比其他国家，我们要便宜。

我们现在的运量到底在什么水平？法国最繁忙的线路，巴黎到里昂425公里，它的高铁80年代开通，大概增长了五六年，现在的运输量维持在年均2000万人；西班牙马德里到塞维利亚470多公里，也增长了五六年，现在的运输量年均维持在600多万人；日本的东海道与山洋新干线，两条线如果加起来，它的运量应该是2亿多人，我们现在还远远没有达到这样的水平。日本的这条高铁从 1964 年开通，一直快速增长了 10 年，维持比较平衡的水平有一段时间，然后又开始增长。中国新修的高铁，从 2008 年到现在，也就 7 年时间，看一下京津城际铁路，才 120 公里，2013 年运量达 2500 多万人；沪宁线 300 公里，2013 年就达 8000 多万人，现在突破 1 亿人了；京沪线直逼 1 亿人，6 月 30 日京沪线才满 3 岁。也就是说，我们客流的增长还远远没有结束，跟这些国家相比，我们的运量一点都不低，铁路运行得非常好。

高铁促进综合运输系统完善

对于高铁，大家最关心的就是两个问题，即到底赚钱不赚钱、到底安全不安全。因为它投资回收期非常长，从日本、德国、法国的情况来看，日本东海道新干线大概 8 年收回成本，现在东海道新干线占日本东海铁路公司里程 1/4，但它的收入占了 85%。高铁不仅带来客运收入，它还带动房地产出租、商业等大量收入，比如东日本公司，新干线收入才占 21%，但是它的商业和不动产收入占 24%。

从社会效益来看，有了高铁之后，我们的时间价值节省非常可观，以京沪高铁为例，2013 年发送了 8000 多万人，仅仅这一条线时间价值的节省就是 114 亿元。2017 年，我们要经过深圳到香港，8～10 个小时就可以通达了。另外，很多地方新开的线路，比如厦门到深圳，原先需要 11 个小时，现在压缩到 3 个半小时。贵州地区、广西地区的旅游业 2015 年出奇地火爆，高铁开通做了非常大的贡献，根本就买不着票。桂林山水甲天下，到 2017 年，如果从香港一直开到广西，带动东南亚来的游客，那就成片了，非常可观。

高铁和航空相比，在中长距离具有技术经济优势，具有一定竞争力，而且航空在高铁的配合下，其实也得到了长足发展。比如巴黎到里昂高铁开通之后，巴黎到里昂这条航线的客流下降了，但巴黎到马赛、巴黎到日内瓦、巴黎到尼斯这样长距离的航空客流全都增加了，为什么呢？因为高铁成了航空的集散方式了，最典型的沪宁线也是这样。我问了一下，东航客流量没有下降，反倒上升，为什么？因为以前北京到常州、无锡，一天就几个航班，可是现在坐着高铁半个到1个小时就到上海虹桥了，坐着飞机到世界各地去太方便了。苏州、无锡、常州的这些人坐飞机，出国、国内旅行更加蓬勃发展，所以相互之间有一个促进作用，也带动综合运输体系的完善。

有非常庞大、非常成体系的安全系统

第五，高铁安全。下面我们来看看高铁的安全是怎么保障的。

首先，我们在开通之前要做非常系统的运营前安全试验评估；其次，有两大项工作每天都得做，保证设备每天有安全检测监控，每天运营结束之后，还要做大量的基础设施综合检测维修，要做移动设备综合检测维修，最后才能保证高铁的安全。

通过这些年的经验积累，我们自创了一套从材料实验到零部件实验到系统实验到整车实验到整个高铁系统实验到整个高铁系统联调联试这样的安全保障体系，我们有非常庞大、非常成体系的安全系统。比如第一条京津城际线路开通之前，六大系统共15大类200多项实验，合计2000多项测试内容，要经历180多天，需要半年时间，累计空车走4000多万公里才能投入运行，非常烦琐，这是安全保障的一个过程。

中国高铁也是全世界运营条件最复杂的，有哈大高寒铁路，有世界上风沙最大的兰新高铁（铁路），也有地质条件最复杂的沿海铁路，还有海南岛环岛高温铁路，还有气候条件变化非常大的京广铁路，从北边零下20多度到南边零上40度，对我们的材料、车辆都是非常大的考验。这样，我们对沿线的雨、雪、风等都有检测报警系统，如果出现危险会预警，提醒司机和调度人员，到了一定安全范围之后要限速，如遇到台风、地震这样的异常天气，那就要停运。

动车组列车每天晚上不跑车，干什么呢？检修维护。一般每两天

413

最少检修一次，每运行 4000 公里或者 5000 公里必须检修一次，包括空调在内的设施设备都要完整检查一次才能够再投入运营。有人会问，京广线不是开卧铺动车组列车了吗，晚上不修啦？晚上还修，但是我们把天窗时间稍微调了调，从晚上 12 点到凌晨 6 点，我们分段停车维修，错出一点时间让卧铺动车组列车过去，正因为错出来的时间比较短，卧铺动车组列车开得少，有时也买不到票。有人问，为什么不多开几趟？因为晚上要维修。如果发现零部件有问题，就马上换上一个新零件，因为效率必须高，如果停的时间太长，这个动车组的效率就会比较低。动车组大概有三种编组，一般短编组 8 辆，长编组 16 辆，还有 8 + 8，随着需求的增长，可能出现新的编组。

潜在的高铁需求非常大

第六，对中国高铁简短的展望。从广州到长沙一天六七十辆列车，怎么还买不到票呢？现在出行需求还远远没有满足。对比来看，日本人均每年坐 70 多次火车，到现在为止，2012 年中国人坐火车出行次数是人均 1.4 次，2014 年才完成 23.5 亿人次运送，人均出行次数达到 1.7 次。人们的出行跟两大因素有特别大的关系，一是人口，二是收入水平。

按人均 GDP 来说，中国人均出行 4 次没有问题，到 2020 年，预计我国人口是 14.5 亿，可能有近 60 亿人次的出行需求。按照铁路网规划，我们 2014 年里程为 11.2 万公里，到 2020 年规划是 12.9 万公里，靠在修的 2 万公里铁路，我们能满足其余 40 亿人的运输需求吗？绝对不可能，我们潜在的需求非常大，根本难以满足老百姓出行的需要。中国高铁通车里程为 1.6 万公里，居全世界第一，可是在路网中也只占 12.5%，那剩下大量的既有铁路，不仅要运人，还要运货，需求摆在那里，极难满足，这是事实。

截止到 2014 年底，综合交通运输系统是什么情况？公路总里程为 400 多万公里，高速公路通行里程为 11.19 万公里，居世界第一位。高速公路的建设费用跟高铁差不多，1 公里也是一两个亿，山区的高铁可能会贵一些，香港高铁当然贵一点，剩下的高铁跟高速公路差不多，11.19 万公里按 1 亿 1 公里算也用掉了约 11 万亿人民币。我们的民航机场有 200 多个，总的通航里程、运输总量已经全世界第二了，当然跟美国还有一定差距。我们的水运、港口生产及吞吐能力也是全世界第一。在国家提出新型城镇化建设的时候，里面还有一句话，就是提出交通运输在发挥好新型城镇化发展的先行作用的同时，要发挥好新型城镇化发展的引领作用，因为中国交通运输里程虽然数一数二，但是结构不太合理，也就是公益性的运输比重偏低，大容量的公共交通还比较缺乏。

下一步发展城际铁路系统

德国有 8200 万人口，铁路覆盖 7000 多个城镇，每天开行列车 3 万列。中国有 13 亿多人，现在有 5000 多个车站，每天开行列车 5000 多列。当然，我们的列车比它们的长，拉得多，但我们的服务频率与它们比差得远，5000 列列车服务 13 亿多人口，火车不挤才怪呢。

再来看一下结构。在这 3 万列列车中，真正的长途列车大概是 1500 列，28000 多列是短途列车、市郊列车，也就是服务于区域经济发展带来的城市群、城市带人口出行的需要，这部分铁路我们非常欠缺。

日本也是这种情况。东京都市圈通行通学列车，大概 1 小时之内、50 公里之内的出行占总运量的 40%，短途运输带来庞大需求。我们国家出行距离 500 公里以下的旅客占 60%，如果用 300 公里/小时速度的高铁来运，也就是大约一个半小时，这正是我们的优势距离范围，但是很多人买不到短途票，还是开汽车跑。现在我们只能够先满足中长途出行需求。国家在 2008 年规划了十几个城际系统，珠三角地区规划了 700 多公里的市域铁路，一部分短途客流要靠城际铁路系统来发送。

下一步，"四纵四横"主要干线基本修通了，就应该进入城市群城际铁路大建设时代，一个星期坐十来回火车不为怪，这是大趋势。最后，大家都在提"一带一路"是中国适应经济新常态很重要的引擎，那么"一带一路"最主要的基础设施还是铁路，高铁会占大的比例，包括我们往东南亚、经过欧洲的这些线路，现在都在紧张的谈判过程之中。所以，高铁应该还有非常美好的明天。

我就给大家介绍这么多，谢谢大家。

近海环境与市民生活

石晓勇

石晓勇

教授、博士生导师，国家海洋局海洋减灾中心风险管理部主任。长期从事海洋化学及海洋环境科学领域的教学和科研工作，侧重于近海环境污染和富营养化、有害藻华（赤潮、绿潮等）生消机制、近海主要污染物海洋环境容量、海洋环境灾害（赤潮、绿潮、溢油和危险化学品泄漏等）防控减灾策略等方向。先后主持和参加国家级重大、重点科研项目30余项，在国内外学术刊物发表科研论文150余篇。

海洋的基本状况

全球海洋面积大约占地球表面总面积的70.8%。而且，它的水量占到全球水量的97.5%。海洋面积大约有3.6亿平方公里，其中

417

有国家或地区管辖的将近 30%，约 1.1 亿平方公里，其余的都是公海。在公海上大家都会从事各种各样的活动，中国现在也开始走向深蓝。

先给大家介绍一个概念——海洋。我们所说的海洋，其实绝大多数是洋，不是海。洋是海洋的主体，主要指远离大陆的部分，深度大，面积广，而且不会受到大陆影响，它的各种性质，包括洋流系统、理化性质都是非常稳定的。可以说，很多年变化非常小。

海位于大洋的边缘，靠近大陆，或者是被大陆、岛屿所分割的一些小水域。对于整个海洋来说，海是非常小的水域，一般我们称之为海，有些称为海湾，有些称为海峡。海的确切定义是：靠近大陆，深度比较浅（大约 2 千米），面积小，它一方面受陆地的影响，另一方面受洋的影响。所以，海的理化性质相对来说不太稳定，潮汐现象比较明显。海一般包括陆间海、内陆海和边缘海等，这些在这里就不再详细介绍了。

中国是海洋大国

中国是海洋大国，怎么理解呢？我国的国土面积是 960 万平方公里，管辖海域面积大约 300 万平方公里。我国的海岸线长度为 32000 公里，其中，大陆岸线 18000 公里，岛屿岸线 14000 公里。我国有 7300 多个岛屿，包括有人岛和无人岛。另外，在大西洋的国际海底区域，我们还有 7.5 万平方公里的海底矿区，根据国际公约，中国拥有开采权。中国的海洋，为我国经济社会发展提供了重要支撑，能长期提供 60% 左右的水产品、20% 以上的石油和天然气、70% 的原盐、足够多的金属和丰富的水资源，当然包括我们日常吃的盐。

下面简单介绍一下国际海洋法制度下各海洋区域的划分。大家都听说过领海，什么是领海？就是我国拥有主权的那些海域。从领海基线往外推 12 海里，这是我国的领海，就是我们的海洋国土，谁敢闯进来，我们有权力打跑它。再往外 12 海里，是毗连区，这是一个过渡带。从领海基线往外推 200 海里以内的海域，叫专属经济区，海底下有什么矿产，我们可以开采。

海洋是生命的摇篮、风雨的故乡、资源的宝库

海洋是生命的摇篮。海洋是非常复杂的巨型生态系统。生命起源于海洋，这是大家公认的。地球上超过 90% 的生命形式来自海洋，而且动植物资源非常丰富，有非常丰富的营养物质和适宜的水文物理状况。

中国近海生态系统有 25000 多种。从专业角度来讲，拥有河口、海湾、海岛，以及盐沼、滩涂、泻湖、海草床、红树林、珊瑚礁等众多类型的海洋生态系统以及上升流生态系统。从海洋角度来说，这些都是非常独特的生态系统。对于整个海洋环境来说，这些生态系统具有不可替代的作用。如果这些生态系统遭到破坏或者毁灭，那么近海的海洋环境就有可能会遭到毁灭性的打击。

海洋是风雨的故乡，说可以呼风唤雨也不为过。海洋最大的贡献在于它为陆地、海岛，以及各种湿地（包括盐沼、滩涂、泻湖、红树林、珊瑚礁等）等全球生态系统提供淡水。在太阳的照射下，水会蒸发到大气中，在大气动力的作用下，会凝结成云，漂移到陆地上形成降雨，当然海洋也会降雨。相当一部分云漂移到陆地上形成降雨后，一部分留在地表，一部分渗入地下，就是我们常说的地下水，留在地表的雨水形成江河湖泊。地表水最后通过江河流入大海，地下水最后也会进入大海。这样就构成了全球的水循环。陆地上当然也有水蒸发到大气，但是和海洋比起来，蒸发量相对较少。所以说，陆地上所需要的淡水，绝大多数都是由海洋提供的。

从全球水量来看，全球海水（咸水）占了 97.5%，淡水仅占 2.5%。在这 2.5% 的淡水中，江河湖泊的水实际上只占了全部淡水的 0.3%。其余在哪里？大概 30% 多是地下水，剩下将近 70% 在地球两极的冰川中贮存，两极的水蕴含能量非常多。为什么人们关注海平

面上升？如果全球变暖，两极冰川融化，它所产生的水量非常大，海平面上升会非常明显，有些海拔低的地方，如一些小岛，有可能被淹没。

海洋在调节全球气候方面起着重要作用，是全球气候系统的重要组成部分。据统计，占全球面积大约 2/3 的海洋，吸收了大约 93% 的温室气体。二氧化碳是大气中的主要温室气体，大气中二氧化碳的增多会造成温室效应。海洋怎么吸收温室气体呢？人类活动排放的二氧化碳，进入海洋后，会与水结合形成碳酸。在水体中，碳酸会进一步解离，变成碳酸根、碳酸氢根。就是说，二氧化碳进入海洋，会以碳酸根和碳酸氢根的形式存在，这就是海洋各类植物所需要的碳源，植物会通过光合作用将其合成有机碳，参与海洋食物链的循环，部分海产品会上我们的餐桌。

有一点需要关注。自从工业革命以来，大气的二氧化碳含量翻了好几番。那么，海洋吸收二氧化碳，吸收得足够多了会怎样？近年来，科学界提出了一个观点：海洋酸化，就是海水 pH 值在降低。正常海水的 pH 值都是弱碱性的，近岸海水是 8.1 左右，大洋水是 8.4 左右。海洋大量吸收二氧化碳，会使水体出现酸化的趋势。比如，1900 年近岸海水 pH 值大概是 8.2，到了 2000 年，近岸海水 pH 值降低到 8.1 左右，到 2100 年之后，近岸海水 pH 值有可能会降低到 7.8 左右。目前，海水 pH 值总体有个缓慢持续下降的趋势，海洋酸化对海洋生物、食物链和生态系统将造成多种有害影响。研究表明，海洋吸收二氧化碳的能力在缓慢地减弱。这方面的问题也引起了国际科学界的关注，进而产生了很多大的国际科学研究项目，如全球碳循环、全球气候变化等。

海洋是资源的宝库。最显著的就是海洋渔业，包括捕捞业和养殖业。中国的海水养殖量非常大，目前我国海水养殖产量大于海洋捕捞量。虽然中国远洋捕捞总体来说不算太发达，但是中国近海养殖业特别发达，除了各种鱼类养殖之外，还有各种虾蟹类、贝类，以及紫菜、海带等植物产品。除了水产品外，海洋还有很多其他宝贵的资源，包括海洋矿产，如盐、深海的锰结核、钴结壳，以及海底石油、天然气水合物（也称可燃冰）等；还有海洋能源，如波浪能、潮汐能等，可以用来发电；海洋有大量的水资源，可以利用海水淡化补充沿海区域淡水的不足；海洋还具有大量的空间资源，人类可利用空间资源开展海运、海岸工程、海洋工程等活动，如有些沿海城市填海建造了海上机场。

沿海区域是人口聚焦区。海洋有这么多好处，导致全球范围内的人口趋向于到沿海区域活动。目前，全世界约80%的人口居住在离海岸200公里的范围内，在全球大城市当中，3/4都位于海边，特别是前10位的大城市，有9个是海滨城市。我国也存在类似的现象。

人口聚焦区往往也是经济发达区。中国的海洋经济这些年发展得非常迅速，海洋经济已经成为我国经济结构中的重要组成部分，1996年的海洋总产值是0.3万亿元，到了2014年增长了近20倍，达到6万亿元。另外，海洋经济产值占国内生产总值的比例也由80年代的约0.7%上升到现在的10%。"十五"以来，我国海洋生产总值年平均增长速度是14.7%，高于国内生产总值增长速度。

虽然速度很快，但也存在较多的问题。我国沿海经济开发模式尚未根本转型，沿海产业发展仍以第二产业的存量扩张和惯性发展为主。最大的问题是什么？可以总结成"两同、两多、两少"。什么是"两同"？就是产业园区建设雷同，产业结构也雷同。"两多"是指传统产业多和高能耗产业多。"两少"则是说新兴产业少、低碳型产业少。这个问题在短期内难有较大程度改善。

近海海洋环境问题

海洋经济迅速发展，海洋资源开发力度不断加大，加上管理制度不严格、生产方式不文明、风险防范措施缺失等各种对环境问题的不重视，已经造成了对海洋生态和环境的损害和污染，产生了非常大的危害。

近海海洋环境的问题非常多，最主要就是人类活动所导致。人类活动产生的所有污水最终几乎都进入了河流，逐渐汇入海洋。近海海域的污染实际上已经到了灾难性的程度。请注意，这不仅是中国的问题，世界上有相当一部分国家干脆直接把海洋当做污水排放场。

污染对近海海洋环境造成了巨大破坏，不仅近海的海洋生态系统遭到破坏，景观受到影响，还涉及我们人类的餐桌。近海的污染物主要来自两类：一类称为营养物质（或称营养盐），实际上海洋是需要营养盐的，但营养盐过多了就变成了污染；另一类就是有毒物质，有毒物质当然是越少越好。从现在的情况看，我国近岸海域总体环境质量呈现下降趋势，部分海域已经下降到了临界点，到了不改不行的地步了。比如说渤海，如果不控制污染，再过十几年就会彻底变成"死海"。因为渤海是个内海，水交换相对较弱，就是现在不再排入污染物，单靠水交换把它恢复到正常情况，也需要 200 年以上。所以，国家对渤海的环境治理特别重视，前几年就明确了针对渤海开展治理行动。再有，我国的四大渔场，从北往南分别是黄渤海渔场、舟山渔场、南海沿岸渔场、北部湾渔场，现在几乎名存实亡，例如最大的舟山渔场现在基本上没有多少渔业产量了。海洋环境问题归根结底受害的还是人类自己，是位于食物链最顶端的人。绝大多数污染物质，会通过食物链一级级地积累，最后到人类身体里时，浓度已经比海水中的浓度高了几万倍不止。

下面介绍几种我国近海主要的环境污染物。第一类称为无机氮，实际上是营养盐的一种。海洋中的各种植物的氮源主要是无机氮，当然有机氮也有吸收，但还是以吸收无机氮为主。无机氮用 DIN 表示，分三种：第一种以硝酸根离子形式存在，称为硝酸盐；第二种以氨离子存在，称为氨盐或氨氮；第三种以亚硝酸根离子形式存在，称为亚硝酸盐。亚硝酸盐在海洋中含量非常低，是硝酸盐和氨氮之间过渡的一个转换形态，浓度比其他两种低大约一至两个数量级。

第二类污染物称为活性磷酸盐，也是营养盐的一种，类似大家常说的磷肥，浓度高了也是污染物质。注意，营养盐还有一种，就是硅酸盐，由于硅是地球本身含量最多的元素之一，海洋中自然浓度也高，人类活动产生的污染物中的硅酸盐含量相对较少，所以硅酸盐没有被划归为污染物质。

中国近海污染比较严重，除上面提到的无机氮和活性磷酸盐外，还有石油类，它不是指漂在水面上的油膜，而是指溶在水里的石油类，也称石油烃。虽然油的溶解度非常低，但水里会溶解一些，这些石油类污染物对生态系统的影响也非常大。

另外，还有重金属污染物，主要是铜、铅、锌、铬、镉、汞、砷等。目前，我国近海的重金属污染不算太严重，只有个别的海域水体稍微有一点超标，在沉积物中重金属污染稍微严重一点。

还有一个参数，称为化学需氧量，或者化学耗氧量，以 COD 表示。它不是直接的污染物，它只是一个表征水体污染程度的相对量的指标。当然，淡水也有 COD，概念与海水 COD 一致，但测定方法有区别。海水中的有机物质分解需要消耗水体中溶解的氧，有机污染越重，耗氧就越多。COD 就是用来表示海水有机物污染程度的指标。

对于海水营养物质污染程度的总体评价，可用富营养化指数来描述。描述富营养化程度的方法有多种，有非常简单的公式，也有复杂的公式。目前用得比较广泛的是用 COD、无机氮浓度和活性磷酸盐浓度的乘积除以 4500，再乘以 10 的 6 次方这一公式来计算。计算出的富营养化指数如果大于 1，说明这个海域呈富营养化状态；如果小于 1，说明未达到富营养化状态。富营养化状态还可以进一步划分，富营养化指数在 1 到 3 之间，是轻度富营养化；3 到 9 之间，是中度富营养化；9 以上，是重度富营养化。中国近海呈重度富营养化的海域并不少见。

描述海洋环境的质量，还可以用海水水质标准和海洋沉积物质量标准来描述，这都是国家标准。海水水质标准是针对海水的各个监测指标，将海水水质分成四类，即给出了四个标准值。例如，如果海水中活性磷酸盐浓度低于一类标准值，那就说该海域的海水符合一类海水水质标准；如果高于一类标准值，低于二类标准值，那就是符合二类水质标准；如果超过了三类标准值，低于四类标准值，则该海域就是四类水质海域；如果超过了四类水质标准值，则称为劣四类水质。海洋沉积物质量标准使用方法与水质标准类似。

下面介绍一下目前中国近海环境存在的主要问题。

问题一：陆源污染居高不下，海水水质持续恶化。近海环境问题主要是由陆源排放引起的污染和由此导致的一系列问题。陆地上由于人类活动产生的各种污水，最终会通过排污口、河流等排入近海。另外，陆地上的各种垃圾也会顺河流入海。再就是人群活动产生的固体污染物，如我国从南到北海水浴场或者海滨公园，每天清洁工会清理很多垃圾，主要是瓶子、各种塑料袋等。近年来，已经有不少关于海豹、海豚等哺乳动物吃这些塑料垃圾导致死亡的报道。

整体看，近海海域的污染，80%来自陆源排污。2006~2014年陆源入海物总量整体上呈上升趋势，大约以年均5%的速度上升。仅2014年，陆源排放的污染物总量大概是1760万吨，化学需氧量（COD）入海总量约1453万吨，营养盐入海量约300万吨，导致近岸海域污染持续加重。

海洋在支撑沿海地区经济社会快速发展的同时，也付出了较大的资源环境代价，目前海洋生态环境持续恶化的趋势并没有得到有效遏制。2003~2009年，劣四类海域面积基本上在2.5万~3万平方公里，2010年开始猛增，2012年更是高达6.8万平方公里。近两年虽然有所减少，但基本上仍维持在4万平方公里以上。主要污染物质仍然是无机氮、活性磷酸盐以及石油类。

另外，近年来中国近海环境中除上述污染物外，还部分检测出持久性有机污染物（POPs），该类污染物浓度如果超标，有致癌、致突变的可能，对人类健康影响比较严重。一些有机农药，如几十年前普遍使用的DDT，在环境中几十年、上百年还不能完全降解。我们在内陆使用农药，残余部分会渗入地下水或进入河流，最终进入海洋，好在现在已经限制使用难降解农药，海水中的浓度也比较低。

海洋污染可能会造成多种疾病。这里举一个例子，是和海洋污染最直接相关的一个。1953年，日本熊本县水俣镇发生一种奇怪的病，患者手足协调失常、步行困难，存在运动障碍、听力和语言功能障碍，而且视野缩小，有些人甚至神经错乱、痉挛，发病三个月后大概有一半人死亡，情况非常严重。当时不知道这是什么病，因为发生在水俣镇，就把它称为水俣病。后来弄明白这是有机汞中毒引起的。当地工厂把有机汞废水直接排到了海里，有机汞在生物体内富集，日本人爱吃鱼和其他水产品，当时居民吃了有机汞污染的鱼类、贝类等水产品，有机汞侵入脑神经细胞引起这种综合性疾病。水俣病震惊了世界，该污染事件被列为世界上最典型的海洋污染事件之一。另外，日本还有一种和水俣病类似的由环境污染导致的疾病，叫骨痛病，是由镉污染引起的，但由于不是直接由海洋污染造成的，在此就不做介绍了。

问题二：近海生态系统破坏和退化严重。主要陆源污染物进入海洋后，在近岸海域会发生分解、沉积、转化等一系列的化学、生物和物理变化，直接构成了对近海生态系统的持续破坏和长期威胁。近海的过度开发利用也会对生态系统造成很大影响。

监测数据表明，2004～2012年，我国24个典型的海洋生态系统监控区中，有70%以上处于不健康或亚健康状态；2012～2014年，连续三年，我国典型海洋生态系统监控区中，约80%以上处于不健康或者亚健康状态。珠江口、大亚湾等和深圳临近的区域，都处于亚健康状态。

受近海开发活动影响，与20世纪50年代和60年代相比，我国的滨海湿地面积丧失了57%，红树林面积减少了73%，珊瑚礁面积减少了80%。另外，围填海等原因导致中国近20%的海湾面积萎缩，自然生态环境恶化，对污染物自净的能力削弱，受风暴潮灾害影响的范围扩大。

河口和近岸存在一些常年被海水淹没的、水深很浅的区域，这就是湿地。湿地的作用非常大，被誉为"地球之肾"。肾是干什么用的？大家都知道是排毒的。湿地的环境功能强大，环境效益巨大，在世界公认的世界自然保护大纲中，湿地与森林和海洋并称为全球的三大生态系统。

湿地有助于抵御海浪、风暴潮等自然灾害，它会消除灾害的相当大一部分能量，对海岸、海堤提供有力的保护。另外，如果陆源污染物排放经过湿地，相当多的污染物，包括营养物质和有毒物质都会被转化和净化。湿地对周边环境的气候具有非常好的调节作用，使当地气候更加宜人。再者，湿地还是野生动物的栖息、繁殖、越冬场所，包括很多濒危、珍稀动物。如果湿地被破坏了，很多珍稀、濒危动物的迁徙、越冬场所没有了，就有绝迹的可能。另外，很多湿地公园风景非常漂亮，具有旅游观赏价值。湿地还有科研、教育价值等。

珊瑚礁从广义上来说也属于湿地的一类，可称为珊瑚礁湿地。它是一个非常特殊的生态系统，生物的多样性可以说是海洋中最丰富的，很多人把它称为"海洋中的热带雨林"，或者"蓝色沙漠中的绿洲"，在生态系统发展中，它到了一个上限。

珊瑚礁的作用也是非常巨大的。它是海水的过滤器，珊瑚虫吃大量的浮游植物、浮游动物，还有一些原生动物等，大大降低了赤潮类生态灾害发生的可能性。和湿地一样，珊瑚礁也具有丰富的海洋生态系统，可以维持海洋生物多样性，它有抗风浪、保护海岸线的作用，可以吸收70%~90%的风浪冲击力。而且，珊瑚礁还具有自我修复的功能，如果被风浪冲坏了，还会生长补充，死亡的珊瑚会在海浪作用下变成细沙，补充沙滩的细沙。

珊瑚礁区域的渔业资源非常丰富，可以提供珍贵鱼类的食物和繁殖场所。虽然我国珊瑚礁区域的渔业产量并不算太高，但在东南亚国家，特别是马来西亚，大概30%以上的渔业产品是在珊瑚礁区域获得的。另外，珊瑚礁形成的礁岩区，是高产油气的天然储存场所，目前世界上已经数次在珊瑚礁区域发现高产油气田，以及多种矿产资源。另外，珊瑚礁还具有旅游观光价值和医学价值，还是船舶的天然避风港。珊瑚礁的观赏价值很高，导致人为开采严重，再加上海洋污染及海水温度升高使得珊瑚的共生藻数量减少，导致珊瑚礁发生白化现象。调查数据显示，与 20 世纪 50 年代相比，我国珊瑚礁面积已经丧失了 80%！

红树林，有"海上森林""海底森林""海岸卫士""海水淡化器"等多个称呼。它是海岸湿地生态系统中唯一的木本植物，在防风护堤、调节气候方面作用巨大，对维护和改善海湾、河口地区的生态环境具有不可替代的作用。它在我国南方沿海广有分布，包括深圳沿海。但由于人类在沿海的开发活动和气候变化等原因，我国沿海红树林面积逐渐减少，调查数据显示，与 20 世纪 50 年代相比，我国红树林面积已经减少了 73%。

沿海地区的围填海开发活动规模不断扩大，导致自然岸线和滨海湿地严重丧失，重要海洋生态环境和栖息地大规模退化。到目前为止，我国的自然岸线保有率仅有 37.6%，个别省份几乎处于趋零态势。什么叫趋零？就是几乎没有自然岸线了，人工岸线比例已经趋于 100% 了。调查数据显示，江苏、上海、天津的岸线人工化程度高，人工岸线比例分别达到 92.8%、90.2% 和 83.4%；海南省自然岸线比例最高，达 83.6%。因大规模围填海，锦州湾海域面积严重缩减，2007~2011 年，海域面积累计减少约 43%。沿海要发展经济，需要围海造地，或者感觉原来的自然岸线不美观，改造成美观整齐的人工岸线，这在一定程度上就是对资源的过度开发利用，对整个海洋环境和生态系统都会有非常大的影响。

问题三：海洋渔业资源严重衰退。对于资源的过度开发利用也包括过度捕捞，导致我国近海渔业资源严重衰退。中国的渔业资源总量并不丰富，最佳可捕资源量在 300 万吨左右，最大容许可捕资源量在 700 万吨左右。我国虽然近年来采取了很多措施控制，近海捕捞量略有下降，但基本上仍维持在 1200 万吨左右，近乎"涸泽而渔"，几乎将小鱼小虾全捞了上来，直接导致了近海生态结构的退化。

受过度捕捞的影响，加之栖息地破坏、环境污染等原因，我国优质渔业资源数量锐减，大黄鱼、小黄鱼、带鱼等底层和近底层鱼类资源已严重衰退，优质鱼类占总渔获量的比例从 60 年代的 50% 下降到现在的不到30%。低值鱼类比例增加，但是，低值鱼类现在也面临资源量下降的问题。

举个例子，渤海优质渔业资源单位捕获量由1959年的138.8公斤/网·小时，下降到现在的不足10公斤/网·小时。重要经济渔业资源从过去的70多种减少到现在10种左右。像带鱼、野生牙鲆等鱼类几乎已经绝迹。

问题四：海洋环境灾害频发，生态环境风险加大。随着近岸海域富营养化状态日益严重，出现生态灾害频发的趋势，如赤潮、绿潮、水母旺发等生态灾害，近十几年，不仅赤潮发生频率增加、发生面积增大、持续时间增长，而且有毒有害赤潮所占比例也呈上升趋势。另外，随着近岸开发活动的不断增加，石化、钢铁等重化工产业向滨海区域转移聚集，我国近海海域的海洋溢油、危险化学品泄漏风险也日益加剧。

下面简单介绍一下海洋灾害，首先介绍自然灾害。我国的海洋灾害中自然灾害主要有风暴潮，包括热带风暴潮（或称台风风暴潮）和温带风暴潮，以及海浪灾害、海平面上升、海冰、海啸等。关于风暴潮，在南方主要是由热带气旋（台风）引起的台风风暴潮，也叫热带风暴潮，北方则主要是由温带气旋引起的，叫温带风暴潮；再就是海啸，虽然海啸灾害造成的损失非常大，但海啸在中国发生的可能性微乎其微，因为中国的大陆架漫长，极大地消除了其发生的可能性；还有就是海浪灾害，海浪主要是对渔业生产有较大影响；海平面上升也是海洋灾害之一，但目前对中国的影响不算太大；另外一个就是海冰灾害，海冰灾害主要发生在北方。

海洋生态灾害，也可称为海洋环境灾害，主要是指赤潮（包括绿潮和褐潮等）以及水母旺发等灾害。另外，海洋突发环境污染事件，包括海洋溢油、危险化学品泄漏、核泄漏等，由于其会对海洋环境和生态造成影响，也属于海洋生态灾害的范畴。

赤潮就是海水中某些浮游植物、原生动物或细菌等，在一定条件下爆发性增殖，并且高度聚集而引起海水水体变色的一种有害生态现象。赤潮发生时，海水多数情况下是红色的，所以最早把它叫做赤潮。但是要注意的是，赤潮不一定都是红色，因为其肇事种不同，赤潮海域水体会呈现红、黄、绿、褐等颜色，如中缢虫形成的赤潮呈紫褐色，赤潮异弯藻形成的赤潮呈酱褐色，夜光虫形成的赤潮呈砖红色。目前，国际上把赤潮的概念推广为有害藻华，就是 Harmful Algae Blooms，简称 HABs。

赤潮的形成有几个必要条件。一是生物种类，要有合适的生物种。二是海水的富营养化，海水中的氮、磷、硅等营养要丰富。三是水文气象条件好，风不大、流不大、温度又合适。在这些条件下，赤潮就很可能会发生。赤潮大概分为两大类：一类是无毒赤潮，此类赤潮藻本身不含毒素，也不分泌毒素，对海洋生态无毒害作用，但也会有不同程度的危害，如使海洋生物窒息、造成水体缺氧、破坏环境景观等；另一类是有毒赤潮，赤潮生物本身含有毒素或能产生毒素，除上述危害外，还会将鱼、虾、贝类等海洋生物毒死，如果人食用了这些被污染的水产品，会造成中毒或死亡。有毒赤潮会对海洋生态系统、海洋渔业、海洋环境以及人体健康造成较大的危害。

赤潮的爆发，对海水养殖业和旅游业产生的危害比较大。例如，2005 年浙江的一次赤潮造成养殖业 6000 多万元的直接经济损失；2012 年福建沿岸海域的有毒赤潮，造成的直接经济损失高达 20 亿元。

还有近年出现的绿潮和褐潮，广义上也属于赤潮的范畴。特别是这些年在南黄海海域出现的绿潮，已经造成了大量的经济损失和较大的社会影响。由于时间限制，在此不做进一步介绍了。

水母旺发也是一种生态灾害，于 20 世纪 90 年代开始出现，主要在我国东海北部及黄渤海海域。旺发的水母主要为经济价值很低的种类，会造成很多危害。第一，破坏海洋生态平衡。大量消耗海域的浮游动物，也就威胁了鱼类食物供应，改变了食物链。第二，占据了大量的生存空间，影响了经济鱼类的洄游分布。第三，影响渔业生产，对人身造成伤害。第四，导致冷却水系统被堵塞，引起沿海工厂、发电厂、淡化水厂以及核电站停产事故频发，给沿海经济造成巨大损失。

我国海洋油气开发和石油运输规模的扩大，以及石化产业布局的沿海化，对海洋生态环境造成了巨大的威胁，我国海洋环境面临的风险不断加大。近岸每年溢油的大小事件比较多，例如，2006年以来，渤海年均发生10起以上的溢油事件。近年来比较大的两个溢油事故，一个是2011年的渤海蓬莱19-3油田溢油事故，还有一个是2010年的大连"7·16"贮油管道爆炸事故。其中，2011年，康菲公司的19-3油田发生两起溢油事故，导致水体和沉积物受到严重污染，对渤海海洋生态环境造成严重污染损害，造成了巨大的环境、生态和经济损失。

另外，危险化学品泄漏也是需要关注的突发污染事件。这里有两个近年来发生的案例，一个是2012年韩国货轮"雅典娜号"运载了7000吨硫酸，在广东近岸海域沉没，好在没有造成泄漏，危化品被成功打捞回收。另一个就是新加坡集装箱船"巴莱里号"于2012年在江阴附近触礁翻沉，它装载有危险化学品的集装箱也随之沉没，好在我国应急部门反应及时，及时打捞和监控，没有造成大的危化品泄漏事件。

还有核泄漏风险的问题。目前我国沿海核电站分布较多，放射性灾害风险大增。虽然核电站设计标准等级很高，但也不能说万无一失，特别需要加强监管和应急防护。日本福岛核电站的泄漏事故就是一个例子。

深圳市海洋环境保护情况

下面，我们来看一下深圳的海洋环境状况。深圳成立经济特区30多年来，包括海洋交通运输业、滨海旅游业、海洋渔业、海洋油气业、滨海工业等在内的海洋经济飞速发展。海洋管理部门在海洋立法、规划、管理和执法、海洋环境监测、生态资源保护和修复等方面做了大量的工作，也取得了很多的成效。但沿海经济的发展总会带来一系列的环境问题，总体说来，深圳的海洋环境和全国存在几乎完全一样的问题，就是近海海域污染严重，部分海域资源枯竭，海域功能下降，资源再生和可持续利用能力衰退。

从环境质量状况来看，2014 年，深圳海域中劣四类海域面积达58%，符合一类和二类海水水质标准的海域不足 37%。从分布上来看，2014 年深圳海域水质总体呈现"东优西劣"的状况。主要污染物与全国海域一样，也是无机氮、磷酸盐和石油类。东部的大鹏湾和大亚湾海水水质相对较好，符合一类和二类海水水质标准的海域面积占 85%。西部的深圳湾和珠江口海域，几乎全部为劣四类海水水质，主要超标因子为无机氮和活性磷酸盐，而且西部海域从 2004 年一直到 2014 年，每年都是处于富营养化状态，有的甚至出现严重富营养化现象。

深圳海域的赤潮灾害也较多。近 12 年来，深圳海域发现 62 次赤潮，累计发生面积 622 平方公里，其中 2014 年发现赤潮 7 起，面积累计约为 16 平方公里。从赤潮爆发次数来看，大鹏湾最多，深圳湾次之，大亚湾和珠江口较少。但是从赤潮爆发面积来看，珠江口赤潮爆发面积最大。

另外，2014 年，深圳市海域还发生了海水异常、鱼类异常死亡和红树林异常死亡等事件。

给大家推荐几个信息网站，如果大家想了解海洋环境保护的相关信息，可以看这么几个网站。一是深圳市海洋渔业局网站，从市规划和国土资源委员会主页的"主题服务"中的"海洋管理"进入，就是深圳市海洋渔业局网站，相关的海洋知识和环保知识等都有。二是国家海洋局网站、中国海洋环境监测网、中国海洋减灾网等，都可以看一下。这些网站提供了《中国海洋环境状况公报》《中国海洋灾害公报》等信息，以及深圳市的相关海洋信息，还有相当多的海洋基础知识、环境保护知识、防灾减灾知识。

我从深圳的相关网站上看到，2014 年 9 月，深圳市举办了第十届"深圳国际海洋清洁日"的公益活动，在深圳市大、小梅沙等13个海滩顺利举行。活动主题为蓝色海洋、绿色未来，保护海洋，人人有责。在活动中，海洋环保志愿者、机关、企业和社会团体共同参与了海滩清洁活动，以实际行动清洁海洋，呼吁全世界一起来保护海洋。我注意到，此次活动中，公民参与的氛围非常好，有些家长带着孩子一起来参与活动，学习海洋环保知识。

沿海地区的居民，在日常生活中一般总会涉及海洋环境，包括内陆地区的居民，有到沿海旅游的，也会与海洋环境保护发生联系。那么，我们在平时应该注意哪些海洋环保问题？一定要树立"保护海洋，人人有责"的观念。一是要减少污水向海洋的排放，尽量少用各种漂白剂、含磷洗衣粉等，为恢复碧海尽一份力。虽然生活污水经过了处理，但是或多或少还会对海洋造成污染。二是做到保持清洁，不要随意向海洋、海滩丢弃垃圾，随手清理发现的垃圾。我们出去旅游时，尽可能把产生的垃圾随手带走。三是要保护海洋生物，珍稀海洋生物制品尽量不要买、不要用。另外，希望大家在滨海旅游时注意安全，提前了解一些自然灾害和生态灾害、突发污染事件的通报，了解一些避灾知识，树立及时避灾的意识。

只要每个人都参与，从一点一滴做起，我们就能够把海洋环境保护得更好。谢谢大家！

垃圾围城

徐海云

徐海云

中国城市建设研究院有限公司总工程师、教授级高级工程师。中国民主促进会北京市委委员，民进中央人口资源环境委员会副主任，中国民主促进会会员，享受国务院特殊津贴专家。兼任中国环保产业协会生活垃圾处理委员会秘书长。研究领域为生活垃圾处理。主要论著有《城市生活垃圾管理与处理技术》等。

出现了垃圾围城现象

今天主要谈如何实现垃圾资源化以及处理垃圾。我先从垃圾围城说起。

北京有一个摄影师叫王良久，他曾经制作了一幅图片，北京市数以千计的垃圾堆放点一目了然，所以这幅图非常有名，以至于在国外都产生了影响。就是中国出现了垃圾围城现象。

就北京市来看，这些垃圾也不是城里来的垃圾，都是来自附近农村或城乡接合部的垃圾，因为没有比较完善的收集系统，只能在附近堆放，对外国人来说产生了垃圾围城现象。应该说国内所有城市基本上还是做到了垃圾日产日弃，并不是随便拉到郊外堆在一个地方，我们处理垃圾可能就是在填埋场或者焚烧场，垃圾堆积点实际上是固定的。

这个现象反映了村镇垃圾或者农村垃圾问题确实严重，因为在农村或者村镇地区，垃圾收运系统还没有建立起来，不像城市有环卫部门，垃圾就地堆放非常普遍，应该说垃圾围城实际上是垃圾的围城，当然这个语言也有点夸张。

垃圾问题既简单又复杂

怎么来认识生活垃圾呢？实际上垃圾问题既简单又复杂，政府讲每年多少生活垃圾量，在我们国家这一块没有包括废品，换句话说，环卫部门清运的垃圾，通俗地讲是捡破烂捡完了以后剩下的垃圾，但在发达国家，废品和垃圾是合起来的，口径不一样。如果我们要以发达国家的垃圾管理或者垃圾处理为标杆，要和它们进行对比，可能看不出它的问题。

举一个例子。比如我们城市生活垃圾的年增长率是 8% ~ 10%，对不对呢？如果我们仔细分析，这是我们 650 多座城市近十几年的生活垃圾清运的统计，不包括废品，实际上平均增长率只有 2% 左右，而且垃圾增长和人口增长密切相关。根据 2013 年全国 650 多座城市垃圾处理情况，61% 左右是填埋处理，11% 是简单填埋处理或堆放，27% 左右是焚烧处理，还有百分之一点几就是堆肥处理或者是综合处理，这是基本情况。

消费产生垃圾

垃圾的特性与消费密切相关，有什么样的消费就会产生什么样的垃圾。比如多烧煤就必然产生更多煤灰。2000 年美国人均纸的消费量是 282 千克，2012 年就下降到 199 千克，现代电子产品应用广泛，垃圾减量实际上是消费行为的改变造成的。

对垃圾的认识有时候会产生误区。比如人均生活垃圾量，2012 年，美国差不多是 2 千克，德国是 1.7 千克，日本是 1 千克。中国许多城市大概是 0.8 到 1.1 千克。为什么差别那么大呢？除了各个城市的消费水平不一样，就是统计口径不同，美国把相当一部分工业垃圾或者产业垃圾和生活垃圾算在一起；相反，像德国，相当一部分的园林垃圾也记录进来了。日本、韩国和我国台湾地区，规定产业垃圾或者商业垃圾不记入生活垃圾。

德国有人口 8000 万，人均垃圾量每日 1.71 千克，从 2000 年到 2011 年基本没有变化，这些垃圾包括街道清扫物，包括单位垃圾。如果单纯算家庭，差不多每天产生 1.3 千克，如果算其他垃圾只有 0.5 千克，这部分垃圾才是我们说的混合垃圾。统计口径不一样，垃圾量不一样。比如大件垃圾，德国 2006 年人均是 30 千克，2012 年是 29 千克，但我们国家这方面至今没有一个城市有完整统计。

韩国 1987 年人均垃圾量到过二点几千克，目前在 1 千克。讲一个故事，新华社驻韩国记者写了一篇内参，说韩国 1995 年实行垃圾计量收费抑制垃圾的产生，成效很显著。实际上不是如此，韩国在 20 世纪经济起飞以前，它的生活垃圾中还有 40% 左右的煤灰，随着它的经济的发展，煤的消费没有了，垃圾量明显下降，到 1994 年已经接近 1 千克。韩国 1995 年才实行垃圾计量收费，人均垃圾量并没有明显变化。

根据日本环境部统计，日本居民生活垃圾，单纯就家庭里产生的而言，每天大概在 0.68、0.67 千克，小城市、大城市差不多。最大的差别是单位产生的生活垃圾，小城市单位垃圾少一点，大城市比较多。

中国垃圾量和世界平均水平一致

我们国家几乎所有城市，特别是经济发达城市，人口在动态的条件下，人均垃圾量数据不太可能准确，我们国家的生活垃圾量，一般可能每人在 1.1 千克或者 1.2 千克，应该说和发达国家相近。要了解或者认识我们国家的生活垃圾特性，我认为要抓住两点：第一，我们的家庭燃料是燃煤还是燃气；第二，家庭消费主要购物点是农贸市场还是超市，如果在农贸市场，垃圾量比较多一点。

第一，经济发展以后，燃煤量下降，但包装垃圾增加了，这两个因素叠加，在很多城市，垃圾量体现为既不增加也不减少。总体来讲，生活垃圾量和世界平均水平是一致的。当然，从统计消费各个方面来讲，我们还需要做更深入细致的研究。

第二，英国两年前有一项研究报告谈到，居民主要从超市里购买食品，有些没有开包就过期了，变成了垃圾，发达国家，如欧洲、北美这种食物垃圾每年达到 900 千克，当然非洲最低，我们国家处于中间状态。

第三，垃圾的资源化。从理论上讲，垃圾百分之百是资源是正确的，这里没有考虑成本与需求。现实中，必须考虑需求、成本，因此垃圾只有一部分变为资源。

要对垃圾尽可能进行利用

在这里我想简单地给大家汇报一下垃圾管理战略。

发达国家的垃圾管理战略是这样的，首先，尽可能减少产生垃圾；其次，对产生的垃圾尽可能进行利用，其中回收利用包括对可腐烂的或者可生物降解的垃圾进行处理利用，然后对回收利用后的垃圾尽可能进行焚烧处理并进行余热回收；最后，对剩余的垃圾进行填埋处理。我们国家的政策也是一样，只不过我们的说法不同，我们叫减量化、资源化、无害化，理念完全一致。需要说明的是如何理解尽可能，如我们要追求有质量的生活或现代化的生活，就不可避免地要消费，垃圾产生太少也不太可能。

目前国际上把垃圾处理分成三种形式，第一种是回收利用，第二种是焚烧处理，第三种是填埋处理。

回收利用实际上又分成三种方式：第一种是直接回收利用，利用并保持其原有的使用功能，比如将啤酒瓶等清洗后重新作为啤酒瓶使用、二手物品使用等；第二种是材料的回收利用，如金属可以回炉重新再利用，废纸再生、玻璃再生等；第三种是回收利用，就是可生物降解的有机垃圾循环利用，它们最初来自田地，再回到自然环境中，实现循环。

关于怎么认识我们国家的垃圾回收利用水平，争议比较大，或者说认识差别比较大。两年前我在美国一个城市考察，我问那些分拣的人，他们捡的那些塑料和纸品哪里去了。他们毫不犹豫地回答，送到中国去了。英国的环境部长曾说，中国向世界出口了大量商品，运输船返回是空的，回去带点垃圾也是合理的。2012 年，根据国际固体废弃物协会的研究报告，全球发达国家废塑料交易量的 56%，废纸交易量的 51%，流向中国大陆进行回收利用，我觉得这个问题值得深思。

生活垃圾回收利用与人的素质有关吗？

我们国家目前缺少这方面的数据。2010 年北京市废品回收 467 万吨，垃圾清运量是 635 万吨，按照西方的算法，北京的回收利用率是 42%，这个数字很高。以废纸为例，我们国家的回收利用率目前是 40% 以上，在 2005 年以前，废纸回收率不足 30%，发达国家可能是 60% 甚至 70%。但由于人均废纸消费量低，虽然我国废纸回收率低，但实际回收水平显著高于发达国家。

我们现在要学习发达国家垃圾管理，以发达国家为标杆，我们先要搞清楚发达国家究竟是什么样的，这对我们很重要。

巴西自称易拉罐回收率世界第一，通过押金制度，98%得到回收。我们国家的易拉罐回收肯定接近百分之百，但是比较遗憾的是没有数据。2012年，29个欧洲国家公布易拉罐的回收率是69.5%，它们制定的目标是2015年达到75%，2020年是80%。在这方面我们超越多少年了，我想讲，对于垃圾回收利用的水平我们需要客观认识，生活垃圾回收利用水平主要体现为经济因素，与人的素质关系不大。

国内家庭厨余垃圾单独收集处理，特别在大城市，目前还缺乏相应的条件。第一，要改变现有收运模式，实现定时定点收集；第二，要有经济激励措施，即实行所谓的计量收费；第三，要有有效约束，对不按照分类要求投放或者乱扔垃圾、偷倒垃圾行为进行有效处罚；第四，要有足够的土地来接受这些垃圾。此外，还要有相应配套设施与费用。

垃圾处理技术路线不复杂

在北京，我曾经与一个来自NGO的环保志愿者有过一次激烈的对话，我说粪便是最好的有机肥料，你住在农村，你可以很容易放到田里，但你住在北京城区，要送到田里，谁送？你让政府送，政府送不起；你雇人送，也送不起。这里有一个成本问题。对于家庭厨余垃圾，像北美是把其粉碎排到下水道，既经济，又卫生。当然国内把厨余垃圾粉碎排入下水道还存在一些障碍，但是把家庭厨余垃圾适当滤干，并不复杂，几分钟水就滤干了，这样可以有效降低厨余垃圾含水量，既简单易行，也比较有效。

对于混合的生活垃圾如何实现资源化利用，国内进行了大量试验与探索。以资源化利用为目的，近十多年，内地建设了很多垃圾综合处理厂，投资很大，但是实际结果是这些处理厂把一堆垃圾变成了两堆垃圾或者三堆垃圾。实践表明，你要资源化利用垃圾，就要在源头把它分出来，如果分不了而混合一起，再分选，代价非常高，而且资源化质量也会受到影响。对于有机垃圾的利用，前提也是要从源头分类，如果混合就很难利用。无论是综合处理还是其他处理都有很大局限性，混合了以后只有两种处理方式可以选择：填埋或者焚烧。

如何推进垃圾回收利用？通俗一点，就要把拾荒者当成自家人，不要把他们当成外人。当前，提高生活垃圾回收利用水平，就是要为拾荒者创造更好的工作环境，为其创造更多的收入。

立足于清洁卫生

深圳要在垃圾分类收集方面走在全国前面，我认为首要方面是建立家庭有害垃圾收集体系。家庭有害垃圾主要有废弃药品、日光灯管、电池、油漆等，建立这些有害垃圾单独收集系统既十分必要，也十分有意义。这些垃圾并不是每天都产生，产生量也比较低。但如果不进行分类收集，则必然进入生活垃圾后端处理系统，其对生活垃圾处理的影响和对环境的危害都是明显的。

对于家庭厨余垃圾，我认为应该向日本学习，日本也经过大量研究，总体上讲，将厨余垃圾作为可燃垃圾进行处理。厨余垃圾的收集不是立足于资源利用，而是要立足于清洁卫生，什么意思呢？如果把家庭厨余垃圾分出来，水分减少了，放在袋子里，其余垃圾收集过程的环境卫生水平就会明显提高。

对于垃圾焚烧处理，网上有各种非议，认为它是夕阳产业。实际上，现代化焚烧处理无论从环境保护、节能减排还是资源利用方面来看，是回收利用后的剩余垃圾最好处理方式，但我们在这方面存在很多认识误区。从全世界来看，生活垃圾焚烧发电措施主要在发达国家和地区应用，比如日本，年焚烧生活垃圾量接近 4000 万吨。当然，现在内地生活垃圾年焚烧量也已经超过 4000 万吨了。有人说，台湾生活垃圾分类后，有些垃圾焚烧厂都没垃圾可烧了，实际上，根据台湾"环境署"统计，近十多年，台湾家庭生活垃圾量一直在减少，但台湾垃圾焚烧厂垃圾焚烧量并没有减少，而是增加了。我国许多省人口密度大大高于德国、日本，例如，江苏省人口密度是日本的 2 倍以上、德国的 3 倍以上。对于许多城市而言，土地资源非常宝贵，生活垃圾填埋场场地选择将越来越困难，垃圾填埋处理的成本也会越来越高，随着经济发展焚烧处理会逐步发展成为这一地区生活垃圾处理的重要手段。深圳如果没有地方填埋也必然选择焚烧处理。

达标的垃圾焚烧厂烟气二噁英含量非常低

特别讲一下二噁英问题。二噁英是一种致癌物质，但需要讨论具体的量。鸡蛋中也有二噁英，你能说鸡蛋有毒吗？根据德国的研究报告，平均每千克鸡蛋含有 2 纳克左右二噁英，如果说达标处理后垃圾焚烧烟气中含量为 0.1 纳克，即相当于 20 立方米垃圾焚烧烟气。一个达标的垃圾焚烧厂，20 立方米焚烧烟气含有的二噁英量与 1 千克鸡蛋相当，这说明二噁英含量非常低，显然对健康不构成什么影响。但是，媒体炒作很厉害，我们要相信科学，做出结论。根据英国环境部门的一份报告，伦敦在迎接新千年庆祝活动中（2000 年），15 分钟的烟花活动排放的二噁英量大于伦敦东南部垃圾焚烧厂二噁英年排放量 100 倍。实际上，日常生活中烧烤活动排放的二噁英很多，但往往并没有注意。对于垃圾焚烧处理，同垃圾资源化一样，我们需要有客观认识。现在深圳也面临着困境，如果说建垃圾填埋场，附近的居民可能会抗议，主张让填埋场尽快关闭；建设垃圾焚烧厂也因阻碍不能落地，那么政府会陷入危机。宝安区老虎坑焚烧厂日处理垃圾 4200 吨，差不多是世界最大的焚烧厂，它的环境保护水平也很高，就在我们身边。总之，大家应该有一个客观认识，垃圾分类也好、处理也好，不能只停留于口号，我们更需要支持和行动！建设现代化的垃圾焚烧发电厂是必要的，垃圾必须有地方处理，没有地方处理才会出现垃圾围城现象。

今天讲的主题是垃圾围城。凭我们的智慧，我相信深圳不可能出现垃圾围城现象。2014 年杭州要建垃圾焚烧发电厂，上万居民抗议，但是，这个垃圾焚烧厂最终还是要建设。现在很多城市都有类似问题，需要大家有个客观认识，避免这种情况，我相信深圳完全不会出现这种情况，谢谢大家。

收入分配制度变迁

陈光金

陈光金

中国社会科学院社会学所所长、研究员、纪委书记，职称评审委员会副主任。主要研究领域：农村社会学、城乡社会发展、社会分层与社会流动、私营企业主阶层。主持了"新世纪以来我国社会收入分配和财产占有状况调研"等多项研究课题。主要著作有《多维视角下的农民问题》《当代中国社会结构》等。

收入分配已是一个"议题"

今天主要跟大家一起交流和讨论中国改革开放以来的收入分配制度变革，以及目前的收入分配格局，还有未来收入分配改革的方向等一系列比较大的问题。

可能很多人觉得收入分配是一个经济问题。确实，从改革开放初、中期的认识来看，人们普遍把它看成一个经济问题，在党的十七大以前，在我的印象当中，党的代表大会政治报告和中央全会报告都是把收入分配放在经济部分讨论，但十七大以后基本上是在社会发展、民生这一块来讲收入分配，这就表明收入分配已经不仅仅是经济问题，更是一个社会问题。当然，这里用"问题"这个词，不表示它一定有问题，而是一个议题、一个话题。

今天我来报告我对收入分配的一个思考，大概分四个部分。第一部分，关于收入分配与利益关系格局的一些理论，我想跟大家做这方面知识的普及，比如收入分配是个什么概念、包括哪些方面、为什么会那么重要，以及国际上收入分配制度大的格局是什么。第二部分，讲讲收入分配改革的历程，以及我们国家的利益关系格局的变化；第三部分，讲讲这个改革变化当中存在的问题；第四部分，谈一谈进一步改革收入分配的方向，以及一些对策性的想法。

收入分配概念

在理论上，我们首先需要厘清的就是收入分配这个概念。收入分配指的是社会在一定时期创造的一定的成果，按照一定的规则和机制，在社会群体或成员之间进行分割的经济活动。它虽然是经济活动，但也包括了社会影响。

收入分配包括两个大的方面，一是所谓的国民收入分配，一是个人收入分配。所谓国民收入分配，是一个国家对一定时期创造的净产值进行分配。国民收入分配又包括两个层次，第一个层次叫做初次分配或者叫做第一次分配，第二个层次叫二次分配或者叫再分配。当然，学术界会把社会慈善形式的分配看成一种分配形式，称之为第三次分配。总体上来讲，收入分配有这三种形式。

初次分配是国民收入在生产部门进行的分配，是在创造国民收入的物质生产领域进行的分配。如果这种分配完全由国家或集体决定，那么所谓初次分配与二次分配也没有什么区别，这是从理论上来说的。比如改革开放前，无论是机关事业单位的职工还是企业职工，工资实际上都是按照一定级别制定好的，与你的劳动成绩等关系并不是特别大，所以在国际上就把这样一种分配形式称为再分配，还不是第一次分配，因为学术界认为，第一次实际上是市场化的分配，它是根据要素的投入来确定的一个分配结果。

在严格意义上，再分配是在初次分配的基础上，在全社会范围进行的二次分配。这是国家依法凭借行政手段实现的分配。二次分配既是对初次分配中不合理因素的修正，也为社会执行公共职能提供了必要的物质条件。目标应当是促进公平。

二次分配包括哪些内容呢？从今天的实践来讲，包括社保制度、低保制度、医保制度、农业补贴、高校大学生助学体系等，这些都属于国家动用公共财政资源在社会进行再分配的方式。再分配不是直接通过要素获得报偿的过程，而是国家根据一定的制度和理念制定的对公民、居民及全体社会成员进行补偿分配的结果，我们称之为再分配。

三次分配是基于自愿的收入转移形式，如赠与和慈善捐助等。中国目前第三次分配规模不大，同国际上一些国家（例如美国）相比，我国的三次分配规模相当小，但是第三次分配在整个分配体系当中仍然具有重要地位，实际上它是社会的一种润滑剂。

什么是收入分配制度

收入分配制度是关于各次分配如何进行的一系列制度安排和相关政策的总称。对于不同层次的分配形式，通常有不同的制度规范和政策安排。

对于初次分配，相关制度主要涉及在三大分配主体之间进行分配的大致规范，哪三大主体呢？用学术的话来说，就是资本、劳动与国家，集体、个人与国家等这样一些主体。这种制度规定了国民收入分配的大格局，从而也决定着一个经济体中的积累与消费的大格局。

初次分配体制是否合理，不仅从根本上决定着收入不平等程度，决定着经济社会发展的动力机制是否合理，而且影响着不平等是否获得社会认同，是否具有社会合法性。这个合法性不是说有没有违反法律，而是对于收入高一点或低一点的不平等格局，大家心里是不是觉得合适。无论收入高还是收入低，如果是合法经营、诚实劳动的结果，再加上有适度的二次分配进行调节，大家心里不会有什么意见。如果觉得收入高的人的收入来源不合法，又没有一定的制度安排加以规范，那么大家心里就不会接受。所以这个不合法不一定是法律上不合法，而是大家认为它不合规范、不合适，这就是我们所讲的社会合法性。所以，一个社会的收入差距究竟有多大是一个事实问题，而人们怎么看待这种差距，则反映一个社会对这种差距是否认可的问题。一般来说，初次分配不合理会在两个相反的方向展现出来，但结果往往相同。

绝对平等就是所谓的平均主义，这种绝对平等往往是低水平的平等，大家都很穷，这种情况之下造成的后果往往是社会活力缺乏，经济社会发展乏力。

巨大的不平等或者巨大的差距，意味着收入和财富高度集中，大多数人没有足够有效的消费能力，经济社会发展同样陷入困境，而且还会激化社会矛盾，甚至引发社会动荡。"拉美陷阱"的一个表现就是社会比较动荡，其重要原因之一就是收入差距巨大。

所谓公共财政转移制度，就是指通过社会保障、社会救助以及其他形式的社会补贴等，把收入转向一部分或者更加有需求的人，比如向穷人转移的过程，叫转移支付制度。当然，转移支付也不仅仅针对穷人，社会保障、社会福利体系有不同的形式，有普遍性的社会福利，也有补偿性的制度。普遍性制度就是说所有人都应该受到保障，这都属于转移支付的范围。

赋税制度不仅与初次分配密切相关，也影响着不同社会群体在二次分配中承担责任的差异以及经济社会发展的活力。税收制度对不同社会阶层的影响不同，从而对收入分配格局的影响也不同。相应地，不同阶层对财税制度的态度也不同。以美国为例，考察其两大政党的政策主张往往会发现，民主党可能更多地会强调转移支付，保守党、共和党更多强调效率、要保护资本等，对于不同的阶级、阶层，赋税制度是不同的。除此之外，我们可以看到，赋税制度对于整个社会发展、经济社会发展活力会有一定的影响，赋税过于沉重，那一定会制约经济社会发展的活力；如果赋税过轻，国家也没有足够能力进行转移支付。

转移支付制度有两个关键，一是国家财政资源中多少用于转移支付，包括社会保障、社会救助以及社会事业的发展；二是用于转移支付的公共财政资源在不同地区、不同阶层之间的配置，它们直接对二次分配的社会效果产生决定性的影响。

我们要注意的是，转移支付能够改变初次分配格局，但不可能根本改变初次分配已经形成的基本格局。因为初次分配是分配里面最主要的部分，我们每个月的工资肯定是固定收入最大部分。

对于三次分配，最主要的制度规范和政策安排是动员社会捐助、保护社会捐助积极性的制度和政策，其中又以激励社会捐助的税收政策和确保社会捐助用得其所的政府监管和监督制度为主，这是一系列的制度安排。

在国际上，税收政策的重点是关于社会捐助抵扣缴税或减免税的规定，比如企业拿出了一笔慈善捐助金，按照有关的税收制度可以抵扣税前税收，合理有效的抵扣和减免政策是鼓励社会广泛捐赠的关键之一。

监管和监督制度的重点，一是公益慈善事业的公开透明机制的建设；二是政府审计和第三方审计的制度安排。

公益慈善捐助是社会关系的一种调节剂或者润滑剂，它不能从根本上改变社会收入分配基本格局，但是能够增强不同利益群体、阶层之间的相互谅解，减少阶层摩擦，促进社会团结和社会和谐，同时也使得在初次分配和二次分配都失灵时，利益易受损群体得到来自社会的救济。比如因病致贫的人，既不能怪市场，也不能怪政府，这个时候政府提供的钱可能不足以使因病致贫的人解脱出来，这个时候就需要第三次分配支援，这是所谓三次分配相关制度的要点。

总的来说，收入分配制度与国家基本制度密切相关，一方面，国家基本制度决定着收入分配制度的格局；另一方面，也决定着收入分配制度的实现形式以及不同收入分配主体之间的关系，亦即决定着收入分配的主体机制。

一般而言，在现代社会，以私有制为基础的基本制度，在初次分配方面会主要采行市场化的分配体制机制，将主要生产要素的贡献和稀缺性作为分配的决定性条件。各生产要素之间的利益矛盾和冲突决定着二次分配的调整方式和调整力度。由于这种分配体制不可避免地会带来严重的不平等和突出的社会问题，基于人道主义和扶危济困的社会价值而产生的三次分配也会发展起来，这在发达国家特别普及。这里讲的生产要素就是资本、劳动、技术等。

效率与平等

与此相反，以完全公有制为基础的基本制度将实行国家和集体强势决定分配方式和机制的收入分配制度，在这种情况下，初次分配与二次分配之间并无本质不同。虽然在实践中可能强调按劳分配，但客观上很难实现，所以往往按照级别、资历这样的机制来安排。并且，由于在这种体制下国家和集体掌握几乎全部资源，因而三次分配也没有多少发展空间，大家差不多都是从单位、国家、生产队得到收益，差距有限，也没有多少剩余的资源来捐赠，所以也没有第三次分配。通常，这种收入分配体制可能导致较大程度的平均化分配格局，社会活力受到影响甚至被扼杀。另一个问题是积累与消费的比例失调，积累过多、消费太少。

讲一下收入分配制度与经济社会发展的关系。这个问题在学术界争议非常大。焦点在于收入分配不平等对经济社会发展的影响，以及反过来经济社会发展尤其是经济发展对收入分配不平等的影响；概括地说，也就是所谓公平与效率的关系问题。

关于收入分配不平等对经济社会发展的影响，大体上有三种研究结论或者理论主张。

一种主张认为，效率是经济发展之本，没有效率，就没有经济发展，也谈不上社会公平，因此，任何妨害效率的公平举措，都是阻碍经济发展的；任何企图推进社会公平的措施，都会伤害效率；进而言之，只要获得收入和财富的手段是公平合理的，机会是公平的，收入分配上的不平等便是公平的；这样的不平等会促进经济发展，并通过所谓涓滴效应惠及低收入阶层，这种观点以新自由主义经济学为主，还有新自由主义的哲学、新自由主义的社会学都是这样看这个问题的。概括地说，只要你的收入来源合理合法，分配结果有多少差距都不是问题，差距再大都是公平的，因为这是你通过合理合法的、公平的机会获得的收入，这是新自由主义学者们的基本观点。

另一种主张认为，收入不平等在一定限度内有助于经济增长，从而也有助于社会发展；但是不平等超过一定的限度，就会损害效率，从而不利于经济社会发展，从短期来看有效率，但是如果它不公平，会损害长期效率，为什么？因为严重的不平等最终会导致巨大的收入差距甚至两极分化，少数人拥有大部分收入，而大多数人只拥有少部分收入，于是大多数人并没有能力消费和获得其他发展，那么整个经济社会发展当然就会受到不利影响。所以，短期可以讲求效率，但是长期来看还是要考虑公平。真正的公平意味着长期的效率。

还有一种主张认为，任何形式的不平等总是不利于经济社会发展，只有公平分配才能更好地促进经济社会发展，甚至走了极端，认为只有平均分配才有助于发展。

客观的经验研究表明，收入不平等与经济增长之间的关系是复杂的，在不同国家或不同发展阶段，收入不平等对经济增长有不同的影响。但几乎世界各国大多数人普遍认同的意见是，明显的收入不平等最终是有害的。

不同的发展理念和模式

关于经济社会发展对不平等的影响，也有不同的看法。总的来说，自从美国经济学家库兹涅茨提出倒 U 形假说以后，相关认识都围绕着库兹涅茨假说来展开。库兹涅茨假说认为，在市场体制条件下收入差距随着经济的发展，先呈现向上（就是扩大）的趋势，达到一个拐点之后就会逐步缩小，所以前提是要有市场经济体制；经济要持续、稳定发展，其他的不重要。这个假说不是库兹涅茨本人说的，是后面经济学家总结的，而且库兹涅茨本人也不认为只要经济发展了，这个收入分配就一定按照倒 U 形走，他还提出很多其他条件，比如社会的公平哲学、国家的再分配政策、地缘政治影响等。主流经济学尤其是新自由主义经济学认定，库兹涅茨假说是普遍适用的，随着经济增长和发展，收入不平等总是会先经历一个上升阶段，到达拐点以后就会下降。其他研究者则致力于跨国实证研究，结果往往不一致，从目前来看，多数研究表明，库兹涅茨假说不能得到实证资料的支持，各国有各种情况。

实际上，经济增长本身并不会自动减少不平等，在经济增长过程中导致收入不平等弱化的因素有很多，包括经济社会结构的转变、不同利益主体之间的斗争、国家的干预、国际环境的变化、社会价值取向等，这也是库兹涅茨自己说的话。

基于收入分配与经济社会发展关系的认识，在国际上形成不同的发展理念和模式，其经济社会结果也不同，有三大类。

第一类，所谓先发展后分配模式，强调只要发展起来把蛋糕做大了，自然分配就会好了。

第二类，先分配后发展模式，首先强调的不是把蛋糕做大，而是怎么把蛋糕切好。

第三类，边发展边分配的模式。

这三种模式里原来的计划经济体制可能首先是第二种模式，先考虑平等；拉美国家是第一种模式；日本、我们国家的台湾是第三种模式，其收入差距还是比较小的。

客观地说，可能没有哪种模式绝对合适或不合适，模式的选择总是与国情、国际关系格局（比如全球化）和发展阶段相关。但是，一般而言，在第一种模式下，如果转型不及时，就会带来巨大困难，甚至形成所谓"中等收入陷阱"或者叫"拉美陷阱"。第二种模式一般难以实际运作，后果也比较严重，比如社会活力缺乏等。第三种模式比较理想，但实现有难度，取决于政治上的决心。

发达国家主要收入分配模式

现阶段发达国家的主要收入分配模式，我在这里也做个简单交代。

第一种是社会民主主义福利国家模式，主要在北欧实行，最为典型的是社会民主主义国家瑞典。瑞典是一个"从摇篮到墓地"的福利国家，不仅追求经济安全以保护人民免受各种风险，而且追求公平的收入分配以保证所有的公民能享受满意的生活。公民享受的福利包括子女补贴、教育补贴、住房补贴、充分就业、最低工资、男女同工同酬、医疗保险、养老保险等，而且水平相当高，如丧失工作能力或失去工作机会的人一般可以得到相当于其正常收入90%的支付。瑞典基尼系数相对比较低，在1967年为0.28，到20世纪70年代中期降到0.2以下，到80年代维持在0.2左右，此后，虽然这个国家的基尼系数有所波动，但基本维持在0.3以下。

第二种模式是所谓的合作主义福利国家模式。合作主义是指政府、雇员成立的工会与雇主成立的雇主协会间关于工资和劳动条件的合作协调关系。代表国家有德国、奥地利、法国、意大利等。这些福利国家的再分配机制包括社会救济、社会保险和社会福利等。社会救济对象是不能养活自己的人和其他需要援助的人。社会保险是再分配机制主体，包括全国强制性疾病保险、养老保险、失业保险和工伤保险。最后是社会福利，无须特别条件就可以享受。我们看到德国公共支出占 GDP 比例一般在 50% 左右甚至更高，福利支出占财政总支出的一半左右，比例最大。据估计，80% 的德国家庭收到政府的某种补贴，如养老金、子女补贴、失业补偿、教育补贴等。我原来在社科院工作过，我有一个同事娶了一个德国姑娘到德国去了，生了 4 个小孩，小孩在上大学之前基本不要自己付钱。尽管如此，这个家庭的负担仍然很重，他在德国一般要做几份工作，前几年猝死，因为太辛苦了。尽管国家的福利比较多，但是家庭福利还是有限。与北欧国家不同，德国的公平性再分配力度要小一些。但由于三方合作机制运行较好，德国也一直属于收入差距很小的国家，基尼系数多数年份都在0.3 以下，2000 年为 0.28。

第三种分配模式是自由资本主义福利国家模式。以美国为典型，加拿大、澳大利亚也属于这一类型，其整合机制特点是没有独立的工人阶级政党，或者工人阶级在整合过程中的影响微弱，所谓市场机制以资本为主导，工人阶级的斗争往往指向移民和外国工人。政府也有一定干预，如实行最低工资制度，但这种干预在美国并不是全面的。美国也有最低工资制度是不是合适的争议，一部分学者认为，最低工资制度不利于社会发展、经济发展，最低工资制度会阻碍就业，造成更高的失业率。再分配调节在赋税方面主要是所得税的调整。美国采用的所得税税率主要由联邦税与州税两部分组成，都是累进所得税。最穷家庭不支付联邦所得税，中等收入家庭的税收占应纳税收入的15%，富裕家庭的税收占应纳税收入的 28% ~ 33%。在社会保障方面有三种主要类型：一是社会保险计划，包括低收入家庭的养老金、残疾人补助、对失去工作能力的人的补助与医疗保险；二是失业补助，即向失业者提供的补助；三是州政府管理的福利计划，包括补充保障收入计划、对抚养子女家庭的援助计划、食品发送计划、医疗援助，以及通过政府提供低于成本的物品与劳务，其中最重要的是教育，如大学教育，州立大学相对于其他私立大学要便宜多了，很多收入都是社会领域的事情。应当指出的是，这些国家一般从 20 世纪 70年代末起实行新自由主义改革，结果是收入分配不平等不断扩大。

日本受益群体为政府提供政治支持

有一种独特形式是日本互惠式再分配机制。日本的再分配政策构筑了政府与受益群体之间的互惠关系，即政府为某些社会群体提供政策优惠，受益群体为政府提供政治支持。预算分配严重偏向效率低下的非贸易部门，如农业、流通和劳动密集型制造业，那里的雇员一般属于低收入群体。为什么自民党在日本能够得到长期执政的政治支持？它的基础就是日本农民，最主要的政治支持者是日本农民，这个党对农民比较关照，这是第一；第二，日本的政治制度跟我们国家不太一样，如果100个市民里面只有1个议员名额，那么100个日本农民中就有4个。

日本政府促进平等的主要途径是影响第一次收入分配。其政策工具包括维持农产品高价，保护农民利益；对小企业实行一系列优惠财政金融政策；保护劳动密集型制造业不受来自国外的竞争；在边远地区展开大规模公共工程；还有扶持钢铁、汽车、电子等行业进行国际竞争等。

日本的再分配政策是选择性的，不是普遍性的，直到20世纪70年代初期，社会保障支出占GNP的比重仅为7%，远低于经合组织国家的平均值。70年代中期以后，社会保障支出占GNP的比重上升较快，但在经合组织国家中仍然是最低的。尽管日本的国家福利有限，但是在发达资本主义世界，日本是收入分配最平等的国家之一，核心问题就在于它对第一次分配进行了比较好的干预。

中国收入分配制度改革历程

接下来我跟大家再讲一讲中国收入分配制度改革与利益关系格局变化的历程。

首先我们回顾一下中国改革开放30多年的基本收入分配制度，

了解今天究竟改了什么。

改革开放前 30 年，我国社会收入分配制度可以概括为从市场化向计划经济基础上的再分配体制转变的过程。对于 1949 年以前的中国收入分配模式，用市场化形容可能有点美化，但当时的国民党政府基本不管，很少有社会保障体系，对第一次收入分配也很少干预。一个重要原因是战乱。

新中国成立以后，国家在不同社会群体和阶层中实行不同的收入分配制度，但总体上是逐步建立单一按劳分配体制的过程。第一，供给制转向工资制。革命干部的报酬形式逐步从以往的供给制转为工资制，在刘少奇、邓小平等人的主持下开始建立一整套的工资/报酬分配制度，在城镇按照行政级别确定工资级别。第二，工人逐步摆脱以往完全由雇主决定的工资形成机制，参与工资决定过程，尤其是在 50 年代，新中国成立初期，资本仍然直接参与分配，如合资和私营企业。第三，农民以自给自足为主，他们的报酬直接与他们的劳动挂钩，并且由于土地改革，他们免除了地主、富农的剥削，在合作化初期，他们入社时带进去资本性资产，也能够获得分红。

随着三大社会主义改造运动完成，国民经济基本制度已经高度公有化，农村人民公社化运动进一步提高了所有权的集中程度。国家开始实行按劳分配的收入分配制度。所谓按劳分配，就是按照马克思设想的，生产出来的产品价值，在做出必要的社会扣除后分配给劳动者。可以从这几个方面来理解。

第一，城镇基本建立以行政级别、技术等级和技能等级为基础的工资制度，尽管有反复，但是这个制度总体上是主导性的。

第二，对原来的资本，在完成改造之后，采取定息（即年息 5%）的方式偿还资本家。经过清产核资，在全国合营企业中，私股共 24 亿元，由国家按年息 5 厘计算，从 1956 年 1 月起付给 114 万私股股东定息，每年约 1.2 亿元，到 1966 年 9 月终止，基本上完成了对资本所有者的补偿。

由于国家实行重化工业优先发展战略，城镇职工的工资水平始终被压得很低，但为了保障职工的基本生活，国家实行了普遍福利制度。比如职工的子女就学就业、职工及其家人就医等，都由单位来负责保障，职工个人不需要支付太多。我记得我上小学的时候每个学期3块钱，上高中的时候8块钱，当时叫学杂费，不是学费。

在农村实行的主要分配制度是，在扣除公益金、公积金和征购任务后，对农民按照基本口粮加工分粮的方式分配。与城镇资本家能够得到定息相比，农村中的地主、富农经过土改丧失了类似的受益权。另外，农村收入分配在"大跃进"和农村人民公社化初期曾经不断扩大核算单位，直到三年困难时期过去之后，才将三级所有、队为基础的制度固定下来。农民的福利问题基本上靠农村生产队自身的发展来解决。国家在农村发生口粮困难时会给予返销粮的救济。此外，就是实行五保户制度。

这套分配制度虽然被冠以按劳分配的名义，但实际上具有再分配性质。在城镇，人们的工资水平决定于他们的行政级别、技术等级和技能等级，尽管这方面也反映了人们自身努力的情况，但在相同岗位上，工资水平相近，并不能体现多劳多得的原则。在农村，基本口粮是必须予以保障的，在此前提下实行的工分粮制度倒是体现了多劳多得的精神，但各地差异很大。我们过去有一个说法是，农村搞平均主义，但是用我自己的亲身经历来讲，农村也不完全是平均主义的。

这套制度的经济社会特征，一般认为是平均主义的。其实也有一些差异。大抵形成四大群体，即干部、知识分子、普通职工和农民，这是一种不同于以往的利益关系格局。

总的来说，前两个群体，也就是干部和知识分子的收入水平差不多，都是按照级别、职级来定的，但知识分子的收入顶端大致相当于干部收入的中高端。干部最高行政级别是行政二级；在纯粹知识分子中，教授级别的工资水平与当时厅局级干部相当。

工人实行八级工资制。八级工的工资水平相当高。但普通职工和中低级技术人员的工资水平低很多，最高级别的工资与最低工资相差10多倍。但是由于中低层职工占绝大多数，因此整个城镇社会的收入差距总体水平不高，按照有关的测算小于0.2。

农村的基尼系数也比较小。按照国际上流行的说法，基尼系数取值范围是0到1，0.2以下属于过于平等，带有平均主义性质；0.2到0.4属于合理区间；超过0.4属于收入差距比较大；超过0.5属于收入分配严重不平等，收入两极分化。农村的基尼系数一般不超过0.2，城乡收入差距维持在一个较高水平，超过2倍，1978年的时候达到2.57倍，主要是农产品价格剪刀差的作用以及二元社会结构的影响所致，工业产品比较贵，农用生产资料的价格比较贵，而粮食价格比较低。

国家、集体、个人三元利益格局

从利益关系上来讲，形成所谓国家、集体、个人三元利益格局，国家利益居于第一位，集体利益居于第二位，个人利益居于第三位。

这套分配制度的经济社会后果是比较成问题的。问题究竟有多大目前仍然有一定争议。许多人认为，这套分配制度扼杀了社会活力，导致经济发展停滞，最后使国民经济濒于崩溃边缘。

但从统计资料来看，1953年到1978年间经济高速增长，按可比价格计算的社会总产值、工农业总产值和国民收入的年均增长率分别达到7.9%、8.2%和6.0%。这不仅高于世界平均水平，即使与经济发展较快的韩国和中国台湾相比也不算低。

真正的问题其实有三个，一是政治运动对社会造成的损害太大；二是积累率过高，严重影响人民生活水平的提高；三是身份化的社会结构安排阻碍了社会流动，农民没有向上流动的机会，只有通过参军、提干、上大学和工厂有限的招工渠道，很少有机会能够从农业进入非农产业。

1978年以后，中国开始改革社会收入分配制度，同时启动城乡经济体制改革。邓小平同志在当时的一次中央工作会议上指出，在经济政策上，要允许一部分地区、一部分企业、一部分工人与农民，由于辛勤努力成绩大而收入先多一些，生活先好起来。一部分人先好起来，就必然产生极大的示范力量，影响左邻右舍，带动其他地区。其他单位的人们向他们学习。这样就会使整个国民经济不断地波浪式地向前发展，使全国各族人民都比较快富裕起来。在很长一个时期，中国收入分配制度改革都是按照这一精神进行的。

30 年收入分配改革阶段

改革在多个方面展开，大抵可以分为三个阶段。

第一阶段是 1978 ~ 1992 年，落实按劳分配制度，克服平均主义。当时人们认为改革开放前按劳分配制度执行得并不好，没有很好地落实，造成所谓的平均主义。改革开放第一阶段的主题就是落实按劳分配制度，克服平均主义。从农村来看，当时开展了一系列与收入分配制度相关的改革。一是家庭联产承包责任制改革，农民分包土地，除了交给国家的、留给集体的，剩下的都是自己的。二是农村集市放开，允许农民在生产之余通过集市贸易获得收入。三是农产品价格改革，当时农产品价格提升幅度比较大，有的学者估计，这个阶段农民收入提升的 40% ~ 50% 要归功于价格改革；同时也出现了农业经营大户，当时叫万元户。这些改革的结果是，资本、技术、劳动、管理等开始广泛参与农村收入分配，进而逐步形成新的利益关系格局。

与此同时，在改革的过程中，农村人民公社时期逐步形成的具有保障性质和社会福利性质的一些制度逐步消解，比如五保户制度、医疗卫生制度，几年就被冲掉了。

这一时期城镇改革也逐步启动，与收入分配相关的改革有很多，其中比较重要的改革有这样几项。一是不断改革工资制度，拉大差距；二是增加各种奖励机制，实行奖金制度、利润留成制度、承包租赁制度；三是价格改革，搞双轨制。双轨制在 80 年代中后期对城市收入分配产生的影响非常大，就是计划内的物资供应由国家定价，计划外的物资供应实行市场定价，两者之间通常有较大差距。如果能够把国家定价的计划供应物资按市场价卖出去，能够获得巨大的差价利益，由此形成风行一时的倒批条、倒批文现象，这是当时社会收入分配秩序混乱的一个主要表现。非劳动要素开始参与分配，形成新的利益关系格局。

在这个过程当中，我们注意到有几个附加效果，一是国家财政收入比重下降；二是传统社会保障制度发生改革，这个时期在国有企业改革过程当中经常呼喊的一个口号就是：剥离它的社会职能。计划经济时代，很多企业办医院、办学校、办食堂等，现在提出要让企业走向市场，因此要剥离它们过去承担的这些社会职能。这些社会职能其实有着社会保障的性质。问题是，剥离企业的社会职能之后，并没有相应的社会化的社会保障制度来承接这些原本必要的企业的社会职能，这就导致了一系列社会后果。

总的来说，1984 年以后，因为第一次分配体制有非劳动要素参与，再分配体制退出比较快，没有相应的普遍性的社会保障制度替代，两个方面的合力造成了收入差距逐步拉大的格局和趋势。

当时城镇收入分配改革的主要政策依据是：1984 年中共十二届三中全会做出了《中共中央关于经济体制改革的决定》，提出要加快以城市为重点的全面经济体制改革；1985 年 1 月，国务院发布了《关于国营企业工资改革问题的通知》，决定从 1985 年开始，在国有大中型企业中实行职工工资总额同经济效益按比例浮动的办法；作为对多种分配方式存在的承认，党的十三大开始依据社会主义初级阶段论提出"按劳分配为主，多种分配形式并存"。

第二阶段是 1992 ~ 2004 年，其间建立以按劳分配为主、多种要素参与的分配体制和市场化为主的分配机制。

党的十四大强调了十三大的提法，但在用词上回避了非劳动要素参与分配的问题。1993 年 11 月，党的十四届三中全会把"效率优先、兼顾公平"的提法写入《关于建立社会主义市场经济体制若干问题的决定》。这个提法最早由经济学者周为民和卢中原于 1987 年提出。

党的十五大把"按劳分配与按生产要素分配相结合"确定为社会主义初级阶段的一项基本经济制度，但并未明确按什么要素进行分配。

党的十六大报告明确提出了"确立劳动、资本、技术和管理等生产要素按贡献参与分配的原则"。

在这个过程中，劳动作为生产要素的劣势地位逐步形成和确立。与此同时，二次分配体系也经历了曲折的变化过程。一方面，1994年的税制改革强化了国家汲取能力，在三大主体的分配份额中，国家份额不断上升。另一方面，在社会保障和教育、医疗、卫生领域，分别实行了社会化和市场化导向的改革，国家抽身退出的迹象明显，社会负担不断加重，比如医疗负担等。在农村，各种行政收费不断增加，农民负担不断加重，而相应的社会保障和公共服务获得却呈现下降趋势。直到乡镇企业改制和国有中小型企业改制完成，国家才开始重新建构统账结合的新型社会保障体系，这大概从20世纪90年代后期起步。

第三阶段是2004年以来，开始筹划改革收入分配制度，力图缩小收入差距，促进社会公平。

2004年9月，党的十六届四中全会做出《中共中央关于加强党的执政能力建设的决定》，不再提"效率优先、兼顾公平"，而是提出要"注重社会公平"。此后这一主题不断在中央重要决策文献中出现。

党的十七大报告关于收入分配制度改革的论述是：系统阐述以人为本的科学发展观，坚持和完善按劳分配为主体、多种分配方式并存的分配制度，健全劳动、资本、技术、管理等生产要素按贡献参与分配的制度；初次分配和再分配都要处理好效率和公平的关系，再分配更加注重公平。也就是说，从十七大开始，不仅仅讲再分配公平，同时提出第一次分配也要公平的问题，不单是个效率的问题，也是个公平的问题。同时提出，逐步提高居民收入在国民收入分配中的比重，提高劳动报酬在初次分配中的比重。

这一阶段改革有一系列重大的政策措施，其中主要包括这样一些方面：比如 2005 年取消农业税费，同时逐步建立各种农业补贴制度；2007 年起对义务教育实行免费；建立和完善大学助学制度体系；同时不断提高最低工资水平；推进公共服务城乡均等化；进一步扩大社会保障覆盖面，提高统筹层次；构建社会救助体系，全面推行低保制度，尤其是在农村，城镇先搞、农村后搞；同时不断放松户籍制度，取消各种收费，加强进城农村人口的社会融合；另外，由于国际形势变化，以及我国人口结构的变化，企业也在自主调整工资水平，现在很多企业意识到工资水平太低了，招工很难。

总的来说，这个阶段通过城乡收入分配制度的改革和种种变化，中国形成了新的利益关系格局，利益关系主体实际上转变为国家、资本与劳动三个主体。

目前的农业补贴是 2002 年开始试点的，2004 年全面扩张到全国，现在已经第 13 个年头了，效果比较明显，包括粮食直补、农业综合直补、农机购置补贴、良种补贴等，同时又纳入了农业保险保费补贴、农业重点生产环节补贴、防灾减灾与稳产增产重大关键技术补助等新的农业补贴。这一块补贴的量也不小，2004 年是 116 亿元，2013 年是 1700 多亿元。

中国的助学体系大概也是从 2008 年、2009 年开始并逐步完善，有一系列的制度，比如国家奖学金、国家励志奖学金、国家助学金以及国家助学贷款、勤工助学、师范免费教育、绿色通道等一系列制度。当时媒体大量报道我们的大学生上学困难，很多高中毕业生参加高考拿到了大学招生通知书，因为家里没钱，就撕掉通知书不去上学，贫困生到了大学吃不饱的现象也不少见，社会和媒体呼吁很多，国家决定在这个时候逐步建立一整套的大学助学体系。目前来看，大体上高中生考上大学之后因为家庭困难而不上大学的越来越少了。

收入差距扩大是主要特征

第三部分是讨论一些问题。

首先我们可以看到三大主体收入都是持续较快增长，从城乡居民收入来看，从1978年到2014年，城镇居民家庭人均可支配收入从343.4元增至28844元，按1978年不变价计算增长12.1倍；同时农村居民家庭人均纯收入从133.6元增至9892元，按1978年不变价计算增长13.0倍。城乡居民的收入增长非常显著。

三大主体的收入绝对量都持续较快增长。公共财政收入持续较快增长，其占GDP的比重从90年代中后期起从原来的逐步降低转向逐年提高，当然并没有回到1978年的水平。当时人们认为，如果国家财政太弱，很多事情没办法做，社会保障、社会事业发展就没有钱去做。这个问题其实有争议。

根据2015年10月15日发布的第17份"胡润百富榜"，中国大陆有10亿美金富翁242人，中国第一次超越美国。

不断扩大的收入差距是现阶段中国收入分配和利益关系格局中的主要问题。改革开放30多年，中国社会利益关系发生深刻变化，利益格局发生深刻调整，不平等问题体现在方方面面，形势严峻。城乡不平等不断扩大，近几年才开始收缩，在差距最大的年份，城市居民的可支配收入是农村居民纯收入的3.33倍。国际上，城乡收入比的合理范围是1.5:1到1.7:1。

区域不平等继续扩大，但越来越多地表现为东部地区与中西部地区的差距。行业收入差距扩大，垄断部门的高收入受到广泛批评。估计垄断部门平均收入水平是其他部门平均收入水平的5到10倍。国际上，超过3倍就要调控。也就是说。差距肯定会有，但是要有一个合理范围。

基于所有制的收入不平等的问题始终存在，不同所有制单位的职工收入差距始终存在。另外，我们注意到，阶层间收入不平等更加突出。

阶层收入差距也比较突出。2011年，我们在全国进行了城乡居民住户抽样调查，根据此次调查的数据，我们发现，最高的仍然还是企业主，其次是企业经理人员，再次是干部队伍，又次是专业技术人员，最后就是办事人员。

灰色收入问题越来越严重，其中包括腐败、偷逃税等问题，还有总体不平等持续扩大，如果以基尼系数来衡量，按照国家统计局口径不到0.5。

总体上，现阶段的利益关系格局中，劳动要素居于弱势地位，但其中的技术人才相对强势。

共同利益变得模糊化

在新的利益关系格局中，共同利益变得模糊化。改革开放前中期，我们有一个口号就是通过改革开放大家一起发展，很容易凝聚改革共识。90年代中期以来由于收入分化比较显著，不同阶段的利益获得方式不一样，按要素分配，大家的利益关系也不一样，如何改变收入分配制度的共识很难形成。

举一个例子，2013年多部委出台的《关于深化收入分配制度改革的若干意见》实际上搞了七八年，虽然出台了，但是仍然有些问题并没有得到明显处理。

值得注意的是，在发展的过程中，逐渐形成一种与原来意义上的共同利益不同的公众利益，具体表现为环境问题、食品药品安全问题等大众关切的既抽象又具体的利益关注焦点。

现阶段中国收入不平等的成因，从结构性上来讲，主要有以下几个方面。

首先，农业就业结构与农业产值结构失衡，农业就业占总就业的比重仍然在30%以上。这里说的不是农业户籍人口比重，而是实际从事农业劳动的劳动者比重。但同期农业增加值占整个GDP的比重越来越低，现在是10%左右。为什么城乡收入差距达到3倍左右？真正的根基性原因在这个地方，即农村人口中农业人口太多，城市化水平偏低，目前按常住人口统计的城市化率只有52%左右，低于世界平均水平。

其次，初次分配的宏观结构不合理。

再次，社会阶层结构不合理，社会中间阶层或者中等收入群体规模过小。

此外，还有一些制度性的原因。

第一，二元社会结构相关制度仍未彻底改变，社会体制改革还不够彻底、不够到位。农民工现象是宏观社会发展的一个标志，农民终究可以进城，终究可以进入非农产业获得比农业收入更高的收入；但同时他们进城以后也面临各种各样的社会问题，包括工资报酬远远低于非农户籍的职工，直到现在为止农民工的社会保障覆盖率是20%多，城镇职工可以达到50%、60%的水平。

第二，不合理的行业垄断所形成的企业之间市场竞争环境失衡导致分配不公。

第三，某些制度和规则缺失以及监管机制不健全，造成国家财产流失而导致分配不公，尤其在20世纪90年代中后期到21世纪初期，国有资产流失非常严重，一部分人得到了大额的国有资产，严重影响收入分配。

第四，腐败问题。腐败不仅意味着腐败分子获得不合法的高收入，而且意味着一些人利用腐败分子的权力腐败获得更多的资源和机会，从而不正当地获得更多的收入。

第五，工资调节执行不力。比如政府制定的最低工资水平是每个月400块钱，但用人单位（尤其是雇用农民工较多的企业单位）给出401元可不可以？实际上很多私营企业就是这么干的。这样的最低工资制度就不能起到调节市场收入分配的作用。

人们对收入分配结果的不平等现象关注比较多，而对收入分配的起点和过程不公平问题的关注不够，这也是中国在改革过程当中需要解决的问题。例如，对如何为城乡居民创造公平受教育机会和平等就业机会等起点公平和过程公平方面调节力度远远不够，这加剧了收入分配结果的不公平。比如重点大学里来自农村的大学生所占比例与农业户籍人口所占比例远远不相称，在顶尖大学里，农村来的大学生大概高的占 30%，低的占百分之十几。在很长一段时间里，城镇排斥和歧视农民工，很多工作条件好、收入高的行业位置会留给城镇居民，有些城市甚至明确规定用人单位只能在哪些工作岗位雇用农民工。当然现在这个问题在减少。

我们从 2007 年、2008 年就开始喊要改革工资制度，直到 2013 年才出台一个决定，为什么要经过五六年的争议过程？原因就在于现在我们很难凝聚如何改革收入分配制度的共识，争议太多。

消除经济增长主义的弊病

怎么解决我们现在面临的这些问题？

第一，在观念上消除经济增长主义的弊病，经济增长主义除了会把 GDP 作为衡量经济发展的重要的甚至是唯一的标准，会增加资源环境负担外，也势必会绑架民生——造成经济政策和社会政策的分离，难以有效地解决公平分配问题，难以很好地解决民生问题。

一旦把增长作为唯一目的，分配自然会向政府税收和企业利润转移，因为政府和企业可以用其所得继续投资，促进增长，继续生产更多的产品，这样居民收入就会有限，就会直接制约内在的消费需求。在国家财政收入一定的情况下，一定会偏向生产性投资，而不是教育、医疗、社保等方面的投资，因为偏向于生产性投资的格局有利于继续推动增长。

在消费不足的情况下，增长主义必然带来产能过剩。

第二，加大初次分配调节力度，为推动收入公平分配奠定基础。改革城乡包括二元社会结构的制度安排，加快城市化进程，消除城乡差距。要加快经济结构调整升级的速度，进一步调整社会阶层结构，扩大社会中间阶层或者叫中等收入群体的规模，从而缩小社会阶层的差距。要调整高收入群体的收入，提高低收入群体的收入，提高劳动者报酬占 GDP 的比重。为此要推动保障利益主体平等地位的体制机制创新，建立健全工资正常增长机制，遏制"利润侵蚀工资"的现象。规范收入分配结构，清理各种灰色和黑色收入。对垄断行业加快改革，对高管过高收入进行必要约束。合理的约束，不是说高管不能得高收入，但是上百倍的差距社会也不干，一定要在高管和社会之间找一个平衡点。另外就是完善资源和产品定价机制，加快建立健全土地、矿产资源有偿使用制度，进一步推进这方面的市场化，规范交易行为，比如说征地，非工业用地的征地就应该是市场行为，农民应该平等地全力参与定价，而不是直接由哪一方去定价。

第三，要加大再分配调节力度，完善税收制度，发挥调节收入不平等的作用。还要改革完善社会保障和转移支付制度，发挥其削高补低的作用。要科学评估财税体制，改革公共投入体制，加大社会发展投入力度，促进社会发展。我个人认为公共财政的支出结构的变化是我们测量政府职能转变的一个重要指标，只有当公共财政支出中社会发展支出占到50%、60%的比重，我们的政府职能转型就转得很好了，就意味着我们的政府就真的从简单的、传统的发展型政府转变到服务型政府了。

第四，完善公共服务体系，促进公共服务的均等化，解决公共服务领域的机会公平问题。包括教育公平、就业公平以及享受基本医疗服务和社会保障机会的公平问题。

第五，调整利益关系形成机制，扩大利益主体的广泛参与，形成可协调的利益关系格局，确保利益矛盾可调节，利益冲突可控制。

总的来说，要切实贯彻落实2013年多部委联合出台的《关于深化收入分配制度改革的若干意见》里面的决定，这个决定比较完整、比较系统地阐述了未来一个阶段我们收入分配制度改革的原则、方向、措施。进一步改善我们国家的收入分配格局，缩小收入分配的差距，促进社会的团结与凝聚，促进社会的和谐与稳定。

经济新常态下的民营企业发展机遇

郭万达

郭万达

综合开发研究院（中国·深圳）常务副院长、研究员、经济学博士。兼任全国港澳研究会副会长、《开放导报》杂志社社长。重点研究方向：国家宏观经济与产业政策，城市化与低碳经济，香港经济与粤港澳合作。曾主持多项国家及省市政府大型政策研究咨询课题。已出版的代表性著作有《农民工早退：理论、实证与政策》《无悔减排与低碳城市发展》《中国制造：世界工厂正转向中国》等。

先说说新常态

经济新常态的三个特征，就是速度从高速转为中高速，结构要不断地优化，要从要素驱动、投资驱动转向创新驱动。

先看我们的速度。2015 年 8 月 26 日是深圳特区成立 35 周年，我们的 GDP 现在是 8%～10% 的增长速度，30 年前甚至 20 年前，我们有过 20%、30% 的增长。不过，中高速增长，8%～10%，5 年时间，我们也可以翻一番。2009 年金融危机的时候，深圳 GDP 只有 8000 亿元。现在达到了 1.6 万亿元。5 年时间，深圳发生了很大变化。

大约 2002 年、2003 年，深圳曾经有四个"难以为继"，人口、土地、空间、资源非常紧张，我们觉得没法玩了，碰到天花板了。但实际的结果是，我们的经济总量现在已经跟欧洲的一些中等经济体相当了。我们认为硅谷很厉害，但从总量角度看，我们已经超过了硅谷。当然，我们的创新能力、后劲，跟硅谷没法比，我们的人均收入跟它没法比。深圳人均 GDP，2014 年突破了 2.4 万美元，接近韩国、沙特水平。在未来 5 年，可能我们奔向 3 万美元以上。我们现在到国外游学、旅游，深圳城市发展水平已经跟它们没有啥区别了。深圳现在碰到的问题叫高收入之墙，已经不是什么中等收入陷阱了，中等收入与高收入城市结构的问题还不太一样。

全国很多地方靠投资拉动经济，特别是靠政府投资。深圳一个很重要的新常态表现就是，深圳一直不靠投资拉动，固定资产投资占 GDP 的比重，2008 年低于 20%，这两年也才 16%～17%。全国的平均水平在 40%～50%，高的城市在 60%～70%。

为什么中央那么关注金融风险？这两年，特别是十八大以后，我们的经济模式靠投资，特别是政府投资。原来增长比较快的，可能都跟你的债务有关系。一旦经济情况不好，可能带来一些问题。

10 年以来，深圳固定资产投资的增速不足 10%。也就是说，不光占 GDP 的比重我们比较低，它的速度相对来讲也比较低。还有一个很重要的情况，深圳经济增长不靠卖地。深圳卖地收入占公共财政收入的比重比较低。

2015 年上半年，深圳 GDP 增长 8.4%。但是财政收入增长仍然达 20% 以上。税收占公共财政收入的比例，深圳达到 86%。这是什么概念呢？就是我们的公共财政收入中，还有一部分叫非税收入，比如罚款、没收、行政事业收费。深圳主要靠企业交税。另外表明，深圳的营商环境可能比别的地方好一些。全国这个数字是78%。比如重庆占到67%，它的负债率很高，广西占到68%。这个数字在某种程度上表明深圳的城市竞争力在提升。

深圳综合竞争力全国第一

中国社科院有一个评价，说深圳综合竞争力全国第一。排行榜指标当然有各自的缺陷。但是至少从这个指标来看，它的确有竞争力。

财政收入增长的来源，主体来自制造业和服务业。别的地方在产业结构调整的时候，可能把制造业赶跑了。比如金融危机时，为什么香港就比较麻烦？97%都是服务业，它几乎没有制造业。反观新加坡，新加坡的地盘比香港小，人口比香港少。直到现在，新加坡仍然有26%~27%的制造业。城市经济结构的优化，从某种程度来讲，不能全搞服务。

在这种新常态下，结构的优化，现代服务业的发展，也是深圳很重要的特点。在金融危机之前，2007年、2008年，深圳服务业还低于50%。这两年，服务业的比重迅速提高。到2014年，已经到了57%。

当然，我们的服务业主体仍然是生产性的服务业，比如金融、信息和软件，批发与零售，仍然跟第二产业之间有关联。我们的金融业在国际上的影响力在不断上升。

这里我引用伦敦金融城排名。大概在七八年前，这个排行榜中还没有深圳。现在深圳排在第16位。

令深圳非常自豪的一个指标就是全社会研发投入占GDP的比重，我们在4%，全国平均水平在2%。深圳有多少大学？有多少国家研究机构？很少。我们现在正在筹备几所大学。但是，一下子还没有完全见成效。这些研发投入，主要靠企业，特别是民营企业，其实是我们经济内生动力的一个很重要的因素。

全国 PCT 的国际专利，有一半来自深圳，这也是深圳非常引以为豪的。

对深圳来讲，我们还有一个很大变化，原来我们都是外向经济，OEM，就是靠出口。过去 5 年，深圳工业品的内销率在不断地提高，也意味着我们很多的产业、很多的企业已经不完全靠出口了，内需市场、国内市场已经成为我们很重要的一个点。我们整个出口结构，刚开始我们是以富士康这些外资企业为代表，现在我们以华为这些民营企业为代表，份额也发生了很大的变化。出口结构也发生了很大变化，包括高科技产品的出口，当然传统产业仍然占据很重要的位置。

我们引领新常态还有一个很重要的特点，我把它称为经济增长与能源消耗的"剪刀差"。什么意思呢？就是经济总量我们在往上走，但是我们的能耗在往下走。很明显的是一个"剪刀差"。实际上这是我们的经济结构优化转型升级的结果。

我们实际上已经实现了结构转型。我们的灰霾天数在减少，PM2.5 在全国我们是倒数的，我们跟拉萨、海口可以排在一起。我们的房价可能涨，也可能同空气好有关系。第六次党代会特别把深圳定位为一个现代化、国际化的创新型城市。其实把它定位为创新型城市，意味着深圳的结构优化和调整，出现了更加明确的定位。

到 2020 年，深圳的研发投入、GDP、居民人均收入将上一个新台阶。我们称之为全面建成小康社会的愿景。

有很多重要机遇让我们抓住

这种引领的新常态，跟我们国家面临的重大机遇有关系，包括"一带一路"提供的这样一个机遇。这种新常态，不光是被动的，还应该是主动的；不光是适应的，还应该是引领的。在这样的新格局下，深圳怎么发挥作用？我引用一句很时髦的话：世界这么大，我想去看看。深圳人最想往外走。对于我们来讲，"一带一路"本身很重要，是示范。什么意思呢？在国家重大政策面前，你一定有重大的政策机遇、市场机遇、平台机遇。有些人觉得，这是不是比较虚？以我的看法，一点都不虚，因为它意味着有很多重要机遇让我们抓住。对深圳来讲，我们既有基础，也有条件成为国家战略重要的支撑和枢纽城市，叫国际化、创新型城市。提升深圳的国际化水平，"一带一路"本身就是我们重要的机遇。

我提出几个很重要的建议，大家听一听，看看有没有道理。

第一，我们要打造国际化综合交通枢纽中心，海陆空全面对接。现在我们的港口、机场、高铁已经不错了。但是我觉得，离国际化综合交通枢纽中心还有距离，我们还有很多不方便。我们出行、我们现在出国，还经常要到香港去。

第二，打造深圳国际贸易中心，率先建设网上丝绸之路。现在跨境电商已经是一个很重要的机会。

第三，就是建设国际科技创新中心，研究怎么跟沿线国家大学、研究机构共享发展机制。

我们已经有很好的产业，也有很多产业园区，怎么样跟沿线国家共同发展，我觉得很重要。其实我们研究院已经开始给非洲一些国家提供建议，帮它们建特区，把深圳的一些经验输出去。很多国家说，深圳是个奇迹，你们能不能帮我们也建一个像深圳这样的城市？我们现在已经开始帮它们做。当然很重要的是人民币的国际化。这也方便深圳的跨境金融，特别是前海、蛇口自贸区，这个作用非常重要。当然还有人文交流和会展旅游，包括智库作用，包括本身开展城市交流。

这是我讲的第一个方面。在这种新常态背景下，我们要从适应新常态到引领新常态，抓住"一带一路"的机会，使深圳建设国际化、创新型城市再上一个台阶。

民营企业地位有实质性提高

在这种新常态背景下，深圳民营企业有什么样的新机遇呢？我概括有几个方面。

第一，民营企业的地位会有实质性的提高，这也应该成为一种新常态。我专门比较了十八届三中全会提出来的改革文件，以及我们现在的宪法。我概括为，十八届三中全会专门提出"两个都是""两个同样不可侵犯""三个平等"。照我看来，对民营企业的发展都是很重要的突破。

什么叫"两个都是"？十八届三中全会是这样说的：公有制经济和非公有制经济都是社会主义市场经济的重要组成部分。我们对照宪法第十一条，它是这么表述的："……非公有制经济，是社会主义市场经济的重要组成部分。"大家看，这两句话是不是有所区别？十八届三中全会讲，公有制、非公有制都是；宪法里面第十一条只讲非公有制是它的重要组成部分。这个含义我觉得不太一样。

"两个同样不可侵犯"，用现在的提法，叫"公有制经济财产权不可侵犯，非公有制经济财产权同样不可侵犯"。宪法第十二条、十三条规定，公共财产神圣不可侵犯，公民合法的私有财产不受侵犯。仔细地看，意味着公有的神圣不可侵犯，私有的不受侵犯。换句话说，偶尔侵犯你一下，也不是不可以的。现在看，同样不可侵犯，我很重要，你也很重要，这不一样。我重要，你也重要。仔细地看，别看玩这个文字，在法律上它是不一样的。

什么是"三个平等"？现在我们提出：坚持权利平等、机会平等、规则平等。在宪法里，我们特别强调：国家保护非公有制经济的合法权利和利益。特别提出保护。但反过来讲，怎么保护？如果你没有坚持权利、机会、规则的平等，你怎么保护我？以我的看法，这对整个民营企业的发展，无论在法律上也好，还是在整个理念上也好，应该讲发生了很重要的一个变化。

当然，在深圳民营企业里，既有大企业，也有小企业。但是，我们的国有企业占的比例非常小。今天我们讲混合所有制，实际上深圳20年前就已经开始混合，开始国有企业改革了。到今天，才会有这样一个局面。

我引用媒体采访万科董事长王石的一句话。他讲："深圳是一个尊重市场、尊重人才、尊重创业的地方。"他的原话是这样讲的，他说，"35年过去了。深圳仍然是创业的热土，中国民营企业最优秀者依然集中在深圳，'小政府、大社会'的优势仍在，当年袁庚老一辈留下的创业奋斗精神仍在。虽然城市的前沿产业在不停更替，但深圳尊重市场、尊重人才的氛围一直没有改变。"王石是我比较尊重的企业家，我觉得他的观点比较客观，他不光在深圳，也在全国投资，在全世界游学。

政府角色发生变化

第二，政府和市场的角色变化，让企业家发挥作用，应该是一种新常态。企业家是什么？企业家不是按学历去划分的，不是说我是博士，你是大学生，或者你高中毕业。恰恰相反，企业家强调的就是冒险、市场、果断、创新。习近平总书记怎么理解企业家精神？他说："我们全面深化改革，就是要激发市场蕴藏的活力。市场的活力来自于人，特别是来自于企业家，来自于企业家精神。"我专门研究过，以前的国家领导，在APEC会议上，都没有把企业家精神放到这么高的位置上。他们最多就是讲，你应该传递企业家精神。传递是什么意思呢？就是国际上你有企业家精神，你到中国来传递传递。但是，习总书记就是针对中国企业家讲的。后面那段话，实际上是对政府讲的。"你该放的权要放好，该制定的规则要制定好。"最后一句话，"让企业家有用武之地"。

这两段话表明，政府和企业之间、政府和市场之间应该是什么关系。从顶层设计角度看，我觉得至少从习总书记的理念看，政府和市场、政府和企业的关系讲得很清楚。

营商环境好不好，应该让企业来说，让市场来说。企业说你好不好，就是成本降低了多少。对企业来讲，最核心的就是成本。这个表达不是我的意见，世界银行对营商环境的评估，就是按照企业的生命周期来评估的。从企业创办到企业死亡，一共 10 个领域，看看全世界这些企业成本究竟怎么样，这样才能说你的营商环境怎么样。

对深圳来讲，为什么 2013 年我们启动商事登记制度改革？对于我们来讲，就是降低企业市场经营门槛，降低企业成本。就这一下，2014 年就有 20 多万户企业落户深圳。李克强总理专门到国家工商总局说，赶紧把这个商事登记制度进行改革。深圳 2013 年改的时候也很难，冲破了很多阻力。你仔细地看政府和市场这种关系，政府自身的改革也不是那么容易。

2012 年，深圳启动了社会组织改革。现在我们有光启研究院、华大基因研究院。很多科研类的民办非企业单位，都在哪里注册的？都是在深圳民政局的社会组织管理局注册的。我们吸引了一批科学家、一批研发团队到深圳来，降低了办企业的门槛，特别是办科研型企业的门槛。过去这几年，重大的新型的科研机构，深圳就发展了 50 多家，实际上加在一起 170 多家，分布在交通、航空、互联网、新能源、新材料、电子、生物医药各个行业。

我概括一下政府要做的事。你该放的权要放好，你该改革要改革好。同时，你要提供好的公共服务、好的环境，包括教育、医疗。往常企业家讲，市长，你把教育搞好，你把医院建好，你把路修好，你把交通搞好，怎么开拓市场是我的事。对于政府来讲，很重要的是人才和人力资本。人力资本不完全是以你的文凭来定的。硅谷指数报告第一句话就讲：People is the most important asset in Silicon Valley。什么意思呢？人是硅谷最重要的资本。深圳政府营造了这个环境，各类冒险创新的人到了深圳，深圳才有了今天。刚才我们讲了，空间构建、产业政策，核心是降低企业成本，我们的政府做了这些事。

人口红利继续存在

第三，创新驱动还可能成为我们很重要的新常态。刚才我提到了，注重人才，鼓励技术、业态、商业模式创新，更加注重科学技术的研究和开发。这些东西，都会成为深圳新的常态。

前20年，深圳的发展、全国的发展靠什么？靠农民工。当时，我们的劳动力比较便宜，每年有1000万农民工转移到城市。当时的深圳有很多类似于OEM的制造加工企业。过去十几年里，大量的大学生加入，每年有700多万大学生毕业。我们的大学生应该讲相对比较便宜。现在，我们每年有将近50万留学生在国外，总有一部分要回来创业。企业抓住人口红利的发展机会，它的产业发展、它的新业态，也出现了不同的趋势。

一是1.0版本的企业，以富士康为代表。富士康在深圳最多的时候有40多万人，全国有120多万名员工，进出口占的比例很大。这几年，富士康不断地开始在全国其他地方发展。深圳已经没有那么大的地方让这样类型的企业发展。

二是2.0版本的企业。华为和富士康几乎同时在深圳成立。在人口红利1.0版本的时候，富士康这一类型的企业在深圳的发展中起到了非常重要的作用。但是，随着华为崛起，其每年投入的研发费用，像2014年达400多亿元，它的研发投入占到它的收入的14.7%。华为本身就利用了人口红利的2.0版本。

三是3.0版本的企业。新一轮的留学生回国，现在只是刚开始。在未来，我们还有大量留学生团队往回走。以光启为代表，5年前才注册成立，现在它的员工90%在35岁以下，外籍全职科研人员来自不同的国家。光启到深圳，靠的是民间投资和一些风险投资。后来，政府给了它支持，现在在这个领域里，其专利已经占有全球专利总数的86%。现在光启已成为深圳很重要的新产业、新方向。

从1.0版本到2.0版本到3.0版本，其实深圳抓住了人口红利不同的机会，创造了企业发展的业绩。

我们正在打造国际创客空间。因为深圳本身是全球硬件产业基地，所以很多创客集聚在深圳。深圳政府也觉得这是很重要的机会。在国家层面上，也觉得创新驱动，把创客的力量发挥出来，可能会引导我们新一轮的发展，可能会走向新的驱动。

不光在华强北，其实龙岗、南山都出现了很多创客空间。国家出台了《关于发展众创空间推进大众创新创业的指导意见》。深圳市政府也提出打造国际创客中心，吸引全球创客到深圳来发展。所以，深圳特别提出"四创"战略——创新、创业、创客、创投，把这"四创"结合起来，提出一个目标，到2017年底，创客空间数量要达到200个，创客服务平台要达到50个，创客要超过10万人。"四创"的战略，我觉得其实可以看成人口红利3.0版本的升级。因为这个市场不光有大学生，还有国外的留学生团队，其实就是把深圳很重要的创新驱动的各种要素集聚在一起。创投，就是我们的金融资源。

成本优势还在

在这种情况下，我们来看深圳民营企业如何抓住新常态下这样一种重要机遇。

第一，仍然是人才红利机遇。

随着工资增长，制造业的成本在不断上升。前段时间，波士顿集团有一个报告，说中国制造业成本已经相当于美国的96%。但我们的研究人员发现，这有点误导。虽然我们成本在上升，但实际上人口红利没有完全结束。

我们和著名经济学家樊纲教授写过一本书，叫《农民工早退：理论、实证与政策》。谈它的原因、制度等。什么意思呢？经过调查我们发现，很多农民工到了二十五六岁，他必须回去了，原因是：第一，结婚；第二，可能找了一笔钱盖房子。同时，生孩子。之后，有些人还可以回来，有些人可能就不回来了。我们大概算了一下，有10%的人早退，不到30岁其实就过早地退出了劳动力市场。什么意思？他已经不再是一个完全就业的劳动力，他只是在家里打点零工，或者干点农活，或者看看孩子。这种情况，我们称为农民工早退。我们给国家建议，如果我们在制度上能够把这一部分人解决，那么我们的人口红利还将继续存在。

我举个例子。比亚迪在深圳能够迅速地崛起，其实它就是造电池的，后来王传福造车，现在他做新能源。2009年，我们的研究团队给比亚迪做新能源汽车规划。我们当时就很纳闷，他们怎么一下子搞汽车了呢？汽车科技含量高，你靠什么打败其他国际汽车巨头？后来我发现比亚迪造车从头至尾70%是自己造的。我们知道，国际上造车都是模块化生产，大规模定制，全球供应链管理。什么意思？早就不是自己来造了，都是各个厂家分工造。但是，比亚迪从水平分工到垂直分工，一反传统，自己来造。成本是它控制中的一个决定性因素。一句话，我们的大学生、工程师跟美国比，我们还是便宜的。虽然我们的工资在上涨，但我们还有竞争力。我调查了深圳好多企业，为什么企业搞研发的动力那么大？很多企业一搞研发，发展得很快，因为成本优势在这里。

另外一个例子：华大基因。汪建称他是科技民工。什么意思？华大基因来深圳之前，在北京、杭州、上海其实都不怎么样。到了深圳，发展就很好。为什么？第一，深圳人才环境好，他能找到很多好的大学生、研发人员。第二，深圳有良好的IT环境，有很好的配套环境。生物科技离不开IT。所以，现在深圳努力地打造BT＋IT，生物科技加上信息技术。华大基因有很多年轻大学生，每年深圳在 *Nature* 和 *Science* 杂志发表了多少论文？这些人发表完论文以后，就不停地把它产业化。所以，华大基因产业前景非常广阔。不光是农业，大健康、生命科学，各个领域它都可以进入。以我的看法，仍然跟成本有很大关系。

公司治理结构非常有效

第二，抓住产权结构变革的机遇，建立公司有效的治理结构。

为什么深圳有那么多民营企业，而且这些家族企业的烦恼比较少？其实深圳20多年前就开始实现混合所有制了。国资、民资、外资，可能早就相互混在一起，这是深圳非常重要的特点。我们早就开始产权多元化了，我们早就建立了一个职业经理人市场，我们早就开始管理规范化，我们早就建立了一个充分的激励制度。

比如大名鼎鼎的万科，刚开始它是国有控股企业，王石是职业经理人。到后来，民营企业前海人寿买了万科股票，成为第一大股东。比如中兴通讯，原来它是国有企业，有一部分还是从外资出来的。像华为，任正非是从部队的研究所出来的。

不断地出现新的业态

第三，深圳的企业抓住了"互联网＋"的机遇，跨界融合，不断地出现新的业态。比如这个企业搞研发的人可能只有 200 人，还有 1000 人干什么呢？营销、设计。究竟我们应该把它算成什么？这种跨界的融合非常明显。比如万科是搞房地产的，华大基因是搞基因的，但它们合作在老挝、柬埔寨圈了一大片地，干什么？种树。就是用华大的基因技术，种出一种适合将来万科造房子的树，这种树要求很轻薄、很环保，现在行业和行业之间不断地出现了这种跨界联合。

资本市场助推创新

第四，资本市场的机遇。深圳证券交易所对深圳发展贡献非常大。有些民营企业还到海外上市，到新加坡、中国香港，甚至澳大利亚、美国。通过这种上市，不仅改善了它的治理结构，也加强了公司管理，同时扩大了公司的市场影响。

腾讯在 1998 年成立，2004 年在香港联交所上市。大家看，2004 年腾讯实现收入 11 亿元，净利润 4 亿元。2014 年，腾讯实现收入 789 亿元，净利润 304 亿元。收入增长 70 多倍，利润增长 70 多倍，股价最高的时候增长 500 多倍。如果不是上市，腾讯本身的发展可能达不到今天这个程度。上市以后，它具有了融资功能。现在腾讯大量地在上下游之间进行并购，成立了微众银行，这是全国第一家互联网银行。

讲到创新，不光是技术创新，也涉及模式创新、品牌创新。对于很多民营企业来讲，我今天好像转型升级了，我成功了，实际上你总是在路上。你今天不上进，明天你可能就退出了，这是非常重要的。

转型升级本身是机遇

第五，我觉得还有一个很重要的机会，就是抓住走出去的机会。今天我们走出去，跟 20 年前、30 年前走出去完全不一样。现在我们不仅有自己的品牌，还有自己的技术。我们已经由被动变为主动。比如中集，2014 年有 6.4 万员工，收入为 700 亿元，净利润为 25 亿元，占有全球集装箱 50% 的市场份额。实际上，中集从装备制造到海洋工程，到海洋金融，已经形成了设计—建造—运营—金融的全链条产业。以我的看法，这种走出去对我们企业转型升级的影响非常大。

华为 2014 年的收入是 2870 亿元，70% 来自海外市场。海外也是农村包围城市。刚开始走向一些发展中国家，到今天，华为已经进入欧美市场。它现在的研发是全球化的，在全球有 16 个研究所，它的员工超过 15 万人，一半员工来自全球。它的高管，大部分来自海外，市场来自海外，实际上已经是一个全球跨国公司。

当我们讲市场的时候，这个含义已经不光是消费市场，还涉及全球人力资源配置、全球科技资源重组。这对我们走出去非常重要。

毗邻香港得天独厚

第六，当然还有一点，深圳毗邻香港。香港是国际金融中心、国际贸易中心、国际航运中心。香港的服务业在全球很厉害，香港仍然是全球最自由的经济体，排在第一位。当然，香港的产业结构比较单一，楼价比较高，年轻人缺乏流动性，它的结构出了问题。但香港本身是国际金融中心。另外，香港有几所大学在国际上都很牛，它有相当多的科技和研发资源。这是深圳比较得天独厚的地方。

大疆科技是深港科技合作的典范。汪滔本身就在香港科技大学学设计，然后在深圳创业。香港行政长官梁振英问他，你在香港不创业，为什么到深圳来？他讲了，深圳这个环境不光有利于人才滋养，还有相关配套，不仅技术很好，价格也很便宜。但是，它的法律、它的营销，可能还在香港。所以，香港本身并不意味着没有作用。深港之间的这种关联，以我的看法，现在还远远没有充分利用。

现在我们把前海打造为深港现代服务业的一个合作区。但是我觉得，光前海不够，香港有它的问题，但并不意味着它就不行了。

让我们和这个城市一起成长、改变、突破

我的结论是，让我们和这个城市一起成长，一起改变，一起突破。我时常讲，深圳政府从来没有大规模地招商引资，也不靠国家给我们多少大项目，我们都是本土成长的企业，都是白手起家。深圳的发展，就是企业家成长的历史，就是不断地培养和贡献企业家的历史。这就是我们深圳。引用巴菲特一句话："做你从来没做过的事情叫成长，做你不愿意做的事情叫改变，做你不敢做的事情叫突破。"我把巴菲特这三句话连在一起，叫"让我们和这个城市一起成长，一起改变，一起突破"。

谢谢大家！

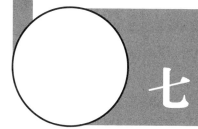

七

国学养生

中国传统诗歌的魅力

林　峰

林　峰

《中华诗词》编委，香港诗词学会创会会长，《香港诗词》主编，香港诗词学会网站站长，香港文艺出版社社长兼总编辑。曾任《环球华人企业家》副总编辑、《世界华人天地》总编辑。已出版《天声海韵》2集。主编《近四百年五百家诗选》及《中华近代慷慨诗词选》等大型文献性书籍10余部。

今天，我是讲者，但也是学生。很多问题都是本人的一管之见，学问贵在自由，不是人云亦云，不是拾人牙慧。体现的是自己的意志，而不是按他人的意见照本宣科。故我今天的演讲，除资料性的以外，全是本人见解，旨在互相学习，共同提高。

我分成四个部分与诸君一起讨论。第一部分，诗和诗人；第二部分，诗的魅力；第三部分，诗的源流；第四部分，魅力无穷的毛泽东诗词欣赏。

第一部分：诗和诗人

要了解中国传统诗歌的魅力，首先必须知道什么是诗。

什么是诗，自古意见纷纭，各有各说，莫衷一是。

但，究竟诗是什么？诗人又是什么呢？我认为，诗是民之气，国之魂。气正而养和，魂灵而邦立；诗是中华文明之如磐基石，文明兴而礼义举，磐石固而家国强。是故，古有趋庭之训："不学诗，无以言。"我想，这就是"什么是诗"的最高解释。

3000 年来，中国文学史，大半是诗歌史。故，我国有诗国之称，诗人之多亦如恒河沙数。以诗为主体的大中华传统文化，已使我们成为文明古国而使世界辉煌，它承载着 3000 年的光辉岁月，荡起了使人荡气回肠、惊心动魄的历史洪波，刻下了无数悲壮忧伤、豪迈雄浑的民族脚印。以诗为主体的大中华传统文化始终是中华民族的脊梁。它支撑着中华民族的大厦，使中华民族这座摩天大厦始终屹立不倒，矗立在中华民族的大地上。因此，诗既是源远流长的江河，又是卓立千古的山岳。

中华传统诗人，始终是顶天立地的诗人。《尚书·尧典》曰"诗言志"。在清代，叶燮进一步深化了"志"的基本要义："志高则言洁，志大则辞宏，志远则旨永。"诗品表达人品。

诗歌是表达感情的艺术。诗歌的创作过程，即诗人人格通过艺术折射出来的过程。有什么样的诗人，就有什么样的诗。《诗经》开篇有"关关雎鸠……君子好逑"；《楚辞》有"路漫漫其修远兮，吾将上下而求索"；杜甫有"朱门酒肉臭，路有冻死骨"；李后主有"问君能有几多愁，恰似一江春水向东流"；岳飞有"驾长车，踏破贺兰山缺"；李清照有"生当为人杰，死亦为鬼雄"；辛弃疾有"醉里挑灯看剑"；陆游有"铁马冰河入梦来"；袁崇焕有"忠魂依旧守辽东"；夏完淳有"缟素酬家国，戈船决死生"；秋瑾有"拼将十万头颅血，须把乾坤力挽回"；毛泽东有"马蹄声碎，喇叭声咽"，"苍山如海，残阳如血";叶剑英有"文山去后南朝月，又照秦淮一叶枫"……这些诗人之人格，何其伟大；这些诗人的诗篇，何其千秋不朽！这是伟大诗人通过伟大诗句折射出来的伟大魅力！

千古以来，诗的艺术魅力之所以永恒不尽，是因为诗人是具有崇高理想的一群人；诗人是用伟大的感情力量召唤人类良知的呼唤者；诗人是笔参天地、气挟风雷、爱及黔黎的至性平民；诗人是守法度、知人情、爱家国、明理守道的至情君子。因此，万千年来的万千诗句，只告诉我们一件事：诗是民族情怀、民族气节、民族风尚、民族度量的发扬者和开拓者。古人有云：欲成非常之功，必待非常之人。诗人就是掷地有声的一群非常之人。昔日英雄无路、壮志难酬的不平块垒，如今已不复识矣。

面对千古江山、伟大民族，诗的魅力就是诗人笔下呼唤出来，流淌着动人心魄的空灵妙应。而这些空灵妙应又必须建筑在诗人对世界的真正认识和真正的动情上。只有诗人在对长天呼出浩叹，在对大地注入深情，在对民瘼融入关心之后，再穿过历史的时空，去拷问、去审视自己的心灵。只有诗人在无愧于心、无恐于世、无畏于人的时候，只有诗人在与国家民族同进退、共死生的时候，才能写出直扑读者心灵并与之共鸣的诗。只有这样的诗，才是惊风泣雨的千秋之诗；只有这样的诗作，才能尽显诗的魅力，诗者才能无愧地、挺起胸膛地说：我们是诗人！

然而，当代可有不少"名诗人，实不诗人"的人。他们中间，志洁行廉者不众，言悖情乖者却不寡。正当广开言路，百家争鸣之时，诗道分扬，词林分野，更宜弘扬国粹、纠偏矫枉。溯辞宗，止妄言，明诗道，正词风，而使文风淳、学风正，而使好为人师而又诗道不彰、好作时贤而又贤才不达者重归正途，使诗坛承前启后，继往开来。继承诗经、楚辞、汉赋质朴辞丽、抒志兴情之风，弘扬唐诗、宋词、元曲流畅淋漓、酣深超卓之气，使诗的魅力无穷，而使后世歌之、唱之、吟之、咏之。我想，这就是中华诗人为中华传统诗歌所应有的职责！

483

第二部分：诗的魅力

不用翻书本，不用寻章摘句，也不用引经据典，溯本追源，只要是喜欢诗的人就会知道诗有无穷的魅力，中华民族用3000年的日月同辉铸造出来的诗魂，已凝铸成了神州的国魂和民族之魂！

诗歌的魅力一直伴随着民族行进的步伐，永不休止地推动着中华民族的历史，昂首前进！

上古时代，就有"日出而作，日入而息。凿井而饮，耕田而食"这歌颂淳朴自由的《击壤歌》。

秦吞并天下，六国合纵而不能弱秦，燕处于秦鲸口之下，历史上"荆轲刺秦王"的故事悲壮地发生了。"风萧萧兮易水寒，壮士一去兮不复还"的慷慨悲歌一直流传至今，仍掷地有声。南唐烟消云散，李后主又留下了"问君能有几多愁，恰似一江春水向东流"的哭国哀音。牵机药（置南唐李后主于死地的一种毒药）的出名之处在于它可以把李后主41年的生命和南唐39年的江山抛入大海，却不能阻止《虞美人》成为千古绝唱！

历史从陈桥兵变建立起的北宋走到了"靖康耻，犹未雪"的南宋。诗歌也从岳飞的"仰天长啸，壮怀激烈"吟到陆游的"心在天山，身老沧州"的郁郁心酸。南宋王朝虽然在"杭州当汴州"的"西湖歌舞"中，在文天祥"人生自古谁无死，留取丹心照汗青"的沉雄慨叹声里送给了元人，而《过零丁洋》的浩然正气却长存天地！

历史上蒙满势起，诗人笔下都涌动起不屈的民族气节。宋亡入元是如此，明失之清亦如此，而诗人留下的铿锵玲珑的诗句，亦是一脉相承。"不信有天常似醉，最怜无地可埋忧"，"望断关河非汉帜，吹残日月是胡笳"，这又是在民族危难中表现出来的奇情壮采！

抗日战争是最典型、最惨烈的民族战争，在山河碎裂、苍生水火之中，诗人们又以气壮山河、心雄万里、光昭日月、血碧千秋的笔力留下了无数闪耀长空的诗句。"热血由他埋北海，头颅留我炸东京"，

"文山去后南朝月，又照秦淮一叶枫"。一颗报国之头，一片南朝冷月，已使风云叱咤，扶桑鼎裂。中华民族终于在自己的血和肉筑成的高台上，用无数诗句簇拥而成的审判台上，接受了魂销魄断、不得不放下屠刀的倭寇签字投降。

"戍鼓断人行，边秋一雁声。"在伟烈的诗魂铸造的国魂、民族魂里，反战、为苍生鸣不平的诗句，始终是飘动在民族心灵中一条带血带泪的黄带，而无数流动在民族长河里的大唱大吟，始终守护着神州大地的江流，使她纯洁向前，清澄亮丽，万古千秋滔滔滚滚……

《诗经·魏风·伐檀》中"不稼不穑，胡取禾三百廛兮？不狩不猎，胡瞻尔庭有县貆兮？彼君子兮，不素餐兮"这样一针见血的诗篇，就伴随了劳苦大众 3000 年的伐檀声。虽然 3000 年的伐檀声未能给劳苦大众带来根本改变，哪怕是伟大诗人屈原，"路漫漫其修远兮，吾将上下而求索"，纵使是"虽九死其犹未悔"也只能以"长太息以掩涕兮，哀民生之多艰"而最终走向涉江、走向怀沙，沉入汨罗。直到 1000 年后的杜甫，还是以"君不见青海头，古来白骨无人收"而惨呼惨叫，依然还是"朱门酒肉臭，路有冻死骨"，依然还是"歌罢仰天叹，四座泪纵横"而终古斜阳。直到忠烈似火的文天祥，也只能捶胸顿足呼出"骨肉凋残唯我在，形容变尽只声存"的无可奈何。甚至，20 世纪的黄恨园（名秉忠，字恨园，梅州市蕉岭县人。抗战期间，他在梅州《中山日报》副刊主编任上投笔从戎，参加十万青年赴远征。抗战胜利后在上海主编《宪艺月刊》）仍然在"君子作歌，维以告哀"，仍然在大呼"贵客高楼买醉日，哀鸿露宿断炊时"这样痛心疾首的诗句。

虽然，这些诗句，在强大的斧钺之下，未能解苍生于水火，救民族于倒悬，但这些充满爱国情、民族恨的诗句，在我们诗的园圃里依然像一朵朵鲜红似火的山花，发出感人的魅力。

这就是中华民族能够卓立千秋的民族之魂；这就是中华民族能够浩气长存的精神柱石。

所以，诗是最儒雅、最洁净、最神圣、最高古的文学体裁，真正的诗人是世界上最完美的人群。

因此说，诗是文学中最使人动情的一种形式。它用最简约的语言，表达最完美的境界；它用最优雅的辞藻，表达最高古的胸怀；它用最含蓄的情致，表达最深长的心声；它用最和谐的声律，表达最天真的隽永。所以诗是人们最高追求！作为诗人，我们要为此而骄傲，为此而成为最高尚的人！

第三部分：诗的源流

（一）诗的起源

诗的起源是歌谣。南齐沈约说："歌咏所兴，宜自生民始也。"诗发乎于心。刘勰说："物色之动，心亦摇焉……情以物迁，辞以情发……是以诗人感物，联类不穷。"自然万物无穷，而诗亦无穷矣！

（二）《诗经》——中国最早的诗歌总集

《诗经》的作者无可稽考，它产生于西周至春秋时期的中原地区。据司马迁的《史记》说，古诗有 3000 多首，经过孔子删去大部分，取其礼乐部分，只存 305 篇，但后人多认为孔子无删诗，但有正乐之事。这 305 篇诗，称为"诗三百"或"诗三百篇"。其中，国风 160 篇，小雅 74 篇，大雅 31 篇，颂 40 篇。

从体裁上分为风、雅、颂。

风——有 15 国风，即 15 国之民间歌谣。

雅——分大雅和小雅。朱熹说："雅正也，正乐之歌也。"小雅是宴会之乐，大雅是朝会之乐。

颂——颂是歌颂，歌颂宗庙、朝廷的功德。

从诗的作法上分为赋、比、兴。

赋——直言其事，平铺直叙。

比——以物喻志，以彼物比喻此物。

兴——先言他物，由他物而起兴、而发端。

孔子说："温柔敦厚，诗教也。"以诗教化人，必须温柔敦厚，不直接斥责，用高度的艺术手法。所以孔子说："《诗》三百，一言以蔽之，曰：'思无邪。'"

（三）诗发展之源流派出

《诗经》是我国最早的一部诗歌总集，也是诗歌的始祖，文学的大源。现将其在诗方面的发展概览作如下表达：

《诗经》—楚辞—汉赋（赋是介于诗与散文间的体裁）—汉乐府—魏晋南北朝的五言古诗—南北朝乐府—唐诗—唐、五代词—两宋词—元曲—明诗—清诗—清末民初诗—当代诗。

（四）楚辞——楚人的辞赋

1. 楚辞，因为其主要作者屈原和宋玉是楚人，居楚地，书楚语，名楚物，作楚声，它具有楚国特有的各种性质，所以叫楚辞。楚辞之定名从《史记·张汤传》开始到清代王夫之的《楚辞通释》都有"楚辞"之说，所以楚辞的名称便固定了下来。

2. 楚辞导源于《诗经》，《诗经》产生于中原，楚辞产生于南方，其句式长短不一，句中的"兮"字为其中特点。

3. 屈原和宋玉是楚辞的开辟者。

屈原：楚国伟大的文学家，也是我国卓越的政治家。《离骚》是屈原的代表作，全篇2490字，是我国古今第一长篇抒情诗，其文辞之优美，想象之丰富，音韵之铿锵，以及怀乡爱国之情、死别生离之痛，如汹涌江河、如巍峨山岳。它是中华文化史上第一部经典之作，它使屈原成为众星环拱之北辰。

宋玉：屈原逝后，出现了宋玉（或称是屈原弟子）。《史记》说宋玉"祖屈原之从容辞令"。宋玉最有名的辞赋是《九辩》，它是宋玉自传性的长篇抒情诗，以萧条的秋景描述了远行的凄怆和送别的愁绪，抒发了贫士的不平，以及羁旅的客愁和孤独的惆怅，将感情和自然融为一体，增强了诗歌表情达意的功能。千百年来文人雅士都推崇《九辩》，其对后世的辞赋产生了推动的作用。

（五）汉赋

汉赋导源于《诗经》、楚辞，开拓了辞赋的境界，汉赋代表作家有枚乘、贾谊、司马相如、扬雄。汉赋以后发展成古文（即散文）。

（六）汉乐府

"乐府"本是指掌握音乐的机关，音乐用于歌颂王室的功德，"诗三百"也是因为配上了音乐才保存下来。因为周室衰微，"乐府"的功能已淡退，到了汉代，朝政日盛，"乐府"又恢复和华茂起来。因为"乐府"所采集的诗歌大部分来自民间，因此"乐府"诗的人民性也特别明显，这类作品曲调清新，辞藻古朴，因而生命力也尤其旺盛。

汉乐府的代表作有痛恨战争的《战城南》《十五从军征》；有痛恨贫富悬殊，被逼上梁山的《东门行》；有描写男女恋情的《上邪》和最为人津津乐道的《孔雀东南飞》。《孔雀东南飞》全诗353句，共1765字，尽诉焦仲卿和刘兰芝千古同悲的爱情悲剧。这篇汉乐府中的杰出代表，与后来北朝汉府的《木兰辞》成为民间叙事诗之南北两大代表。

两汉乐府继承了周代民歌的现实主义精神，对后代文学有深远影响，在诗歌史上占有崇高的伟大地位。胡适说："一切新文学的来源都在民间。"

（七）魏晋南北朝的五言古诗

魏晋南北朝的五言古诗，来源于两汉乐府诗的五言句式。诗由四言发展至五言是一种进步，使句式多了顿挫、多了回旋，丰富了诗情和诗味的表达。它的代表作家有曹操三父子，以及陈琳、王粲、陶渊明、谢灵运等。对后世影响极大的《古诗十九首》便是从这条道路上发展起来的。

（八）南北朝乐府

继承了汉魏以来文风，文辞优美，格调清新。南朝乐府保存下来的有480多首，如《子夜吴歌》《大子夜歌》《乌夜啼》等；北朝乐府保存下来的有70多首，如《陇头歌》《折杨柳歌》《木兰辞》等。

南北朝乐府中的小诗，经梁武帝萧衍和昭明太子萧统父子的模仿，加上齐、梁声律的讲求，逐渐发展成了唐代的绝句。

（九）唐诗

唐代诗歌，光芒万丈，独步一时，唐代亦成为中华诗歌史上的黄金时代。

初唐至盛唐或中唐前社会升平，人心悠乐，诗自然在与社会相融之中，产生了新的形式。它排除了古体诗的陈古、宫体诗的轻浮，出现了近体诗严谨的格律。唐代的科举应试须考诗歌，致使唐诗盛极一时。由帝王、贵胄、官僚、文士，以至僧尼、道士、歌伎无不喜欢诗歌，作家之多，作品之丰，破历朝纪录。佛学之翻译，南朝沈约"四声"（平、上、去、入）的推行，都大大促进了唐诗的发展。诗风大振，诗人辈出，有如日丽中天，山登绝顶。唐诗革除了魏晋的模仿，洗脱了齐梁的靡艳，诗人都在独创风格、独辟蹊径。这时期大致可分成四大流派：

1. 山水田园诗派：以王维、孟浩然为代表。

2. 边塞诗派：以高适、岑参、王昌龄、王之涣为代表。

3. 浪漫诗派：以李白为魁首。

4. 现实诗派：以杜甫为领军。

李白被尊为"诗仙"，杜甫被尊为"诗圣"，这两位伟大诗人被称为古今诗坛的宗师。

中唐以后，边患频仍，民生凋敝，反映在这时期的诗，大致亦可分为三派：

1. 山水派：继王维、孟浩然后有韦应物、刘长卿等。

2. 险怪派：有韩愈、孟郊、贾岛，尤其韩愈的诗纵横驰骋，气势磅礴。

3. 社会派：有元稹、白居易、刘禹锡。

晚唐时期，有"晚唐三大家"之称的李商隐、温庭筠、杜牧，他们才华卓绝，其诗句巧情深。

近体诗格律的完成：

近体诗是与古体诗相对而言的，古体诗没有严格的声律，近体诗有严格的声律规限，近体诗也叫格律诗；

近体诗为诗歌开拓了宽广而辉煌的道路。

（十）唐、五代词

词是谱了曲调的文字，是歌词，但现在已脱离了音乐，纯粹是词了。

词又叫做"诗余"或"长短句"。

词有词牌，词牌是表示音乐性的曲调名称。

词一般分为上、下两阕，或称上下两片。

词的起源，说法不一，有说起源于《诗经》，有说起源于汉代乐府，根据现存的词作推定，大约产生于盛唐，流行于中唐。任何新文学形式的出现，都必然有社会依据，盛唐至中唐是社会比较安定的时期，词既然是具有音乐性的歌词，出现在这个时期，也就更可信了。

温庭筠是晚唐、五代词的先导，韦庄是这时期的出色词人。到了南唐，李璟、李煜、冯延巳最为著名，李后主被称为"词圣"。最后一阕《虞美人》中有"故国不堪回首月明中"之句，被宋太宗以牵机药毒死，终年41岁，真是"作个才人真绝代，可怜薄命作君王"。

（十一）两宋词

继唐诗以后，宋诗由于着重说"理"，而说理又并非诗的特有长处。因此，宋诗并未能继唐诗而灿烂。但是，宋词却在这时代独放异彩。

北宋的著名词人有晏殊、欧阳修、张先、晏几道、柳永、苏轼、秦观、贺铸、周彦邦、李清照等。而柳永终身事词，由小令而成为慢词大家；苏轼词开豪放词一派之宗；李清照词柔美清丽，为婉约之祖。

南宋的著名词人有辛弃疾、陆游、刘克庄、姜夔。辛弃疾词雄浑壮阔，气势卓荦，以"豪放"两字撼动词坛，与苏东坡前后相辉，并称"苏辛"；陆游亦属辛弃疾一派，词悲壮激昂；姜夔是南宋词格律派的领军人物，他的词格律严谨，意境清幽。

（十二）元曲

"曲"这一称谓，见诸两汉乐府的大曲、相和曲等名目，也见诸唐宋的词曲。词与曲分开后，词便成了文体，元曲出现后，曲也成了文体而不是曲谱了。有韵有律的文字写成了可以歌唱的词语，便叫做"曲"。它由词演变而来，又叫做词余，也是诗的延续。

元曲可分为散曲和剧曲，曲起源于北方，传播演化入南方，固有北曲和南曲之称。北曲以中原音韵为主，南曲以大江南音韵为主。

北曲以王实甫的《西厢记》为代表。

南曲以高则诚的《琵琶记》为代表。

关汉卿的《窦娥冤》是一出感天动地的社会悲剧。

王实甫的《西厢记》是一部描述男女爱情故事的杰作。

马致远的《汉宫秋》描述汉元帝与王昭君的爱情幽怨，情真意切。

白朴的《梧桐雨》写唐明皇与杨贵妃的爱情故事。

（十三）明诗

明诗以宋濂、"三杨"（杨士奇、杨荣、杨溥）形成的"台阁体"见称，迅速走向衰落。宋濂和"三杨"以相位见居，其诗充满雍和华贵之气，歌功颂德，了无生气。直到明代中叶以李梦阳、何景明为首的前七子以及随后而起的以李攀龙、王世贞为代表的后七子的出现才扭转衰落之势。前后七子主张文必秦汉，诗必盛唐，主张复古，反对"台阁体"粉饰太平的诗风，排除了明初百年来华靡卑衰之气。直到明末，李贽出现，他成了使明诗衰转清诗发轫的重要人物。李贽从人性论出发主张创作必须抒发己见，反对前后七子的复古诗潮，引发了明末公安、竟陵二派冲出复古樊笼，走向性灵天地，使后来的清诗重上坦途。

（十四）清诗

清代诗歌继明诗衰转以后，最终发展成可与唐诗相媲美的高峰。清初有钱谦益、吴伟业、龚鼎孳"江左三大家"；又有陈恭尹、屈大均、梁佩兰"岭南三大家"；稍后有浙西的朱彝尊，北方的王士禛，合称为"南朱北王"。乾隆时期，袁枚、赵翼、蒋士铨又被称为"乾隆三大家"，继"乾隆三大家"后，又有黄景仁、张问陶出来问鼎。黄景仁一生穷困潦倒，正是穷困潦倒才使他的诗深沉郁塞、不事浮华，使清诗又登上了一个高峰。他的《都门秋思》"全家都在风声里，九月衣裳未剪裁"之句，直打动当时的陕西巡抚毕秋帆，毕氏读了这首诗后，号啕大哭，泪流满面。随即托人周济了他500两白银，并为他捐得一职县丞。可惜，他来不及上任便逝去在入陕途中，年仅35岁。

张问陶诗重性灵，其才气不及袁枚，铿练却使袁枚难匹，他在《芦沟》一诗中写的"往日英雄呼不起，放歌空吊古金台"句，也许不是袁子才所能写出来的。

黄景仁的盛世哀音，直到道光、咸丰年间，由于政治的衰落，社会矛盾的激烈，逐渐演变成了清季的挽歌。这时最突出而又最具民主进步思想的诗人，首推龚自珍和魏源。龚、魏是近代诗歌的揭幕人，把诗坛推上新思维的境界。同时，林则徐、郑珍也在这时写下了情文笃挚、奇丽清苍的诗页。

直到同治、光绪期间，盛行由陈三立、郑孝胥、沈曾植等所主导的同光体。黄遵宪、丘逢甲发起诗界革命，清诗有的主张神韵，有的主张格律，有的主张性灵，有的主张肌理。清诗迈向前所未有的发展局面。

随着清诗的发展，词学复兴，词人达三千之众，直追两宋词家，堪比五代。清代最著名的词人有陈维崧、朱彝尊、纳兰性德。纳兰性德有清代李后主之称。

（十五）清末民初诗

随着清末民初维新运动的兴起，"诗界革命"的提出，黄遵宪、丘逢甲、康有为、梁启超、谭嗣同和严复作为"诗界革命"的代表人物，又使这时期的诗先声夺人。

这一时期，南社的成立，亦标志着诗坛的一番新气象。但南社诗人或以诗自鸣或以学问见长，各行其是，终未能形成一体。但陈去病、沈钧儒、邵力子、马叙伦、沈尹默等亦不失为诗坛大家。

回顾清诗，无疑具有非凡的文学价值，它是继宋、元、明诗之后在诗歌史上的一帜辉煌。无可置疑，元、明两代诗歌出现了卑靡倒退、一息难存的局面。清诗正是在这个时候高高举起诗坛复兴的大帜，在长期社会急剧转变的土壤上开出了超越元、明，直接与唐、宋对接的奇葩，使诗坛再次亮丽夺目。只可惜，对这一客观事实，不少论者却持不同意见：

章太炎说：唐以后诗，其语则不可诵；

王国维说：唐之后，后世莫能继焉者也；

鲁迅说：一切好诗，到唐已经作完。

这未必不是偏见。不错，唐诗是诗的高峰，它俯瞰着群山峻岭，宋、元、明莫能继焉者也。但是，诗到了清代以后，民族危难不断加深，清初产生了大批满腔浩然正气的节士诗人，清末又产生了大批感愤国事而呼天唤地的民族诗杰。这是时代赋以清及以后诗的特殊使命，也是唐诗所不能企及的奇情壮采。且看钱谦益"望断关河非汉帜，吹残日月是胡笳"，陈子龙"不信有天常似醉，最怜无地可埋忧"，叶剑英"文山去后南朝月，又照秦淮一叶枫"。像这样不胜枚举的诗句在唐诗中何处去找？何况毛泽东《人民解放军占领南京》更是唐诗所不能望其项背者也。

唐诗，确是中华诗史上的一座高峰。如果因为有这座高峰，就简单武断地认为没有另一座高峰的存在，这也许不是实事求是。由于本人对以上论断持否定态度，所以在 2007 年编了一本《近四百年五百家诗选》。这本诗选就以大量诗家，足以与唐诗媲美的优秀诗篇，对章太炎辈的"唐后无诗"之论作了一次反证。这是我对清诗及以后诗的高度评价。

（十六） 当代诗

1949 年以后，由于毛泽东不在青年中提倡旧体诗，使诗坛沉静了 30 年，直到改革开放后，诗坛才再度活跃，但活跃的结果是，又有不少人倡改旧诗。改是好，改非好，一时未有定论，这只有待我们新一代诗人去从容研究了。

（十七） 香港诗词学会的发展面貌

2006 年香港瀛海诗词学会成立后，2007 年由我任总编辑出版了《近四百年五百家诗选》，这一面向全国、面对诗史，以清诗为主体的、在中国诗坛上第一本前无古人的大型精装本，把清诗视为继唐诗后的另一高峰，以事实回答了章太炎、王国维、鲁迅等"唐后无诗"之说；把香港诗坛连接在中华诗坛的民族链上，使香港诗词中的人文景观更加亮丽夺目。

2008 年，香港诗词学会成立，成为由饶宗颐、丘成桐、刘遵义、章必功、施学概、郑家纯、许连进、刘麒子、何鹰、黄坤尧、刘卫林、唐大进、余鹏春、蔡丽双、胡东光、陈文岩、陈卿庭、蔡瑞义、傅善平等风流名士任荣誉顾问、荣誉会长，由 72 位大学教授、社会贤达担任顾问的诗坛组织。7 年来香港诗词学会做出了瞩目的成绩。

第四部分：魅力无穷的毛泽东诗词欣赏

20 世纪中叶之后的 30 年，格律诗词也与旧世界一样，走向荒无人迹的沙漠。这与新时代、新文化、新诗歌、新文学艺术的崛起不无关系。1957 年《诗刊》发表了毛泽东诗词 18 首，一时诗声千里，四海共吟。生新根而发新芽之"谬种"枝繁叶茂，在文学天地里一时无双。我正值年盛，家有书香，18 首诗词顷刻间就熟背如流。从此，我走上了诗词之路。如果有人问我为什么会爱上诗，答案也许就是因为毛泽东诗词的公开发表。

当时"厚古薄今"的批判笼罩着文坛、诗坛、学坛的每一处。吟诵毛泽东诗词，成了读书人神圣且无风雨的去处。18 首诗词给了我潜移默化的诗学影响。

2007 年，我编成《近四百年五百家诗选》，收入毛诗 10 首，并在简介作者的编目上这样写着："毛泽东，无产阶级革命家、政治家、军事家，中华人民共和国缔造者。是使中国社会发生历史上从未有过天翻地覆变化的健者；是敢以对社会帝国主义及现代修正主义说'不'并与之决战及取得胜利、赢得光荣、赢得全世界被压迫人民景仰的勇者；是终生不懈地巩固劳动人民政权，与修正主义作斗争、防止资本主义复辟的智者；是洁身奉公使共和国在民族历史上甚至在世界上最无污迹的廉者……毛泽东的诗豪放雄浑、意境高妙、成竹在胸、壮丽非凡。诚为古今诗家难以望其项背者也。"

这是我对领袖人格和领袖诗词数十年从未改变之固执主见，也是评论毛泽东诗词的思想基础。现在就让我录下几首凡诗家都耳熟能详的毛泽东诗词进行欣赏比较。

采桑子·重阳　　1929 年 10 月
人生易老天难老，岁岁重阳。今又重阳，战地黄花分外香。
一年一度秋风劲，不似春光。胜似春光，寥廓江天万里霜。

节届重阳，三秋已晚，梧桐霜冷，四野萧条，本是伤秋时节。王维有"遍插茱萸少一人"（《九月九日忆山东兄弟》）；杜甫有"重阳独酌杯中酒，抱病起登江上台"（《九日五首·其一》）；刘禹锡有"年年上高处，未省不伤心"（《九日登高》）。1929年的重阳，毛泽东眼看红军日益壮大，革命高潮快要到来，就像看见光芒四射、喷薄欲出的一轮朝日，就像看见躁动在母腹内快要成熟的婴儿，心情欣快。虽然人生易老，岁又重阳，今年的重阳却与往年不同，是"战地黄花分外香"。一年一度，西风劲起，虽然不似春光那样艳丽动人，却胜似春光，更有壮人色彩。"寥廓江天万里霜"，在时人看来是萧条肃杀的冷酷严秋，而在满怀胜利信念的毛泽东眼中却是胜似春光的"万山红遍、层林尽染"。战地黄花，霜天万里，重阳不也成了胜利者眼中的春天吗？

读完毛词《采桑子·重阳》，再读读欧阳修的《采桑子》。

采桑子　欧阳修

十年前是尊前客，月白风清。忧患凋零，老去光阴速可惊。
鬓华虽改心无改，试把金觥。旧曲重听，犹似当年醉里声。

欧阳修，自号"醉翁"，开笔就以"尊前客"自喻。为什么是十年前的"是"呢？因为十年前欧阳修正春风得意：出守滁州，再守扬州。嘉祐年间，拜礼部侍郎、枢密副使，擢参知政事，正是月白风清、春山绿竹之时也。无奈十年后老病羸躯，友朋凋谢。因反对新法，又受到王安石的弹劾排拒，甚至被人诬陷"帷薄不修，私从子妇"。历经种种不幸，十年前之月白风清却变成忧患凋零、孤松浴雪了。"老去光阴速可惊"，一个"惊"字，又如"波涛夜惊，风雨骤至"，惊出了两种截然不同的境遇。真是百忧感之于心矣！词入下片，鬓华已改，而虔心未变。现在又像十年之前的尊前客，举起大酒杯。重听旧曲，宛如又听到了当年的醉里歌声。虽然不无"谁识当年旧主人"之叹，却把激楚凄愁，淡然消散之怨，隐约于"忧患凋零"四字，温柔敦厚地概括了词人十年前后内心的曲折深沉。

毛词如白日秋光。壮怀慷慨，字字句句都力透纸背、入木三分，深刻表现出胸襟万里的革命本色。一句"寥廓江天万里霜"，直达古今词人。而欧阳词却怨而不恨，恨而不言。只以"忧患凋零"，尽诉怀中百感。毛词与欧阳词已轻重可分矣。

再读《忆秦娥·娄山关》：

忆秦娥·娄山关　1935 年 2 月

西风烈，长空雁叫霜晨月。霜晨月，马蹄声碎，喇叭声咽。

雄关漫道真如铁，而今迈步从头越。从头越，苍山如海，残阳如血。

娄山关，在贵州遵义北岭，是由黔入川的要道。遵义会议，是中国共产党在中国革命中的一次非常关键的会议，这次会议确立了毛泽东在全党全军的领导地位。娄山关战役是毛泽东以领袖身份领导的一次战役。这次战役的成败，考验着毛泽东的领袖地位在中国革命中的真正确立。战役胜利了，毛泽东赢得了全党、全军的最新肯定。

这阕《忆秦娥·娄山关》是战役胜利后写的，没有胜利后的一笔喜悦，也没有胜利者的一时亢奋。词人知道，中国革命的胜利，要靠无数的胜利连续起来，这里没有可喜悦之处，也没有可亢奋之由。这阕仅仅 46 字的小令，只是回顾了战役的悲壮，说出了战役惨烈的现实和未来日子的艰难，也鼓舞了中国人民对革命胜利的憧憬。

西风吹烈，雁叫长空，雪地冰天，凄清严酷。马蹄声踏破了晨霜晓月，喇叭声吹寒了咽咽秋空。刚打了一役胜仗，这支肩负中国人民命运的军队又在艰难的道路上出发了……

前进道路上无数雄关漫道，真如铁锁难越，这是红军看得见的艰苦现实。现在革命的军队又继续行进在西风寒角、喇叭残阳之中，迈开大步从头翻越前进途中无数如冰封铁锁的漫道雄关了。为什么是"从头越"呢？中国革命军队自 1927 年 8 月 1 日建立，到遵义会议的

7 年多里，党和军队都在"左"倾机会主义和右倾机会主义者手里，经历了多次挫折。遵义会议确立了毛泽东的领袖地位后，革命才以新的姿态展开，这就是"从头越"的主要含义。一个"越"字，以浓墨重彩写出了革命的艰难险阻。且看前面是如海的苍山，脚下是如血的残阳。用"苍山如海，残阳如血"八个字煞阕，大气横越，意象雄浑，奇志恢宏，浩怀壮绝，这真是千古绝唱！

毛泽东这阕词是 1935 年 2 月写的，正是早春时节，为什么会有"西风""雁叫""霜晨"之秋天景象呢？这里有两种可能：一是偶尔出现 2 月如秋的天气，就像诸葛亮在赤壁，何尝不能于冬至时节而用三日东风？二为完美艺术效果，毛泽东用春之笔写秋之境，这就是王国维说的"造境"。造境是为了加强作者的主观感情，为了加强诗词的客观感染力。其实，写诗或读诗都重在诗的意境，这是诗人无不知道的诗的艺术理由。

这阕词上片先写景后抒情，下阕先抒情后写景，情景交叙，以达到精微神妙的艺术意境。

读了毛泽东的《忆秦娥·娄山关》，我们再读一读李白的《忆秦娥》，看一看两阕跨越时空 1000 多年的《忆秦娥》，其意境内涵有何不同，艺术特点有何异处。

忆秦娥　李白

箫声咽，秦娥梦断秦楼月。秦楼月，年年柳色，灞陵伤别。

乐游原上清秋节，咸阳古道音尘绝。音尘绝，西风残照，汉家陵阙。

周汝昌先生在评论这阕词时作了这样的评价。他说："这一篇千古绝唱，永远照映着中华民族的吟坛声苑。打开一部词史，我们的诗心首先为它所震荡，令人沉思翘首，为之惊魂动魄。"这样的评价我很赞成。但若以毛词《忆秦娥·娄山关》对照，将以上评语放置毛词之下更为合适。

箫声幽咽，夜露深沉。秦娥梦好未圆，而断之旷野箫声、秦楼月色。已不知几年几月了。年年柳色如斯，灞陵伤别依旧，天涯路隔，何时乃已？如今，乐游原上节又清秋，咸阳古道音尘已绝。在西风残照之中，只有汉家陵阙，荒照着一抹残阳，西风阵阵。这是何等意境？

读了李词，再读毛词。一字一句对比，哪一笔不比毛词逊色？就"西风残照，汉家陵阙"与"苍山如海，残阳如血"已不能相比了，何况毛词无一不关家国前途，无一不关民族命运。唐宋词人几家能够？

读完《忆秦娥·娄山关》，再读毛词《沁园春·雪》。

沁园春·雪　1936 年 2 月

北国风光，千里冰封，万里雪飘。望长城内外，惟余莽莽；大河上下，顿失滔滔。山舞银蛇，原驰蜡象，欲与天公试比高。须晴日，看红装素裹，分外妖娆。

江山如此多娇，引无数英雄竞折腰。惜秦皇汉武，略输文采；唐宗宋祖，稍逊风骚。一代天骄，成吉思汗，只识弯弓射大雕。俱往矣，数风流人物，还看今朝。

1935 年 10 月，红军经过了二万五千里的艰苦长征，胜利到达了目的地陕北。1936 年词人第一次看到陕北壮丽雪景，心潮澎湃，意气横空，对革命的胜利，成竹在胸。

上阕，直书气势磅礴、壮丽非凡之连天雪景。

下阕，因景抒情，满怀大气，扫空万古，横绝九原。以"数风流人物，还看今朝"之句，尽数三千年中国历史上出现过的英雄帝业，无不以武功有余、文治不足而成往日地走进了历史。唯现在，只有无产阶级，才是改造历史使之天翻地覆的风流人物。毛泽东曾有自注："末三句是指无产阶级。"我想，就是词人自道，又有何妨。毛泽东之伟大在中国历史上谁人可及？秦皇、汉武、唐宗、宋祖、成吉思汗、康熙大帝能及吗？孙中山能及吗？他们不都相去万里吗？无怪乎美国《时代》杂志评出20世纪世界100名最具影响人物时，中国7名榜上有名的是孔子、老子、孟子、秦始皇、蔡伦、隋文帝、毛泽东。谅他们的评定不无根据。

毛泽东这阕词写于1936年。1945年重庆谈判时，毛泽东应柳亚子之渝州索句而亲笔手书是阕赠之。柳亚子读后次韵一阕答赠。

沁园春·次韵毛润之初到陕北赏雪

廿载重逢，一阕新词，意共云飘。叹青梅酒滞，余怀惘惘，黄河流浊，举世滔滔。邻笛山阳，伯仁由我，拔剑难平块垒高。伤心甚：哭无双国士，绝代妖娆。

才华信美多娇。看千古词人共折腰。算黄州太守，犹输气概；稼轩居士，只解牢骚。更笑胡儿，纳兰容若，艳想秾情着意雕。君与我，要上天下地，把握今朝。

柳亚子，南社社长，民国初期深有影响的著名诗人。其词逐字逐韵与毛词比较，宛若草地萤光比之天心皓月。毛词以"千里冰封，万里雪飘"开阕，柳词以"一阕新词，意共云飘"开阕，只开阕几字，已有云泥之别。前者，"欲与天公试比高"；后者，只是"拔剑难平块垒高"。前者是帝王气魄、英雄胆略；后者只是块垒难平而拔剑叹息。下阕更无可比之处：前者，英雄为江山折腰；后者，词人为才华折腰。前者比之秦皇汉武、唐宗宋祖、成吉思汗；后者比之黄州太守、稼轩居士、纳兰容若；前者，以三千年伟大英雄比之今朝风流人物；后者，以"君与我，要上天下地，把握今朝"而随人俯仰。

毛泽东这阕词在精神气魄上，无疑是千古无双。但也有时俊曾在个别句读上提出过修改意见。这也是因为毛词家喻户晓后，人民对自己领袖的更完美要求。

《沁园春》自唐宋以来，填阕的人不多。自从毛词发表后，填唱这阕"沁"词者如车载斗量，不可胜数。70年来，《沁园春》词，稍有造诣的词人无人不填。可见毛词影响力已超过中国文学史上任何一人。

读完"沁"词，再读一首横绝古今的诗。

人民解放军占领南京　1949 年 4 月

　　钟山风雨起苍黄，百万雄师过大江。虎踞龙盘今胜昔，天翻地覆慨而慷。

　　宜将剩勇追穷寇，不可沽名学霸王。天若有情天亦老，人间正道是沧桑。

这首诗，我之所以誉它横绝古今，是因为在中国诗史上无人写过这样深有气魄、深具才情、深得天心民意、深葆时代精神、深有领袖气概的诗。

现在，我们以更开阔的眼界进入诗境。

首先，请读者回到 1949 年，看看毛泽东这首诗的背景。1949 年 4 月中国革命胜利在即，为避免祖国山河土地、人民生命财产的最后破坏，国共两党在北京进行了长达半月的和平谈判，拟出和平协定 8 条 24 款，提交南京政府代表团。4 月 20 日，南京政府拒绝签订协议。4 月 21 日，毛泽东发出了《向全国进军的命令》，4 月 21 日清晨，解放军在 500 公里战线上，强渡长江。4 月 23 日，解放了国民党政治中心南京，宣告了南京政府的覆没。

懂得了这首诗的时代背景后，我们回过头来读这首诗，这首诗的意境就清如秋水地呈现在眼前。

这场解放南京的战争，犹如钟山风雨，一起苍黄，洗涤了南京的旧迹，使石头城发生了根本的变化。为什么会有这样的苍黄变化呢？是因为解放军的百万雄师渡过了长江。虎踞龙盘的南京（诸葛亮曾说：钟山龙蟠，石头虎踞，此帝王之宅），今天已归民庶，形胜更胜从前。而南京之易帜，已使乾坤万象地覆天翻，能不使天下人慷而激昂、慨而泣下吗？中国革命已经大定，与蒋介石划江而治，穷寇莫追、沽名钓誉，还是剩余勇而追穷寇？毛泽东十分果断地决定，"将革命进行到底"，"不可沽名学霸王"。毛泽东以革命家之气概，回顾了当年楚项霸王之教训：灭亡了秦国，进入了咸阳后，分封诸侯，最后导致自刎乌江的惨痛结局。诗的尾联，毛泽东把如戈如戟之笔锋一转，以"天若有情天亦老，人间正道是沧桑"一联为这首傲视千秋而又警示万古之笔煞律，令人一唱三叹。对这一联之解释者，从来都是欲言又止。

笔者试图作这样理解不知理之何如？"天若有情天亦老"，引自唐李贺《金铜仙人辞汉歌》。李贺说，天本无情，天若是有情的话，天也会衰老。这是唯物主义的普遍真理。最难解释者还是"人间正道是沧桑"句。

笔者认为，人间正道，说的是社会发展的规律。数千年改朝换代的社会现实，历来就是这样的人间正道。虎踞龙盘的南京城头，昨天挂的还是青天白日的旗帜，而钟山的一场风雨就换上了红旗，这就是人间正道的苍黄变化，这就是天地沧桑。毛泽东这首诗，也许还警示共产党人，如不努力治国，会致民穷兵疲、吏腐政败，民不能使、兵不能用。人间正道也必然会再起沧桑……这也许是伟大领袖对后人提出的严厉警告。

毛泽东这首诗，肯定是前无古人。而后会不会再有来者，留待后人去说了。

浪淘沙·北戴河　1954 年夏

大雨落幽燕，白浪滔天，秦皇岛外打鱼船。一片汪洋都不见，知向谁边？

往事越千年，魏武挥鞭，东临碣石有遗篇。萧瑟秋风今又是，换了人间。

一位千古英雄、伟大领袖，站在北戴河海滨，面对大雨幽燕、滔天白浪，举目遥望，秦皇岛外，往日来去往还、收纲撒网的无数渔船，在茫茫一片汪洋之中已看不见了。谁知道这些渔船哪里去了呢？

霎时，千年往事，涌上心头：魏武挥鞭，词人怀古。当年东临碣石的英雄诗人，如今只留下那篇"东临碣石，以观沧海……秋风萧瑟，洪波涌起"的诗句了。迎面又吹来了和当年一样的萧瑟秋风，但是人间已经换了。现在已不是魏武帝时代的萧瑟秋风了，代之以人类历史上最强烈、最彻底、最伟大的英雄用命、天翻地覆。

词人早在1945年共产党的七大政治报告上就说过，人民，只有人民，才是创造世界历史的动力。词人依靠了人民力量，"叫我们打倒日本帝国主义，日本帝国主义就被我们打倒了；他叫我们打倒蒋介石，蒋介石就被我们打倒了；他叫我们把美帝国主义驱逐出中国，美帝国主义就被我们驱逐出去了"（何其芳诗）。这就是人民创造世界历史的动力。词人在这时候何等慷慨千秋、意气风发……

1954年，词人刚在朝鲜战场上打败了以美帝国主义为首的联合国军，迫使美帝国主义于1953年7月27日在停战协定上签字。这样一场酷烈的战争，在世界历史上只有词人才敢面对，才敢争战，才敢赢得胜利，才敢证实美帝国主义是纸老虎。词人站在北戴河边，东临碣石，面对萧瑟秋风，昔日的英雄曹操哪里去了？数千年历史上的无数英雄哪里去了？词人，只有词人，才有拔山移海的力量，去把人间换了，换得了一个崭新的人类世界。这就是《浪淘沙·北戴河》轻拨毫端所产生的千钧笔力、万古吟声。

读了毛泽东的《浪淘沙·北戴河》，我们再看另一名篇——王安石的《浪淘沙令》。

浪淘沙令　王安石

伊吕两衰翁。历遍穷通。一为钓叟一耕佣。若使当时身不遇，老了英雄。

汤武偶相逢。风虎云龙。兴王只在笑谈中。直至如今千载后，谁与争功！

荆公以相国之身，推行变法，受到了既得利益集团——大官僚、地主、豪商反对，以冀神宗支持。神宗不力，结果变法失败，荆公被罢相。荆公感慨万千，词以自况。词从古代贤相开阕，自比伊吕。伊吕若不遇明主，纵使有天大之才，结果还是"老了英雄"。伊吕知遇汤武，而成风虎云龙。至今已越千年，谁可与之争功？荆公兴王之志未成，权时之变已败。虽然是闲却风流，不也是老了英雄吗？能不"叹门外楼头，悲恨相续"矣！

介甫一词，已足千秋！然，这毕竟是宰相之忧，而非帝王之语。比之毛词"萧瑟秋风今又是，换了人间"已差之万里矣。一位是老了的英雄回头自叹，徒然怅惘；一位是武功文治双全的革命家、军事家、政治家，倚天自鸣。大气如斯，万古谁人？

赏析了毛词四阕、毛诗，对比了欧阳修、李白、柳亚子、王荆公词，可知毛诗词之高踪横厉。

年少读毛诗，宛如秋水入云，春风吹岸，而使人志气恢宏；年壮读毛诗，宛如飞龙入海，野马驰原，而使人壮怀千里；年老读毛诗，宛如斜阳红树，白发冰心，而作肝胆照人……熟背毛泽东诗词者万万千千之众矣！

毛泽东诗词高踪横厉，谁说不是?！

我今天的讲辞演绎完毕，谢谢聆听！

针灸背后的中国文化

邢洪起

邢洪起

古脉针传人，新铍针疗法创始人，深圳任医生中医馆首席针灸专家。把中医脉诊与针灸完美结合，凭脉辨证，依脉用针，形成独具特色的阴阳五行脉针疗法。其发明的新铍针疗法、美容针法、化瘤针法，简便廉验，疗效卓越。

一个乡村医生的从医简历

我从小跟随父亲学医。我父亲的医术秉承的是我的太外公家传，太外公是清末世传中医，后来父亲考入天津中医学院，是老牌大学生。他年轻时在河北桑园县医院工作时，认识了一位下放的老右派，姓张，张先生也是家传中医。当年没有人愿意接触老右派，张先生的生活非常清苦，年纪又大，无人照顾，我父亲就悄悄地接济他，老中医很受感动，把家传的绝技倾囊相授。父亲的领悟力极高，从此，我家传的阴阳五行脉针疗法更加完善。

由于历史原因，父亲被下放到农村工作，后来一直扎根在农村。那时候父亲看病不收费，只开方子不卖药，扎针也不收钱，在那个缺医少药的年代，救人无数，许多结核病、骨坏死、糖尿病、中风偏瘫等患者，都一个个被治好了。

我小时候不愿意学医，觉得太枯燥无味了。父亲逼我学，也许是父亲觉得我做医生有天赋吧。在严父的教导之下，我治病的效果越来越好，对中医的兴趣也越来越浓厚。

读完中医学校之后，更加体会到中医文化的博大精深，也深感师父带徒弟的传承形式被医学教育大大忽视了，好多优秀的诊疗技术失传了，不能不说是中医教育的一大遗憾。

我父亲生前经常告诫我："你一定要给我记住，出了这个村子，任何人的针灸技术都比你好。"所以十几年来，我一直恪守父亲的遗训，治病、研究、学习，努力把家传的阴阳五行脉针疗法研究透彻。

我每天针灸治疗的患者达 100 人左右。治疗的病种涉及内、外、妇、儿、五官、皮肤各科。治疗的病人相对多了，在针灸方面，积累了一些心得。今天呢，借助深圳市民文化大讲堂这个平台，与大家分享一下我在针灸方面的一些心得体会。

辨证治疗模式

一提起针灸，许多人认为就是"扎针"，其实针灸包括"针"和"灸"两部分，"针"是针刺，"灸"是灸疗，是运用针刺和灸疗两大类方法预防和治疗疾病，并且经常配合应用，相互补充，所以合称"针灸"。

中国古圣先贤创造了许多针灸治疗疑难怪病甚至起死回生的佳话。扁鹊针刺三阳五会使虢国太子起死回生的经典案例，无人不知。一代名相狄仁杰，也是出神入化的针灸高手。值得欣慰的是，中国针灸已经登上了大雅之堂，并形成了专门的学科叫针灸学。2011 年，针灸申遗成功，成为世界非物质文化遗产。

今天时间有限，我想通过近期的几个案例，说明针灸以及针灸背后的文化内涵。

前段时间，医馆来了一位男性耳鸣患者。他说，两耳旁边就像有苍蝇在飞，时轻时重，病了三年多。这三年来，他在其他地方也针灸，也吃中药，但是都没有明显疗效。我当时摸了下脉，说是肾虚引起的耳鸣，可以用针灸治疗。但患者说，不可能，我已经做过多次针灸，去过多家医院，而且找专家扎过，都没好，你能给我扎好？

我和患者说，针灸有自己一整套的辨证治疗模式，我们治病是依脉用针。患者说，要不你给我扎扎试试。我当时取穴左太渊、右太溪、右中渚，效果不错。这是第一次治疗，只用了四个穴位就有效果，后来根据脉象，调整穴位，用了承浆分刺，巩固了几次，临床治愈。

阴阳与针灸

耳鸣这个病在临床上不论中医西医都不太容易治好。一般针灸效果不佳。我治疗的耳鸣患者很多，大多是别人治疗无效才到我这里来的。就这例耳鸣患者来讲，是阴虚火旺的表现。什么是阴虚火旺呢？这就牵涉到中国最朴素的哲学思想——阴阳。

什么是阴阳呢？阴阳者，天地之道也。万物之纲纪，变化之父母，生杀之本始，神明之府也，治病必究其本。意思是世界上的万事万物，生老病死，治病求本，都和阴阳有关，阴阳是天地之道。

阴阳的概念，源自古人朴素的自然观。古人观察到自然界中各种对立又相联系的现象，如天地、日月、昼夜、寒暑、男女、上下等，以哲学的思想方式，归纳出"阴阳"的概念。阴阳理论已经渗透到中国传统文化的方方面面，包括宗教、哲学、历法、中医、书法、建筑、占卜等。孔子的《易传》以及老子的《道德经》都提到阴阳。

《易传》说，"一阴一阳谓之道"。老子在《道德经》里说："万物负阴而抱阳，冲气以为和。"拿眼前的一杯温水打比方，这是一杯温水，水为阴，但水有温度，温度为阳，水与温度完美地融合在一起，也就是阴与阳融合在这杯水中，二者不能截然分开。假如把这杯水看成人体，成人身体含有大约70%的水，人的正常体温是37度左右，阴与阳能不能截然分开？肯定不能！如果分开了，人没有了温度，就是没有了阳气，阴阳分离了，人就成了一具寒凉的尸体，尸体没有温度。

因此，人体就像这杯水，必须维持在相对的平衡状态，这叫阴阳平衡，也叫阴平阳秘。也就是说，阴性的水必须把阳性的温度抱住，不能让它随便跑掉。假如水沸腾了，水会不会变少？水少了阴就虚了，阳呢？肯定也跑了，因为水少了，包不住火啊。这个状态就像中医的肾，肾有肾阴肾阳，正常情况下，水包着火，为水火之脏。像这杯温水，维持着平衡状态，和谐共处。当火旺的时候，水化成气，水少了，就包不住火，火性炎上，就会沿着经络冲到上面去，冲到哪里呢？耳朵上。肾开窍于耳，耳鸣就发生了，这就是阴虚火旺引发的耳鸣。

这一类耳鸣病人，大多平时饮酒熬夜、房劳等，耗伤精血，导致水亏火旺，水亏是其本，火旺是其标。治疗上，我采用补水的办法。水足了，火自然就潜降下来，重新恢复像这杯水一样的阴阳平衡状态，耳鸣自然就消除了。

阴平阳秘，精神乃治

我们再用简单的思维模式看一下所使用的这一组穴位。太渊、太溪、中渚、天井、承浆，都和水有关。由此可见，古人给穴位取名字，都不是胡乱取的，每个穴位有其深意，有极其深厚的文化内涵。比如"承浆"这个穴位，"浆"是什么意思？会喝酒的人都知道原浆酒好喝，古人形容好酒用什么成语？"琼浆玉液"，对吧？承浆这个穴位在嘴巴下面，承接什么浆？承接天上之浆，承接的是水的精华啊。用针时承浆穴向两边耳朵方向分刺，简单地想，就是把精华之水直接引到耳朵上，水能克火，就像用兵，有走捷径、抄近路的意思。再比如肚脐两侧的"天枢穴"，正好在人体中间，是个枢纽。邢门脉针不仅仅用这个穴位来治疗腹泻或便秘，经常用天枢穴来交通阴阳二气。治疗耳鸣的这组穴位深入地去理解啊，暗合五行金水相生之意，也暗合气机升降出入之道，也是阴阳平衡的道理。针灸治疗的最终目的，其实就是调整阴阳平衡。

这就是《黄帝内经》所说的"阴平阳秘，精神乃治"。

中医是中和、中庸之道

是不是中国医生叫中医？其实不是这样的，中医是中和之道、中庸之道、平衡和谐之道。

阴阳平衡之道，同样适用于社会生活。为什么有些男人经常夜不归宿？是什么原因导致男人不愿意回家呢？我可以以阴阳平衡理论结合这一杯温水来讲清楚这个道理。

男人属阳，性刚，八卦中属于乾位。女人属阴，性柔，八卦中属于坤位。古人讲"阳主阴从"，什么意思呢？意思是阳气为主导，阴气从之。也就是说，正常情况下，应该是男人为主导，女人处于依从的状态。女人属水，应具备阴柔之美。

新中国成立以后，妇女翻身得解放，社会造就了一大批女强人，各方面都要比男人强，不论从经济上、政治上，还是家庭生活上，都要做主导。女性变得越来越强势，由原来的阴柔之美转变成了阳刚之气，就像这杯水，原来阳刚的温度哪里去了？跑了！你太强了，他不敢或者觉得不配亲近你，所以跑到外面寻找能替代你的或者更适合他的阴柔之水了，因为那个水能抱住他的阳刚之火，他感到很舒适。所以他经常不喜欢回家了。

我的治疗案例中，有不少阴气过盛，逼迫阳气浮越于外的病例。

中医术语叫阴盛格阳于外、真寒假热之证。本质是什么呢？就是乾坤颠倒，阴阳易位。所以我奉劝那些女强人们，当你的老公经常在外面不愿意回家时，不要单纯去想你的老公多么不好，也要反思一下自己，你在外面很强，在家庭生活中是不是也太强了。

针刺穴位治愈感冒

下面一则案例，是我的弟子、深圳任医生中医馆馆长任钦玉医生自己感冒后的一次用针体验。

病人送任钦玉一个外号叫"任一针"，他特别擅长一针疗法，就是用一根针，一个穴位治病。前段时间他感冒了，两个鼻孔全部鼻塞，不透气，只能张嘴呼吸，同时伴有整个腹部鼓胀，像充了气儿的皮球，但没有发烧、恶寒等其他症状。他当时非常难受，这是什么症候呢？思索了半天，他突然想通了。取针扎左侧尺泽穴，左鼻孔渐渐通气了，取针扎右侧尺泽穴，右鼻孔也通气了，不到一分钟，原来的腹部，就像泄了气的皮球，慢慢就通了。

为什么仅仅针刺一个穴位就能解决这样的问题呢？这里有什么玄机呢？听起来挺神乎的。在中医领域里，有时候会遇到一些玄之又玄的事，其实是我们没有想透，想明白了，一点也不玄，正所谓"大道至简"。

原本玄乎的事到底简单在哪里？

《灵枢·经脉》讲："肺手太阴之脉，起于中焦，下络大肠，还循胃口，上膈属肺。从肺系横出腋下……"

肺的功能：肺开窍于鼻，与大肠相表里，主气、司呼吸、主宣发与肃降。感冒之后，鼻塞，腹胀如鼓，是什么症候呢？从经络循行来看，肺经的循行远远不止上肢的那一段。其体内的循行直接联络了胃与大肠。鼻塞如窒息，是肺窍不通，肺气上不得宣发。腹胀如鼓，是胃与大肠不通，肺气下不得肃降。很显然是肺气郁闭，本经自病的实证。中医有个治疗原则，叫实则泻其子，虚则补其母。从五行来讲，肺属金，金能生水，水就是金之子。这个案例是个标准的肺经自病。按照肺经的五输穴的排列顺序，尺泽是肺经的水穴，泻这个水穴，就是实则泻其子，所以找到症结，抓住病机就是治病的关键啊。这一针扎下去，就有效果，速度之快，令人不可想象。中医说法叫"一拨而见病之应"。那么何谓病机呢？机，就是机关、机要的意思，就像枪的扳机一样。当你找准了扳机之后，一拨即发，一击即中。这就是针灸治疗的玄妙之处。病机抓得准、找得准，确实能产生针下痛止、手到病除的奇效。对疾病不分析透彻，没有弄明白疾病的症结，治病会感到很迷惑，看到别人用针出现奇效，那就会感到很玄妙。其实真正弄明白了，简单到不能再简单。这就是"大道至简"的道理。

本例取穴的关键在哪？源自对经络的熟悉程度。

真的有经络吗？

古人到底是怎样发现经络的？真的有经络吗？如果有，为什么看不见、摸不着呢？讲一个最简单的例子，如果把一个杯子一刀切开两半，再一刀是四半，如果无限分割，这个杯子还有吗？答案是，完全分解后，就是空气。中医讲，散就是气，但是聚一块，还是一个杯子。

以前的电话有电话线，线断了，电话就打不通了，电话线就相当于西医的神经。后来出现了手机。谁能看见手机的电话线？既看不见又摸不着，但是的确存在。这就好比是中医的经络。俗话说：人活一口气。这口气看不见，也摸不着，但是我们可以感受得到。我们的经络是实实在在存在的，至于到底是什么样的物质结构，科研机构研究了 N 年，至今没有结果。

中医讲，经络是人体运行气血的通路。人体中的经络像公路网络，到达身体内外上下。

《灵枢·脉度第十七》说："经脉为里，支而横者为络，络之别者为孙。"

经络包括经脉和络脉，其中经脉包括十二经脉和奇经八脉，络脉包括十五络脉和难以计数的孙络、浮络。它们内连于脏腑，外络于肢节。哪个部位经络不通了，或者正气不足了，或是邪气入侵了，哪个部位就会生病。所以经络对于人体有极其重要的作用。

《灵枢经脉第十》讲："经脉者，所以能决死生，除百病，调虚实，不可不通。"

《灵枢·经别》更是把经脉的重要性提到了无以复加的地步："夫十二经脉者，人之所以生，病之所以成，人之所以治，病之所以起，学之所始，工之所止也。"这些话是什么意思？意思是人之所以生成和生长，是因为十二经脉；疾病的产生和形成，也是因为十二经脉；人之所以健康无病，是因为十二经脉；疾病之所以能够被治好，还是因为十二经脉。开始学医，首先要知道的是十二经脉，医生的水平再高，达到一定的程度，最后还是离不开十二经脉。

宋代有位极具个性的医生叫窦材，他说历史上有三个扁鹊，"上古扁鹊者，扁鹊是也；中古扁鹊者，秦越人是也；当世扁鹊者，大宋窦材是也。"他全然不把张仲景、孙思邈等历代名医看在眼里。这位"狂人"写了一本书，叫《扁鹊心书》，开篇第一句话便是："学医不知经络，开口动手便错。"从某种程度上讲，经络系统是组成人体的一个庞大而且极为复杂的网状动态功能性结构，对人体起着极为重要的良性调整作用。其精密性、复杂性，是目前世界上再精密、再复杂的人造机器也无法与之相提并论的。5000年之前的古圣先贤所创造的经络系统，我们至今还在运用，还不能完全解释其中的奥秘。可见古人的聪明与才智多么了不起，多么令人叹为观止。

体会经络的运行

经络到底是怎么发现的呢？明代李时珍写了一本书叫《奇经八脉考》，书中道："内景隧道，唯返观者能照察之。"意思是说，人体脏腑里边的情况和经络的隧道，只有通过修炼的人，才能内视返观，观察或者感受到经络的存在。当然了，有的人在接受针灸治疗的过程中，能体会到经络的运行，或者在身体表面显示出一段经络线，这样的患者我遇到过几例，但是寥寥无几。

经络在针灸临床运用上非常重要。是不是掌握好了经络，就能够成为一个好的针灸医生呢？在我看来，单一的经脉病变或者疾病的发病初期，我们用一针一穴一般可以解决，但是到了疾病的复杂阶段，尤其是一些久治不愈的、虚实夹杂的、真寒假热等情况，就不是单纯的一针一穴就能解决的。怎么办呢？必须用到诊脉，用诊脉来判断经络、脏腑、气血的虚实，用诊脉来指导选穴用针。

阴阳五行脉针治疗案例

下面我谈下如何用家传阴阳五行脉针治疗老年膝关节骨性关节炎。

老年膝关节骨性关节炎，治疗起来非常棘手。一位老年患者，来诊病时膝关节疼痛非常明显，上下楼梯需要有人搀扶，腘窝内囊肿如鸡蛋大小。第一次治疗后，患者当时疼痛减轻，自己可以上下楼，原来蹲起困难变为自如，腘窝内囊肿消除大半。第二例患者来诊前腘窝囊肿已经做过一次手术，但是不到三个月病情复发。用脉针疗法治疗，腘窝囊肿基本消除，行走、蹲起自如。常规的针灸方法恐怕很难做到，这就是家传的阴阳五行脉针的独到之处。

阴阳五行脉针治病，与一般针灸的不同点如下。

1. 阴阳五行脉针是以阴阳平衡为目的，以五行制克生化原理指导治疗疾病。

2. 直接通过诊脉来判断脏腑经络气血盛衰，分析哪里太过，哪里不及，找到疾病根源。

3. 用诊脉获得的信息结合五行的制克生化原理指导选穴用针，补虚泻实。重视调理整体气血阴阳，不是局部调理，更不是简单的头痛医头、脚痛医脚。

4. 用诊脉来判断用针的效果以及疾病的转归。如果用针思路正确，扎上针以后，原来不正常的脉象马上就会发生变化而趋向正常。

用脉针治病，并不是邢家独创，而是秉承于中国最古老的针灸术。邢门脉针只不过是把这种针灸术传承下来，并加以适当发挥而已。《黄帝内经》里有许多关于凭脉进行针灸治疗的记载。《黄帝内经》讲："凡将用针，必先诊脉，视气之剧易，乃可以治也。"意思是说，准备用针治病的时候，必定要先诊脉。根据脉象来判断脏腑经络气血的盛衰，然后才能用针治疗。

《灵枢·终始》曰："邪气来也紧而疾，谷气来也徐而和。"意思是，邪气盛的时候脉象表现得紧促，邪气祛除，正气来复时则脉象变得徐缓有力。"脉实者，深刺之，以泄其气；脉虚者，浅刺之，使精气无得出，以养其脉，独出其邪气。"这里已经清楚地告诉我们针刺的深浅必须依据脉的虚实来操作。

以上都是古人以脉象来判断经脉阴阳的盛衰变化，并指导临床针刺治疗的经典记载。

下面请大家看一下，我们用阴阳五行脉针治疗甲亢合并甲状腺肿大的病案。

该患者患甲亢三年，逐渐出现甲状腺肿大，手发抖，心慌，容易发怒，眼睛向外突，三年来一直服药控制。

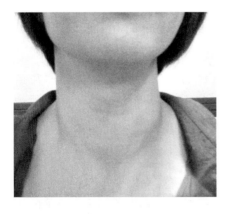
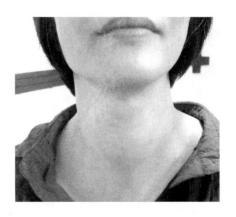

治疗前正面照　　　　　　　　　　首次治疗结束正面照

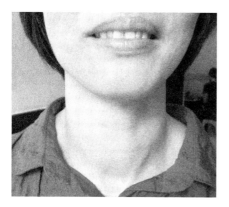

治疗结束 15 分钟正面照

治疗结束 30 分钟正面照

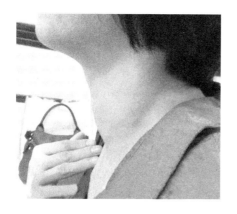

治疗前左侧面照

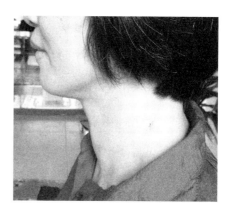

治疗结束 30 分钟左侧面照

刚扎针后，甲状腺已经在缩小。治疗结束后，取针后 15 分钟、30 分钟分别拍图进行了对比。大家可以惊奇地看到，针灸半个小时后，患者甲状腺明显缩小。从扎针后左侧面的对比图看，她原来肿大的甲状腺非常明显地回缩了。第三次治疗以后，除了甲状腺缩小，患者脸色、气色发生了改变。第八次

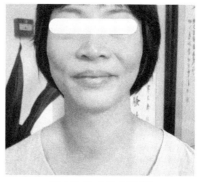

第八次治疗后正面照
甲状腺肿大已消除大半，气色转佳

治疗后，患者的甲状腺肿大基本消除了，患者的气色已经明显改变。

通过分析脉象，该患者属于肝气郁结，木不疏土，导致脾不化痰，痰瘀互结，凝结成肿块，阻滞于颈部阳明胃经的病症。治疗上依据五行制克生化原理，取合谷、阳陵泉穴为主，扶肝阳，健脾阳，化痰瘀，通胃气，一次治疗后即取得非常明显的效果。目前患者在继续治疗中。

针灸与美容

今天到现场来听讲座的爱美女士人数不少，借此机会，和大家分享一下我发明的美容针法。近年来，物质条件越来越高，对美的追求也越来越高，脸色不好的人会经常去美容院美美容，脸蛋长得不太周正的，飞到韩国去整整容。爱美之心，人皆有之嘛。但忽视了非常重要的一点，只是治其外，并没有调其内。中医讲，五脏六腑的气血精华皆上荣于头面。脸色不好或者脸型的异常变化，都是体内脏腑气血失调的外在表现，外面做得再好，都是暂时的。只有把体内脏腑经络功能调理正常了，才能真正获得姣美容颜。下面给大家看一下我用针在 10 分钟内把一边脸大一边脸小的脸型矫正过来的几张图片。

图一这位女士治疗前，面色暗淡虚浮，颧部肌肉下垂，看起来有点虚肿，眼袋明显肿大，治疗后气色转红润，眼袋消除，虚肿大为改

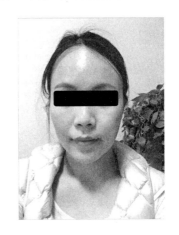

美容针法图一

善，整个脸瘦了一圈。

图二这位女士右边脸明显下垂，一边脸大，一边脸小，面部虚浮。治疗后气色变化明显，脸型变正，相貌明显发生了改变。

 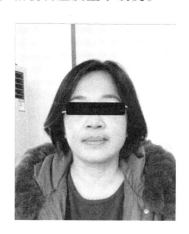

美容针法图二

可能有人要问，这是不是暂时的？肯定不是！因为我用针是根据脉象的变化，调整体内气血的平衡，从治疗角度讲，我调的不是脸，而是"病"。为什么这样说呢？因为《黄帝内经》早就把里边的玄机告诉了我们，只是没有医生认真研究而已。玄机是什么呢？《素问·上古天真论》云："女子……五七阳明脉衰，面始焦，发始堕，六七三阳脉衰于上，面皆焦，发始白……"这里很清楚地告诉我们，"阳明脉衰""三阳脉衰"是其主要原因。早在5000年之前，古人对女人各个不同时期的生理病理变化就已经十分清楚了。

阳明经循行于面部，正常情况下多气多血，阳明脉衰了，气血肯定不够。中医认为，左边脸主升，右边脸主降，阳明脉衰了肯定升降失常，就一定会一边脸大、一边脸小。"三阳脉衰"之后，人体缺乏阳气，气血化生不足，就像长时间阴天不出太阳，万物怎么可能欣欣向荣？脸色怎么会好看呢？

用针灸的办法，根据脉象来判断脏腑虚实，再来判断如何用针选穴位，调理的是气机的升降出入，使其恢复一气周流的常态，最终可以达到平衡阴阳的目的。

我只是想通过实实在在的案例告诉大家，中国针灸是老祖宗留给我们的无价之宝。

针灸与中医

今天咱们理论讲得比较少，但是不代表没有理论。古代针灸与中医同属一脉，有非常深厚的文化积淀，简单来看，一年有 365 天，人体有 365 个正穴，一年有 12 个月，一天有 12 个时辰，人体有 12 条经脉，都与自然一一对应。中医把人体看成小宇宙，把小宇宙融入自然大宇宙中，强调天人合一的整体观，重视人与自然息息相通的生命之道，所以老子说："人法地，地法天，天法道，道法自然。"针道合于医道，医道合于人道，人道合于地道，地道合于天道，共同法于自然之大道。医道、医理、医术合拍于自然法则时空之序。

班固《汉书·艺文志》评《黄帝内经》说："其文简，其意博，其理奥，其趣深，天地之象分，阴阳之候列，变化之由表，死生之兆彰……"涉及中国哲学、历史、语言、文字、天文、地理、气象、历法、生物、社会等众多学科，奠定了中华文化和中医文化的基础。其深层次的文化内涵可以追溯到《黄帝内经》成书之前的河图与洛书。遗憾的是，在中医传承的过程中，丢掉了太多精华，所幸家传的古脉针传承了一部分古中医血脉。现代凭脉辨证用药的医生很多，现代针灸凭脉辨证用穴的医生却极少，基本上都是医生凭借自己的经验和主观判断用针灸治疗疾病，以至于国内外大众都认为针灸只是治疗疼痛类疾病效果还好，其他好像不行，这不能不说是中国针灸传承过程中的遗憾和悲哀。在针灸已经成为世界非物质文化遗产的今天，通过针灸完全可以看出其背后深层次的文化内涵，那就是"天人合一"的整体思想观，人与自然和谐相处的生命之道，揭示宇宙奥秘的宇宙之道！

我的针灸实践告诉大家，针灸不仅能治疗疼痛，对针灸的研究达到一定的境界之后，伟大的中国针灸可以治疗任何疾病！正所谓："言不可治者，未得其术也。"因为针灸在整体观思想的指导下，有自己独特的理论体系和诊疗方法，具备简便廉验的特点与卓越疗效。真正的中国针灸，不仅仅是"学"，也不仅仅是"术"，而是真正地合于自然、合于"道"！

我坚信，只要所有同道共同努力，刻苦钻研，用心领悟，一定能够使中国古老的针灸之术大放异彩！

今天的讲座到此结束，谢谢大家。

中医养生的智慧

樊正伦

樊正伦

北京崔月犁传统医学研究中心研究员，北京平心堂中医门诊部法定负责人。曾长期担任中国中医药出版社古籍研究室主任，以整理校辑中医古籍为职志，同时执业义诊。主编、撰写《养生的智慧》《一本书说透中医养生》《中国医学大成(9)》等数百部中医古典医籍和中医科学论著。

世界这么大，各个民族都有自己独特的养生方法。在中国这块土地上，由于自身的文化传统，儒家有儒家的养生方法，道家有道家的养生方法，佛教有佛教的养生方法。作为一个中医人，我今天要跟大家谈谈中医的养生方法。

什么是中医？中医是怎样看病的？中医为什么能治好病？这个问题在古代无须解释，中华民族就是这样生活下来的。到今天，随着东西方文化的撞击，我们不得不重新谈谈中医到底是怎样的。下面我就把最重要的几个问题为大家做个介绍。

中医养生最重要的四个原则

首先，什么是人？人和天地之间到底是什么样的关系？只有把这个问题搞明白了，你才能知道中医怎么治病、为什么能治病。当你把中医的核心理念搞明白了，才能进一步明白中医的养生原则是什么。

时有古今，地有南北，用一种养生方法确定中国人应该怎么养生，显然不对。因为寒带和亚热带之间没有很多共性的东西，中国这么大的疆域，每个地方都有长寿老人，每个地方都有自己的养生经验。这些养生经验，虽然具体的方法各有不同，但是中国人整体的养生观念、养生原则是一致的。

中医养生最重要的原则是什么？我想跟大家讲四个问题。

第一，顺四时。四时，就是春夏秋冬四季。人在不同的季节，有着不同的生命状态。人是天地的产物，我们只有顺应自然界的变化规律，才能达到养生的目的。所以中医讲"顺四时则生，逆四时则亡"。

第二，节饮食。每个人在妈妈肚子里的时候，通过脐带跟妈妈连通，妈妈给了我们需要的所有营养；一旦落生，饮食就变成生命重要的调节。如何更好地养生？应该节饮食。

第三，调情志。人不仅仅是自然人，更是社会人。喜、怒、忧、思、悲、恐、惊这"七情"，是每个人所处的社会环境造成的正常情志变化。从中医角度看疾病，外面讲风、寒、暑、湿、燥、火的气候变化，里面讲喜、怒、忧、思、悲、恐、惊的情志变化。情志变化对人体生命有着什么样的影响？我认为，情志变化在生命过程中发挥的作用和影响，有时比自然界气候变化更加深刻。所以我要跟大家谈一谈如何调节自己的情志。

第四，慎医药。我小时候吃不起西药，有了病就吃点草药。现在我们的生活好了，很多人对医药产生了依赖。我们应该如何看待医药？我还想跟大家谈谈这个问题。

顺四时、节饮食、调情志、慎医药，这是今天我讲的中医养生的四个重要原则。

阴平阳秘，精神乃治

下面，我要跟大家深入来谈。

中医是什么学问？我们知道，历史上一个民族的消亡，往往有两个原因：一个是战争，一个是瘟疫。在中华民族漫长的发展史中，我们从来不想侵略和消灭别人。《孙子兵法》的根本精神，就是"止戈为武"。中华民族的战争，不是以消灭别人为目的，而是以保护自己为目的，是为了停止战争而战争，所以战争没有摧毁我们的民族。在中国历史上，瘟疫曾一次次光顾过我们这块土地，为什么我们没有被瘟疫战胜呢？因为我们的祖先留下了一部重要的书，叫做《黄帝内经》。《黄帝内经》告诉我们："正气存内，邪不可干。""邪之所凑，其气必虚。"意思是，人的疾病的产生，最重要的不是致病因子是否存在，而在于人身体内状态平衡与否。如果平衡被打破了，给致病因子创造了条件，就可能危害人的生命。中医治病和现代医学不一样，它不是找萨达姆在哪儿、拉登在哪儿，它是找你不平衡的状态。西医治的是病，中医治的是人。这是中医非常重要的理念。《黄帝内经》讲："阴平阳秘，精神乃治。"意思是，如果晚上你睡得特别香，白天你工作就特别有精神，因为你处在一种阴阳完全平衡的状态，即使你得病也不会很重。如果你晚上睡不着，白天没精神，你的阴阳可能已经失调了。

地球上哪儿最适合人类生存？温带。因为温带四季分明，阴阳交替非常明确。南北极为什么不适合人生存？极昼时没有黑夜，极夜时没有白天，有阳就没有阴，有阴就没有阳，阴阳不能处在完全平衡的状态，人的健康就会受到影响。《黄帝内经》告诉我们最重要的就是人和自然是统一的整体。如果只有太阳没有月亮、只有白天没有黑夜，生命会存在吗？肯定不会。只有在这种阴阳交替、阴阳消长中，达到一种平衡状态，人类才能正常地生存繁衍，这在中国文化中叫做"和实生物，同则不继"。

"天人合一"是《黄帝内经》的核心思想。很多人说，天就是天，人就是人，怎么合一？我要告诉大家，"天人合一"绝对不是一句空话，它是我们的祖先在漫长的对人类生命的认识过程中，认识到的最重要的一个观点。"天人合一"的思想，在《老子》中可以看得非常清楚，叫做"道生一，一生二，二生三，三生万物。万物负阴而抱阳，冲气以为和"。

"道"与"无"相通

中国文化是以人为本的，与西方的神本主义不同。西方文化认为，人是上帝创造的，人的祖先亚当和夏娃偷吃了禁果，被逐出伊甸园，才有了地上千千万万的人类，所以人类都有原罪。中国文化认为，人是天地的产物。老子讲"道生一"，"道"是什么？就是在整个宇宙中，地球处于某种混沌的状态，什么状态？大家如果到道观看一看，有一个字叫做"炁"，上面是个"无"字，下面四个点。什么意思？就是说在地球形成之前，就有一种存在，这个"无"不是不存在，而是看不见；下面的四个点，在中国古代代表"火"字；就是有这样一种存在，没有质量，却处在不断的运动中。这个看法是中华民族最初形成的一种观念，是中国文化"气一元论"的基础。事实上，一切事物的形成，都是由于有这样的一种不断运动着的存在；一切事物的变化，都是不断运动着的存在在不同时空中的反映。由中国文化"气一元论"的思想可以推知，所谓的"道"与"无"是相通的。中国有一句话叫"无中生有"，不是说"没有"凭空就变成"有"了，而是有一种看不见的存在，在某种时空变化中，形成了某种可见的形态。

老子讲"道生一"，"一"是什么？中国古代没有"零"的概念。"一"是从一个点发生的，这个点就是中国人说的太极。太极是一个圆球，中间一条曲线，半面是黑的，半面是白的，是平分又是等分的；它的分际不是一条直线，而是用一条曲线来表现；黑的代表阴，白的代表阳，在一个统一体里面，阴和阳是在不断的消长变化中去完成统一体的存在的。

很多人问我，太极是谁做出来的？不要以为古人骗了我们。古代的太极是从哪里来的？我们知道，故宫的圭表下面有一个圆盘，下面有一根针，标志着太阳光折射到地球以后所产生的阴影。如果你把一年365天所有的正午12点的阴影连起来，就是太极图。它是太阳在地球上反射所呈现的一种阴阳气的变化。万物生长靠太阳，太极为什么叫"太"？它是太阳的反映；"极"就是太阳在不同点上所表现出的形式。老子讲"道生一"，"一"就是太极。

"一生二"，"二"是什么？就是阳气不断上升，阴气不断下降，"清阳为天，浊阴为地"，就形成了天地定位的"二"。在太阳系里，所有的星球都有天有地，都存在"清阳上升，浊阴下降"这样的"二"的状态，但其他星球为什么没有生物？因为它们没有"三"。在太阳系内外，如果存在同地球一样的环境，那么那个环境中存在的人，和我们人类将会是完全一样的。什么是"三"？"地气上为云，天气下为雨"，就是在地球这个特定地理环境中，有地气上升与天气下降的运动，这种运动的气的变化，是构成地球上一切生物的基本条件，这就叫做"三生万物"。我们经常讲，这个人有没有运气，"运气"这个词就是从中医学和中国古代天文学中发展来的。就是说，在天地之间有一种运动着的气，决定了地球上一切生物的存在。

天覆地载，万物悉备，莫贵于人

大自然给了人生存的权利，同样给了细菌、病毒生存的权利，因为我们都是"三"的产物。"万物负阴而抱阳，冲气以为和"，《老子》第四十二章讲得非常清楚。从这个角度讲，人和自然界的其他生物完全平等。我们坐在这儿，和草木等所有自然界的生物完全平等，因为我们都是天地的产物。但是人类和其他生物又有根本的区别。《黄帝内经》讲"天覆地载，万物悉备，莫贵于人"，就是天在上，地在下，自然界一切存在的生物都生活在天地气交之中。"莫贵于人"，就是在所有生物中，人是最宝贵的。为什么呢？猩猩、狒狒、猴子都可以接近于人，但它们绝对不是人，因为它们不具备反过来认识天地的能力。正因为人可以反过来认识天地的规律，所以人是天地精华最集中的体现，是最宝贵的。这是人和自然界其他生物最根本的区别。

中医学讲"人法天地而生"。天是天，地是地，人怎么法天地而生呢？我告诉大家，"人法天地而生"绝不是一句空话。大家知道，有个穴位叫人中。为什么叫人中？人是直立的生物，顶天立地，上为天，下为地。作为独立的生命个体，人一共有十个窍。出生前，肚脐跟妈妈通着，其他九窍都是闭塞的状态，这叫"九窍不通一窍通"，妈妈的屏障在保护着我们。出生后，"一窍不通九窍通"，成为独立的生命个体，跟妈妈切断了脐带的联系。"窍"是什么？是生命个体和自然界气场的通道。九窍是怎样分布的？人中以上的窍全是偶数，人有两个眼睛、两个鼻孔、两个耳朵；人中以下，口、前后阴，是三个奇数。在人中上面有三个偶数，在人中的下面有三个奇数。根据《周易》，上面三个偶数是什么？是坤卦，坤代表地。三个奇数是什么？代表乾，乾代表天。天本来在上，地本来在下。地球上之所以有生命，是因为地气上升，天气下降，天地交通。比如火星，天就是天，地就是地，没有天地之气的交流，所以就不存在生物。地球上有生命的产生，正是地气不断上升、天气不断下降这样的一个运动状态的结果。三阴在上，三阳在下，实际上反映了气的运动变化的一种状态。这个卦象在《周易》里面叫"泰"卦。《周易》是中国人认识事物最根本的方法的总结。"易"字，上面是一个太阳，下面是一个月亮，标志着天地阴阳气交运行的基本变化。所以，当我小时候昏倒的时候，我奶奶第一件事就是掐人中，因为这个地方正好是阴气和阳气交汇的地方。人之所以昏倒，就是阴阳闭塞，一掐人中，阴气上升，阳气下降，人自然就醒了。所以我们说"人法天地而生"，这绝不是一句空话。

以药性之偏纠正人体之偏

我讲这个道理说明什么？中华民族所有的医疗经验、医疗方法，都是在人的身体上总结出来的，世界上没有一个民族为医学做过这么大的牺牲。现代医学是从老鼠做到兔子，从兔子做到猴子，这些哺乳动物和人有着根本的区别。中医学的这些经验，都是我们的祖先用生命换来的，所以更符合人类的生命规律。从这个角度来看，中医学是建立在中华民族对天、地、人这种相关性的认识基础上，通过无数实践观察，得出的关于人体生命运动变化规律的一门学问。

那么，中医如何看待疾病呢？中医认为，人之所以生病，不是谁侵犯你，而是你自己的平衡被破坏了，这才是疾病产生的根本原因。举个例子，2003年SARS流行，我在北京，当时大家非常紧张。为什么？第一，SARS病毒是什么？不明白。第二，谁会得？不知道。第三，谁会死？不知道。第四，很多一线白衣战士倒了，能不恐慌吗？我告诉大家，SARS实际上是一种瘟疫。这种瘟疫来到广东的时候，广东著名中医邓铁涛先生，用中医的思维治愈了57个患者，每个人住院费用只花了5000元。但是在广东的西医院里，治疗这样一个患者需要花20万元，而且必须用呼吸机，很多人还留下了终生的后遗症。邓老治好的50多个患者，每人住院两周，住院花费5000元，而且没有一例后遗症。

很多人问，SARS病毒是什么？中医怎么解决？是不是迷信？我告诉你，根本不是迷信。中医解决的是什么？中医根本没有去研究SARS病毒是什么，而是研究什么样的条件使它发展起来。我们可以借用佛家的一句话，"因缘相合则为果"。致病因子是"因"，是客观存在的，包括SARS病毒都是客观存在的；得病就是"果"；在因和果之间，如果没有这个"缘"的存在，即条件的存在，那么有因无缘不成果。西医治疗是从"因"入手，要找到它是什么病毒，然后再把这个病毒提取出来制作疫苗，这是从"因"入手。中医治病是从条件入手，从"缘"入手。

那么SARS的这个"缘"是什么？2003年，广东的SARS和北京的SARS有一个相同的气候条件，叫做寒、湿、热三者共存。就是说，这段时间突然出现了一种异常的气候变化，这种气候变化体现在寒、湿、热三种状态同时存在。我当时在北京。北京是一个多风的城市，每年3月到5月，沙尘暴一次又一次。但大家可以查一查，2003年3月到5月，北京一次沙尘暴都没有，出现一种和广东2002年底2003年初相同的气候和环境条件，也就是寒、湿、热三种气候共存，这种气候环境就是SARS病毒发展的条件。

邓老使用的那些草根、树皮，可以散寒、祛湿、清热，把人体内的寒、湿、热三者共存的条件去掉，让SARS病毒失去了发展的条件，患者的病就好了。这就是中医治病的核心理念，用药性的偏性来纠正人体的偏性，把人体被破坏的平衡调整过来，你们俩又可以和平共处了。我在美国讲课时说，西医没进来之前，活在中国的细菌病毒更幸福，因为中国人从来没想杀死它，它也用不着变异。西医来了以后，天天想杀死它，所以那些细菌病毒越变越厉害，今天变异成这样，明天变异成那样。

两千年前张仲景用麻杏石甘汤治肺炎有效，今天我们治肺炎依然有效。为什么？因为两千年在生物的进化过程中非常短暂，当时的中药药性和今天的药性没有根本区别。所以，中医治病的核心理念是"以药性之偏纠正人体之偏"。

中西医认识疾病的途径不同

中医讲究望闻问切，西医讲究做各种检查。那西医是不是更科学？我认为，这是不同文化背景下产生的两种不同的认识疾病的方法。

举个例子，我们夏天买西瓜，你既想买一个好瓜，又不想卖瓜人用污染的刀把瓜切开，怎么办？我们总要去问一问瓜的产地，看看瓜长得怎么样。再厉害一点的人，把瓜拿起来拍一拍、听一听，干吗？望闻问切。就是通过对西瓜产地的了解、对西瓜外形的观察，来判断这个瓜的成熟程度。这是中国人认识问题的一个重要方法。现代医学怎么做呢？如果不想切开，可以从西瓜的根部抽点水，到实验室化验一下含糖量。你说谁科学谁不科学？我看二者都非常科学，它们是在不同的认知范围下、从不同的切入点对事物进行认识和分析。中医看的是状态，就是人的状态到底怎么样。我可以举出很多例子，说明中医治病的合理性和科学性，因时间关系，我不能再给大家举再多例子了。我认为，中医学是中华民族以其独特的思维模式，研究人体生命运动变化规律的一门学问。简单说，中医治病是从条件入手，治的是人，不是病。它把你内在的环境调整到最佳状态，你的病自然就好了。中医治病的过程，不管用针灸还是中药，治疗方法都是通过药物的偏性纠正人体被破坏的平衡，这就是中医治病最核心的精神。

中医研究人体生命运动变化的规律

在治病的过程中，中医研究的是什么？是人体生命运动变化的规律，不是单纯研究疾病。《黄帝内经·素问》第一篇是什么？《上古天真论》。它讲女子的生命跟着月亮走，以阴为主，但数是奇数，是7；男子的生命跟着太阳走，以阳为主，但数是偶数，是8。怎么理解？女子的整个生命过程以7为数，7岁、14岁、21岁、28岁、35岁、42岁、49岁、56岁，女子每7年转一圈。男子的整个生命过程以8为数，8岁、16岁、24岁、32岁、40岁、48岁、56岁，到56岁两个人又碰头了。揭示了什么规律？女子7岁齿更发长，14岁天癸至，21岁智齿生，28岁身体盛壮，35岁阳明脉衰，皱纹出来了，42岁鬓角白发出来了，49岁更年期来到了，56岁逐渐就进入老年状态了。这是女子每7年变化一次的生命规律。

男子呢？生命周期是 8 岁、16 岁、24 岁、32 岁、40 岁、48 岁、56 岁。很多女同志说，我们这个周期怎么转得那么快？很快就老了，还是男同志好。我说，男同志转得慢，所以男同志比女同志耐老，这不奇怪。你看小学一年级的时候，小女孩都特别聪明，不是班长，就是组长，8 岁的小男孩都傻着呢，在后面屁颠屁颠跟着，为什么？因为小女孩 7 岁就齿更发长了，她已经开化了，小男孩还傻呵呵的呢。你再看 56 岁以后的老人，女同志全上街，广场上站 9 个大妈，只有 1 个男同志。我们可以看出，女同志的整个生命过程是一个从阴到阳的过程，小时候阴气非常重，经过一生的变化以后，到了 56 岁，阳气越来越旺盛。小男孩都特别活跃，到了 56 岁以后，老先生都回家了，大妈们都上街了。别看男同志老得慢，但寿命相对短；女同志老得快，但寿命相对长；因为阳主生，阴主灭，这就是人体生命运动变化的规律。

顺四时

我跟大家讲了这么多，是要说明：人是天地的产物，不要希望跳过天和地去研究你自己。要了解中医，就应该这样认识生命、认识疾病。下面我们看看中医究竟如何养生。

首先，春生、夏长、秋收、冬藏，这就是四时养生。地球上什么地方的人生命质量最好？温带。因为春生、夏长、秋收、冬藏，四季分明使人类的大脑沟回越来越深，这是人类进化中的必然现象。我们看看中国、美国、日本、德国，这些温带地域都呈现一种生命的最佳状态，这是自然环境造成的。春生、夏长、秋收、冬藏这种气候变化，听起来好像虚无缥缈，其实一点都不玄妙。举个例子，很多人说，立春以前我睡得特别舒服，立春以后就睡不着了。为什么？因为立春以后，人的气血从里面向外面来了，里面的血相对不足，阳气和阴气不能很好结合，所以人就睡不好了。

中医总结四时变化的规律，是这样说的：春气与肝气相通，夏气与心气相通，秋气与肺气相通，冬气与肾气相通。在这种思维指导下，中医认为，春天的时候要养肝，夏天的时候要养心，秋天的时候要养肺，冬天的时候要养肾，五脏和四时之间有密切关系。

春气与肝气相通。很多人感觉春天特别容易犯困。我跟很多患者说，春天困，我建议你每天早上吃一粒乌鸡白凤丸。不管是男的女的，如果气血向外走，内里的肝血就会相对不足，吃一点乌鸡白凤丸，白天就会觉得非常有精神。

夏气与心气相通。夏天可以吃一些生脉饮，生脉饮就是人参、麦冬、五味子三味药。因为夏天人的气血都到外面来了，里面的阳气不足，所以用人参补气，用麦冬清肺热，用五味子收敛心气，这样就不容易中暑。

秋气与肺气相通。肺气是干吗的？人的肺气是把外面的气血向里面收。秋气很重，自然界一片肃杀，人也容易咳嗽、口干。这时候可以用点秋梨膏，润肺生津，帮助肺气的收敛。

冬气与肾气相通。冬天，所有的气血都到里面了，这时候重在补肾。男同志可以用一点六味地黄丸，或者桂附地黄丸。六味地黄丸补肾阴，桂附地黄丸补肾阳，根据个人体质的不同，涵养你的肾气，这样第二年的春天才有生发之机。

根据四季的变化、气血的运行来养生，这是我们的祖先在几千年中总结的经验。中医认为，"顺四时则生，逆四时则亡"。现在很多人违背四时规律，本来夏天就应该热，冬天就应该冷，有一句老话说，"冬天不冷，夏天不热，迟早要作病"，为什么？因为冬天不冷，人体就没有闭藏的条件，到夏天的时候就没有生发的力量。

深圳是一座很美丽的城市。在深圳生活的人，在一定程度上就像常绿树，而在黄河流域生活的人就像落叶树。为什么岭南地区很注重煲汤？我们知道，常绿树有生发而没有闭藏，岭南冬天很温暖，生发的速度很快，闭藏的力量不够，所以要用煲汤滋补的方式来维持生命的平衡，这就是所谓"一方水土养一方人"。那么深圳人应该怎么养生？严格讲，岭南地区气候主要有燥和湿两个特点。从 11 月到次年

3 月，气候以燥为主；从 3 月、4 月到 10 月，气候以湿为主。根据这样的气候特点，4 月到 10 月的时候，人所有的阳气都到外面来了，外面湿气很重。湿是阴邪，会损伤人的阳气，所以这时候要用一些温阳药物，比如党参、西洋参、人参、黄芪这样补气的药物；同时配合利湿的药物，帮助人体把体内的湿气排出去，像薏米、山药就可以用。11 月到次年 3 月，天气比较干燥，燥就容易损伤人的津液，所以这时候用养阴清燥的药物，比如麦冬、银耳、燕窝这一类药物，以此调整体内的不平衡。

为什么北方老人不适应南方

很多人都是从全国各地来到深圳的。年轻人没有关系，因为他们适应能力很强。现在有些孩子特别孝顺父母，到冬天的时候，就把父母从北方带到南方来，认为这里四季如春。但是他们不知道，爸爸妈妈长期在北方生活，已经习惯了春生、夏长、秋收、冬藏这样的气候规律，又不像年轻人那么容易适应，所以一飞到南方，很多老人就发烧了。尤其是北方老人，他们在冬天的时候有一个储存营养的过程，这时候你把他放到海南岛上，看似气候非常温暖，但是地气的生发，使得他们的肾气不固了。中医认为，冬不藏精，春必温病。就是非常重视冬季的固密和闭藏，这种闭藏过程对于人体阳气第二年的生发是非常重要的。

很多北京人，特别是老人，都愿意睡在平房里，不愿意住楼房。为什么？因为楼房的四面都是太阳，不接地气，很多长寿的老年人都住在平房里。北方的平房有什么特点？冬天再冷进去也有暖气，夏天再热进去也有凉气，这就叫接地气。夏天出汗，把秋冬代谢多余的东西排出体外；冬天天气冷，人的毛孔闭合，让人的气血更好地储存在里面，为明年的生发做准备。这是中医养生中非常关键的问题。

中国人发明了扇子，热了多扇两下，冷了少扇两下。我们说今天有空调、有电扇，还需要扇子吗？你不知道，空调的风、电扇的风，都是透骨的邪风。一次夏天的时候，有个患者口眼歪斜了，来找我看病。我问您怎么了，他说"昨天洗完澡，吹了一天电风扇，结果就口眼歪斜了"。这不是大自然的问题，是人自己的问题。你违背了自然的规律，自然就要惩罚你。夏天毛孔本来是张开的，你非拿虚邪贼风来对付它，看似一时舒服，其实会带来很多祸患。

冬至和夏至应该好好睡几天

中医讲因人制宜、因地制宜、因时制宜，治病如此，养生也如此。一年中最重要的两个节气是什么？冬至和夏至。冬至时阴气最重，阳气初生；夏至时阳气最重，阴气初生。阴阳气初生的时候，都非常弱小。很多老人说，冬至、夏至是老天爷收人的时候。为什么？因为这时候正好是阴阳气更替的时候，老年人阴阳气变化调整不了，这也是阴阳容易离决的时候。注意健康的人，每年冬至和夏至这几天就别瞎跑了，好好在家睡几天。初生的阴阳气是弱小的，保护好弱小的阴阳气，这时候好好睡一觉，比后来睡再多的觉都有用。夏天和冬天，一个是阳气最旺盛的时候，一是阴气最旺盛的时候，这时候要储藏，不要瞎动。伏天为什么叫"伏"？就是让您藏起来，不要胡跑。春天和秋天呢？春天是气血从里边往外走，秋天是气血从外面往里走，这时候才是旅游的最好季节。

一天里面，子时和午时就相当于一年中的冬至和夏至。子时，半夜 11 点到 1 点；午时，中午 11 点到 1 点。传统的中国人睡子午觉、吃两顿饭，不是中国人没钱。中国人养生是顺应四时变化的养生，子时和午时正好是一天中阴阳交替的时候，这时候如果能很好地睡觉，人体内的代谢、阴阳气就能处在相对平衡的状态。我在临床中看到很多上夜班的同志，他们饮食非常清淡，但是很多出现脂肪肝。为什么？他老上夜班，该休息休息不了，尽管吃得很简单、很清淡，体内代谢还是完成不了，高脂血症就出来了。祖先留下的这些东西告诉我们，睡子午觉，吃两顿饭。早上 9 点、10 点钟是脾胃功能最好的时候，下午两三点钟是小肠功能最好的时候，坚持有规律的生活，就会更健康长寿。

中医讲求因势利导，希望大家很好地从四时的角度去理解中医养生的理念。

节饮食

下面，我想跟大家谈谈节饮食的问题。

孔子讲："饮食男女，人之大欲存焉。"人作为独立的生命个体来到地球上，饮食是非常重要的环节。

中国的历史文化传统体现在日常生活中。怎么讲？中国人吃饭用两根棍，外国人吃饭一手拿刀、一手拿叉；中国人吃饭用一只手完成，外国人吃饭用两只手完成。筷子是什么？给你的时候叫做一双，老子讲"道生一"。用的时候，一分为二，对吧？"道生一，一生二。""二生三"，什么是"三"？你要夹东西的时候，一个相对动、一个相对不动，"一阴一阳之谓道"，这就是"三"的状态，芹菜、韭菜、花生米都可以夹起来。"三生万物"，大到红烧肉，小到韭菜丝，全都能夹起来。中国文化厚重的底蕴、独特的思维过程，在这两根小棍上就能得到体现。

《黄帝内经》讲"五谷为养"，我们吃的五谷杂粮是养命的。"五果为助"，我们吃点水果，可以帮助消化。"五畜为益"，我们吃的肉类，可以提高身体的机能。"五菜为充"，蔬菜能补充我们营养的不足。这就是祖先留给我们的至理名言。五谷中最好的东西是什么？是小米。为什么？一粒小米就是一个生命，小米在任何贫瘠的土地上都能生长，体现了什么？小米具有极强的生命力。八路军伤员靠什么养好的？靠小米。看看女同志坐月子，从南到北喝的什么？小米粥。这就是"五谷为养"，五谷非常重要。

西方民族以肉食为主，不管是渔的民族还是猎的民族，都是以肉食为主；我们中国人的祖先以纤维性食物为主。现在出现这么多代谢性疾病，就是因为饮食结构完全变了。我20岁以前，中国人没有那么多糖尿病、高血压与高血脂症，全是营养不良、浮肿。糖尿病、高血脂症，在中国古代是富贵病，是皇宫里的贵族才得的，从《黄帝内经》到历代文献都是这样记载的。今天呢？我们天天都在过年，天天拿着老祖宗给我们消化纤维性食物的肚子去对付牛排、鸡腿，我们不病，谁病？

调情志

第三个问题就是调情志。喜、怒、忧、思、悲、恐、惊，是人类的正常情志变化。但是，这种情志变化不能过度，过怒伤肝、过喜伤心、忧思伤脾、过悲伤肺、过恐伤肾，这是中医认为五脏与情志间的密切联系。有的老人，过年孩子都回来了，把饭一做完，哈哈一笑，走了。为什么？因为他过度高兴，喜则气散，心气不足，就走了。所以，七情不可过度，这是中医非常重要的养生思想。

七情和五脏关系密切。怎么才能做到七情不过度呢？我的老师告诉我，一定要记住"勤动脑体不动心"。人最重要的是心，脑是运动的首领，四肢是运动的工具，这两样不动就会老化；所以脑子必须动，四肢也要动，但是心不能动。也就是说，不要让你的情志受到巨大的震动。人的思想是什么？是心和脑的有机结合。现代临床证明，换了心脏的人，他的情志性格和换心脏前完全不同。一个很文静的女孩子，换了一个年轻小伙子的心脏，她的性格就变得像那个小伙子一样。哪个更重要？心更重要。

我们要深刻地理解"勤动脑体不动心"的道理，就要理解《老子》说的"人法地，地法天，天法道，道法自然"。什么叫"道法自然"？讲到"道"的时候，我们可能觉得虚无缥缈，其实"道"就是规律。春天过去是夏天，夏天过去是秋天，秋天过去是冬天，冬天过去又是春天，这就是"道"。这是谁决定的？是自然决定的。我做医生，有医生的规律；你玩股票，有股票的规律。要看明白你做的事情在规律的哪个点上。如果在春天这个点，你就别想收成；如果在秋天这个点，你就要赶快收成，否则就得再等一年。这就是老子所说的"人法地，地法天，天法道，道法自然""道常无为而无不为"的根本精神。

我见过很多事业很成功的人。他们问我，怎么才能长寿？我跟他们讲一个道理：人的一生，哭着下来笑着走，攥着拳头撒着手。这揭示了什么规律呢？第一，哭着下来，你就别怕苦，老天爷让你哭着下来，说明苦是与生俱来的，受苦不要害怕。第二，攥着拳头干吗？就是要干活，你别怕累，伸着手等天上掉馅饼能行吗？所以，一别怕苦，二别怕累，这就是每个人从生到死的整个过程中体现的状态。那么，你得到的功名利禄是什么？就像手上的油泥，如果你天天洗，它会天天来。当你手上的油泥厚到攥不住的时候，你离八宝山就近了。道理就是这么简单。

我对于人生的理解，可以用一副对联来形容：上联叫"舍得"，下联叫"得失"，中间叫"自在"。舍了就会得，你洗油泥就是舍。"舍"跟"丢"不一样："丢"是不自觉的、被迫的；"舍"是自觉把手上的油泥洗掉，当你的手上油泥厚了，赶快把它洗掉。舍的后面就是得，得的后面就是失，别以为你炒股票赚了钱，你就成皇上了，得的后面紧跟的就是失，所以得了你也别高兴，失了你也别难受。当你处在一种"舍得""得失"完全和谐状态的时候，中间留下的就是"自在"。我希望大家在对待情志的问题上，尤其是在今天这种激烈的市场竞争环境中，能够用一种坦荡、潇洒的心态去笑对人生。这是我讲的第三个问题。

慎医药

第四个问题是慎医药。希望大家不要把医药看得那么重。医生有两个含义：第一，医生是病人的靠背，病人找医生理所当然；第二，医生无论用什么方法治疗，最终都是要把人治成"一"的状态。什么叫"一"的状态？就是阴阳完全和谐的状态，也就是刚才讲的"阴平阳秘"的状态，这就是健康的状态。医生治了半天，把人治成"二"了，阳归阳，阴归阴，阴阳离决了，那医生就没尽到责任。医生最根本的含义就是这两个。

什么是药？药为什么叫药不叫勺？不叫别的？医药的"药"和钥匙的"钥"同音同源。你这扇门打不开了，找大夫干吗？配把钥匙，把门打开。本来你的门好好的，你天天用钥匙捅一下，好门也捅坏了。很多人今天吃这个保健品，明天吃那个保健品，结果捅来捅去，把好门捅坏了。中医的很多理念非常深刻。大家要记住，20 岁以下的孩子、50 岁以上的中老年人和更年期前后的女同志，用西药一定要慎重。西药作用很明显，副作用也很明显。20 岁以前人的解毒能力弱，50 岁以后解毒能力也弱，这些人使用西药一定要慎重，是药三分毒。

《黄帝内经》说："大毒治病，十去其六；常毒治病，十去其七；小毒治病，十去其八；无毒治病，十去其九；谷肉果菜，食养尽之。"就是说，治病的药，非常猛烈的药吃到六分就可以了，然后慢慢地养。不要天天以为药可以解决问题，人是吃五谷杂粮养大的，不是吃药养大的。希望大家对医药问题能够有更深刻的认识。

讲了以上四点，最后要告诉大家什么问题？

寿命，把握在自己的手里。人，爸爸妈妈给你的生命是元气。元气就像我们从煤气公司取来的煤气罐，所以我们常言说"母壮则子肥"。《黄帝内经》说："真气者，所受于天，与谷气并而充身也。"就是爸爸妈妈给你生命，这个生命的元气是有限的，就像我们从煤气公司取来的煤气罐，煤气的多和少不是你决定的，是爸爸妈妈决定的。煤气罐一旦取来，如果没有呼吸之气、没有水谷之气，七天你就死了，元气耗尽生命就结束了。如果爸爸妈妈给了你元气，又有呼吸之气和水谷之气的支撑，你就可以维持生、长、壮、老的全过程，这就是你的寿命。元气不能补，如果元气可补，秦始皇、汉武帝、高僧大德们都不用走了。为什么要走？"人法地，地法天，天法道，道法自然"，人是自然的产物，就一定会有生、长、壮、老、死的全过程。所以，中医不讲"万寿无疆"，而是讲"颐享天年"。爸爸妈妈给你的元气，你要好好地使用，让自己的生命活到应该活到的那个岁数，这就是养生。

顺四时、节饮食、调情志、慎医药，我讲这些问题就是要告诉你，煤气罐装的就这么多，但是火门你可以自己把握。如果你很好地按照我说的办法，把火门调整得小一点，爸爸妈妈尽管给你半罐，你也会长寿；如果你这个火门开得特别大，即使爸爸妈妈给了你满罐，你也不能长寿。谢谢大家！

太极养生与保健

张东昇

张东昇

吴式太极拳的嫡传第五代弟子，师承太极大师郭环琦和钱超群。对吴式太极拳有多年深入研究和实践，长期从事武术、太极拳普及推广教学与研究活动。

联合国卫生组织多年研究发现，现在最健康的有三种运动。

第一种是游泳。游泳可以缓解人体肢体中特别是颈椎、腰椎压迫的感觉，当人漂浮的时候可以减轻压力。但是这一块也存在弊病，比如，特别是我们卫气不足时，防御系统差的人，容易导致湿气进入体内，造成风湿性增长；如果免疫系统低下，会引起细菌感染，在眼、鼻腔、皮肤等方面产生疾病。还有，城市游泳这一部分，很难达到非常自然的环境标准，在水质方面存在一些问题。

第二种是爬山。在原始山林里做缓坡运动，就是没有台阶的缓坡运动，非常有利于健康。请注意，凡是运动都要有一个准备工作，如果在登山时你追我赶，我们的肌肉本身就缺少基本活动，有可能损坏我们的半月板，而且膝盖的半月板损伤后不可修复。还有，老年人不适合进行过于强烈的运动。

第三种是太极拳。这被国际上公认为最佳的运动方式，无论男女老少、体质强弱都可以，而且它不受时间、地点限制，是我们随时都可以参加的健身运动，也融合了老祖宗很优秀的传统文化。

养生保健理念体现在太极拳上

我有幸、有缘接触到太极，做了几十年的太极拳锻炼，我借此机会分享一下太极拳运动对于我们身体所产生的最佳康复作用。

太极拳是一种健身技艺，是传统文化的形体语言，是培养平和心态最具代表性的传统运动养生方法，是千锤百炼凝聚而成的一种高层次文化，是中华民族创造发展的优秀文化遗产，它深厚的文化内涵体现了中国古代哲学、中医阴阳五行、经络学及"天人合一"的养生保健理念。

当你全神贯注、比较娴熟地打上一套太极拳的时候，仿佛中国传统太极图就浮现在你的面前。里面包含阴中有阳、阳中有阴、阴阳相济、此消彼长这种运动方式，这是一种动中求静、静中有动、相互配合、神形兼备的运动；整体上来讲，形神统一，刚中有柔、柔中有刚，刚柔并济，包括虚实结合、进退有变、动静结合等，中华传统文化无不体现于中。实践证明，把形体运动与意念活动相结合的太极拳具有防身、健身和修身三大作用。

太极拳的内部基因

太极拳有三大基因。

一是太极拳的武术基因，包括攻防动作素材，早于先秦时代已经形成，经过 2000 多年武术动作的演化，形成了太极拳的武术基因。

二是太极拳的哲理基因，源自先秦时代《周易系辞》里面"易有太极，是生两仪"，经宋代周敦颐《太极图说》和道家太极图说发展起来的太极学说。

三是太极拳的养生基因，主要来源于先秦时代所记载的养生之术，经过医家的五禽戏和道家的性命双修及拳家的易筋经等方法发展起来的导引和吐纳法。

太极拳是这些基因融合一体而形成的。中华民族无数先贤，为了锤炼攻防技艺，深化太极哲理，体悟养生方术，献出了自己的智慧和汗水。太极拳的内部基因由这么三大部分构成。

流行的五种太极拳

下面讲讲目前太极拳的种类以及特点。

目前社会上广泛流传的大概有五种太极拳：陈式、杨式、吴式、武式、孙式。这是国家 1958 年以后确定的，主要风格和特点给大家讲一下。

陈式太极拳的创始人是陈王廷，它的特点是快慢相间，螺旋缠绕，松活弹抖，架子宽大而低沉。

杨式太极拳的创始人是杨露禅，其动作和顺、中正圆满、轻灵沉着，具有气派大、动作美、舒展大方的风格。

吴式太极拳的创始人叫吴全佑，他是跟杨露禅学习的，通过他的儿子吴鉴泉两代人不断地演化形成了吴式太极拳。其动作特点是轻灵圆活，拳架大小适度，松静自然，斜中寓正，小巧细腻，以柔化著称，主要偏重于柔化。

武式太极拳的创始人是武禹襄，他跟着杨露禅接触了太极拳以后，又学习陈式太极拳，再结合他自身的感悟，创立了武式太极拳。风格主要是身法严谨、姿势比较紧凑、虚实分明，胸腹部在进退、旋转中始终保持着中正，它的特点是出手不过脚尖，手不在远处。

孙式太极拳的创始人是孙禄堂。孙禄堂之前本身对八卦、形意颇有造诣，他跟着武式太极拳的传人学习以后，结合这三种文化创立了孙式太极拳。孙式太极拳的特点主要是架子比较高、架高步沉、转换灵活，变换方向时动作转换以开合手相接，结合了形意学的特点，所以上步必跟、退步必撤，也叫开合活步太极拳。

目前在社会上流传的这五种太极拳，在宗旨、理念、运动方式等方面都是一致的，无非拳架的大小或者起伏高低有所不同而已。我早年什么派都学，后来选择了吴式太极拳。

人体结构与吴式太极拳

为什么选择吴式太极拳呢？在这五个拳架当中，它的拳架适中，另外它的斜中寓正更符合我们人体结构。创始人吴全佑最早跟杨露禅学习太极拳，当武术攻防这一块达到出神入化的境界后，杨家三代人把太极拳公之于世，在太极拳的普及方面，他们功不可没。以前的太极拳就是村子里或者自己家族里面传承，杨露禅在京城教太极拳后广泛流传开来。他的儿子杨班候把太极拳的攻防、技击的运用展现得淋漓尽致，当时被誉为打遍京城无对手。吴全佑跟他学拳以后，他特别注重实战。在那个年代，老师拆招讲应用难免会被老师打伤，既要想被打得不能很严重，又不能躲避老师教授的方式，百般无奈当中，他就刻意钻研怎么样让自己少受伤害，在这个过程当中，吴式太极拳形成了化解对方力道的特点，形成了吴式太极拳柔化的风格。

吴式太极拳的对外展现最出名的是陈吴比武。1954年，白鹤拳的掌门人陈克夫在香港教拳，吴鉴泉的长子吴公仪也在香港教拳。对于太极拳以柔克刚的这种运动、技击方式，当时很多人不理解，太极拳那么缓慢，你们好像在做戏，是不是真的有一定的防身技击能力？在1952年开始，香港各大报纸形成了口水仗，经过一年多报纸炒作，最后双方决定打擂台。

1954 年 1 月 17 日，在澳门新花园广场举办了一场擂台赛，本身擂台赛时间非常短，两个门派的武术精英在此登场。仅仅 3 分钟，吴公仪把陈克夫的鼻子打得流血不止，6 个裁判有 4 个提议终止比赛。当时有一家香港晚报邀请梁羽生写写关于本次龙虎争夺的故事情节。写了第一篇，就引起轰动效应，引发了武侠小说热潮。

金庸当时开始接触吴式太极拳，他了解到这是能以柔克刚，集防身、修身、养身为一体的拳法，于是他跟着吴公仪学太极拳，后来写了很多著名的武侠小说，就吴式太极拳写过有关文章。

梅兰芳跟吴式太极拳也有一段渊源。梅兰芳当年在北京演出非常成功。太极大师吴耀宗喜好观看梅兰芳的京剧，他发现梅兰芳在演出的过程当中拿剑的动作不对。他很坦率地告诉梅兰芳大师，这个动作不太美观，双刃剑在表演的过程当中，剑不能过面，刃不能过身体，否则不合法度。梅兰芳大师非常谦虚，亲自拜访吴耀宗老师学习吴式乾坤剑，后来在《霸王别姬》里就把吴式太极拳里面的仙女散花这一式融入他的表演当中。

吴式太极拳有自成体系的理论，慢拳包括入门 8 式，还有 13 式、36 式、88 式、108 式。除此之外，它还有快拳和器械——刀、枪、剑、棍。吴式太极拳以柔化严谨部分最有名，吴式太极拳的祖师爷创拳以来，就研究了非常细腻的推手技艺。我们通过推手维持自身平衡，破坏对方的平衡，通过推手逐渐地感悟守住自我。推手有 16 个单推手训练方式，还有 13 个双推手训练方式。开始初学者往往采用的是所谓的定式，定式推也是练功法的过程，之后练动式。

增强功力的过程

下面还包含一个基本功训练，有定功、站功、坐功。基本功就是在运动时，如有些地方肌肉运动不到，它通过比较合理的运动来调节，也是增强功力的过程。

步伐的训练，包含了五种步伐，即平行步、七星步、九宫步、八卦步、大履步。

讲一下太极医学。医武要同源，医学讲阴阳、讲五行，武术也讲阴阳、讲五行。早年我们跟着师傅学武，70年代没有那么大量的书籍，讲经络、穴位、生物、关节，因为人体很难见到，有时候对师傅的教育很不理解，我们必须抄医书，包括背经络、穴位，最后师兄弟互相寻找穴位、扎针、刺穴。

练武达到一定功夫以后，要通过双方比武来验证你的功夫是真实的，无非你被人伤了或者你伤了别人，你必须学会治病，必须懂经络、筋经、穴位、神经、运动医学、生物力学、松筋正骨等。应用老师们传下来的东西，不用吃药也可以解除一定的疾患。这也是整个吴式太极拳内容的一部分。

运动养生术法

下面回归太极拳的养生原理。

它是以活动筋骨、调节气息、静心宁身为手段，以畅达经络、疏通气血和脏腑为目的，以增强体质、延年益寿为永恒追求的传统运动养生术法。它以中医的阴阳、脏腑、气血、经络等理论为基础，以养精、练气、调神为运动的基本特点，强调意念、呼吸和躯体运动相结合，身、心、息并调，精、气、神并练，特别是调身、息、意贯穿于所有动作之始终，是一种内外兼修、形神并举的养生保健活动。

它具体表现在以下几个方面。

第一，增强身体代谢功能。现代人静态生活时间增加，特别以二型糖尿病为例，它主要的原因是肌肉减少了。糖尿病患者这么多年逐渐增加了，原因是什么？现代科学告诉我们，以前我们是知其然不知其所以然，因为肌肉这一部分从我们30岁以后每年以1.5%到2%的速度递减，到75岁我们的肌肉完全萎缩了。这同糖尿病有什么关系呢？因为人体当中免疫系统特别是胰岛素的分泌，同肌肉纤维体有直接关系，随着我们的肌纤维逐渐地萎缩和减少，降糖功能逐渐降低，长此以往会逐渐造成我们胰岛素分泌负荷加重，最后演化到我们胰腺功能逐渐衰竭，由一开始不依赖胰岛素的分泌，到胰腺的分泌物逐渐减少，最后形成很多依赖胰岛素的症状，很多患者朋友吃饭之前要打针胰岛素。

这里面有很多成功的案例。我所知道的两位身边老人就是通过太极拳锻炼治好了糖尿病，完全恢复了健康。

太极拳运动崇尚自然

第二，心理健康部分。太极拳运动崇尚自然，主张天人合一、阴阳平衡、无过不及、中正安舒。从肢体平衡、形神兼备到人与人、人与物、人与自然的相互和谐和平衡，通过自我意识的不断发展和趋于稳定，实现自我完善。

作为一个身心统一的人，健康与否必然对我们的心理健康产生影响，包括认知、情感、意志和个性等方面，所以太极拳是以肢体语言来践行修身养性的一种活动方式。特别是太极拳讲究无极而生。动静之机，阴阳之母也；动之则分、静之则合，无过不及，随屈就伸。它告诫我们在心态上要非常好。

太极拳关键讲人与人、人与物的和谐。在现在物欲横流的时代，我们失去了人与物之间、人与自然之间的平衡，现在享受自然、体会自然的机会越来越少了，为什么一到放假，各个山区、旅游景点就游人爆满，主要是日常亲近大自然的渴望被剥夺了很多。所以，现在我们讲人与自然、人与人、人与物和谐，任何事情能够做到无过不及肯定能得到平衡。

运动有助于健脑

第三，促进大脑的健康。生命在于运动，运动有助于健脑，只有运动才能使人类的大脑不断地进化、发展，创造奇迹。现代医院研究证明，运动是大脑指挥下进行的肌体活动，运动可以调节神经系统，增强大脑皮层的兴奋和抑制过程，促进脑的循环，改善大脑的氧气和营养供给，延缓中枢神经的细胞衰老过程，提高工作效率。实践证明，肌肉紧张与人的情绪状态有密切关系，不愉快的情绪通常和骨骼肌肉及内脏肌肉绷紧的现象同时产生，而太极拳的松静自然运动可缓解紧张状态，减少不良情绪的发生。

第四，改善心肺功能。人的心肺是促进体内循环，维持生命活动的最重要的一个器官，因为心为君主之官，肺为相傅之官。在咱们中医里，心肺主导整个身体的运行。运动使心肌兴奋性提高，冠状动脉扩张，也就是肌凝蛋白 ATP 酶活性与肌纤蛋白相互作用增强，从而提高心肌收缩力；可使心肌摄取血糖、氧化血乳酸和组织呼吸的能力得到加强，心肌的含糖量、肌红蛋白含量得到提高；可稳定血压、降低血脂，有助于预防和缓解动脉硬化，使心脑血管的发病率明显降低。同时新陈代谢增快，沉积在血管壁的胆固醇、脂肪等有害物质得到"冲刷"排出体外，净化了内循环，保持了血管良好的弹性。它又可降低心律，减少心肌疲劳。精神安静和骨骼肌松弛是练功过程中能量代谢率降低的重要因素。

长寿与我们心脏跳动的次数直接相关

为什么太极拳缓慢的运动可以延年益寿，什么原理？因为整个生物界的长寿与我们心脏跳动的次数直接相关，比如老鼠大概每分钟跳动 900 次，大象大概每分钟 30 次，所以大象的寿命是 30～50 年，老鼠只有 3 年。同样，蝙蝠大部分时间都处在休眠状态，心跳非常缓慢，所以它的存活时间是 10 年。还有，乌龟为什么长寿？乌龟心跳的次数每分钟大概 10 次，所以它的寿命一般在百岁以上，有时候我们给老人家祝寿送仙鹤，鹤因心跳慢而长寿，并且任脉始终保持畅通。

华佗医术非常高明，但是光靠医术改变不了生活品质，所以他发明了一个五禽戏。我们通过练习太极拳，心率可以降低，这样，可以延缓细胞的分裂过程，延长我们的寿命。一定要提倡对我们自身有益的运动，不是所有运动都有利于健康。

提高肌体的免疫能力

第五，改善消化组织。运动能增强肠胃蠕动以及消化液的分泌，促进肝脏、胰腺功能得到改善。医圣华佗早就告诉我们，动摇则谷气相消，血脉流通，病不得生。这提示人们在适当的情况下动摇之后，你的谷气可以得到消融，血脉流通，病不得生，有效运动可以改善我们的消化系统。

第六，促进骨骼健康。通过了解人体的骨骼结构，钙的补充应该在什么状态下呢？是在身体负重以后，骨蛋白可以形成有序的骨骼排列，增加钙的密度和厚度。这样钙可以得到补充。目前通过有效运动，缓慢地增加肌体负荷，这是多年实验得到的结果。当人体负重时，钙就沉积在骨质中，同时增强了肌肉力量，也提高了关节稳定性、灵活性和运动的幅度。

很多人打羽毛球或者登山方法不对，甚至练太极拳不得当，容易造成膝关节损伤。平时我们运动少，很多生物开关处于闭合状态，如果我们突然间运动不当，往往激活不了它。膝关节疼痛往往不是膝关节的问题，同肌肉有直接关系，这一部分没有激活，对我们膝关节的固定程度明显降低了，或者运动不得当，我们的血液流通不够，造成我们骨头的润滑液不够，损伤骨膜。另一部分肌肉的韧带没有起到很好的固定作用，造成这部分损伤，通过运动我们可以加强肌体的关节活动。

第七，改善免疫系统。太极拳运动养生可以提高肌体的免疫能力，增强抗病能力和适应环境能力。有文献报道，练太极拳后人体的唾液和溶菌酶数量也明显增加，脑垂体功能逐渐加强，整个肾上腺素增多。

为我们的生命攒钱

在紧张的工作、生活压力下，我们有两种神经，一种是交感神经，一种是副交感神经，交感神经常年处在兴奋、亢奋状态。因为交感神经常年处在活跃状态，有很多心情不愉快的人，动不动一句话不对就发脾气。通过太极拳的缓慢运动，可以逐渐使得我们的心态平和。

《黄帝内经》讲："圣人不治已病治未病，不治已乱治未乱。"反观我们国民现状则是重视疾病治疗，缺乏系统养生的保健观念，甚至以保健品补睡眠，采取不良运动方式，实际上有些地方是在伤身。现在每年有 20 多万人呈现药品性的不良反应，药源性的死亡人数很多，非常可怕。

是药三分毒。很多人认为药可以解决人体健康问题，其实，有时候，药可以损伤我们的肝和肾脏。其实，我们的身体本身就有非常强的自我康复能力。产生疾病原因中，生活方式占了 60%，医药只占 8%。坚持健康的生活方式越早越好，早一天行动早一天受益，改变生活方式没有来不及之说。抽出一点时间投入太极拳运动，从有为的锻炼方式逐渐进入无为而无不为的自我调节系统，释放我们身心最大的束缚，真正享受和获得生命的灿烂。

关注沉默的肾脏

祝胜郎

祝胜郎 ✏

深圳市第六人民医院（南山医院）肾内科主任，研究生导师。广东省医学会肾脏病学分会委员，广东省中医药学会肾脏病专业委员会常务委员。《中国实用内科杂志》《中国中西医结合杂志》编委，《中华肾脏病杂志》特约审稿专家。主要研究方向：慢性肾脏病的综合防治和糖尿病

肾病肾纤维化发病机制研究。主持及参与国家自然科学基金、广东省医学科研基金、深圳市科技创新委基金、深圳市科技计划项目等 20 余项。发表科研论文 50 余篇。

　　人有两个肾脏，分别位于人体左右两侧，正常体重下大概重 150 克左右，形状很像蚕豆。肾是生命之源，在中医里，肾主水，水是生命之源。肾好了什么都好了。
　　肾对我们非常重要。肾脏有两大主要功能，一是排水排毒功能。我们体内每天会产生很多代谢产物、废物、毒物，肾脏能够调节体内

平衡。二是内分泌功能。肾病患者百分之百贫血。目前全球成人慢性肾脏病（CKD）患病率为 10% ~ 13%，4 亿至 6 亿人患有 CKD，国际肾脏病学会、国际肾脏病联合会于 2006 年确定，每年 3 月第二个星期四为世界肾脏病日。中国 CKD 患病率为 10.8%，据此估计中国有 1.2 亿人为慢性肾脏病患者。广东省的发病率为 12.1%，非常高。形成鲜明对比的是，尽管它的发病率这么高，但知晓率只有 12.5%，还有 87.5% 不知道。更加可怕的是，发病率高，知晓率却很低，后面就难以控制，可能发展到很严重的状态。

蛋白尿可以发展到慢性肾脏病

在慢性肾脏病受访者中，蛋白尿的发生率为 9.4%，这是 CKD 的主要临床表现。

每年做一次尿常规检查是应该的，肾病患者的尿样，摇一摇上面有很多泡沫，正常人也有，但过一会就没了。如果泡沫持续时间长，说明有问题。

前不久，有一个女性第一次做孕检，当时孩子 13 周，产科医生检查后，建议她找肾科医生，结果我发现她尿蛋白三个 +，她之前肯定有肾炎。现在做婚检一般只查传染病，绝大多数在孕妇 35 周以后才出现蛋白尿，生小孩两三周后通常就正常了。如果这个女同志一怀孕就发现尿蛋白三个 +，用药也不好用了。确实，妇女怀孕之前一定要查尿常规，如果是蛋白尿或血尿，要把它治好了再考虑怀孕。

肾病早期主要的表现就是蛋白尿，如果没有得到正确治疗，最终这个病可以发展到慢性肾脏病，也就是我们说的尿毒症，出现眼睑浮肿、头晕、恶心、乏力、贫血等症状，这是比较麻烦的。

肾病患者骨头脆弱，并发症又多

现在广州尿毒症患者做肾脏移植需要 30 多万元，费用非常高。当然，肾病患者真正发展到尿毒症的只有百分之一，90%以上的人在生病过程中就可能中风或者心梗，真正得了肾病转为尿毒症的已是不幸中的幸运者。有些患者透析5年以后，身高可能下降五六厘米，走路都需要扶着墙，因为透析时间长，并发症多，危害性很大。

必须管理好血压、血糖、血脂

一般老年人出现高血压可以理解，如果父母没有高血压，年纪轻轻就出现高血压，首先想到的就是继发性高血压。如果查一个尿常规，70%~80%的患者可以治疗痊愈。很多人对肾病没有感觉，一旦有感觉了，晚了。

尿毒症患者如果透析治疗，大陆10年生存率为40%，台湾为30%，说明患者一定要管理好血压、血糖、血脂，如果血压、血糖、血脂管理好了，仍然可以长期生活。另外，治疗费用非常高，如果做血透，一个月大概需要1万块钱，如果二三十年就是三四百万元，费用非常高，腹透一个月也要七八千块钱。如果做移植，一个肾源，当然也不是买卖，但广东省大概需要花费30多万元。移植以后，每个月要吃几万块钱的药，对个人、家庭、社会都是很大的负担，尤其对个人而言是非常大的精神负担和经济负担，而且身体机能各方面也在下降。

肾病有早晚期，这个比较专业，一般90以下为一期，60~89为二期，30~59为三期，15~29为四期，小于15为五期，一般大家都不会去看了，发展到五期就是尿毒症了，90%以上没有征兆。

可能在发病过程中就死亡了

肾病对我们的影响很大，因为各种原因死亡的风险增加到6倍，因为心血管死亡增加到3.4倍。很多尿毒症患者，今天还很好，第二天可能就不在了。大部分慢性肾脏病患者在发展至终末期肾病之前，已经死于心血管疾病，所以肾脏病对我们的危害相当大。

这是一个真实的例子。一个男子，国家级人才，2015年2月因头痛迅速昏迷，急诊送医院，血压210/160mmHg。做头颅CT发现，颅内大面积脑出血，脑疝形成。经诊断为慢性肾脏病三期，恶性高血压，第二天死亡。有肾病比没有肾病死亡发生概率高150倍。

欧洲每20个肾病患者只有1个人发展到尿毒症，19个在发病过程中就死亡了。

我们国家慢性肾病患者全因死亡风险非常高，一期到三期的患者，因各种原因死亡的都叫全因死亡，到四期全因死亡风险一下增加到5倍，到五期全因死亡风险增加到9倍。不管什么原因，统计死亡人数，100个去世的患者一定有10个是因为肾病死亡，仅一个病导致的死亡率就这么高。

喝饮料喝出尿毒症

全世界KDIGO、ISN、IFKF、ASN等很多组织都呼吁要关注肾脏病患者，关注肾脏病就是关注生命。

美国尿毒症患者发病77%是由糖尿病引起，患肾炎的只有8%到13%，不知道的占5%。

我们国家比较复杂，中国肾病排名第一位的是慢性肾小球肾炎、糖尿病肾病（18%），其次是高血压肾病（15%）、梗阻性肾病（9%）、缺血性肾病（9%）。这里我特别提出一点，中药性肾损害占5%。广东省是中药大省，我不排斥中医，中医确实很好，但如果使用不当，也会带来很大的负面影响，比如很多人很喜欢吃中药，煲汤也放一点。全世界排名第一的杂志曾发了一篇文章，说有一个美国人喝冰红茶喝出尿毒症。中药有些是有毒性的，有些人一次吃上10克就可能得尿毒症。

治乙肝结果治出了肾病

我们国家是乙肝大国，乙肝同样可以造成尿毒症，很多人治乙肝结果治出了肾病，甚至治出全身骨折。肾病患者得了乙肝需要饮食减量。还有，现在生活水平提高了，海鲜吃得多，但海鲜含尿酸高，海鲜、动物内脏、啤酒，包括大家喜欢喝的各种饮料，吃/喝多了都有风险。我们经常会碰到一些十五六岁小孩子痛风，痛风可以导致尿毒症，所以高尿酸也可怕。

父母若有一人得了多囊肾，子女发病率高达50%；如果父母两个得了多囊肾，子女发病率甚至可达75%。如果一个人有多囊肾，我建议他的兄弟、姐妹、父母都要查一查，因为这个病控制不好也可能引发尿毒症。另外，食物过敏也会引起肾病，为什么这么多呢？可能跟我们的环境有关系。我碰到一个女孩子，她皮肤比较黑，为了美容经常涂洁白面乳，结果涂了十多天，皮肤白了，肾脏出问题了，所以女孩子在爱美的同时也要注意安全。中国人患肾病的原因非常多、非常复杂。

要看什么原因导致高血压

中国有肾病患者1.2亿人，其中六七千万人有慢性肾炎，慢性肾炎中又有一半是LgA肾病，这个病有一定的遗传性和家族性，老年人得最多的是膜性肾病，儿童得最多的是微性病变肾病，青少年得最多的是局灶节段。糖尿病患者在我们国家占到9.7%，中国糖尿病患者有1亿多人，还没有到糖尿病但快到糖尿病阶段的人占15.5%，也就是说，每4个人当中就有1个人是糖尿病或糖尿病前期。其实糖尿病本身并不可怕，可怕的是它的并发症，糖尿病病人有1/3最后会发展到肾病，甚至发展到尿毒症。我给大家一个建议，如果是糖尿病，5年当中一定要去看肾科医生，如果到了糖尿病三期还不去看肾科医生，就不可逆转了；如果在糖尿病一期、二期看肾科医生还可以逆转，完全可以二期变一期，一期变正常，这也是老百姓要知道的。有些内科医生也不清楚这些问题。

高血压是中国肾病发病第三位的原因，中国有高血压患者 2.8 亿人。这里有两个研究提示，单纯的高血压患者，还不是糖尿病病人，如果有蛋白尿，叫高血压肾病，再发展最后也是尿毒症。所以年轻人得了高血压，首先看肾科医生。当然，医生水平也有非常大的差别，有些小医院的医生，一看高血压就给你吃降压药。要看什么原因导致高血压，如果只治疗高血压是不行的，要根据不同原因选择不同降压药，效果完全不一样。

肾病早期没有症状

哪些中药对肾有毒性作用？关木通、广防己、青木香、天仙藤、朱砂莲、马兜铃、寻骨风、泽泻、细辛等中药可能有，大家用这些中药的时候应该慎重一点。我不排斥中药，但有些中药从来没有强调它的副作用，因为知道的人很少。

肾脏病是沉默的杀手，我们把它叫隐形杀手。2004 年北京大学教授调查显示，当慢性肾病患者首次就诊的时候，有 2/3 以上的人肾功能明显不正常，有 1/4 的患者已经是尿毒症。

为什么会这样呢？因为肾病早期没有任何外在表现，当超过 75% 的肾功能遭到破坏的时候，人体才会出现症状，比如贫血、乏力、恶心、呕吐、腹胀、厌食，甚至口中有尿味、高血压、头痛、视力下降、皮肤发暗和头发焦枯等。肾病患者第一次就诊，经常会被误诊，比如贫血肯定不看肾科，看血液科。

要结合尿比重和蛋白尿看化验单

有个年轻的海南患者，他的血色素只有 39 克，血液科一检查，查到肌酐 4100 多，马上送血液科，如果表现为高血压的一定看心内科，头疼的一定看神经内科，视力下降的就看眼科，皮肤不好的看皮肤科。

为什么会误诊？因为它的表现症状并不是肾病专有症状，而是其他各种各样的综合表现。

举个例子，有个 30 岁患者的鼻子出血，看了五官科，做了鼻镜检查，没有问题，因为鼻子出血流到喉咙口吞下去了，所以黑便了。又转到消化科做胃镜和肠镜检查，也没有问题。最后看妇科，做 B 超，也没问题。后来转到我们科，我一看她的脸色不好看，结果一查肌酐 1000 多，查出尿毒症，当天晚上给她做了透析，血就堵住了。

尿毒症患者出血最好的治疗办法就是透析，因为止血药没有用。肾脏疾病经常会被误诊，其实肾病在发展过程中都有信号，只是我们没有注意，下面我们重点讲原因。

肾脏病的基本表现有五个：蛋白尿、血尿、水肿、高血压、肾功能损害。

第一个是蛋白尿，正常情况下，尿晃一下会有泡，但是很快消退，但这个病泡泡很大，而且持续不退，这个情况应该赶快看医生，不能再拖。此外，看化验单，如果蛋白尿显示阴性，可以高枕无忧；但是如果看到四个 + ，一定要找医生，不能再拖。

有这样一个化验单，这个病人蛋白尿是 + － ，尿比重为 1.003，也就是说他喝水太多了，他的尿液和水一样清，蛋白尿被稀释掉了。还有个蛋白肌酐比值为 2 + ，如果它的比重非常低，只有半个 + ，也有危险。一般蛋白质都在 2000 多毫克以上，一定要结合尿比重和蛋白尿看化验单，不能只看几个 + 。

第二个是血尿。金黄色是正常的，但是如果是鲜红或者茶褐色，一定要注意；但茶色尿不一定是血尿，它可能是血红蛋白尿。现在血尿病人很多，尤其是老年人，如果出现无痛血尿一定要看医生。

这里我给大家一个建议，当一个中老年人出现无痛性血尿的时候，要高度怀疑是否为肾癌或者膀胱癌，一定要做 B 超。血尿的原因可以是结石、肾炎、肿瘤，也有可能是血液系统疾病导致，一定要看肾科医生。

第三个是水肿。水肿不一定是肾病，但有水肿你要怀疑它是肾病。很简单，你只要到医院做个尿常规检查，只要它没有蛋白尿，就可以说没有肾病。我们门诊经常看水肿，我说你先做个尿常规检查，没有问题你就可以回去了。

第四个是高血压。高血压一般没什么感觉，长期高血压会导致心脏肥大、脑出血、脑梗死。这里我还是强调一点，如果老年人有高血压达5年以上，晚上总起来小便，可能是高血压肾病。如果一个年轻人有高血压，一定要找原因，可能是肾病高血压，要常做检查。

肾功能评估的方法

一般情况下，血压130/80mmHg是正常的。如果有糖尿病，有蛋白尿，90mmHg也可以，年龄大一点，150/90mmHg也可以。一般情况下，有蛋白尿、有糖尿病，最好在130/80mmHg以下。如果年纪大了，再松一点，150mmHg是可以的，但太低的血压可能导致脑缺血、中风、脑梗。

肾脏功能不全的表现，主要通过化验检查才能发现，这个人的肌酐420多，表现症状是精神萎靡、食欲不振、肢软乏力、面色苍白、贫血。

介绍一下肾功能评估的方法。

肌酐究竟多少是正常的，国际标准是多少呢？各家医院的衡量标准不一样，因为设备不一样，仪器不一样，定标不一样，所以每家医院不一样。国际上认为，血肌酐在44～133正常，需要强调的是，很多医生认为肌酐在133以内就是正常的，这是错误的。不管是谁，肌酐都不应该超过88，如果肌酐超过88，一定有问题。如果孕妇肌酐超过70，就应该是肾衰；一个80岁老年人的肌酐应该在四五十左右。人的一生当中，肌酐在不断变化，18到25岁肌酐最高，但也应该在88以下，以后肌酐慢慢下来。

肌酐是人体肌肉带的产物，在 18 到 25 岁最健壮的时候，肌肉多，肌酐高。老年人皮包骨，肌酐很少。

肾功能评估最好的方法就是用内生肌酐清除率，如果医生不知道，很容易发展为尿毒症。

哪些信号提示会有肾脏病？如果病人出现了水肿，要怀疑他有肾病，当然水肿不一定是肾病。水肿，常出现于眼睑、脚踝及背臀部，严重时可伴有胸水、腹水及会阴水肿，水肿位置可随着体位的变化而移动，水肿发生时均伴有少尿。没有高血压家族史的年轻患者，若血压升高，应高度怀疑是否患有肾病，高血压病人也应注意做尿常规检查。

什么是少尿？24 小时尿少于 400ml 叫少尿，少于 100ml 叫无尿，这是很大的事情。

通常有三种情况，一是梗阻，二是血压很低，三是容易休克。所以少尿原因有三大原因，分肾前、肾中、肾后性。

多尿也不是好事情，正常人日夜排尿量有一定规律，日间尿量应多于夜间，其比例为 2～3∶1，夜尿不应多于 750ml，每昼夜尿量超过 2500ml 称多尿。如果老年人，高血压在 5 年以上，如果晚上起来好几次，往往有两种可能，一是高血压肾病，这时候晚上起来五六次，而且每次非常顺利，还有尿不尽的，这就要考虑前列腺肥大，可以检查是不是前列腺增生肥大。如果 PSA 特别高，要高度怀疑是不是前列腺癌，这个癌一定要早发现，因为它特别容易转移。

很多人有泡沫尿，很紧张，拿尿晃一晃，如果泡沫很多，又不消，就很有问题。这时候赶快看肾科医生，做些专科检查，这是一个信号。

血尿不一定是肾脏本身的问题，但可以做个排查。腰痛是不是肾病呢？基本上不是肾病。腰痛得很厉害可能是肾结石，如果腰痛又发烧，可能是急性肾盂肾炎。肾绞痛一般不会腰痛。如出现精神萎靡、食欲不振、肢软乏力、面色苍白、贫血等，应考虑慢性肾功能衰竭的可能，宜及时做血尿等相关检查。如真的怀疑得了肾病，第一，做尿常规检查，它可以发现很多病。第二，查肾功能、尿素氮、尿酸、肌酐。第三，做泌尿系超，可以查肾、输尿管、膀胱、前列腺。单一期糖尿病应该看肾科医生，5 年以上的高血压患者也应该看肾科医生，看肾科医生，首先要做的就是查尿常规。尿常规检查能诊断出很多疾病，尿路感染、肝炎、糖尿病、肾结石，还有很多。尿常规检查尤其对肾炎诊断非常重要，另外高血压、糖尿病患者，至少一年查一次尿常规。

慢性病怎么防治？如果早发现，并且找到一个正确的医生，得到正确的治疗，80%不会到尿毒症的地步，一般糖尿病患者、高血压患者、有家族肾脏病史者、有免疫系统疾病者、有肾脏病史或泌尿系统感觉者都是筛查对象。

得了肾病不能吃太好

得了肾病要避免高蛋白饮食。补得越多，肾脏负担越重，要避免高蛋白饮食。高血压和蛋白尿患者需限制盐摄入。减少动物脂肪摄入，控制酒精摄入。控制血压、蛋白尿，还应戒烟，吸烟对肺、对肾、对心脏不好。要重视预防 CKD 的早期并发症，比如肾病很容易出现贫血。另外预防酸中毒也非常重要，即使轻微的酸中毒都会导致急性恶化。

在治疗中也可使用中药，比如虫草会明显地改善体力，能够预防感冒，可以降尿蛋白、降肌酐，比如金水宝、百令胶囊，做肾移植的病人都吃这种药。很多女孩子出虚汗，说话中气不足，可以补充点黄芪；如果夜尿增多，虚汗多，或者中气不足，吃上黄芪两三天就可以改善。

慢性肾病怎么预防？

遗传占肾脏病的 30%，70%跟饮食有关系，可以从两个层面预防监控。第一，学龄前儿童和没有症状的成年人，肾病发病率高，但

90%没有症状，这些人应该进行筛查；第二，对高危人群，如老年人，糖尿病、高血压患者，或者免疫功能异常者，或者被尿毒感染过的人，也应该进行筛查，至少每年做一次常规检查。如果发现有蛋白尿、血尿，就应该看专科医生。

通过改变生活方式预防肾病发生，坚持低盐、清淡饮食，平衡膳食，不暴饮暴食，可以适当多饮水，不憋尿。饮水的标准是当你尿的颜色跟自来水颜色是一样的，说明我们水喝够了；如果尿颜色很黄，说明饮水不够。坚持体育锻炼，控制体重，注意避免感冒，感冒会加重肾病；戒烟，不喝酒，避免滥用药物。如果采取上述措施，健康人群可以预防疾病，对已经发生肾病的可以明显地控制它的发展速度，甚至很多可以逆转。如果肾病早期发现了，经过治疗，70%～80%不会发展到尿毒症。谢谢！

高血压——潜伏在你身边的"定时炸弹"

张天奉

张天奉

广州中医药大学深圳医院院长，主任医师，博士生导师。兼任中华中医药学会养生康复专业委员会常务理事，中华中医药学会内科分会常务委员，深圳市中医药学会副会长，深圳市中西医结合学会监事长。从事临床工作20余年，擅长运用中西医结合方法治疗内科系统疑难病症。

高血压不单是一个医学问题，已成为一个社会问题。

我先讲一下高血压的定义。高血压就是以动脉血压持续升高为主的一种慢性疾病，它常会引起心、脑、肾等重要器官的病变，所以高血压的危害不单单是一种血管系统出了问题，更重要的是对心、脑和肾三个器官有重要危害。

高血压的机理目前还不完全清楚，它的危险因素主要有以下几个方面。

第一，遗传因素。这是我们不好控制的，它来源于父母。有人统计，父母双亲如果有一方有高血压，下一代患高血压的概率，要比父母双亲没有高血压的发病率增加 1 倍；如果父母双亲都有高血压，那么患病的概率会增加 2～3 倍。高血压遗传具有一定的家族性，但不一定是百分之百地遗传，就是有遗传倾向。

第二，不良的生活因素。高血压会不会引发疾病更重要的是把握在我们自己手中。现在很多疾病跟原来的疾病不一样，很多代谢性疾病跟我们的生活方式有关系，前期只是一块土壤，但是你是否患病取决于自己的体质。

合理饮食，包括控制食用盐油酒

高血压患者患病主要有以下几个因素。

第一，吃得太咸了。盐和高血压密切相关，因为盐的钠离子摄入过多，容易导致血容量增加。高血压是动脉压持续升高的一种病变。压力增加无非取决于几种因素，一种是这种液剂的容量增加，对血管壁的压力增大；第二种情况就是管腔狭窄了，压强会增大；还有一种情况，管道瘀滞了。

第二，吃得太油了。动物的脂肪摄入比较多，比如肥肉、黄油，还有吃过多的蟹黄、蛋黄，这些食品胆固醇含量非常高，血液变得更加黏稠了，流速变得缓慢，变得瘀滞了。另外，血液当中的黏稠物沉积在血管壁，管道变得粗糙不平，这样就形成一些斑块，这个管道就会逐渐变得狭窄或者痉挛。

第三，酒喝得太多了。世界卫生组织说，高血压患者要戒烟限酒，没有说戒烟戒酒。有些人适当饮酒还有一定好处，这里的酒主要指红酒，红酒有软化血管的功效。老年朋友，比如经常怕冷的人，到了冬天，总觉得胸前聚积、发紧，适当喝一点白酒或者黄酒未尝不可。张仲景在《伤寒杂病论》当中有一个方子叫"瓜蒌薤白白酒汤"，"瓜蒌"是一味中药，"薤白"就是我们吃的小蒜，"白酒"其实过去就是一种黄酒，所以适当饮一些酒能够温经通脉，防治血脉瘀滞。但是吸烟不可以，吸烟对于我们的交感神经系统也会起兴奋作用，不利于血压控制，所以烟一定要戒掉。

要保证充分睡眠

高血压现在的发病人群有年轻化趋势，因为社会压力太大了，而且有一定的职业特征。脑力劳动者的高血压发病率远远高于体力劳动者，因为过度紧张导致小动脉持续痉挛。

再有就是运动太少了。很多人上下班开车，运动量变小，体内的一些稠浊物代谢不掉，身体偏胖。

心血管发病率的一个高危因素就是睡眠不足，一定要保证充分睡眠。有人统计，如果中午小睡一会，一般不要超过半个小时，可以使高血压发病率减少1/3以上。所以，子时和午后一定要睡觉。

要想控制血压，首先要从改变自己的生活方式做起。

心血管疾病往往发生在凌晨前后

人40岁以后，高血压发病率逐渐增高，随着年龄的增长，血管硬化的发病率逐渐攀升。年轻人的血管有一定弹性，调节性也比较好，年龄大了之后，血管的脆性增加，适应性比较差，容易导致血压增高，尤其是情绪波动时候，还会引起脑血管破裂。

中医对疾病的认识无非两个方面，一是正气亏虚，一是邪气亢盛。正气亏虚一般就是讲气虚、血虚、阴虚和阳虚；邪气，即痰浊，血脉瘀滞。

第一种是气虚。为什么随着年龄增长发病率在逐渐增高？因为50岁之后，人体的正气逐渐亏虚。中医认为血液在这种脉道中运行，是靠气的作用，年龄大了，气不足了，对血液的推动力减弱了，血液流速就变得缓慢了，就像河流一样，如果河水的流速比较缓慢，落差也比较小，这样河流当中泥沙就会沉积在河床。

人体也是这样。为什么心血管疾病往往发生在凌晨前后？因为这段时间人体血液流速比较慢，容易形成缺血或者心梗，所以医学上把这段时间叫"魔鬼时间"，常常发生一些心血管疾病意外。气虚之后，对血液推动作用减弱了，血液中的黏稠物就会沉积在血管壁，久而久之就会导致管腔狭窄，再进一步恶化就会导致血脉堵塞。

第二种是阴虚。血液有一部分由精液组成，中老年人精液不足，常常表现为眼干、口干、鼻干，甚至皮肤干燥，导致血液变得稠浊，老百姓叫"血稠"。血稠之后也会影响流速。为什么中老年人早上起来一定要喝杯凉白开？一来稀释血液，二来具有排毒功效，还能润肠通便。

第三种就是阳虚。中医有一句话说，天之大宝唯有一轮红日，人之大宝唯有一息真阳。阳气对于人体的生命活动至关重要，当阳气亏虚之后，人体就变得低迷，所以老年人不太爱动，有的人在房间里待一会就会睡觉，然后晚上又睡不着，就是因为很多人阳气亏虚了。阳气亏虚了也容易导致血脉瘀滞。

对于高血压、冠心病病人，有四大养生保健常识，其中之一就是保暖。除此之外，不能过度劳累，因为本来就气虚，"劳则耗气"。像我们散步没有问题，但你在跑步之后动则耗气，所以阳虚也可以导致血液循环不畅。

着急上火引起血压升高

另外还有几种因素，就是体内邪气偏盛。气虚、阳虚、阴虚都可以导致血瘀，血脉瘀滞了，引起高血压。

有个成语叫"热血沸腾"，人在着急上火的时候，血循环流速肯定增加，那么着急上火就是孽风暮至，所以人在吵架时候，或者人在发怒的时候，气往上涌，血就往上走，血是跟着气走，所以"气为血之率，血为气之母"。因此，对于高血压病人，从中医来讲一定要注意补气，注意滋阴，注意温阳，另外注意活血化瘀。

此外，还有痰浊阻滞。这个痰浊不是我们平时咳的那种痰。中医的痰包括两种，一种是有形之痰，一种是无形之痰。有形之痰比较好理解，就是我们咳嗽，呼吸道吐出的那种痰；还有一种是无形之痰，比如血液当中黏稠物叫无形的痰，治疗很多病用的都是一种化痰祛瘀的方法。中医讲，胖人多痰，瘦人多火，所以体质偏胖的人一般都是痰湿体质。中国人的九种体质当中有气虚体质、有血虚体质、有阴虚体质，还有痰虚体质、湿热体质，每种体质表现不一样。

有人认为高血压好多年了，没有症状，就不再服药；也有的病人不知道，从来不量血压，或者发现血压高了，没有什么特殊感觉，所以就不再吃药了。实际上这都是不对的。在医学上我们称高血压为"无形的杀手"或者叫"隐形杀手"，它什么时候发作、什么时候发病不取决于你，而取决于这种高血压对你的心、脑、肾的损害程度，或者某种诱发因素。

一定要注意老年人的生活习惯，告诉他不要上火，有的人一上火、一生气，拍个桌子，这个人就没了，血管爆了。高血压病人一定要注意控制自己的情绪，注意保暖，不能过度劳累。

心在人体当中处于至高无上的地位。心是主血藏神的，人的竞争意识、思维活动，西医认为跟脑力有关系，中医认为跟心有关系。

高血压引起脑血管硬化

高血压对心脏的影响主要表现为引起心肌肥厚，长期左心室肥厚就会导致心脏收缩和舒张功能受到影响，导致心力衰竭，进一步还可以导致心绞痛乃至猝死和心理失常，所以影响最大的器官就是心脏。除此之外，对大脑还有一定影响。中医讲脑为元神之府，高血压对脑的影响主要表现在影响脑血管，引起脑血管硬化。很多中老年朋友在体检的时候，通过超声波看颈动脉已经形成斑块，很多人还有脑动脉硬化、记忆力减退或者经常头晕等症状，这些都是脑动脉硬化的表现。如果脑动脉硬化，加之高血压过高，这就出现脑血栓或者脑出血迹象，所以一定要重视。

再一个就是高血压对肾脏的影响，主要影响肾小球的一些微小动脉，引起痉挛或者因为血管狭窄引起缺血和缺氧，甚至引起肾衰。

对眼睛也有一定影响，主要影响人体的眼底。在体检中往往看眼底，很多高血压病人眼底动脉出现玻璃样改变。

在高血压防控方面，我们存在很多误区。

现在高血压流行趋势存在"三高"和"三低"现象。

第一，患病率高。中老年朋友的药匣子当中常常有降压药。

第二，死亡率高。高血压主要危及人体的心、脑、肾。据统计，每年有200万人的死亡与高血压有关，其中70%的脑卒中和50%的心梗都是由高血压引起。控制血压对于防治心脑血管疾病非常重要。

第三，致残率高。在所有高血压导致的脑血管疾病当中，大约60%以上的患者丧失了劳动能力，出现了肢体障碍。

除此之外还有"三低"。

第一，知晓率低。据统计，有1/2的患者不知道自己是高血压患者。中老年人每年至少体检一次，一定要定期检测自己的血压，因为血压经常波动，必须根据血压的波动情况来选择用药剂量和用药品种。

第二，服药率低。很多人不去服药，这里面有几个误区。有人认为高血压没有任何症状，担心服了药之后要终身服药，而且药物有一定副作用，对肝脏有损害，所以很多人不愿服药。

第三，控制率低。有些高血压患者虽然天天用药，但是真正得到有效控制的还不到1/5。

要想控制高血压无非几种情况：第一，扩血管；第二，减少血容量；第三，使血液黏稠度变低，控制好血脂，包括控制好血糖；第四，有些患者爱着急上火，心律比较快，要服用降心律的药物，当然还有几类降压药。

一定要长期服药

如何选择降压药？服药当中如何克服误区？

第一个误区，不吃药。有一类病人没症状不吃药，还有一类病人吃了药之后头晕，担心这样的症状会长期出现，就把药给停了，其实这些都是不对的。如果你用了药之后出现头晕现象，属于用药不得当，应该在医生指导下换药。高血压病人如果坚持服药，相当于减少或者推迟了器官损害，所以我们主张，高血压病人一定要长期服药，有人主张终身用药。

第二个误区，不坚持服药。有的病人血压高了吃降压药，血压正常就把药给停了，这样其实也不对。因为血压正常是药物在起作用，停药后，血压可能又高了，停停吃吃、吃吃停停，搞得血压忽高忽低，这种血压波动对人体影响比较大，血管反复收缩，或者血液当中一些斑块脱落，比较危险。

有症状就吃，没有症状就不吃，这种服药办法不是跟着血压走，而是跟着感觉走，实际上是不对的。人体的症状和血压高低不完全成正比例，有的人血压很高，但没有症状，有时候还成反比，比如头晕既可以见于高血压病人，也可以见于低血压病人。有的病人在生活当中经常出现这种情况，血压比较高，急切地想把血压降下来，结果从160mmHg降到120mmHg，一下头晕了，他以为血压还没降下来，还在继续吃药，这时候风险非常大，因为这个血压降得太急了，可能导致脑缺血甚至脑中风，这样的例子在临床当中偶尔会出现。所以，中老年朋友出现血压升高，一定要注意量量血压，不要根据症状来随便服用降压药。

第三个误区，滥用药。很多高血压患者上药店买药，或者根据广告选择降压药。应主张个体化用药，每个人病情不一样，用药的种类就不一样，别人适合的不一定适合自己。现在治高血压药将近100种，一定要在专科医生指导下选择用药。

第四个误区，降压太快。不能从 170mmHg 一下子降到 120mmHg，如果血压突然降低了，血脉当中的压力变小了，有些人会导致缺血性中风，或者出血，有一定的风险。

第五个误区，晚上服用降压药。降压药很多都是长效的，一天一次，也有一天两次的，个别一天三次。我们在服用降压药的时候，一般来讲要根据血压的峰值来服，一般早上服，比如早上 7 点前后服，因为高血压的峰值一般在 9、10 点钟，服药之后药物浓度很快达到最高。如果你在睡前服，因为入睡时血压一般要下降 10mmHg 到 20mmHg，这时候药物浓度高，使你的血压降低。你本身由于睡眠交感神经兴奋性减弱，也会导致血压降低，血压太低容易导致心梗或者脑梗。因此，对于一些高血压病人，长效降压药最好不要在晚上服。

调整饮食

还有一种非药物疗法，就是从饮食、运动、生活方式方面做调整。

饮食的几大原则如下。

第一，低盐饮食。很多中老年朋友都知道，高血压患者要把盐控制在 5 克以内，但是天天做菜都要放很多酱油，或者还吃豆腐乳、吃榨菜，5 克盐也应该包括这些食品，所以还需要再进一步控制。重度高血压患者食盐可控制在 3 克以内，盐和高血压密切相关。

第二，低脂饮食。摄入过多脂肪，会增加血黏度。我们主张尽量不吃动物油，肉要少吃或者不吃，植物油，如玉米油、葵花子油、菜籽油、橄榄油都非常好。欧洲尤其是南欧、地中海国家，法国、西班牙、意大利等国家心脑血管病发病率非常低，他们有一个习惯，就是每天都在吃橄榄油，因为橄榄油含有大量的不饱和脂肪酸，它能稀释人体血液。另外，地中海国家的人还吃洋葱、西芹，这些都是降压的。另外，广东人有喝老火靓汤的习惯，高血压患者包括痛风患者最好不要喝这种汤，因为这种汤当中含有氮渗出物，它能够促进体内尿酸增加，增加心、肝和肾的负担，要低脂。

第三，要补钾。富含钾的食物进入人体可以对抗由于摄入过多的钠引起的血压升高，保护我们的血管内皮，还具有利尿作用。有一类药利尿降压，通过利尿来减少血容量，在日常生活当中通过补钾，可以使血压规律性下降。常见食物有龙须菜，还有芋头、丝瓜、茄子，这些蔬菜含钾比较丰富。

第四，补钙。有人统计说，高钙膳食者高血压的发病率相对来讲偏低，建议高血压患者多吃些富含钙食品，最常见的就是奶制品，如酸牛奶、牛奶。另外，虾皮、海产品、葵花子、核桃等可补钙，还可以预防骨质疏松。

第五，注意补铁。注意服用含铁比较丰富的食品，最常见的就是木耳，可以有效地对抗血小板积聚，抑制血栓形成，具有拜阿司匹林的功效，这是非常好的食品。另外，木耳当中含有大量的铁和钙，含量是瘦肉的 10 倍到 20 倍，无论凉菜还是炒菜都可以放点木耳。

第六，多吃鱼。我们每天都要补充蛋白，我们主张补充植物蛋白，动物蛋白最好就是鱼。鱼肉当中含有大量的不饱和脂肪酸，能够使胆固醇氧化，从而降低血浆的胆固醇，延缓血小板的积聚，抑制血栓形成。日本人寿命非常长，他们经常吃鱼，每周至少要吃 2~3 次鱼，而且吃一些深海鱼。

多吃水果和蔬菜

第七，绿色的蔬菜和水果有利于改善心肌代谢，还能改善心肌功能和促进血液循环，促进胆固醇的排泄。

在绿色蔬菜当中，降压效果公认较好的就是芹菜。美国芝加哥大学有个越南籍研究生，他的祖父曾经患高血压，他找了一个东方医生给开了一个药方，就是让他每天吃两根芹菜。7 天之后，他祖父的血压从 160/100mmHg 降到 120/80mmHg。他是搞药理的，他从芹菜当中提取到一种化合物，先做动物实验，结果小白鼠的血压也下降了，同时胆固醇下来了，所以他推测，这种化合物具有降压作用。我们经常交代病人，一天当中必不可少要吃些芹菜、木耳，这些对于高血压患者都有很大帮助。另外，芹菜能够预防血管痉挛，尤其是那些精神压力比较大的人，我们建议他吃一些西芹。

第八，要科学饮水。据统计，80% 的疾病和不科学饮水有关系。应该怎样饮水呢？高血压患者要注意几个原则。首先，清晨要饮水。有的人第一天晚上把水倒好，第二天早上喝，这是不对的，因为水如果放的时间过长，活性已经消失了，所以不要喝隔夜水。早上起来，无论你烧的凉白开还是矿泉水都要喝一点，最好喝凉白开。其次，不要喝反复沸腾的水，饮水量不要太大，因为高血压患者心脏负担比较重，如果一次大量饮水，包括年轻人，肾脏的负担会加重。再次，不要等渴了再喝水。渴了再喝水其实已经晚了，你的细胞已经处于缺水状态，所以大家应该养成喝水的习惯。

可以喝几种药茶

高血压病人可以喝几种药茶。

第一种茶就是菊花茶，长白菊加点枸杞子。菊花本身是一味中药，具有清肝明目、平肝降压的功效。血糖高的人可以加一点点冰糖，具有润肺功效。

第二种茶是决明子茶，再加一点冰糖。如果血糖高加一点蜂蜜也可以，降压效果不错。决明子不但能降压，还能明目，更重要的是还能通便。

第三种茶是菊花山楂茶。山楂既是食品，也是一味中药，中药当中很多都是食品。药食同源，像山楂本身就有活血化瘀的功效，具有降压作用，用点菊花，用点山楂，用沸水冲开，每天冲两杯，可以收到清热降压、消食健胃、降脂功效。

有人说高血压是吃出来的，如果吃药过程中能注意几个饮食原则，多吃些蔬菜和水果、鱼，能够显著降低血压。

保持心情愉快

还要讲心理。有人说高血压是烦出来的，高血压，包括很多疾病，都跟心情有关系。中医叫百病皆由气生，为什么高血压跟情绪有一定关系呢？从中医来讲，正常人的气很通畅，按照一定规律徐行，但人一生气就会导致气滞，典型表现就是两肋胀满疼痛，有人感到头晕、烦躁。我昨天还治了一个高血压患者，她描述的症状是，每月经期乳房胀痛、烦躁，这是典型的肝郁气的表现。很多病人前期都是气滞，气滞就会导致血瘀、痰阻、经停，很多病都跟气的循环有关系，很多病都可以用调气的方法。特别热衷于养生保健的人，经常喝玫瑰花茶，玫瑰花有疏肝解瘀的功效。

很多病人心烦，睡眠不好，小便发黄，大便干燥，口干舌苦，这些就是上火的症状。上火的原因之一就是生气，气有余便是火，所以高血压病人一定不能上火。当然，还有几种上火原因，比如经常吃辣的，吃羊肉。人的体质不一样，如果你是寒性体质，吃点羊肉没有关系；如果是热性体质，今天吃羊肉，明天就可能口舌生疮。有的女同志起痘痘，就是一种上火的表现。有的同志不爱喝水，70%的疾病和30%的死亡都跟水有关系，人体的60%到70%都由水组成，水是人体当中第一大营养素，不爱喝水容易上火，我们要养成一种定期喝水的习惯。高血压患者，一定要注意调整心情、情绪，不能过度激动。喜怒忧思悲恐惊，这是人体的正常情志，在正常范围内不会得病，但如果超过一定范围就会引起疾病。中医有句话叫"怒伤肝，怒则气上；喜伤心，喜则气缓；悲伤肺，悲则气消；恐伤肾，恐则气下；思伤脾，思则气竭"。

中老年朋友夜尿频多，绝大多数人都是气息虚。如何调气？要靠自己调养。心理调节对于预防高血压至关重要。在心理调节当中，我们主要调肝，我们经常推荐一种药，叫柴胡疏肝散，可以治疗很多病，六味地黄丸可以补肾。中医调的是人体系统。不要过度紧张、过度疲劳、过度焦虑和过度烦躁。

打太极或者散步

一定注意适量运动。高血压病人大部分是中老年朋友，在运动过程中我们要注意这样几种情况。第一，不要做剧烈运动，我们主张打太极或者散步，以小幅度运动为主。打太极是非常好的运动方式，除了我们肢体上运动之外，它还能调气，调节我们的心性。第二，注意运动时间，早上太阳没出来之前最好不要运动，尤其在阴天不要运动，因为森林当中氧的含量比较低。主张大家一定要太阳出来之后再运动，最好在9、10点钟，当然晚上运动也可以。

到底多大运动量合适呢？如果你的身体还可以，我们主张一次运动在40分钟到50分钟，而且要稍微快一点走，多大幅度？就是你的年龄再加上你的心律不超过170次。举例，比如你今年50岁，你在运动的时候，你的心律不能超过120次；青年人30岁，你的心律可以达到140次。要坚持这样几个原则。

第三，运动前要注意补水。因为运动量增加之后，血液流速会增加，喝水对于血液当中一些黏稠物可以起到冲刷作用，可以降低血黏度。另外，可以活血化瘀，有利于血液当中代谢产物产生。

第四，不要做登山运动，耗氧量比较大。很多高血压病人气虚，劳力之后加重，这样的病人不能爬山或者做上下楼这种运动。另外，下山对我们的膝盖还有一些撞击，所以不适宜做登高运动。

此外，吸烟朋友要尽量把烟戒掉，过度吸烟可以使交感神经兴奋，还包括喝浓茶和咖啡，要改变这样的习惯。

总而言之，高血压是一种生活方式疾病，要掌握好上述几个原则，合理用药，在医生的指导下选择药物；另外，不一定选择一种药物，可以选择两种、三种，但是怎样搭配不能自己随意定，要在医生指导下服药。另外，要调整好自己的生活方式，就是在降压过程中，一定要注意调节自己生活方式，既有外在的药物的治疗，又有内在自我调节，那么血压能够控制在比较理想的状态。正常人舒张压要小于90mmHg，收缩压要小于140mmHg，随着年龄的增长可以稍微高一点点，但是不宜太高。另外，每人的血压每天有一定波动，一定要注意发现规律，什么时间段血压波动比较大，掌握好这样的规律，才不会出现意外事件。

后　记

　　"大学之道，在明明德"。信息化时代已经来临，这座年轻城市真正意义上的大学应当如何铸造，深圳社会、教育、科学各界巨擘无不凝思聚神，创想践行，携手走在创新发展的求索之路；而自 2005 年创办至今的"深圳市民文化大讲堂"，以"鉴赏·品味"为主题，以缔造学术文化精神家园为宗旨，正是一所面向每一位市民打开新知、新学、新形态之窗"大学"的丰硕成果。

　　每周六、周日下午，以深圳图书馆为主场的思想盛宴、真知殿堂在城市华丽登场，场间跳跃着一团团求真理的光火、一颗颗爱智慧的心灵；来自五湖四海的顶尖学者会聚于此，一场场文化之风拂来，一阵阵思想的雨落下，城市浓郁的人文空气因之滋养、因之丰厚。已成深圳乃至全国著名文化品牌的"深圳市民文化大讲堂"，传媒各界给予厚爱自不待言，在自媒体时代，"官微"自营运更让这块金字招牌在思想与新知传播上如虎添翼。

　　2015 年，大讲堂更邀请李林、谢春涛、侯杨方、何亮亮、厚夫、阎崇年、史世伟、冯八飞、陈志列、杨进、陈新滋、陈十一、陈光金、杨昌林等 98 位中外专家学者，举办了 89 场深受市民喜爱的精彩讲座：包括家国天下、抗战胜利 70 周年、文学、历史、科学、创新、教育、艺术、社会、国学、养生等多维、多元内容。《深圳市民文化大讲堂 2015 年讲座精选》由 89 场讲座文稿中精选出的 39 篇文章集结而成，《深圳商报》记者王光明同志对本书所选文稿进行了认真整理，各篇文章内容仅代表作者观点。同时，各主讲嘉宾对本书的出版也给予了大力支持，在此，我们向所有参与本书选编和出版工作的同志表示深深的谢意！

在深圳"文化强市"号角高亢而悠远地响彻云霄之时，我们深信，"深圳市民文化大讲堂"必将持续营建深圳社会人文诗意的当下，承启市民文化生活璀璨烂漫的未来。

深圳市民文化大讲堂组委会

2015 年 12 月 31 日

图书在版编目（CIP）数据

深圳市民文化大讲堂2015年讲座精选：全2册／张
骁儒主编. -- 北京：社会科学文献出版社，2017.6
　ISBN 978 - 7 - 5201 - 0702 - 0

　Ⅰ.①深…　Ⅱ.①张…　Ⅲ.①社会科学 - 文集　Ⅳ.
①C53

　中国版本图书馆CIP数据核字（2017）第081361号

深圳市民文化大讲堂（上、下册）
——2015年讲座精选

主　　编／张骁儒

出 版 人／谢寿光
项目统筹／王　绯
责任编辑／单远举

出　　版／社会科学文献出版社·社会政法分社（010）59367156
　　　　　地址：北京市北三环中路甲29号院华龙大厦　邮编：100029
　　　　　网址：www.ssap.com.cn
发　　行／市场营销中心（010）59367081　59367018
印　　装／三河市尚艺印装有限公司

规　　格／开本：787mm×1092mm　1/16
　　　　　印张：36.5　字数：515千字
版　　次／2017年6月第1版　2017年6月第1次印刷
书　　号／ISBN 978 - 7 - 5201 - 0702 - 0
定　　价／128.00元（上、下册）

本书如有印装质量问题，请与读者服务中心（010 - 59367028）联系